序　言

八年前,中华书局出版了《历史的严妆:解读道学阴影下的南宋史学》。这是我关于宋代史学诸层面的论文集,其中的论文以英文发表之后,中文译文以这一形式结集出版。由于第一版很快售罄,因此现在市面上已经很难买到了。我很感谢中华书局同意再版此书。

《历史的严妆》付梓以来,我又撰写了两部关于宋史的综合性专著,均由剑桥大学出版社出版,即 2021 年的 *The Making of Song Dynasty History*：*Sources and Narratives*,以及 2023 年的 *Structures of Governance in Song Dynasty China*。前者由河南大学刘云军教授翻译为中文,书名为《塑造宋代历史：史料与叙事》,即将由社会科学文献出版社出版。《历史的严妆》中的大部分文章对我后来的研究具有奠基性作用。因此,在《塑造宋代历史》的脚注中,我与刘教授增加了许多与《历史的严妆》的交叉引用。我们希望这些路标能够为两书的读者提供些许便利。

除了将原版中的一篇书评删除,并改正一些小错误外,新版没有改动旧版的内容。我要再次感谢第一版《历史的严妆》的译

者和编辑,特别是现任台湾清华大学人文社会学院院长的李卓颖
教授与四川大学历史文化学院的尹航副教授。

二〇二四年五月

蔡涵墨

原版序言

　　人们常说,"历史像个任人打扮的小姑娘"。这样的描述也许适合某些时代的某些历史,然而不论是宋朝历史本身,或是宋代史书形成的过程,都并非如同一个不知事的小姑娘。宋朝历史的塑造更像一位高雅的贵妇在无数的盛装打扮中常以不同的装束与面貌出现。她试图强调或掩饰不同的容颜特征,并展现出多种的形象与姿态。然而随着时光的流逝,贵妇不得不涂抹上更多的脂粉来掩饰被岁月侵蚀的容颜。如何看清楚宋朝历史层层严妆下的素颜,正是本书试图研究的主题。

　　《历史的严妆》汇集了我关于宋代史学的七篇文章。这些文章原本以英文发表于 1998 年至 2011 年间,为了译成中文并收入本书,文章都进行了修改和更新。

　　《一个邪恶形象的塑造:秦桧与道学》,由我最初对秦桧任相时兴起的文字狱的兴趣发展而来。同时,对记载着秦桧专权时文字狱的史料的研究,也指引我追寻更为根本的问题:现存有关南宋早期历史的主要材料——李心传的《建炎以来系年要录》,其可靠程度究竟如何?我的研究与中国学者在上世纪九十年代进行的研究并行,得出的结论也相似:由四库馆臣自《永乐大典》中辑出并重新组织而成的今本《建炎以来系年要录》,在历史上曾被不同的作者多次加以评注,而现代读者有时会误以为这些后来的评注出自李心传本人。①

《一个邪恶形象的塑造:秦桧与道学》最先发表于 1998 年,揭示了秦桧在历史上极为负面的形象,如我们在《宋史·秦桧传》等后代评论中所看到的,较早地在朱熹的作品中表现出来,其负面程度随着南宋宁宗、理宗朝道学的盛行变得愈加强烈。由此扩展而来的两个问题,本书所有文章都多少涉及:道学在孝宗朝及其后的兴起如何影响宋人对本朝史的解释? 这一历史解释又如何传播至现代? 例如,1177 年李焘完成《续资治通鉴长编》初稿至 1229 年陈均《皇朝编年纲目备要》成书的半个世纪中,道学先是在孝宗朝晚期发展成重要的政治运动,接着在宁宗朝前期遭遇"庆元党禁",随后又在史弥远主政时期完成了其重新定义、复兴和扩张。也是在这半个世纪中,李焘的专业化史学让位于陈均的理论与教学关怀。现存最重要的两宋政治史著作,如李焘的《长编》、李心传的《建炎以来系年要录》《建炎以来朝野杂记》以及《永乐大典》本《宋会要》,正是在这一时期这些情形下编纂的。②

---

① 孔学,《〈建炎以来系年要录〉注文辨析》,《史学史研究》1998 年第 1 期,页 46—55;梁太济,《〈要录〉自注的内容范围及其所揭示的修纂体例》,原载《文史》第 50 辑,后收入《唐宋历史文献研究丛稿》(上海:上海古籍出版社,2004),页 206—247。

② 王云海的研究显示,《宋会要辑稿》源于 1180 年赵汝愚发起并在 1236 年由李心传完成的《总类国朝会要》。见《〈永乐大典〉所收〈宋会要〉的底本问题》(原刊《河南师范大学学报》1984 年 3 月)和《宋朝〈总类国朝会要〉考》(原刊《河南大学学报》1998 年第 1 期),后收入《王云海文集》(开封:河南大学出版社,2006),页 98—106、134—151。

元代《宋史》编纂中道学的影响众所周知。① 而本书中的各研究则主张这类影响的出现远早于此,事实上,元代史家继承自宋代前辈的材料与宋代历史的"主导叙事"(master narrative),是由道学的政治和教学关怀塑造的。

2007年,我的合作者、台湾清华大学历史系的李卓颖教授在明代官员吴讷的文集中发现了秦桧于1155年所作的一篇碑记。石碑现存杭州,原是刻有宋高宗为孔子及七十二贤所撰赞文的15块碑刻中的最后一块,但吴讷将秦桧的碑记毁去,代之以自己的作品。关键的是,秦桧的碑记中使用"道统"一词描述政治与文化权威的结合,由宋高宗继承自古代圣王。

秦桧碑记的重新发现显示,一些朱熹道学的基本元素,早在朱学形成前已经被宋王朝采用,服务于其自身中兴的政治合法性。从碑记来看,朱熹对道学的构想(尤其在《中庸章句序》中)可视为对官方政治与文化权威的直接攻击;而与哲宗朝和徽宗朝的政治清洗相比,"庆元党禁"呈现为官方对此攻击有分寸的回应。秦桧碑记也证实,在道学运动得以塑造秦桧的负面形象之前,其首先需要去除秦桧原有的官方正面形象:辅佐高宗收回道统、恢复王朝的宰相。

本书中的各个研究,或可称为"活"的史学史。十多年前,邓小南教授提倡进行"活"的制度史研究。这类研究认为宋代政治机构不只是静态地在机构图表中占据一席之地,更将其视为动态的、活动的有机体,通过相互关联的"行为"与"关系"所构成的网

---

① 裴汝诚,《略评〈宋史〉"崇道德而黜功利"的修撰原则》,《半粟集》(保定:河北大学出版社,2000),页1—12;何忠礼《宋代政治史》(杭州:浙江大学出版社,2007),页192—195。

络,这些机构既在彼此间也与社会中各其他因素相互作用。① 循此思路,国际宋史学界在重新形成对宋代的整体理解上取得了许多进展。然而,对如何将相似的取径应用于宋代史料,进而得到"活"的史学史,成为达成整体新认识的重要障碍。

身为研究中国历史的西方学者,我尝试运用得自两种史学传统中的方法。例如,我并不精熟解构理论,读者也将发现在本书中不易见到解构理论常用的技巧和词汇,但本书的内容反映了解构理论的两个基本观点。首先,大多数被我们当成历史"事实"接受的内容,实际上是事后产生的对先前事件的印象和投影。对历史学家来说,真正能够证实的"事实"即便不是完全不存在,也是相当稀罕的物件。其次,由于这些事后的形象是经由语言创造并代代相传,它们是文学叙事产品,可能随着时间的推移而改变。

作为宋史研究者,我们幸运地从宋人那里继承了内容深入而广泛的宋代档案与史著,这些史料叙述了许多包含丰富细节的"事件"。但少有历史学家会天真到不加区别地、逐字地接受对所有"事件"的每种描述。学者不能够无视材料各自不同的来源与传承至今的历史,仅仅搜集议题范围内现存的所有材料并对经过组合的细节进行解说来进行研究。"死"的史学(史)不可能产生"活"的历史。

好在,宋代的材料常常存在着文本间性(intertextuality)。官方与非官方史家都通过抄录(以及改造)既有记载来生产"历史"。如果我们在可能的情况下反转这一过程,将文本上互相联系的各个叙述分层还原为它们首先是被撰写、然后是被编排到一起时的编年顺序,会得到许多收获。运用这一方法,我们有时得以

---

① 邓小南,《走向"活"的制度史》,《浙江学刊》2003 年第 3 期。

察觉后来的作者修改原先的文本，或是为了自身的目的制造过去事件的新印象。考古学家随着遗址挖掘的进行，经过一个又一个地层，也在回向更早的过去，以此类比，我们宋史学者也可以进行某种"文本考古学"。与其如惯常那样水平地阅读文本，搜集在阅读中得到的事实，我们也可以垂直地理解材料——材料并非一次完成的静态的产物，而应看作伴随着政治与思想变化，文本随时代变化不断经历变更与操作的动态过程的结果。尽管历史即是关于政治与思想的变化，但这些变化也改变了历史的书写与架构。

本书中大多数的文章在某种意义上都运用了"文本考古学"的方法，而在《〈宋史·蔡京传〉的文本史》中最为突出。基于《宋史·蔡京传》内在语义逻辑，文章将其文本分割为 22 个不连续的段落，各段落随后与各自尚存的其他宋代并行文本一同理解与分析。这样，我们可能辨识出许多段落的根本史源。随后，我们可以对这些段落依据其史源编年，开始部分的段落包含的是在其生前即出现的对蔡京政策的批评，结尾处则是包含也许是《宋史》编纂者撰写的文字段落。这一编年"分层"令考察《宋史》文本的发展史与蔡京负面形象的形成史成为可能。与秦桧的情况不同，蔡京的负面形象在南宋已经形成，而李焘认为需要稍稍缓和这一评价。

关于孙觌和北宋灭亡的文章也运用了"文本考古学"方法考察朱熹对李焘指责的可靠性，朱熹认为李焘的《长编》不加批判地接受了孙觌对李纲的中伤。在此情况下，对李焘文本中各构成段落的仔细"分层"驳斥了朱熹的指责，更表明了朱熹对李纲的支持是其旨在重写北宋灭亡历史的道学计划中之一环。

这些文章也都在某种意义上涉及南宋道学在政治上的崛起

和当时的宋史观与宋史书写之间的关系。这一议题在关于杨仲良、陈均和李心传《道命录》的三篇文章中形成聚焦。上述文章利用了中国传统的版本目录学方法来了解这些成书于南宋的宋史著作早期的刊印和流传历史。但与传统的版本目录学不同，我试图使常规的版本信息与政治史及思想史联系、整合。研究的结果或可为这些 13 世纪宋代史家原本的目的和其著作随后的命运都提供更为清晰的图景。在每一个案中，道学学者与科举士人构成的共同体的扩张，要求更易读、易刊、易教学且具有更明确道德立场的宋代史，而非李焘和李心传的杰作。以 13 世纪道学学者控制出版业的程度，现代学者们可用的史料只能屈服于他们的需求与判断。例如，绝大部分的北宋文集仅存南宋及以后的版本。南宋时对北宋历史的看法无疑影响了哪些作者的著作应当或不应当刊行。蔡京、秦桧、韩侂胄并非目不识丁，但既然道学运动将他们划归为"奸臣"，他们著作的失传也就成为必然了。吴讷在 1427 年毁去秦桧碑记，不过是此前两个多世纪以来有意无意地令留存的历史记载符合南宋道学所建立的宋史叙述的演进过程中的最后一环。

这一紧张关系最为清晰地体现在对李心传成书于 1239 年的《道命录》原本的研究中。二百余年前，清代馆臣发现李心传的原作仅有五卷，而元代程荣秀大幅扩充了李心传的原作并更改了李心传对道学历史的看法，产生了十卷本《道命录》，也是如今流传的唯一版本。尽管如此，仍然有学者不加区别地认为这一增订本中的内容均出自李心传本人之手。我的研究利用现存《永乐大典》中抄录的《道命录》内容复原李心传对其著作的设想。身为程颐的后代，程荣秀对《道命录》的"加工"添入了二程和朱熹的材料。程荣秀的增订最终扭曲了李心传对道学历史的原本看法，并夸大了二程与朱熹在其中的角色。移除后来增修的材料,可能有助于学者更好地理解李心传对道学运动及其在宋代历史中作用的看法。

本书的产生得益于美国、台湾地区和中国大陆宋史学界间的协作。在美国,耶鲁大学历史系的韩森(Valerie Hansen)教授和哈弗福德学院(Haverford College)历史系的史乐民(Paul Smith)教授首倡翻译之议,以期我的研究能更易为中文读者利用。加州大学伯克利分校东亚图书馆中文研究馆员何剑叶女士在方方面面鼓励和支持了出版计划。并感谢耶鲁大学研究生陈元对决定本书书名时给予的协助。

在台湾,我的合作者、台湾清华大学李卓颖教授在美国亚洲研究会中国与内亚委员会(China and Inner Asian Council of the Association for Asian Studies)的支持下尽心费时地统筹了最初的翻译,大部分翻译工作由台湾清华大学历史学博士候选人邱逸凡先生努力完成。没有他们的帮助,本书也就无从谈起。台湾大学的宋家复教授和他的学生也给予我许多帮助。本书的最后表列了所有文章的英文标题、发表信息以及各篇文章译者与编辑者的信息。2012年我作为富布莱特学者在台湾访学期间,蒙长庚大学讲座教授、"中研院"史语所兼任研究员黄宽重教授和台湾大学方震华教授邀请,曾就书中内容演讲,他们的深厚学养和不吝赐正,令我获益匪浅。台湾大学的历史学博士候选人张维玲通读了各篇文章,并提供了极具价值的意见。

在中国大陆,非常感谢中国人民大学历史学院包伟民教授对《一个邪恶形象的塑造:秦桧与道学》一文多项宝贵与独到的建议,及北京大学哲学系的杨立华教授慷慨同意我使用他早先完成的上文译稿。北京大学历史系博士生尹航在编排本书参考文献之外，对原文及译文都追求精确的热情，为本书呈现目前的面貌作了最大的努力。他的师弟曹杰审读了本书的校样，解决了一些文字上的小问题，并协助我完成索引的编制。北京大学的邓小南教授多年来一直激励我的研究，更热忱地向中国大陆的宋史学者推介我的研究成果。衷心感谢她的支持和她在北京为全书最终编辑成稿提供的帮助。

最后，我向促成本书出版的上述学友致以最大的谢忱。书中如有任何错误都归于我。谨以此书向中国和世界各地的宋史研究者求教。

二〇一四年十月三日

蔡涵墨

纽约州立奥尔巴尼大学

秦桧研究

一个邪恶形象的塑造:秦桧与道学

> 公,儒者也,内激忠愤,不顾其身,惟义所在,岂古所谓忠臣耶!
>
> ——佚名《靖康小雅》

> 呜呼!秦桧之罪,所以上通于天,万死而不足以赎者,正以其始则唱邪谋以误国,中则挟虏势以要君,使人伦不明,人心不正,而末流之弊,遗君后亲至于如此之极也。
>
> ——《朱文公文集》卷75《戊午谠论议序》

以杀害岳飞而闻名的秦桧(1090—1155),从1138年开始出任南宋的宰相,直到最后卒于任上。上面引用的有关他的两种不同评价,是在相隔不到40年的时间里写成的。它们为一个反面形象——中国人联系在秦桧身上的历史的、大众化的想象——的迅速演进提供了佐证,并与同一传统慷慨地给予岳飞的赞颂形成鲜明的对照:臭名昭著的奸佞之徒与被神圣化了的殉难者。① 现

---

① 这种联系在戏剧和小说中表现得尤为突出。参见 Jochen Degkwitz, *Yue Fei und sein Mythos : die Entwicklung der Yue-Fei Saga bis zum "Shuo Yue quan zhuan"* (Bochum : Studienverlag Brockmeyer, 1983)。

代学者,特别是德国汉学家,已经试图通过阐释有关岳飞的传说和《宋史·奸臣传》(《秦桧传》在其中占有主要的位置)的传统记述中的神话因素来纠正这种失衡。[1] 与此同时,日本的宋史专家并没有受岳飞与秦桧这一对照的过多干扰,而是煞费苦心地挖掘相关材料以重构秦桧的生平并分析他所施行的政策。[2] 但是这些雄心勃勃的研究中没有一个能描绘出关于秦桧的清晰画面,因为没有任何一个学者能为材料本身带来的令人烦恼的问题寻找到

---

[1] 参见 Helmut Wilhelm, "From Myth to Myth: The Case of Yueh Fei's Biography", 载于芮沃寿(Arthur F. Wright)和杜希德(Denis Twitchett)主编的 *Confucian Personalities* (Stanford: Stanford University Press, 1962), 页146—461; Herbert Franke, "Chiao Ssu-tao: A 'Bad Last Minister'", 见同书页217—234; Franke 关于韩侂胄(1151—1207)的传记,收载于 Herbert Franke 主编的 *Sung Biographies* (Wiesbaden: Franz Steiner Verlag, 1976), 页376—384 以及 Rolf Trauzettel, *Ts'ai Ching* (1046—1126) *als Typus des illegitimen minister* (Bamberg: K. Urlaub, 1964)。这个问题与12世纪上半叶忠君思想的转变以及汉民族主义的出现紧密地相连。参见刘子健(James T. C. Liu) "Yueh Fei(1103—1141) and China's Heritage of Loyalty", *Journal of Asian Studies* 31.2(1972年2月), 页291—297; 以及 Rolf Trauzettel, "Sung Patriotism as a First Step Toward Chinese Nationalism, 见于 John Winthrop Haeger 主编 *Crisis and Prosperity in Sung China* (Tucson: The University of Arizona Press, 1975), 页199—213。

[2] 参见衣川强,《秦桧的议和政策》,《东方学报》45, 1973年9月, 页245—294 和寺地遵,《南宋初期政治史研究》(广岛:溪水社, 1988), 页287—515。同时参见山内正博对秦桧的关注, 见 Franke 编, *Sung Biographies*, 页241—247。到目前为止,寺地遵的著作是关于秦桧的最具理解力的研究。中国绝大多数关于秦桧的学术研究仍然坚持传统的陈词旧说。第一部有关秦桧的传记著作的标题便是一个例子:曾琼碧,《千古罪人秦桧》(郑州:河南人民出版社, 1984)。在此以后参见韩西山于1999年出版的《秦桧传》及重新修订的《秦桧研究》(北京:人民出版社, 2008)。

解决的办法。①

　　我并不试图从这些材料中引出一个它们不再能讲出的故事——对"真实"的秦桧的叙述,而是选择让材料讲述一个它们能够讲述的故事,即,它们自身被加工的历史。在这篇文章中,我所追求的不是为一个"真实的"历史提供材料上的佐证——我相信它们中的大部分都已无可挽回地遗失了,而是试图为人们对"事实"所做的加工提供证据。幸运的是,中国人逐字抄写历史文本以及将现存片段编辑或重编到不断变化的上下文中的做法,给汉学家们提供了在一些细节上证明此类加工的可能性。这样,我们关注的重心就从有关秦桧的无法复原的"事实"转到了关于他的历史形象的塑造的事实。

　　本文的核心论点是秦桧对官方历史记录的破坏造成了一种文献的真空,它使得后来关于秦桧的历史神话的创造成为可能。关于这一过程的第一个阶段,刘子健观察到秦桧统治的一个基本特征是"一种前现代的思想控制",它包括对宫廷历史记录的变更、对私编史书的压制和对口头及文字交流的严格检查。② 这些恣意的压制及其后果导致对各种原始材料的大规模破坏和篡改。秦桧和他的养子秦熺(卒于1161)干涉史官的日常工作并以一种史无前例的程度扰乱了宫廷文献进入国史的过程。与此同时,秦桧统

---

① 刘子健相信,材料的状况使有关秦桧"这个人本身"的研究已经变得不太可能,因此他专注于秦桧亲友的研究。参见《秦桧的亲友》,收入刘子健,《两宋史研究汇编》(台北:联经出版事业公司,1987),页143—171,特别是页144—145。

② 刘子健,*China Turning Inward*:*Intellectual-Political Changes in the Early Twelfth Century*(Cambridge:Council on East Asian Studies,Harvard University,1988),页100—101。

治的文字狱性质迫使许多学者为避免迫害,改变了他们写作的内容和方式,同时也改变或销毁了他们自己和别人的文章。然而,这些高压政策必须被放在 1126 年北中国失陷于女真人以后北宋的政治和思想文化崩溃的背景下来理解。秦桧与南宋第一个皇帝高宗(1107—1187;在位时间 1127—1162)密切地联合,压制异己,首先迫使人们服从朝廷对女真的妥协政策,然后更进一步强调政治和思想的一致,以之作为总体文化更新的基本政策的一部分。①

　　本文的另一个目标是探究有关秦桧的传说发展的第二个阶段,并试图为高宗时期的文化政策与在 12—13 世纪的道学支持者中间对于南宋早期历史独特看法的形成之间的复杂关系提供文献上的证明。这里,我研究秦桧史形象的塑造过程——并从它在与秦本人同时代的材料中出现开始,一直追溯到它在《宋史》中的定型。我主要的方法是对材料按主题分类进行分析,以对秦桧形象的演化

---

① 专门研究秦桧文字狱的两部现代学者的研究是黄宽重的《秦桧与文字狱》,载于《宋史丛论》(台北:新文丰出版公司,1993),页 41—72 及王曾瑜,《绍兴文字狱》,《大陆杂志》第 88 卷第 4 期,1994 年,页 18—31。据我所知,关于传统中国的审查制度的第一部综合史是胡奇光的《中国文祸史》(上海:上海人民出版社,1993)。其中有很大的篇幅谈及秦桧,称他为"中国监察史上专兴文字狱的第一人"(第 75 页)。英文"inquisition"一词在这里是对汉语"文字狱"的一种不能尽如人意的转译。然而,"文字狱"是清代的术语,在宋代并没有相应的表达。由于它与中世纪以及文艺复兴的欧洲的关系,"inquisition"一词是否可以用于宋代的中国仍有在细节上探究的必要。我在这里用这个词描述朝廷压制书面和口头表达的努力,有可能会受到指责。有关此问题的更进一步分析,参见蔡涵墨"Poetry and Politics in 1079:the Crow Terrace Poetry Case of Su Shih", *Chinese Literature:Essays,Articles,Reviews* 12(1990),页 15—44 和"The Inquisition against Su Shih:His Sentence as an Example of Sung Legal Practice",*Journal of the American Oriental Society* 113.2(1993),页 228—243。

提供文献的证据。这些材料按年代顺序分成三组:大的道学倡导者朱熹(1130—1200)及其 12 世纪的同道的文章;道学家在宋末元初版的南宋早期编年史中为了满足教学的需要所做的评注,主要是 13 世纪中期的材料;《宋史·秦桧传》,正式完成于 1345 年。

对秦桧压制政策的反应——高宗时代迫害的后果,导致了对历史记录的二次加工,它比秦桧原来所做的范围更广也更为精致。几乎就在秦桧死的同时,他的余党为了掩盖他们与秦的政策中令人不快的方面的联系,开始修改历史的记录。与此同时,秦桧文字狱的受害者和他们的后人对已经被他们的迫害者歪曲过的历史记载进行了"校正",并填充了由于秦桧最初的删改所造成的巨大空白。

宋代最后的百年里,朝廷历史的撰写一直控制在以某种方式与道学运动保持关联的学者手中。作为道学的集大成者,朱熹对这一运动从北宋时期的发端一直到他自己的时代的整个历史做了一个系统的阐述。朱熹发现秦桧的文字狱是理清这一历史中的一些难题的便利工具,而受秦桧迫害则成了身后被容许进入"道学群体"的一个重要标准。相应地,朱熹致力于创造一个比其本来面目更为阴暗的秦桧形象。当道学获得了思想上的地位和政治上的支持时,以"受恶人迫害的就是好人"的标准作为整个朝代历史的组织原则,就变得越来越具有吸引力。《宋史》中赞扬宋代道学家为"道统"的四卷(卷 427—430),体现了朱熹的道学史观,并为这一著作的编纂者提供了构建宋代思想史的一种重要的方法。① 与《道学传》相对,依年代记述奸臣恶行的四卷《奸臣

———————

① "道学群体"(fellowship of the *tao*)这个用语源自田浩的《朱熹的思维世界》(西安:陕西师范大学出版社,1999)。

传》，差不多起了从反面映衬的作用。作为一个邪恶的谱系，这为解释宋王朝失败的主要方面提供了框架。这两个集团都是人为制造的历史想象。极具讽刺意味的是，秦桧操之过急的迫害所开启的历史力量，使得他最终看上去比他同时代的诋毁者所敢于设想的还要坏。

秦桧其人

在本文的主体部分开始之前附加一个关于秦桧的生平及为人的简要介绍也许是有益的。秦桧生于1090年，出身于现在南京附近某个普通的官吏家庭。① 按照那个时代的惯例，在1115年进士及第后，秦桧娶了前任宰相王珪（1019—1085）的孙女——王一度是王安石的朋友，同时也是一个很有势力的北宋政治集团的首领。他很快被委派为密州（位于现在的山东省）地方学校的教授。由于他妻氏宗族的支持（他们似乎与地方及地方官吏有关系），他被举荐并通过了1123年的铨试，并很快被指派为太学学正。直到1126年女真人围攻北宋的都城，他一直执掌这一职位。由于某些无法确知的原因（也许与他妻氏宗族在被占领地区的显赫势力有关），这场危机将秦桧卷入了最高的权力集团。他被选为出使敌国都城的割地使，并在回到开封后被委任为殿中侍御

---

① 由于本文认为关于秦桧生活的许多细节已经无法恢复，这一简要的传记当然不可能是明确的。我试图用中性的术语来描述秦桧生平的事件，并指明因材料的相互抵触而无法确定的地方。这一部分只是打算提供南宋早期历史的背景，并引出对于下文而言十分关键的问题。

史。在开封被围期间，他成为那些反对弃城投降的人的领袖，并很快被提升为御史台的首脑。都城陷落之日，他留下来陪护钦宗（1101—1161；在位时间，1126），而且在其后的占领期间，他始终留在城内。1127年初，在俘获了钦宗和徽宗（1082—1135；在位时间1101—1126）以后，女真人建议废黜赵姓皇室，并指定对他们颇有好感的宋朝官员张邦昌为新王朝的皇帝。尽管他具体在何种程度上参与其中尚不明确，但秦桧无疑是都城里那些抵制这一运动的官员之一。一些资料表明，秦桧个人向驻扎在城外的女真首领递交了一份抗议书。这是他早期生涯中最有决定意义的时刻。这一抗议书的结果是，他和他的家人被拘禁与二帝及其近侍一起被送到北方。在被俘期间，由于他的文学才能，秦桧最初是作为徽宗与女真皇室往来的秘书。这一地位可能给他提供了接近女真统治圈的便利。女真皇帝将他作为陪臣赐给自己的兄弟挞懒——一个以河北和山东为根基的女真贵族。1129年，挞懒说服女真统治集团在北中国建立一个傀儡政权，他们选择了1128年投降女真的宋朝官员刘豫（1079—1143）作为这一国号为齐的政权的首领。1130年10月，在挞懒进袭江苏期间，秦桧及其全家得以逃脱并最终重新回到了宋朝王廷。脱逃的原委引起了直接的怀疑，因为在宋朝所有被俘的重要官员中，只有秦不仅从北方逃回，而且还带回了他的全家。当时的推测是由于他的妻氏集团在山东的显赫势力——她的几个亲戚在刘豫的政权里做官，他们设法唆使挞懒容许秦桧逃脱。稍后的材料推测挞懒安排让他逃脱是因为他知道秦桧将在南宋朝廷里支持一种对待女真人的软弱政策。无论情况如何，当时的宰相范宗尹（1098—1136）出面为秦桧担保，而那时第一次见到秦桧的高宗很高兴这样一位忠诚的官员逃归，于是便任命他为礼部尚书。几个月以后，他被提升为参知政事,并于 1131 年 8 月——他从北方逃回还不到一年,与吕颐浩(1071—1139)一起出任宰相。

一年以后,即 1132 年 8 月,作为宰相的秦桧被解职。这次免职的原委即使是在秦桧生前也是一个有争议的问题。《宋史》叙述说:高宗不满于秦桧对金政策的投降本质。最为确定的是,秦与吕颐浩之间的竞争使得吕与朱胜非(1082—1144)一道通过成功地指控秦桧结党而将他逐出。然而,一个令后来的历史学家不安的原因是假想中的秦桧派系中包括了胡安国(1074—1138)和其他一些程颐(后来的道学运动的一个主要奠基人物)帮派的追随者。秦桧对御史台的失控(这是一个他将不会再犯的错误),使他易于遭到反对。他接受了一份祠庙的闲职,直到 1135 年金太宗皇帝去世,他始终未被起用。金太宗死后,挞懒在女真朝廷中的势力得到加强。他支持的对宋相对缓和的态度使得宋廷内部的政治事态变得有利于像秦桧这样倡导对北方妥协的人。与此同时,1135—1136 年宋王朝在长江中部镇压内部叛乱以及在中原地区对刘豫的军事胜利,第一次将南宋政权置于一个有利的军事地位,并削弱了女真人对刘豫的支持。1135 年 6 月,秦桧被委任为温州的地方长官。1136 年 7 月,在宰相张浚(1097—1164)举荐下,他被召回朝廷并官复原职。1137 年 1 月,当徽宗皇帝亡故的消息传到朝廷以后,女真与南宋之间妥协的希望再度增加了。

秦桧又一次在张浚的支持下被任命为枢密使。1137 年秋,由于措置失宜导致在淮西的大宋军队叛归刘豫,张浚被迫辞职。他被前任宰相,曾为其助手的赵鼎取代。一些资料表明,秦桧曾期望自己得到这个位置。秦桧、张浚和赵鼎之间的关系的确复杂,因此也被后来的史家做了多方面的加工。1137 年末,女真人废黜了刘豫,并向南宋方面传话,表示他们乐意以归还徽宗及其皇后的遗体和仍然健在的高宗的生母作为和谈的基础。1138年初南宋最终决定定都临安,而1138年3月秦桧再一次升任宰相,与赵鼎一起主掌朝政。

事实证明,与女真人的谈判是困难的。不仅女真人提出的谈判条件十分苛刻,而且南宋朝廷的许多官员也反对和谈。他们争论说:女真人提议的条款污辱了大宋,同时女真人也不可能信守任何协议,而近来南宋的军事成功有可能继续下去,并使武力收复北方成为可能。1138年12月,事情到了紧要关头,这是秦桧生活和南宋历史的一个关节点。当女真的使团接近都城时,赵鼎在秦桧的压力下辞职,留下秦作为唯一的宰相与女真人谈判并压制反对者。他迅速对他最主要的政敌胡铨(1102—1180)采取了行动:他委派同党作御史以便让他们弹劾那些和议的反对者。

许多官员辞职,另外一些人则阿附于秦桧。后来的历史学家把御史对胡铨的弹劾解释为高宗时代文字狱的开始。和约的条款包括将齐在河南和山西的领土归还给南宋政权,此外还要归还皇室成员的棺椁及高宗的生母;作为交换,南宋政权需接受臣属的地位,并每年向女真纳贡。但是,1139年秋,女真统治集团内部的一场权力斗争导致挞懒被处死,而好战的女真领袖掌握了朝政。次年,女真公开背弃和约,并重新进犯河南和山西。岳飞抗击并追踪女真直至河北,但是朝廷命令他退回河南。1141年初,双方再度形成僵持状态。尽管这次媾和的失败给秦桧带来了严峻的政治压力,但他始终没有失去高宗的信任。他拒绝辞职,并进一步压制他的政敌和像赵鼎这样的竞争对手。此时,高宗和秦桧最害怕的不是女真人——他们已经再一次提议和谈,而是受新近在战场上取得的成功鼓励的宋朝主要将领在实际上的独立性。这种独立性既是对女真人的威胁,同时也构成了对南宋朝廷的巨大威胁。1141 年中,朝廷开始通过升迁他们入朝为官和将他们的实力重新划归文官职权来削除他们的独立性。岳飞似乎做了比其他人更激烈的抵制,这一姿态导致了从 1141 年 7 月对他的告发开始一直到同年 12 月他被害为止的一系列事件。1142 年 8 月,一项新的和约签署了,这一和约将淮河划定为两国的边界,徽宗皇帝的棺椁和高宗的母亲回到了南宋的国都。秦桧被加封为太师并且开始了一个一直持续到他 1155 年死亡为止的绝对控制的时代。

材料问题

众所周知,宋朝官修史书的编纂就是将朝廷日常施政的文献编辑和删削成朝代史稿。《起居注》——理想的情况下是对皇帝言行的一种日常记录,被整理进《日历》,而后编为《实录》,最终成为《正史》或《国史》。这一系统开创于初唐,那时统一朝廷的概念及官方历史的记录者、作者和读者之间观点理论上的一致使得从官方档案到既成历史的完整转变显得合乎情理。① 但是北宋强烈的宗派主义使得这一较早的制度性构架承载了过多的负担,

---

① 对于这一系统的经典阐述,参见杨联陞 "The Organization of Chinese Official Historiography:Principles and Methods of the Stanford Histories from the T' ang Through the Ming Dynasty",载于 G. Beasley 和蒲立本(E. G. Pulleyblank)编 *Histories of China and Japan*(London:Oxford University Press,1961),页 44—59。Denis Twitchet, *The Writing of Official History Under the T' ang*(Cambridge:Cambridge University Press,1992),该书在细节上描述了唐代历史的撰写,强调即使是在唐代,这一系统在实际上也经常偏离它的理想模式。对于宋代,蔡崇榜的《宋代修史制度研究》(台北:文津出版社,1991)收集并组织了许多原始的文本。

而该模式是以初唐更为集权化的经验为基础的。在一个以诉诸历史先例作为对计划行动的一种强有力论据的社会里,相互竞争的政治派别会写出相互竞争的不同版本的历史,由于《神宗实录》记载了从1064—1085年间的史事(这一时期发生了王安石的变法派与司马光的保守派之间的斗争),随着对朝廷和著作官方历史的权力的控制在两个党派间的更迭,在王安石和司马光死后的15年里,它被前后修订过不下三次。[1] 而1135—1138年间,在两个互相竞争的宰相赵鼎和张浚为提供看似合理的历史证据以支持各自政策的斗争中,《神宗实录》又被做了两次进一步的修改。[2]

这样一来,在秦桧1138年成为宰相时,他其实是在一个他的前任已经公然篡改官方历史的政治环境里运作。因此,几乎毫不奇怪,1140年2月史馆被完全解散,馆中的官员均恢复原职,而史馆的工作则被转入秘书省。作为基础的《日历》的编纂成为著作郎的职责。特别是编纂的实体将在为特定的计划工作的秘书省中建立起来,而每一个计划的长官和人员都由宰相委派,[3]这些变

---

[1] 参见黄汉超,《宋神宗实录前后改修之分析》,《新亚学报》第7卷第1期,1965年2月,页367—409以及第7卷第2期,1966年8月,页157—195。

[2] 参见蔡崇榜,《绍兴〈神宗实录〉两修考》,《文史》,第37辑,1993年,页131—137。

[3] 熊克(1111—1190),《中兴小历》,1984年福建人民出版社以《中兴小纪》为书名重印(下文简称《小历》),卷28,页326;李心传(1166—1243),《建炎以来系年要录》(下文简称《要录》),成书于1208年,北京:中华书局,1988年重印,卷134,页2152;徐松(1781—1848)辑,《宋会要辑稿》(下文简称《宋会要》;1936年初版,1966年北京中华书局重印),《职官》18,页53、60。根据熊克和《宋会要》运历1,页22,这一行动之后,紧接着便是礼部为响应秦桧关于解散史馆的政策建议而拟定的奏章。但李心传将史馆的解散视为一次匿名的政府行为,并没有特别地提到秦桧。史馆这一用语在整个南宋仍是用来指代秘书省 (转下页)

更增加了宰相对历史编纂能够施加控制的程度。

事实上，从11世纪早期起，宋朝的史馆就不再配有专官。[1]而且，北宋的改革派很早就建议解散史馆，重新分配它的功能，并以之作为元丰时期（1078—1085）的制度性变革的部分。[2] 总之，1140年的重组代表宋王廷试图使官方历史的修撰与宋代的政治生活现实相一致的努力达到了高峰。

秦桧利用这一倾向迅速做出了行动。《起居注》是编纂过程所依赖的主要档案材料。起初，起居郎被设置为宫廷的随员来记录皇帝的言行，但在宋代，他们被定位为听众，他们距离皇帝太远以至于无法听到他的言辞。作为替代，他们依赖于听后掌握的文献：每一个官员提供一份在朝廷的记录，而后将记录的副本连同皇帝的评语一起送给起居郎以供记载和保存。秦桧死后数月，新任命的起居郎吴秉信上奏说：他的官属从1143年起就没有配给随员，而其后的记录也付之阙如。在重构佚失记载的努力中，他建议在全国范围内征集相关的文献。但尽管一再努力，后来的起居郎都无法完成这项工作。[3] 这里似乎暗示了：秦桧拦截了呈交

（接上页）管理下的历史纂作的正式用语，例如，赵升于1234年编的《朝野类要》》（北京：中华书局，2007），卷2，页45。

[1] 李心传，《建炎以来朝野杂记》（以下简称为《朝野杂记》，1202年甲集，1216年乙集；北京：中华书局，2000），甲集卷10，页207—208。

[2] 张复华，《北宋中期以后之官制改革》（台北：文史哲出版社，1991），页198—201。

[3] 《要录》，卷172，页2830；《宋会要》职官2，页18。1158年9月，洪迈（1123—1202）提出利用留存于其他官署的资料重修和建构1138—1155年间的日历；参见《宋会要》职官2，页18以及收录在黄淮（1367—1449）和杨士奇（1365—1444）编辑的《历代名臣奏议》（上海：上海古籍出版社，1989年重印），卷277，页3中洪迈奏议的全文。淳（转下页）

后的原始记录并且不给起居郎配置随员以掩盖他的行为。1143—1155 年间的原始档案材料的破坏是此后这一时期的历史编纂问题的基本根源。

通过否定《起居注》的档案功能，秦桧很大程度上成功地限制了将来要考察他在 1142 年以后的政策的史家对于文献的利用。[①]与此同时，他还通过促进 1127—1142 年间《日历》（朝代史编纂的第二个阶段）的迅速编纂，采取主动的步骤以控制现存的档案材料。当他的养子秦熺通过了 1142 年 4 月的进士考试后，便立即被安置在秘书省，并且在当年秋天被晋升为秘书少监。[②] 1147 年 7 月，就在皇帝为新建成的秘书省揭幕之前，秦熺被任命为秘书省

（接上页）熙二年七月，起居舍人汤邦产（1172 年进士）上疏奏告修撰工作没有完成，并要求另外搜寻记录的资料（《宋会要》职官 2，页 23）。

[①]许多学者注意到了这一时期的主要编年史——李心传的《建炎以来系年要录》中不同章节间长度上的比例失衡。马伯良（Brian McKnight）在介绍此书的 1956 年中华书局版时写道："描述 1126—1140 年间事件的篇幅共有 133 卷，平均每年占 156 页；然而在更为安定的 1140—1163 年间却只占 67 卷，平均每年约占 52 页"；参见白乐日（Etienne Balazs）和 Yves Hervouet，*A Sung Bibliography*（香港：香港中文大学，1978；以下简称 *Sung bibliography*），页 81。无疑，秦桧时代的原始文献数量的减少也可以解释《要录》中关于这一时期的文字篇幅的减少。

[②]陈骙（1128—1203），《南宋馆阁录》（北京：中华书局，1988），卷 7，页 81、93。《要录》，卷 145，页 2320、2334；卷 146，页 2356。相同的经历也发生在秦桧的孙子秦埙（1137—?）身上，他在 1154 年进士及第后，立即被任命为实录院修撰。参见《南宋馆阁录》，卷 8，页 135；《要录》，卷 166，页 2715。1141 年 8 月，由于他在秘书省的职位的关系，秦熺写了一篇题为《史论》的文章，该文保留在《要录》，卷 146，页 2347—2350。这一文本提供了秦氏家族对于 1142 年与女真议和原因的看法，其中包括在岳飞的被害事件中高宗本人的责任。《史论》是仅存的几篇出自秦桧及其家人手笔的文献之一。

提举——一个新设的职位，使他可以完全控制秘书省的功能，直到秦桧 1155 年去世。① 1143 年 2 月，在他最初被安置到秘书省以后不久，秦熺和他的两个同僚完成了 590 卷的《建炎以来日历》，并正式呈交给皇帝。这一文本涵括了从高宗登基到 1142 年 5 月的这段时期，还附加了一个叙述高宗的母亲回归过程的附录，这是 1142 年 8 月与女真缔结和约的一个结果。②

　　王明清(1127—1214)最早明确地指出南宋正统的编史工作的这一基调：为了从正面反映秦桧的情况，1143 年的《建炎以来日历》歪曲了既存的 1127—1142 年间的《日历》。1142—1155 年间的记录也被认为是以同样的基调撰记的。对于这一结果，王援引了徐度(死于 1156?)的说法："自高宗建炎航海之后，如《日历》、《起居注》、《时政记》之类，初甚圆备。秦会之再相，继登维垣，始任意自专。取其绍兴壬子岁，初罢右相，凡一时施行，如训诰诏旨与夫斥逐其门人臣僚章疏奏对之语，稍及于己者，悉皆更易焚弃。由是亡失极多，不复可以稽考。逮其擅政以来十五年间，凡所纪录，莫非其党奸谀诌佞之词，不足以传信天下后世。"③在注意到对

---

① 《南宋馆阁录》，卷 7，页 81；《要录》，卷 152，页 2444；《朝野杂记》，甲集卷 10，页 208。新秘书省的布局反映了 1140 年对以前史馆的职责的恢复：载于 John H. Winkelman 著 *The Imperial Library in Southern Sung China：1127-1279*(Philadelphia：The American Philosophical Society，1974)，页 16 的秘书省格局图表明，有相当大的空间留给了历史编纂工作。

② 《要录》，卷 148，页 2381—2382；《宋会要》运历 1，页 22—23。这些材料指出王扬英(1124 年进士)和周执羔(1094—1170)以及秦熺是《建炎以来日历》的作者。

③ 王明清，《挥麈录》(北京：中华书局，1961)，《后录》，卷 1，页 69。徐度1135—1138 年间在秘书省供职，他是尹焞的弟子，尹是程颐的 (转下页)

《建炎以来日历》的看法以后,李心传通过在其《建炎以来系年要录》的正义里引证徐度的评论认可了这一看法,而这一讨论经常构成野史中关于南宋初历史编著问题讨论的出发点。①

然而,此类野史中极少提及秦桧死后其政敌和同党修改、变更和回填其施政记录的努力。我们在上面已经提到建构1143—1155年间《起居注》的尝试。在一个更现实和直接的事实上,1156年5月,以前秦桧的同伙、当时身为宰相的沈该指出:"桧专政以来,所书圣语,有非玉音者,恐不足以垂大训。乃奏删之,而取上即位至今通三十年,纂为《中兴圣语》六十卷,上之。"人们可以毫无疑问地将这一仓促的工作解释为高宗及秦桧以前的同伙试图将皇帝(当然也包括他们自己)同秦桧政策的某些方面摆脱干系的努力。②

"校正"和"审订"秦熺的《日历》的直接步骤也被采用。1156

(接上页)学生,也是其后的道学谱系中的主要人物,参见《南宋馆阁录》,卷8,页111、119;黄宗羲(1610—1695)和全祖望(1705—1755),《宋元学案》(北京,中华书局,1986),卷27,页1015,以及 *Sung Bibliography*,页105—106。《尹焞传》在四卷《宋史·道学传》中很突出,参见脱脱(1314—1355)等编,《宋史》(1345;北京:中华书局,1977年重印),卷428,页12734—12738。

①《要录》,卷148,页2381—2382;及《要录》,卷57,页1000页。参见寺地遵,《南宋初期政治史研究》,页301;王曾瑜校注,岳珂(1183—1240),《鄂国金陀粹编续编校注》(北京:中华书局,1989),序,页2;以及赵效宣,《〈秦桧传〉表微》,《新亚书院学术年刊》第13期,1971年,页301。

②《要录》,卷172,页2840;王应麟(1223—1296),《玉海》(上海、南京:上海书店、江苏古籍出版社,1988),卷49,页11。关于秦桧的同党、后来成为宰相的汤思退(1164年卒)绍兴二十六年九月做出的一个相关的行动,参见《要录》,卷174,页2874—2875。

年 6 月，张孝祥（1132—1170）吁请让那些遭秦桧迫害的人复职，并重新修订《日历》。他直接将王安石与秦桧相提并论：

> 昔王安石作《日录》，一时政事，美则归己。故相信任之专，非特如安石。臣惧其作《时政记》，亦如安石专用己意，掠美自归。望取去岁以前修过《日历》，详加是正，审订事实，务在贬黜私说，庶几垂之无穷。[1]

这一建议得到批准，而当时正在秘书省供职的作者本人则开始着手这一工作。但张孝祥并不是一个对当时事实无偏见的观察者。他的父亲和叔父都曾与秦桧发生冲突，而张孝祥本人则因卷入胡寅"谋大逆"案而受到指控。[2] 1162 年 12 月，这一修订工作仍在进行当中，当时任职于秘书省的张震（1151 年进士）提到，除了校正 590 卷的《建炎以来日历》的"舛误"外，秘书省还在编辑一部 830 卷的 1142—1155 年间的材料和 707 人的传记草稿。在这些材料中有秦桧的日常施政记录，秘书省的馆职人员正在"审订事实"。[3] 1176 年 3 月，1000 卷的《高宗日历》被呈交给皇帝。当时任秘书省长官才两个月的李焘（1115—1184）为其作序。当这位大历史学家提出质疑时，人们感到的是一种沮丧而非自谦的语气："顾惟纪述圣神之言动，事大体重，臣愚岂能独任？加之岁周三纪，史非一官，掇缉穿联，简策繁夥，其间脱略抵牾，违失本

---

① 《要录》，卷 173，页 2849；《宋会要》运历 1，页 23。
② 《要录》，卷 169，页 2768—2769；《宋史》，卷 389，页 11942—11943；关于张氏与道学家胡寅的关系，参见《宋元学案》，卷 41，页 1362。
③ 《要录》，卷 198，页 3335—3336。

真,安能自保?"①

　　虽然证据表明:徐度有关南宋初年的档案材料已经"完成"的描述值得怀疑,但李焘在 1176 年《日历》的序中肯定了徐关于秦桧统治对于官修历史撰写的破坏性影响的描述。② 尽管《日历》的文本在 13 世纪末已经散佚,但两部现存的 12 世纪的著作仍与之直接相关。它们是熊克完成于 1185 年的《中兴小历》和李心传完成于 1208 年的《要录》。这两部私家著述既有很多重要的一致性,又表现出了他们克服《日历》的固有缺陷的企图中的种种不同。

　　熊克的《小历》作为高宗时代的研究资料经常被忽略。绝大

---

① 引自马端临(1254—?),《文献通考·经籍考》(上海:华东师范大学出版社,1985),卷 21,页 531。另见《南宋馆阁录》,卷 4,页 38;《宋会要》职官 18,页 102;以及《玉海》,卷 47,页 40—41。1188 年 3 月,高宗于 1187 年 10 月亡故以后,朝廷的史官洪迈建议编纂高宗朝的实录。两个月以后,史馆公布了计划的纲要;征求原始文献的范围异乎寻常地广泛,包括朝廷的政令、奏议、手诏、日记、文集、碑志、传记、札子、宫廷邸报、人员名册、审查记录、律令汇编和外交书信。计划还对当地制作副本、鉴定资料、投入经费以购买大部头的原始资料等事,做出了安排(《宋会要》职官 18,页 70—71)。为修备《实录》而进行如此广泛的资料征集表明洪迈不满于《日历》的内容,因此要寻找可供《实录》增添和修改记载的文献。
② 由于 1127 年开封失陷以及此后数年因高宗逃避入侵和女真人及地方的叛乱而引生的混乱,将 1135 年的档案看作"完整的"似乎很困难,当时徐度也许见过它们。直到 1135 年 5 月,第一道编修王朝早期《日历》的政令才发布出来,与此同时,它还命令地方政府将相关文献和私人叙述的副本送交岳州的临时朝廷(《要录》,卷 44,页 804)。这一时期的档案收集是如此的稀少,以至于 1131 年,当历史学家汪藻(1079—1154)在湖州发现了一整套朝廷的政令时,他十分惊喜。他据这一材料的南宋部分编辑成的《建炎中兴诏旨》,于 1134 年 7 月被呈交给史馆(《要录》,卷 78,页 1278)。

多数学者很自然地乐于依据李心传卷帙更多,也更为详尽的著作。熊克大约在1180年任职为起居郎,而他的著述的标题反映了它作为《日历》的一种非正式的节略本的特征。他无疑有接触《日历》的机会,而为了编著他的《小历》,他还在原有的基础上添加了私人的材料。李心传在其《要录》中引述《小历》超过500次,通常是出于纠误的目的,他批评《小历》的脱漏和不全面,指出它没有被呈交御览。① 现代学者对这部著作的忽略是不幸的,因为《小历》是现存的那一时期历史的最早尝试,它撰写于高宗仍然健在的时候,并为李心传提供了重要的模式。《小历》对于秦桧的研究尤为重要,因为它在总体上对秦倡导的和平政策抱有同情。这一事实确立了关于秦桧的历史记载的一个重要的总体原则:讨论涉及的著作年代越早,秦桧的形象反面色彩就越少。

现代学者认为李心传的《要录》是中国历史著述的一座丰碑,而我对于秦桧相关的著作的接触也充分地证实了这一判断。尽管在长度上只有《日历》的1/5,《要录》在篇幅上仍是《小历》的5倍(200卷对40卷),而且它参考了范围更为广阔的私人材料。②

①《朝野杂记》,甲集卷6,页150。陈振孙(约1190-1249),《直斋书录解题》(上海:上海古籍出版社,1987),卷4,页119;其中批评这部著作"往往疏略多抵牾"。关于《小历》,参见龙彼得(Piet van der Loon)在 *Sung Biographies* 中的提要,页79—80;关于熊克,参见《宋史》,卷445,页13143—13144以及 Franke, *Sung Biographies*,页417—419。

②有关《要录》引用的原始材料的可资利用的索引,参见山内正博,《建炎以来系年要录注据引编目索引控》,《宫崎大学教育学部纪要》,《社会科学》22(1967),页43—58;孔学,《〈建炎以来系年要录〉取材考》,《史学史研究》1995年第2期,页43—55。对于《要录》提到的总书目,参见 Brian McKnight 在 *Sung Biographies* 中的提要,页81;王德毅,《李心传著述考》,《建炎以来系年要录》附录(台北:文海出版社,1980),(转下页)

李撰著《要录》的 1196—1208 年间,是一个充斥着对私家著史的检查和禁止的时代。对"伪学"的禁制开始于 1196 年 8 月,到 1202 年 2 月仍有余响。此后不久,即 1202 年春,朝廷发布禁令禁止私家史书的编著,而李不久便收到了来自他的朋友的警告——其中包括有关秦桧早期因李光(1078—1159)及其家人存有一部私著史书而对他进行迫害的直接资料,被迫暂时中止了他的历史研究,直到 1207 年韩侂胄死后才重新开始。① 这样一来,李心传在编著《要录》的时候,便目睹了许多与秦桧治下的高宗朝廷一样的思想和政治紧张。

《要录》同时既是对《日历》的压缩又是对它的评注,它被分为正文和李自己的注释两部分,在注释中他试图消除《日历》中的歪曲和加工。在找出《日历》的不一致和抵牾之处以后,他整理私家的资料以确定有争议的事件的最为可信的情形。他的正文表达了这一研究的结果,而他的注释则既保存了同一事件的不同说法,又为他的选择提供了文献上的支持。他手边既有的资料常常不能得出定论,在提供了文献上的证据以后,他会指出这个问题"待考"。换言之,《要录》对于现代学者的巨大价值在于李格外

(接上页)页 6774—6779;聂乐和,《〈建炎以来系年要录〉的编撰和流传》,《史学史研究》1988 年第 2 期以及陈智超,《四库本〈建炎以来系年要录〉发覆》,《社会科学研究》(四川)1988 年第 3 期,页 94—99。关于李心传的传记,参见《宋史》,卷 438,页 12984—12986;Franke, *Sung Biographies*,页 562—564;贾志扬(John C. Chaffee), "Sung Biographies, Supplementary Biography No. 2:Li Hsin-ch'uan", *Journal of Sung-Yuan Studies* 24(1994),页 205—215;以及来可泓,《李心传事迹著作编年》(成都:巴蜀书社,1990)。

① 《朝野杂记》,乙集序。关于 1202 年禁止野史,参见《朝野杂记》,甲集卷 6,页 149—150 和《宋会要》刑法 2,页 132。

注意在他的注释中保存事件的不同说法，同时他对从当时有效的材料中能够得出什么、不能得出什么有一个诚实的态度。在对这一格式的采纳上，李追随了李焘完成于 1183 年的北宋编年史《续资治通鉴长编》的成例，而李心传的著史标准与他著名的前辈的那些标准比较起来更令人赞誉。

李心传对于平衡《日历》中拥秦和反秦的偏见同样注意。一方面，他总是警觉地探察秦熺改写 1142 年以前《日历》的证据。例如，《要录》里有一则 1138 年 9 月的记载，其中高宗称赞了一份建议在内部为战争做准备的同时对外采取与女真媾和的政策的奏章。《日历》的原文提道："王庶与赵鼎等亦以此说为然，当力守此议。"李直截了当地承认赵鼎对此建议的支持，同时还引证了四条证据作为文献上的依据，但他指出王庶作为一个坚决的主战派始终反对赵鼎支持的这一两面政策。李论断说，将王庶包括在这一段里迹近污蔑。他怀疑王庶的名字是秦熺在修订早期《日历》时另行插入的。因此李将王庶的名字从这一段里略去，改为"赵鼎等言当力守此议"。①

另一方面，李心传又尽力纠正对秦桧的过于负面的记载，特别是对其早年。上面已经提到过一个影响秦桧一生的决定性时

----

① 《要录》，卷 122，页 1970。此后不久，王庶被委派了一个闲职，但仍不断地受到御史的攻击。1142 年 6 月，他因种种过失，其中包括写诗毁谤朝廷，而被下令幽禁于道州。两个月以后，他便亡故了。参见《要录》，卷 123，页 1988、1995；卷 124，页 2013；卷 125，页 2038、2044；卷 138，页 2223；卷 145，页 2331；卷 146，页 2342；徐梦莘（1126—1207），《三朝北盟会编》（以下简称《会编》；台北：大化书局，1979 年重印），册 3，页 158 以及《宋史》，卷 372，页 11545—11548。关于李心传校正秦熺在《日历》中曲笔的其他例证，参见《要录》，卷 119，页 1931；卷 124，页 2015 和卷 165，页 2701—2702。

刻。1127 年 2 月开封陷落以后,女真要求替换掉作为皇室的赵氏家族,而拥立张邦昌为新朝代——楚的皇帝,留在都城的大宋官员集会讨论这一要求;秦桧是当时御史台的首领,他公开向女真将领递交了一份抗议书,强烈地要求保留赵氏的皇位。但是据王明清所说,御史台的另一位成员、曾师从程颐学习《中庸》的马伸(卒于 1129 年)是这一抗议书背后的倡议者,并和其他御史一起逼迫很不情愿的秦桧作为首席御史签字。许多年以后的 1153 年,马伸的学生同时又是他女婿的何兑对秦桧将 1127 年抵制女真人对赵氏的灭绝的功劳完全据为己有的企图感到震怒。为抗议秦桧的自诩,他把仍保存于家中的马伸的御史文献原稿送到了枢密院。这一行动激怒了秦桧,他命令将何兑审讯并放逐到南方。李心传收录了 1127 年那份文献的全文,并指出文章是以出自秦桧的观点的第一人称叙述而成的,不是一份联名的文献。他注意到王明清著作中的另一段,其中描述秦桧逼迫其他拒绝签字的御史官在文献上签字,他指出了这两段文献之间的抵牾。他还有力地指出女真人囚禁的是秦桧而非马伸。最后,还记录了秦桧在呈交了他的奏章以后便辞去了御史台首领的职位,这一事实被从《实录》中删去,但李从保留在《日历》中的另一文献的简要记载中复原了这一史实。①

---

① 关于相抵触的段落,参见王明清的《挥麈余话》,卷 2,页 310 和《挥麈后录》,卷 11,页 216—217;《要录》,卷 2,页 49—52。徐梦莘(《会编》,册 2,页 236—238)也刊印了秦桧的全文,他没有提到马伸,而是叙述秦桧亲自将他的文章呈交给女真的将军。关于马伸/何兑的故事,秦熺有一种说法,我们下面就将谈到。对于李心传对秦桧完全负面形象的校正的其他例子,参见《要录》,卷 16,页 333—335;卷 157,页 2552 和卷 159,页 2582—2583。

传统的中国史学的巨大讽刺之一,同时也是对现代学者的一种最大的恩赐是:李心传的同辈们很大程度上忽视了他在《要录》上的努力。尽管宫廷的史馆在 1212 年收存了这部书的一个副本,但它直到 1253 年才公开付印,几乎是在李死去的 10 年以后。这部著作没有包括在元代的《宋史》编纂者所要购买的参考著作的书单中,也没有古代的印本留存下来。所有现存的版本都源于抄录在明初的《永乐大典》中的一种文本,后来这一文本又被收入 18 世纪的《四库全书》。因此,《要录》既没有影响后来的中国人对于宋代历史的传统态度的发展,也没有受到这一发展的影响。然而,对于后一陈述而言,其中有一个重要的例外。

在这唯一流传下来的《要录》的版本中,李心传的注释里包含了大量不是出自他的手笔而是后来增益的段落。《四库》的编纂者推测是《永乐大典》的编辑者增加了这些段落,但更为可能的是它们已经出现在现已散佚的作为《永乐大典》原本的《要录》版本中。这些令人质疑的段落大部分都是说教或道德的评价,从注释中被引证的作者和标题看,它们来自三种资料。实际上,注释中引证的所有这些与秦桧有关的资料,其结果或是否定李心传在正文中叙述的秦桧的正面或中性的形象,或是进一步加深其已经表现为反面的形象,换言之,是为确保读者不会被李心传持中的历史著述所误导。[①] 这三种资料依年代顺序先后是:①何俌(卒于 1167 年)的《中兴龟鉴》;②留正(1129—1206)的《皇宋中兴两朝圣政》;③吕中(1247 年进士)的《皇朝中兴大事记》。第②种和第

---

① 李焘《长编》的出版也经历了同样的命运,同时也含有相似的注解性的改窜。参见裴汝诚和许沛藻,《〈续资治通鉴长编〉考略》(北京:中华书局,1985),页 83—86。

③种勉强算是完整地保存下来，而第①种则只有引文。我们先从最后一部著作谈起，因为它与李心传的《要录》的关系最为清楚。

吕中的《皇朝中兴大事记》从未付梓，只有钞本存世。① 藏书家黄虞稷在1677年的一种明钞本的跋中写道："中字时可，晋江人。淳祐七年廷对第六人，教授肇庆府，除国史实录院检阅。上疏言当去小人之根，革赃吏之弊。迁国子监丞兼崇政殿说书，言人能正心则事不足为，人君能正心则事不足治。理宗嘉纳之，以予给归，召为秘书郎。"②这一钞本扉页的一段文字表明吕中是在肇庆的学校期间撰述这部著作的，大约在1250年前后。这部著作根据很多小的主题划分并粗略地按年代顺序排列。每一主题

①对于吕中及其现存著作的详细研究仍有待进行。由于他的姓及所著书名与吕祖谦的《大事记》相同，所以他的著作经常与吕祖谦的同名著作混同。例如，王民信编《宋史资料萃编》时，第四本重印了题为《类编皇朝大事记讲义》的24卷的清代稿本（台北：文海出版社，1981），并将它看作吕祖谦的著作，尽管序文与中缝明确地指出它的作者是吕中。吕中写了一系列关于两宋历史的讲稿，这些讲稿的不同部分的明清钞本至今尚存。其中即包含有关秦桧的资料，我能查阅到的只有国会图书馆的缩微胶片版"北京图书馆珍本书"，文本第1367号；有关这一明代稿本，参见王重民，《中国善本书提要》（上海：上海古籍出版社，1983），页150。［作者附识：1998年撰写本文时，笔者只能看到黄虞稷题跋的明抄四卷本《皇朝中兴大事记》。最近，张其凡、白晓霞整理的《类编皇朝大事记讲义·类编皇朝中兴大事记讲义》已出版（上海：上海人民出版社，2014），本文所引用的"秦桧窜不附和议君子"条出现在该版本《类编皇朝中兴大事记讲义》的卷11，页611—613。］
②关于吕中的传记，参见李清馥（18世纪），《闽中理学渊源考》，卷33，页4和《福建通志》，《景印文渊阁四库全书》本（台北：台湾商务印书馆，1986年；以下简称《四库全书》本），卷45，页16。关于吕中现存的另一部有关北宋历史的著作《宋大事记讲义》，参见纪昀（1724—1805），《钦定四库全书总目》（北京：中华书局，1997），页1167。

开始于由官方的资料如《日历》或《实录》中缩节和改写的有确定日期的摘录的汇集。对于这些摘录,吕中经常会附以长短不一的评论,短的只有几句话,长的可达数页。一个题为"秦桧窜不附和议君子"的主题被置于 1142 年 6 月,并以日期的提示开始,列举了 1142 年到 1155 年间对王庶及其他 20 位官员的放逐。随后的一个主题将秦桧的迫害放到宋初的历史背景中,并引申出特定的道德训诫:"向时权臣所不忍为者,桧皆为之。"王安石和蔡京(1047—1126)没有加害过任何一个官员,而"桧之雪刃将有大可畏者,晚年欲杀贤士大夫五十三人,而桧则死矣。天之所为,又岂人之所能为哉"。

从吕中的生平以及他的现存著作的标题和格式判断,很明确,《皇朝中兴大事记》是一部教学和说教的著作,可能是打算用作一种为教师口头授课准备的讲义,而不是供学生阅读的教科书。

还有其他此类形式的南宋著作存在,这就是吕祖谦的《大事记》(尽管它比吕中的著作有更多矫饰),这部书也是打算用作授课材料的,并且可能已经为后来的著作起到了范本的作用。[1]《皇朝中兴大事记》中最为显著的特点是将道德和伦理范畴露骨地运用到南宋的政治集团中。这样一来,导致 12 世纪末对道学的禁制的赵汝愚(1140—1196)与韩侂胄之间的政治斗争被描述为君子与小人之间的冲突。当然,此类道德与政治的融合在中国思想学说中是很常见的。在吕中那里,值得注意的是,为了教学的需要而努力使历史显得更为清楚,这导致了在整个朝代的历史上此类道德上的二分法的大量运用。吕中将正史与供教学用的历史

---

[1] 关于吕祖谦的著作,参见 Tillman, *Confucian Discourse and Chu Hsi's Ascendancy*(Honolulu: University of Hawaii Press, 1992),页 99—100。

融合为一,这使得这位南宋末年影响甚微的道学家的历史著述与李心传和徐梦莘编写的严肃的历史著作形成了鲜明的对照。

　　无疑,完成于 1208 年的《要录》是不可能援引成书于 1250 年左右的《皇朝中兴大事记》的。而另外两部著作的情况却没有这么确定。现存的《皇宋中兴两朝圣政》有时被描述为作者不详的著作,有时则与 12 世纪末的宰相留正联系起来,此书源于一种由秘书省发布的被称为《圣政》的宋代史著。① 与那些规模较大、在想象中也更具严肃性的《日历》或《实录》相比,这种形式的著作不太正规。《圣政》是某位皇帝的言行的汇集,按主题排列。它们关注正面的发展,目的是在道德的意义上从过去的统治中提升出"圣政"的实例,而不是要写出严肃的历史。② 《高宗圣政》60 卷于 1166 年闰 9 月呈交给皇帝,而《孝宗圣政》50 卷则完成于 1192 年 12 月。③ 由于它们明确的说教性的内容,《圣政》具有改造与教化工具的理想基础。50 年以后,陈振孙的目录里记录了一部 20 卷的《高宗孝宗圣政编要》。陈提到,他的钞本里包括由书店摘录出来的精选部分以便于考生使用。④

　　现存的《皇宋中兴两朝圣政》是一部涵盖 1127—1189 年间史

① 赵铁寒编《宋史资料萃编》第一辑(台北:文海出版社,1967)重印了这一著作的被假定为宋代钞本的版本,该版本最初收录于阮元(1764—1849)的《宛委别藏》,后来曾在 1935 年重印。参见 Winkelman 编 *Sung Biographies* 的提要,页 83;梁太济,《〈圣政〉今本非原本之旧详辨》,载《唐宋历史文献研究丛稿》(上海:上海古籍出版社,2004),页 311—341。

② 蔡崇榜,《宋代修史制度研究》,页 182。

③ 《南宋馆阁录》,卷 4,页 35;《玉海》,卷 49,页 11—13;《宋史》,卷 36,页 704。

④ 《直斋书录解题》,卷 5,页 168。

事的以年代为序的史著,由与《日历》相同的记载构成。每页上缘的主标题和按主题将这些标题分类的详细目录明显地服务于教化的目的。这些标题的风格和用语都类似于吕中的《大事记》中的文章主题。经常出现的以"臣留正等曰"为起句的评论与吕中的评论很相似。它们引出历史的相似性,提供解释的框架,并在总体上将读者引导到对于事件的正确的道德理解上去。历史事件与道德解释之间的直接联系是这些说教性的编年史的一个基本特征,这无疑使它们有利于为应试所做的准备。

确定这些文本与留正之间的关系是很困难的。留首次任职于秘书省是在 12 世纪 70 年代中期,因此他不可能参与编写《高宗圣政》的工作。然而,他于 1192 年任宰相,其时《孝宗圣政》刚好完成,因此在名义上,这一项目是由他领衔。随着道学运动在13 世纪得到了政治上的尊崇,他在庆元党禁(1195—1200)的名单中作为赵汝愚和朱熹的伙伴的身份,使得这些以他的名义说出的历史判断的道德价值有所增加。①

但现存的《皇宋中兴两朝圣政》的文本肯定与陈振孙在 13 世纪中期看到的著作不同。现存的文本收入了引自何俌的《中兴龟鉴》和吕中的《大事记》的段落。后者无疑是在后人对此书进行改写时加入的。这些增益反映在现存钞本的每一章开头的完整标题中:《曾(增)入名儒讲义皇宋中兴圣政》。"曾(增)入名儒讲义"这一用语至少还出现在另外两部并不十分严格地以《日历》的

①关于留正,参见谢康伦(Conrad Schirokauer)写的传记,该文收载于 Franke, *Sung Biographies*,页 624—628 以及《宋史》,卷 391,页 11972—11977,另见 Conrad Schirokauer, "Neo-Confucians Under Attach:The Condemnation of Wei-hsueh",收载于 Haeger, *Crisis and Prosperity in Sung China*,页 163—198。

材料为依据的宋末元初的编年史中。

其一是从明代开始就被称作《宋史全文》的文献。但至少这部著作的一种元代版本的标题是《曾（增）入名儒讲义续资治通鉴》。① 第二部著作是刘时举（1220—1280）的《续宋编年资治通鉴》，这是一部 1127—1224 年间的南宋编年史，它的元代版本中包括一个描述这部书的种种精彩之处的广告，其中包括"增入诸儒集议"。在这一点上，这一宣传可能不太可靠，因为现代的文本中只包含引自吕中的《中兴大事记》的观点。②

在插入《要录》中的三种"评价性"的著作中，何俌的《中兴龟鉴》最有疑问，但在某种程度上又最为清楚。甚至在秦桧死之前，何俌作为太学博士就已十分活跃，他就任这一职位一直到 12 世

---

① 有关细节，参见山内正博对 *Sung Biographies* 的注解，第 82 页以及《钦定四库全书总目》，页 660—661。这一著作是以前既有的编年史的一个汇编，它的原有标题沿用了李焘的《续资治通鉴长编》。其中关于高宗和孝宗朝的部分完全照搬《皇宋中兴两朝圣政》。由于后一文本仅存的宋代钞本从卷 30 到 45（涉及 1142—1166 之间的几十年）有很多脱漏，《宋史全文》就成为后来有关秦桧时代的历史态度的重要资料。这一著作的作者无从得知，但很可能是生活在元代初期的宋遗民。参见胡玉缙，《四库全书总目提要补正》（北京：中华书局，1964），页 419—421。这一著作的细致研究、它与其资料来源的关系以及它对宋史研究的重要性，参见汪伯琴，《〈宋史全文〉在宋代史籍中之价值》，《大陆杂志》第 51 卷第 6 期，1975 年，页 282—303 和汪圣铎，《试论〈宋史全文〉（理宗部分）的史料价值》，《文献》（季刊）2005 年第 4 期，页 195—207。

② 参见 *Sung Bibliography*，页 77—78。刘时举是宋代晚期与道学群体关系密切的次要官员，历任太学和秘书省的史职。与《宋史全文》不同，刘的著作尽管简要，但仍不失为一部严肃的历史著述，《四库全书》的编者对它评价较高。留正的"观点"当然也被某个福建的书商在该书的一种元代的商业版做了增益，这一过程与同一材料在李心传的《要录》的插入过程相似，参见《钦定四库全书总目》，页 658。

纪 50 年代末。1161 年 5 月,他被委任为馆伴使参加出使女真的一个使团。在 1164—1165 年间,他历任起居郎、中书舍人和集英殿修撰。他于 1166 年 12 月致仕。① 然而,《宋会要》1143 年 5 月条下的一个简短的注释令人十分费解:"中书后省言,看详左迪功郎何俌(补)上《中兴龟鉴》,学术通明,议论纯粹,观其所陈,有补治道。诏与转一官。"② 人们也许会怀疑《宋会要》的日期有误,但李心传本人在同一日期下记载了除晋职以外的相同情形,并附带指出这部著作的篇幅为 10 卷。③ 两种资料都只记载了作者的一个名誉性的或是只代表食俸品级的官衔(散官)——左迪功郎,一个极低的官职(在总共 40 个品级中列在第 37 级),这表明何俌可能已经通过了科举但还没有被委派官职。

《要录》的注释中引用何俌的《中兴龟鉴》达 50 次以上,包括许多强烈批评秦桧以及评论发生在 1143 年以后的事件的段落。④ 至少有一个段落直接提到朱熹,另一段不自觉地透露出朱熹的张浚传带来的影响,还有一段则在重复岳珂完成于 1204 年的《金陀粹编》中的部分赞美岳飞的话。⑤ 很明确,这些引文不可能是何俌原来呈交的部分。《中兴龟鉴》现已散佚,而且也没有任何宋代目录提过它。因此,1143 年的原本与现存的引文之间的关系无法确

① 《要录》,卷 162,页 2630,卷 172,页 2825,卷 177,页 2924;《宋会要》选举 20,页 12,选举 23,页 16;《宋会要》职官 63,页 15,职官 77,页 78;《宋会要》刑法 1,页 47。

② 《宋会要》崇儒 5,页 34。

③ 《要录》,卷 149,页 2394。

④ 《要录》,卷 57,页 1000;卷 124,页 2028;卷 151,页 2431;卷 168,页 2744;卷 169,页 2768。

⑤ 分别参照《要录》,卷 6,页 155;卷 151,页 2431 以及卷 143,页 2303—2304。

知。但现存引文的修辞在风格和语气上与吕中的《大事记》相合，而来自这两种文本中的引文经常成对出现在《皇宋中兴两朝圣政》中。① 在两个文本之间实际的言辞完全相同的情况，至少有一例。

总之，在《要录》的注释中源自何俌的《中兴龟鉴》和吕中的《大事记》的引文不是李心传原来文本的部分，而是反映了13世纪中期的态度。正如我们将要看到的那样，这些13世纪的引文经常用于扭转或抛弃李心传对秦桧的原初判断。它们为宋末道学的追随者将秦桧的形象由李心传的中性描述（它本身似乎反映了12世纪的一致意见）加工成朱熹式的更为极端的系统表述的努力提供了文献上的证明。它似也为秦桧的反面角色的发展过程中一个重要的中间阶段提供了文献上的佐证：这一过程从朱熹最初的系统表述开始，最后在《宋史》的《秦桧传》中定型。

文化的统一与对野史的禁止

秦桧时代的思想氛围是由南宋早期历史的动荡环境，特别是由高宗和秦桧对这些事件的回应方式造成的，并且依次由它

---

① 在吕中的《中兴大事记》的手抄本中关于"秦桧放逐不附和议之君子"一节的结论，也完整地见于《要录》，卷151，页2431的何俌的引文中："何俌《龟鉴》曰：窜王庶，桧怒其不附和议也；窜胡铨，桧怒其曾沮和议也；论赵鼎、论曾开、论李弥逊，而此心无愧之张九成，既与之编置不肯附和议之解潜，亦从而谪居焉。王次翁之力排赵鼎，则喜之；孙近之请召张浚，则恶之，生杀废置，惟己所欲。异时贤士五十三人，皆欲置之死地。狱成未上，而桧则自毙矣。天之所欲，又岂人之所能为哉？"

们形塑。金对北方的占领以及 12 世纪 20—30 年代众多受金控制的中国傀儡政权在边境地区的建立,对于许多宋朝官员,特别是那些本身就是这些地区原住民的官员的忠诚,是一个严峻的考验。当 12 世纪 30 年代末至 40 年代初未来的轮廓变得清晰起来时,许多早期做出困难的选择或在一个决定性的时刻犹豫得太久的官员突然面对着一个有疑点的过去,在道德和政治的解体中,他们迫不及待地要修改历史的记录,给含糊的事件以表面上的历史清晰,以证实个人的忠诚和正直。我们必须在这样的背景里考察当时野史的激增、对野史的审查以及最后的绝对禁止:整个高宗朝廷的政治建设包括皇帝本人都在竭力把持有关"中兴"的历史叙述,为自己的个人行为辩护以保障自己的政治前途。因此,当 1143 年闰 4 月与秦熺合著《日历》的王扬英刚刚完成了从 1127 年以来的《日历》的修撰时,他建议史馆编纂《靖康建炎忠义录》,"俾见危致命,临大节而不可夺者,托无穷之传"。此时,圣徒传变得利害攸关。李心传带着强烈讽刺意味地提到"其后书不克成"。①

而且,高宗登基的特殊性、早期反对其权威的政变和叛乱、处于北方俘虏之中的他的父亲和长兄(都是前任皇帝)的仍然健在,使得他对官方和私家历史如何描述他的统治十分敏感。而且在宋代所有最博学的皇帝中,高宗在经典和历史的学习上很有修养,而且还是一个颇有功底的书法家和文学家。他很理解学术与政治的关系,对北宋文化活力的积极追求无论是对于他自己的地

---

① 《要录》,卷 148,页 2391;《宋史》,卷 30,页 558。这一用语出自《论语》。

位还是对于南宋政权的合法性都有着本质的意义。① 高宗手下的宫廷文人与皇帝有着同样的抱负，要成为北宋"文士"受人尊敬的继承者。这一努力顺理成章地培育出对文字的高度敏感（甚至是在过度文人化的中国政治世界里也显得极端）和对语言的细微差别的关注。这种过分的关注带来了一种不良倾向：把对文字末节的推求推向政治化和法律审查的极致。

秦桧与其主人一样，也是这一既成文字文化对于其自身不远的过去的迷念产物。他自身被北方俘虏以及1130年在不同寻常的情况下回归南方所激起的对于他对大宋的忠诚的议论和怀疑，在政治和情感上都困扰着他，迫使他至少两次公开地从事"校正载传"的运动。② 他还编著了他私人的历史，一部题名为《北征纪

---

① 参见陶晋生，"The Personality of Sung Kao-tsung（r. 1127—1162）"，收载衣川强编，《刘子健教授七十寿辰致庆宋史研究论文集》（京都：同朋舍，1989），页531—543。

② 《要录》，卷158，页2564（1148年8月）和卷165，页1691—1693（1153年7月），"戊戌，太师尚书左仆射秦桧言：'臣伏惟陛下昨自军兴之初，为宗社生灵计，躬自军前，权与和好，因上格天心，中兴国祚。臣至愚极陋，继亦将命，出于自请，当是时岂意有今日依乘风云之幸，盖捐躯殉国，万一近似，乃得有今日休兵保邦之大议也，非偶然也。靖康之末，邦昌僭号，臣独不戴异姓，乞于皇宗不预背盟之议者，选择继统。其后军前取出，欲行惩断。幸而不死，驱敌远去，臣终不变初议。至为徽宗草书，以为南朝有子，不当相待遽如石晋。北朝虽傲岸自用，犹即遣人厚送钱绢，至盈万数。后有传录至中朝者，其本尚在，可考不诬。愚臣君臣之契，与立朝本末如此。昨自初还朝时，首奏令刘光世通书请好，其后吕颐浩都督在外，臣又奏遣北人招讨都监门客通书求好。未几，边报王伦来归，颐浩遂欲攘以归己，力援张邦昌友婿朱胜非来朝，既而围城中人綦密礼与颐浩、胜非援邦昌时受伪命人谢克家复来经筵。当臣之求去也，陛下抚谕再三，恩意款密，臣独以书生不识事体，以（转下页）

实》的关于他在北方经历的记述。① 即使在早期，秦桧似乎也对文字的批评极端敏感，这一点可以通过他对于1131年2月收到的当时的临安知府孙觌（1081—1169）庆贺他被委派到政事堂的一封普通信件的反应中看出。这封信中有这样一段：

> 尽室航海，复还中州，四方传闻，感涕交下。汉苏武节旄

（接上页）必退为真。是时颐浩乃与权邦彦同日留身，乘间建言，以谓宰相之去，乃无一事。于是旋易台谏，拟请御笔，至窑礼草制之日，请以为据。窑礼被逐，常以所得御笔，公示广众，不知事君之体，至于如此。士大夫虽每窃笑，然臣以出处自有本末，后世当有公议，不必与此辈较曲直，故不论。今窑礼已死无子，独有女嫁谢克家之孙伋之子，若不收拾所降御笔，复归天府，则万世之后，忠逆不分，微臣得君立朝，无所考信，实害国体。伏望特降睿旨，令台州取索窑礼所受御笔缴进，仍以臣今奏疏，送附史馆，永以传信，不胜幸甚。'从之。"

① 当然，这一著作也已不存，但李心传引用了其中很长的一段："秦桧《北征纪实》云：寨中日夜经营，无以为计，欲宿留以俟后便，恐或逼招楚城，又恐城破被用，乃荐陈邦光、李侔、蔡敦礼辈，以为可以任使，又为言，楚州褊小不足深讨之意，皆所以求自免也。城既破，夜欲因众竞利之时，奔马西还，而金人已先潜伏以备城中逋人。明日，见诸刻木，以谓旦夕挈入城中，乃定计登舟，遣使再访操舟辈，两日不可得。前后见前所共议者，引至幕中，结约相定，遂欲椎牛相劳，而谈复再变矣。度非此时，他日未有方便。急约云中所还往者张炳郎中，其人医多效，往往军中相识，遂托以寻觅水手，求取篙楫，为刺舟之计。适会张亦欲往，遂定计于食顷之间，躬诣舟人，责以负约，仍许重贿。可否决在今夕，以死断之。议遂坚决无疑矣。是夜，登舟行六十里。来日，宿丁家寨南。次日，至下寨，具状谒统制公，彼犹未信。再宿，引至中寨，会统制丁褀抱疾，其次诸将见约同饮，有副将刘靖者，宿议相图以取囊橐，偶先闻之，乃于席半指刘，斥其阴计，刘自知计已发露，不复有言，晓乃亲诣丁褀帐中，乘醉欲卧，以示无疑，而丁不果纳。遂还舟中，会天宁节近，乃约诸将至僧舍视延，示以礼法。"（《要录》，卷38，页719—720）

尽落,止得属国;唐杜甫麻鞋入见,乃拜拾遗;未有如公,独参大政。①

　　表面上,这可能的确是某种形式上的祝贺:像苏武一样经历了匈奴长期的俘虏,又像杜甫那样在安禄山的叛乱中历经艰苦重新回到朝廷,秦桧也从女真人的俘虏中回归。秦桧则更深地阅读了文本,从中看出了批评:当朝廷的其他人被迫逃到海上时,他却不在那儿。在这样的阅读中,苏武和杜甫的事例成了讽刺:与那些为国家忍受屈辱却只获得了很小官职的英雄不同,秦桧在他回朝数月便被委以要职。这种对文字的细微差别和讽刺的可能性的警惕是文字审查者的一种基本气质。

　　1142 年媾和以后,南宋朝廷开始了一项将临安省府改造成王朝都城的雄心勃勃的建筑和文化更新计划。完整地结合进这一计划的是政治和思想统一的词语以及提倡一致的强制手段。高宗和秦桧赞同国家更新后的思想制度将不包含已经给予金的和谈带来太多阻挠的观点的多样性。这一政策被广泛地宣传和赞誉。例如,1142 年 11 月诏中书、门下后省要在两千余首献给高宗母亲从北方回归的贺诗中选出最佳的诗作。李心传引用了被有司奏为第一的大理正吴桌的颂:

_____

①《要录》,卷 42,页 766。有关苏武和杜甫的专门材料,参见《汉书》(北京:中华书局,1962 年重印),卷 54,页 2463 和洪业(William Hung),*Du Fu. China's Greatest Poet*(Cambridge:Harvard University Press,1952),页 111。可以表明秦桧对文字批评的敏感的另一事件,参见《要录》,卷 126,页 2048;《宋史》,卷 428,页 12737。

辅臣稽首,对扬圣志,惟断乃成,愿破群异。①

　　李心传在同一日还记下了一些并列的事件——当然这并非巧合:提议为太学提供一个单独的校区的奏议和一项让御史台监察禁止被贬谪的官员擅入国门的禁令。两天后,一位谏官指出:"陛下斥远奸邪,与腹心之臣一德,以定大计,大功巍巍,超冠古昔。臣愚虑前日不得志之徒,示即丕变,作为不靖,有害治功。伏望屏置远方,终身不齿,诏谤朝堂。"一周以后,赵鼎和王庶被排除在以后所有的大赦之外。②

　　在 1142 年晚期到 1144 年间,朝廷努力变革和控制新完成的秘书省和太学中的思想生活。1143 年 1 月,当朝廷将岳飞的官邸赐给太学作为其新的校区时,其象征意义变得明确起来。③ 在皇帝对新机构的一次巡视中,当学官让学生们颂扬"陛下方偃武修文,与太祖初定天下之时同符"之时,从军事官邸到太学的物质转变的政治意义变得清晰起来。④ 一年以后,即 1144 年 7 月在皇帝

①《要录》,卷 147,页 2367。后来伟大的"爱国"诗人范成大(1126—
　1193)当时只有 16 岁,也在竞胜者之中。他的献诗今已不存。
②《要录》,卷 147,页 2367—2368。
③《要录》,卷 148,页 2376;《宋会要》崇儒 1,页 32。
④《要录》,卷 149,页 2403—2404。"王来自商,至于丰,乃偃武修文,归马
　于华山之阳,放牛于桃林之野,示天下弗服"出自《书经·武成章》。在
　特别地考虑到岳飞的被害时,许多当时的关于太学生们对于这一语句
　的引用的暗示,可以被理解为"抑文崇武"。高宗所设定的太学生数量
　的慷慨定额,实质上使得高层官员的儿子可以更容易进入官府。参见
　《宋会要》崇儒 1,页 32、36;《宋史》,卷 30,页 560、562—563;以及贾志
　扬,*The Thorny Gates of Learning in Sung China*(Albany:State University of
　New York Press,1995 年第 2 版),页 103—105。

对新秘书省的揭幕视察期间,一份更为清楚的言辞使一切显露无余。他受到秦桧和秘书省的随员、实录馆官员的迎奉,察看了藏画和古董,并被款以正式的宴会。秦熺作为秘书省提举,跪受皇帝手诏。诏书中宣称:

> 朕嘉与学士大夫共宏斯道,乃一新史观,亲御榜题,肆从望幸之诚,以示右文之意。呜呼! 士习于空言而不为有用之学久矣。尔其勉修术业,益励猷为,一德一心,以共赴亨嘉之会,用丕承我祖宗之大训,顾不善钦!①

这一政治与文化统一的用语源于《书经·咸有一德》,其中描述的是传说中的帝汤与他的宰相伊尹之间思想和目标的一致。②高宗诏书中的用语将这一在皇帝与宰相间的同心同德扩展为对那些致力于恢复王朝文化生活的"学士大夫"的命令。总之,高宗将自己与秦桧间思想的一致转化为官僚体制内思想的一致性实施的典范。1145 年 10 月,高宗在他亲自为秦桧的新官邸命名并题写匾额时再一次强调了这些观念:他题写的匾额是"一德格天"。③

在他巡视新秘书省的两天以后,高宗注意到秘书省中实际的藏书量很少,应该从事重建库藏的工作。而此后恢复帝国在女真

---

① 《要录》,卷 152,页 2445;《小历》,卷 31,页 380。《南宋馆阁录》,卷 6,页 61—62 中包含对庆典的细致描述以及法令的完整文本。
② "惟尹躬暨汤,咸有一德,克享天心"引自《书经》。秦桧本人早已用过《书经》中相同的段落来描述他与高宗的关系。参见《会编》,卷 4,页 244。
③ 《要录》,卷 154,页 2486。"格天"也是《书经》中的一个用语,指尹伊使汤的德行"格于皇天"。

的入侵中失去的藏书的努力无疑是真诚的。但同样无疑的是，朝廷利用这一机会强化了对书籍印制的监控手段，强加正式或非正式的审查标准，以强调其自身的政治和文化统一的概念。秘书省的书籍或者来自于公众的献书，或者根据一种图书副本法获得。这个法律规定图书出版者每印制一种新书，都要用黄纸印制一个副本，上缴秘书省。《宋会要》保存了一份有关高宗时期书籍征求和捐赠的详细记录，值得做单独的研究。① 在1143年以前，这种努力只是零星的，而且绝大多数与特定的编纂计划有关。然而，1143年闰4月，高宗注意到湖北的私人图书馆藏有许多书籍，但由于缺乏鼓励，使得拥有者不愿献给朝廷。他指示秦桧仿照宋太宗的先例，拟定对赠书者报偿的标准。② 1143年7月，他进一步指示各路转运使在其治下的州郡访寻图书，这样就将征求工作的方向由对献书的消极接受转变成对献书者的积极寻找。③

在新秘书省完成以后，书籍征集策略有所改变。1145年11月，秘书省正字王曮（？—1175）注意到对皇帝献书的号召反应并不热烈，他指出地方官员忽视这一诏令是因为它没有强制性的规定。秦熺奉命制定能确保服从的更强硬的法案。在每一个地方的管辖范围内委派一名官员，负责誊写这一地域内稀有书籍。此人的名字被提交给秘书省，到年终，根据每一辖区复制文本的数量进行奖惩。④ 然而，进展仍然缓慢，可能是由于地方当局仍然认

---

① 《宋会要》崇儒4，页20—29。
② 《要录》，卷148，页2389；《宋会要》崇儒4，页25—26。
③ 《要录》，卷149，页2401；《宋会要》崇儒4，页26—27。
④ 《要录》，卷154，页2492—2494；《宋会要》崇儒4，页27—28。王曮，秦桧外兄的侄子，于1145年4月与汤思退和洪迈一起通过博学宏词科的考试（《宋会要》选举12，页12b—13a）。

为图书收集并不重要,以及酬劳的固定标准还没有建立起来。1146 年 7 月,高宗自己想出了一个办法:他诏令秦熺制定一个与所献书籍的年代、稀有程度和数量相对应的酬劳规格。这些标准被印制并散发开来。最重要的是,那些发现最后被进献上来的图书的各路行政官员将得到与献书者相同的报酬。① 这一年年底,高宗很愉快地看到书籍涌入新的秘书省,他建议提高报酬以维持献书的继续。

在王明清的父亲王铚(卒于 1145 年?)的故事中可以找到关于建立秘书省的这些政策如何转化为具体行动的生动说明。王铚是一个活跃的私人史家,曾编纂过一部“手自校雠”的 2.5 万卷藏书的手稿。大约在 1100 年,他的名字被列入元祐党人的名单,并被下令放逐。他在女真入侵的混乱中失去对其藏书的控制,但不久又重新建起了与原有规模相当的藏书。12 世纪 30 年代中期,由于编纂了有关元祐党人的材料以及一部题为《七朝国史》的王朝历史的手稿,他被委任为枢密院编修。然而,1139 年,他陷入了与秦桧的冲突中:他指出秦桧为徽宗的陵墓所取的名字“永固”,以前曾被用作后周一位皇后的陵墓的名称,因而并不适合。他被朝廷解职,而《七朝国史》也没有完成。据王明清记载,在他父亲于 12 世纪 40 年代中期去世后,秦熺派转运使吴彦猷到王的家中取走了一半以上的藏书。1147 年,当时大约 20 岁左右的王明清,将剩余的藏书带到他的舅父——京口(在今江苏)的地方官

---

① “提举秘书省秦熺奉诏立定献书赏格,诏镂板行下,应有官人献秘阁阙书善本及二千卷,与转官,士人免解。余比类增减推赏,愿给直者听,诸路监司守臣访求晋、唐真迹及善本书籍准此”,《要录》,卷 155,页 2511;《宋会要》崇儒 4,页 28;《南宋馆阁录》,卷 3,页 22。

曾惇家中,并在那里生活。朝中的御史指控这一地区的士人隐藏
诬蔑时政的私家史志。由于曾年迈的母亲十分惧怕,所以曾家焚
毁了绝大部分王铚剩余的藏书,包括他的史稿及相关资料。[①]

王铚藏书的悲惨命运揭示了朝廷的秘书省建设与它对敏感
的书籍、文献的控制之间的紧密联系。众所周知,宋代对书籍的
控制始于朝代的早期,是一种常规而非例外。但它的施行只是零
星的、自相矛盾的,并且常常并不存在。[②] 秦桧时代固然因对既存
法令的加强而著称,然而,最重要的是,它还因新规则的制定以及
推行了与钳制士人相联系的出版法而闻名。1144 年 3 月一项政
令命令各军事专区向秘书省提交它们印制的所有出版物的一份

---

① 王明清,《挥麈后录》,卷 7,页 173—174 以及《要录》,卷 125,页 2041、
2050。据陆游记载,在王铚死后,秦熺命地方的统制授给他的长子王廉
清一个官职来交换他的藏书。王拒绝了,他说自己喜欢这些藏书。在
地方官员的反复威胁之后,王仍然拒不接受,这使得秦熺无法获得这些
图书。参见《老学庵笔记》(北京:中华书局,1979),卷 2,页 20。这个
故事的两个版本并不一定抵牾,因为在与王廉清的商谈陷入僵局时,秦
熺有可能诉诸更强硬的策略。曾惇对于焚毁他外兄的藏书并不感到遗
憾:他现存的诗作中包含一段对秦桧的高度赞扬。参见厉鹗(1692—
1752),《宋诗纪事》(1746;上海:上海古籍出版社,1983 年重印),卷
46,页 1178。而且,王明清在他的《挥麈后录》也指责他的舅父没有保
存好剩余的图籍。
② 参见潘铭燊(Ming-Sun Poon),"Books and Printing in Sung China(960—
1279)"(博士论文,The University of Chicago,1979),页 28—66;陈学霖
(Chan Hok-lam),*Control of Publishing in China, Past and Present*(Can-
berra:The Australian National University,1983),页 3—22;赵胜,《宋代的
印刷禁令》,《河北师范大学学报》1982 年第 4 期,页 39—47。有关现存
的宋代关于印刷的法律,参见谢深甫(1166 进士)编,《庆元条法事类》
(台北:新文丰出版公司,1976),页 224—252、1202。

黄纸的副本。① 1145 年 12 月，当时太学的首脑孙仲鳌（1135 年进士）记载："诸州民间书坊收拾诡僻之辞，托名前辈，辄自刊行，虽屡降指挥禁遏，尚犹未革，欲申严条制，自今民间书坊刊行文籍，先经所属看详。又委教官讨论，择其可者，许之镂板。"② 一年半以后，另一项政令授权各路的地方官员销毁那些宣扬"曲学邪说"的著作的刻板。③ 现存证据表明，地方政府强化了这些限制。例如，1147 年版的王禹偁（954—1001）文集收录了一条由地方当局发布的法令，证明他们已经"检准绍兴令诸私雕印文书，先纳所属各转运司选官详定。有益学者听印行"。④

然而，仅过了几年，朝廷就已经感到这些将实质上的检查权交给地方的政令有诸多不足。"绍兴政令"似乎对四川和福建的主要出版中心没有约束的作用，这无疑是由于这些地域远离都城

---

① 《要录》，卷 151，页 2431；Poon，"Books and Printing in Sung China"，页 50。安全的考虑可能是这一规定的一个方面，因为宋代的军事区域被安置在边疆地区，有着较大的军事机动权。关于"黄本"，参见封思毅，《宋代秘阁黄本》，《"国立中央"图书馆馆刊》第 14 卷第 1 期，1981 年，页 1—7。

② 《宋会要》刑法 2，页 151；Poon，"Books and Printing in Sung China"，第 50 页。李心传也提到了这一奏议，但他的文本删去了这些著作中误系于前人的用语（《要录》，卷 154，页 2469）。在他后来的道学史《道命录》（《丛书集成》本，卷 4，页 38）中，李心传将"曲学邪说"理解为针对程氏兄弟的学说，因此孙仲鳌的奏议也被解释为是直接针对道学运动的。然而，在《宋会要》的文本中，这一强调更多的是着眼于书商的不法行为，而非书中的非正统观点。

③ 《宋会要》刑法 2，页 141；Poon，"Books and Printing in Sung China"，页 51。

④ 叶德辉（1864—1927），《书林清话》（1911；台北：世界书局，1988 年重印），卷 6，页 144—145。《四部丛刊》重印这种版本的王氏文集——《王黄州小畜集》，这一版本最初在湖北黄州印成。

的缘故。1155 年 3 月,新任命的成都知府蔡宙报告说,以前的运动虽然阻止了用地方政府的经费印制"惑世之异端",但私人出版者仍然在出版此类著作。他主张推行一项北宋法令,这一法令禁止出版任何未经国子监刊布的著作。新著作在出版之前应该送呈都城的国子监请求批准。作为回应,高宗命令礼部压制四川和福建的所有私家印坊。① 由当时的秘书省正字张震(1151 年进士)于 1156 年 1 月呈交的一份奏议,表明了这些旨在控制"异端思想"著作出版努力的影响。它指出,自从秦桧死后,"仰惟朝廷行宽大之政,异时士大夫以疑似涉谤,皆以赦除,流落者得生还,除名者得仕宦,人神欢悦,天下翕然,此治世之事也。窃见昨降指挥,取索福建、四川等路私雕印文书赴监看详,取之未已。恐妄以私意,将近世名公文集,尽行毁板,不问是非,玉石俱焚,真伪两失,不足以称朝廷宽大本意。欲乞特降指挥,令福建、四川等路,如有私雕印文字,委自所属依法详定,更不须发赴国子监及提举秘书省,庶几知圣朝无有所讳,天下幸甚"。② 张震的奏议说明,在秦桧时代,就像秦熺修建秘书省的事例那样,对强化思想统一的敕令的实际实施,经常超出法律条文本身的规定。在这里,张暗示了地方官员只是不加辨别地焚毁各种著述,而不是冒着麻烦和官场的风险将它们送到京城"看详"。

---

①《要录》,卷 168,页 2744—2745;Poon,"Books and Printing in Sung China",页 5。北宋已有先例,1090 年在苏辙(1039—1112)的倡导下着手进行,参见 Poon,"Books and Printing in Sung China",页 49—50。有关 1155 年 7 月在福建推行这一诏令的事,参见《要录》,卷 169,页 2757。李心传《道命录》卷 4(页 38—39)也将这些行为理解为是直接针对程氏兄弟的学说的。
②《要录》,卷 171,页 2811。

由秦桧于 1144 年 4 月最先建议的对私家史著的禁止,比 12
世纪中期触及知识分子生活的任何其他法令都更处于文禁对政
治和历史编纂控制关切的核心。这一禁止并不只是出于对少数
人散布关于过去事件的看法的虚幻恐惧,而且也源于对此类叙述
将在以后进入官方历史记录的真实恐惧。南宋时期,在官方著述
与非官方的历史之间,确实存在着一种可渗透的交互作用。就像
在王铚的事例中我们看到的那样,一个学者私人编纂手稿的存
在,能够导致一项致力于一部官修国史的命令的颁布。而且,尽
管禁止各种记录和其他国家档案的印行和抄录,但这些文献的副
本仍然广泛地流传,而且给私家学者提供了评论官修历史缺点的
机会。像李心传的《要录》这样的著述在当时被呈交给史馆,希望
他们的校正能被整合进官方的历史记录中。与此同时,南宋的史
馆在主体的编纂工作开始之前,例行公事地发布了征献官方文献
的私家钞本和私人日记、奏议、历史记述的副本的政令。要言之,
无论是高宗还是秦桧,都很准确地意识到了在政治领导层可能对
当时的非官方历史和将来的官方历史所做的改变。这就是说,从
史料上解决问题才有效。①

　　只有熊克的《小历》保存了导致秦桧时代禁止野史的那次对
话的一个完整的记述。② 对于这一段落的仔细研究将揭示其中包
含的许多潜在的问题。1144 年 4 月,一项关于编纂吸收了最新注
释成果的新的经典注本,以及为经典提供一种确定的宋代版本的
建议,被上达朝廷:

---

① 例如,徐度提到有良知的史官有责任搜寻私人编纂的记述,即使它们的
　作者不愿意将其公开,参见王明清,《挥麈后录》,卷 1,页 68。
② 《小历》,卷 3,页 378—379;《要录》,卷 154,页 243 有缩节的叙述。

辛巳，上谓宰执曰："昨日苏籕上殿，乞以近世儒臣所著经说，纂而成编，以补唐之《正义》，其言甚当。若取善者颁诸学官，使学生有所宗一，则师王安石、程颐者不至纷纭矣。"秦桧因乞禁野史，上曰："此尤为害事。如靖康以来，私记极不足信。上皇有帝尧之心，禅位渊圣，实出神断，而一时私传，以为事由蔡攸、吴敏矣。上皇曾论宰执，谓当时若非朕意，谁敢建言，必有族灭之祸。"楼炤曰："上皇圣谕，亦尝报行，天下所共知也。"桧曰："近时学者不知体者，谓司马迁作谤书，然《武纪》但尽记时事，不敢自立议论。① 臣尝委史局官撰《神宗史志》，有一日而成者，轻率如此，岂可用也？"上曰："朕向尝论范冲修《徽宗实录》，惟当记政事之大可为法者，其细事自不必书。大抵史官须有经学，乃可用也。"

这一对话表明高宗与秦桧在关于历史写作的两个主要方面达成了共识。首先，与对经典的理想的注释（它应该提供对于经典的一个固定的、集中的阐释）一样，一部官方的历史应该提供一个对于过去事件的统一的、集中的观点。王、程两个经典阐释学派之间的争论阻碍了对经典的学习，就像对于细节的过度关切将阻碍官方历史的编纂一样。其次，史家没有在文本中插入他们个人观点的权力：秦桧竭力否认司马迁曾经这样做过，而这是一个 12 世

① 将《史记》视为"谤书"的观念源自《后汉书·蔡邕传》："允曰：昔武帝不杀司马迁，使作谤书，流于后世。方今国祚中衰，神器不固，不可令佞臣执笔在幼主左右。既无益圣德，复使吾党蒙其讪议。"参见《后汉书》（北京：中华书局，1965 年重印），卷 60 下，页 2006—2007。

纪通行的观点。① 由于私家历史与上述两个观念相悖,他们的压制也就成为这两个前提的一个逻辑上的必然结果。李心传显然知道来自《小历》的这一段对话的全文,但他删去了秦桧对司马迁的评论之后的段落,并将对于历史的评论从它们的上下文中分离出来,作为对一种新的经典注释的回应。最为可能的是,他无法忍受重复与他自己的观点相左的朝廷史著中的观点。

尽管无法确定对野史的禁止何时正式公布,但在这件事上朝廷观点的影响很快就被觉察到了。1145 年 7 月,司马光的孙子司马伋报告说,一个福建的书贩印行了一本题为《司马温公记闻》的书,并声称其中包含他祖父的笔记和日记。司马伋认为是有人利用他祖父的名字来散布其个人的观点,他要求朝廷下令焚毁该书的刻板。朝廷依言而行,而司马伋也因此被晋升了官职。据李心传所说,司马伋之所以否弃他祖父的著作是因为他害怕秦桧禁止野史的要求。② 在秦桧刻毒地抱怨野史对他在开封之围中的行为的曲解后,御史台首次用颇具嫌疑的违犯禁令的罪名作为依法行

---

① "司马迁作《史记》,于《封禅书》中述武帝神仙、鬼灶、方士之事甚备,故王允谓之谤书。国朝景德、祥符间,治安之极,王文修、陈文忠、丁晋公诸人造作天书符瑞,以为固宠容悦之计。及真宗上仙,王沂公惧贻后世讥议,故请藏天书于梓宫以灭迹。而《实录》之成,乃文穆监修,其载崇奉宫庙,祥云芝鹤,惟恐不详,遂为信史之累,盖与太史公谤书意异而实同也。"参见洪迈,《容斋随笔》(1180;上海:上海古籍出版社,1978 年重印),卷 4,页 54。

② 《要录》,卷 154,页 2477;《宋会要》刑法 2,页 151。李心传为 1135 年 8 月提供了一个微妙的参照材料(《要录》,卷 104,页 1692),当时高宗令史家范崇为他准备一种该著作的版本。这样一来,李就表明了朝廷知道这部书是真的。该书留存下来,即今天我们知道的《涑水记闻》。参见陈振孙,《直斋书录解题》,卷 5,页 150。

动的根据:1145 年 11 月,秘书省正字黄公度(1109—1156)被罢职,指控的罪名是他曾经威胁要写一部毁谤李文会(卒于 1158年)的野史,除非李支持赵鼎的政策。①

对野史禁令的实施尤以李光(1078—1159)和李孟坚(1115—1169)的事件最为著名。李光是一位与司马光有着思想关联并在地方管理上有着丰富经验的士大夫。在秦桧首次出任宰相期间,他被与秦桧联结在一起,并随着秦的解职而失去了他的职位。秦桧之所以不顾高宗的反对,于 1138 年 12 月任命李为参知政事,是因为他希望李能用他的声望使东南的士绅支持和议。不知是秦误解了李的意图,还是由于李的伪饰,李在和议中的立场变得更接近赵鼎而非秦桧:应该用和谈来掩盖为重新开战而进行的准备。不断与秦桧在朝廷上公开地冲突,导致了 1139 年 12 月李的罢职,他以闲职回到绍兴的家中。1141 年 11 月,他被控在绍兴组织反对和议的民众示威,企图引发朝廷的危机以便重掌权柄。他被贬至广西藤州安置。藤州郡守引诱李与之诗文应和,然后从中选出批评秦桧的例证秘密送给宰相。秦桧令御史台控告李光有进一步的错误言行,并于 1144 年 11 月将他移至海南岛的琼州囚禁。② 1147 年,在相同的文禁要求导致王氏的家藏书籍被焚毁的

---

①《要录》,卷 154,第 2491 页;关于秦桧早期的抱怨,参见《要录》,卷 154,页 2480—2481。

②《要录》,卷 124,第 2011 页,卷 133,页 2141,卷 142,页 2287—2288,卷 152,页 2456—2457;《小历》,卷 29,页 54;徐自明(卒于 1220 年),《宋宰辅编年录》(北京:中华书局,1986 年重印),卷 15,页 1043、1048—1051;《宋史》,卷 363,页 11335—11342。李心传关于李光的许多材料引自一部重要的 12 世纪资料——赵甡之的《中兴遗史》,有关该书,参见陈乐素,《〈三朝北盟会编〉考》,《"中央研究院"历史语言研究所集刊》第 6 本第 3 分(1936),页 284—285。

同时,仍留在绍兴的李光家族的成员也烧掉了他 10000 卷的藏书。①

李光与他儿子的案件开始于 1149 年 12 月,当时,"秘书省著作佐郎林机面对,言:'访闻有异意之人,匿迹近地,窥伺朝廷,作为私史,以售其邪谋伪说。臣若知而不言,则异日害正泪真之患,臣实任其咎。欲望密加搜索,严为禁绝。'甲寅,上谓秦桧曰:'此事不应有,宜行禁止,许人陈告,仍令州县觉察,监司按劾,御史台弹奏,并取旨优加赏罚。'于是,李光之狱遂起。"1150 年 1 月,一位绍兴的当地人陆升之(1148 年进士)报告朝廷说,李孟坚曾向他讲述李的父亲在放逐过程中所著野史的部分内容。该路的监察官员被勒令调查此事,而李孟坚则被逮入狱。② 这一案件被交付给京城的大理寺,在那里,李承认他的父亲写了一部诽谤性的私家史著。该案于 1150 年 3 月结案。《要录》保留了原始的宣判文献的片段,其中特别指出李光父子自知有罪:李光"坐主和议反覆,后在贬所,常出怨言,妄著私史,讥谤朝廷,意在播扬,侥幸复用";李孟坚"亦为父兄被罪责降,怨望朝廷,记念所撰小史,对人扬说"。李光幽禁的地点被移至海南昌化,而且不许恩赦;李孟坚则被除籍,并幽禁于湖北峡州。

另外八个人也受到了此案的牵连,罪名是他们与李光通信,希望一旦李重掌权柄,他们会被委以要职。《要录》还保留了被用来证明他们"讥讪朝政"的通信的片段。这些片段提供了关于文献被细读的程度以及什么能被认作"讥谤"的有趣细节。潘良贵(1094—1150)送给李光一包茶叶,在答谢的便条中,李写道:"仲

---

① 《要录》,卷 156,页 2548。
② 《要录》,卷 160,页 2599,卷 161,页 2604;《小历》,卷 34,页 410。

晖不敢作书,患难至,能出一只手乎?"在回信中,潘写道:"参政患难,至此极矣,更以道自处,仲晖别纸已付之,但恐时未可耳。"在另一个例子中,宗颖写信给李光:"孤寒寡援,方赖钧庇。忽闻远适,岂胜惶骇。本欲追路一见,失于探伺,不果如愿。"①

　　此类对于字面表达的法律上的敏感对于现代的听众来说似乎有些匪夷所思,但有证据表明,秦桧及其手下的御史是用与他们的批评者相近(如果不完全确切的话)的分寸来做出回应的。例如诗人陆游记载,1141年,就在被幽禁于藤州之前,李光拜访了陆游的父亲,当话题转到时政时,李光把秦桧称为"咸阳"——大独裁者秦始皇(公元前3世纪)的都城。也许,李光意图将两个"秦"联系起来,用作对秦桧专权的一种嘲弄。② 同样,周密(1232—1298)从胡寅(1098—1156)案(因假想中与李光的关联而在1150年被禁闭于新州,在放逐期间他写了一部题为《读史管见》的书)中引发出了重要的旨趣。周密从这部著作中引证了几段他认为其中暗含有对秦桧的极端批评的文字。例如,关于作为后晋宰相的桑维翰(卒于946年)在他的王朝与辽国的统治者耶

①《要录》,卷161,页2607—2608;《小历》,卷34,页412;《宋会要》职官70,页34—35。现存的两封1150年李光写给胡铨(当时也幽禁在海南)的信为这一案件增添了个人化的细节。胡较早以前曾为自己的一部尚无题目的著作向李索求序文。在得知他儿子的案件以及自己将被转往昌化的消息以后,李焚毁了自己手中所有的手稿,其中包括给胡写的序文的草稿。数月以后,李又写了一篇序文,中间提到他对八位学者的命运的伤感,并否认与他们有关联。他提议将自己的孙女嫁给胡的长子。在信的结尾,他让胡在看完信后将它烧掉。参见李光,《庄简集》(《四库全书》本),卷15,页5—6。
②《渭南文集》(《四库全书》本),卷27,页11以及《老学庵笔记》,卷1,页10。

律德光(卒于 947 年)之间媾和的事件,胡寅写道:"虽因耶律德光而相,其意特欲兴晋而已,固无挟房以自重,劫主以盗权之意,犹足为贤。"这一对桑的正面评价被周密解释为对秦桧的讥贬:二人都因北方势力的支持而获得权力,但秦桧却用这一支持"自重"并篡盗高宗的权柄。周密由此得出结论:"盖此书有为而作,非徒区区评论也。"①

这样一来,由于 12 世纪中叶含沙射影的批评以及对这一批评压制的升级,政治和知识生活的质量被败坏了。并且,随着与压制相应的批评变得更为精致,逐步增加的细致检查被用来发现表达得更为细微的批评。当时的材料经常将告讦的行为与针对私史的禁令相连,从而导致了这一时期思想学说的减少。② 正如我们上面看到的,在 1149—1150 年的私史案中,朝廷公开地鼓励告讦者报告可疑的行为,而陆升之对他的乡人李孟坚的告发,则是李氏一案的核心。在南宋官僚机构高度竞争的世界中,投机取巧的无耻之徒发现了告讦这一方式的吸引力,因为成功的告密者会得到官职上的提升。洪迈生动地描述了告讦所造成的怀疑和不信任的气氛:

①《齐东野语》(上海:华东师范大学出版社,1987 年重印),卷 6,页 111。
②参见薛季宣(1134—1173),《浪语集》(《四库全书》本),卷 23,页 18 和王明清,《挥麈前录》,卷 4,页 44,两位作者都谈到了在秦桧统治的时代保持私人的历史文献藏书的困难。"告讦"一词最早出现于《论语·阳货》"恶讦以为直者",朱熹将这一术语解释为"攻发人之阴私"。参见程树德,《论语集释》(台北:鼎文书局,1973),第 2 册,页 1078。在宋代,这一用语更带有了诽谤性的含义,意指揭露某人难以证实的私人秘密或行为。对《论语》这一段话做注释的一位清代注者在他举的例证中,提到了蒋之奇(1031—1104)对欧阳修的诽谤,他诽谤欧阳修与其侄女可能有暧昧的关系。

秦氏颛国得志，益厉刑辟，以钳制士大夫，一言语之过差，一文词之可议，必起大狱，窜之岭海，于是恶子之无俚者，恃告讦以进。赵超然以"君子之泽，五世而斩"责汀州，吴仲宝以《夏二子传》流容州，张渊道以《张和公生日诗》几责柳而幸脱，皆是也。予教授福州日，因访何大圭，忽问："君识天星乎？"答曰："未之学。"曰："岂不能认南方中夏所见列宿乎？曰："此却粗识一二。"大圭曰："君今夕试观荧惑何在？"是时正见于南斗之西。后月余再相见，时连旬多阴，所谓火曜，已至斗魁之东矣。大圭曰："使此星入南斗，自有故事。"予闻其语，固已竦然，明日来相访，曰："吾曹元不洞晓天文，昨晚叶子廉见顾，言及于此，蹙额云：'是名魏星，无人能识，非荧惑也。'"予曰："十二国星，只在牛女之下，经星不动，安得转移？"圭曰："乾象欲示变，何所不可？子廉云：'后汉建安二十五年亦曾出。'"盖秦正封魏国公，圭意比之曹操。予大骇，不复敢酬应。它日，与谢景思、叶晦叔言之，且曰："使迈为小人告讦之举，有所不能，万一此段彰露，为之奈何？"谢、叶曰："可以言命矣！与是人相识，便是不幸，不如静以待之。"时岁在己巳，又六年，秦亡，予知免祸，乃始不恐。①

---

① 《容斋三笔》，卷4，页462—463。高宗在秦桧执政期间宽容告讦，但据记载，无论是在秦桧统治之前（《要录》，卷107，页1745）还是之后他都强烈地反对这种行为。1155年11月，"手诏近岁以来，士风浇薄，持告讦为进取之计，致莫敢耳语族谈，深害风教，或戒饬在位及内外之臣，咸悉此意，有不悛者，令御史台弹奏，当重置于法"（《要录》，卷170，页2780）。政令是针对在秦桧治下有告讦行为的人，包括陆升之，以及这些被判幽禁的人（《要录》，卷170，页2786—2788；还有《要录》，卷172，页2844—2845 和《宋会要》职官71，页32）。

相当多的证据表明不仅此类法律和政治策略造成了一种紧张和压抑的思想气氛,而且这一气氛也影响了南宋文集的记录和流传。与现存的北宋文集相对照,只有一位高宗时代的主要政治人物的"文集"完整地留存到现在。① 当时的记述充斥着自我审查的传说以及家庭成员对手稿谨慎地毁坏和删节,其目的在于避免告讦者的迫害。一则关于王明清案的记述如下:"绍兴丁卯岁,明清从朱三十五丈希真乞先人文集序引,文既成矣,出以相示,其中有云:'公受今维垣益公深知,倚用而不及。'明清读至此,启云:'窃有疑焉。'朱丈云:'敦儒与先丈,皆秦桧之所不喜。此文传播,达其闻听,无此等语,至掇祸。'明清云:'欧阳文忠《与王深父书》云:吾徒作事,岂为一时? 当要之后世,为如何也。'朱丈叹伏,除去之。"②自我审查在赵鼎的同党、秦桧绝对的敌对者薛徽言(1093—1139)死后留下的文献的处理中也同样明显。据薛季宣所说,当他的叔叔为他的父亲写行状时,"虽书法不隐子事,不敢加详"。薛进一步叙述他的长兄后来藏起了他父亲的一些比较敏感的论文,特别是针对和议的奏议。在其长兄死后,这些文章便散失了。到 1163 年,薛"大惧先君之烈由我而坠",但却只能恢复其中的一些片段。③ 最后,李心传记录了一位四川的地方官员陈

---

① 这是指李纲(1083—1140)。秦桧、万俟卨、汤思退和沈该都没有文集传世。而现存的吕颐浩、赵鼎、李光的文集则是《四库全书》的编者从《永乐大典》中重新辑录出来的,参见四川大学古籍整理研究所编,《现存宋人别集版本目录》(成都:巴蜀书社,1989),页 150、156、169、172。有关胡铨文集的历史的细致研究,作为南宋文集流传的一个实例,参见黄宽重,《胡澹庵集的传本与补遗》,收载于《宋史研究集》第 24 辑(台北:"国立"编译馆,1994),页 303—356。

② 《挥麈后录》,卷 11,页 214—215。

③ 《浪语集》,卷 33,页 39—42。

刚的事件,他于1146年9月因建议为收复北方而进行军事上的准备得罪了秦桧。他被贬谪,并被押解去南方的一个下等的驿站就职。但他摆脱了押解人员,举家回到四川,由此结束了他的仕宦生涯。他死后,另一位四川的官员景旞在为他撰写墓志铭时总结说:

> 公之家集必百卷,藏之必百年,当有公道,始定斯铭。①

《宋史》中的秦桧传记

《宋史》的《秦桧传》是由官方编纂的关于他的生平及其在宋代历史地位的主要的、事实上也是唯一的记述。这一文本构成了由22篇传记组成的四卷《奸臣传》的核心。《奸臣传》的第一卷包括王安石的七个合作者及继任者;第二卷主要涉及蔡京和他的儿子;第三卷几乎完全留给了秦桧;第四卷则集中在韩侂胄和贾似道(1213—1275)两人身上。在中华书局版的《宋史》中,《秦桧传》占了整整19页,几乎是《贾似道传》的三倍(7页半;蔡京与其诸子合在一起也只有12页)。"奸臣"这一特定的分类概念源自欧阳修,他在1060年修著《新唐书》时引入了这一概念,这一变革无疑与北宋强调道德价值对于理解历史的作用有关。②《说文》用"私"来训释"奸"字,"奸臣"暗示着使用不正当的手段来增进私

---

①《要录》,卷155,页2516—2517。
②关于欧阳修与《新唐书》,参见包弼德(Peter K. Bol),"*This Culture of Ours*":*Intellectual Transitions in T'ang and Sung China*(Stanford:Stanford University Press,1992),页194—198。

利的"腐化"或"邪恶"的官员对于国家的道德健康的彻底败坏。①
从《宋史·奸臣传》的总序中我们可以在细节上读出这些潜在的
含义:"《易》曰:'阳卦多阴,阴卦多阳。'君子虽多,小人用事,其
象为阴。""终宋之世,贤哲不乏,奸邪亦多。方其盛时,君子秉政,
小人听命,为患亦鲜;及其衰也,小人得志,逞其狡谋,壅阏上听,
亦易国是,贼虐忠直,屏弃善良,君子在野,无救祸乱。有国家者,
正邪之辨,可不慎乎!"②现代学者常把这篇序文当成儒家的说教
而忽略。然而这篇序文却不仅以它自己的方式建立了"奸臣传"
的范式,而且还为朝代自身的历史建立了一种官方的范式。这一
范式在很大程度上是朱熹以及道学运动的产物。

　　《宋史·奸臣传》是一个寻找代表该书编纂者总体倾向的线
索的好所在,因为对某个"奸臣"的生平进行描述所提出的特殊问
题,使得编纂者不得不违背传记写作的惯例。③ 由亲人和朋友撰
写的私人传记形成了朝廷的史馆用以构造它自己的、官方的传记
的基本材料。但是这些私家的文本几乎总是正面的、程式化的歌
功颂德,完全不适于用作《奸臣传》的底本。唐宋标准的史传程序
是:一位重要官员最初的传记草稿被置于其卒年的《实录》中。这

---

①段玉裁(1735—1815),《说文解字注》(台北:世界书局,1972 年重印),
　卷 12 下,页 8。
②《宋史》,卷 471,页 13697。参见《周易》(《四部丛刊》本),卷 8,页 3。
　关于在宋代究竟哪些人应被冠以"奸臣"之名的观念的转变,参见宋
　晞,《黄景源汉江集中的宋奸臣论》,收载于《宋史研究集》第 21 辑(台
　北:"国立"编译馆,1992),页 221—231。
③关于中国传记的传统,参见 Denis Twitchett, "Chinese Biographical Writ-
　ing",收载于 Beasley 和 Pulleyblank 编, *Historians of China and Japan*,页
　95—114 以及傅汉思(Hans H. Frankel),"T'ang Literati:A Composite Biog-
　raphy",收载于 Wright 和 Twitchett 编,*Confucian Personalities*,页 65—83。

些草稿在稍后被移去,然后再整合进朝代史的记传部分中。这样一来,编成于1202年的《高宗实录》,在1155年的记载里无疑包含有关于秦桧的传记资料。[1] 但这份草稿显然与现在《宋史》中的传记不同。我们不知道《宋史》的《秦桧传》是谁撰写的,但文本中表现的秦桧形象属于南宋晚期甚至是元代的作品。两个额外的理由可以支持这一年代的判断。首先,《四朝国史》的传记部分涉及1127—1224年这段时间,按理说应该包括秦桧的官方传记的一份草稿,但这一部分很可能在宋末就已经不完整了;其次,道学的拥护者组成了写作《四朝国史》的最初的学者群体,而且他们一直到朝代末期都控制着史馆。尽管不可能确定这些学者是否为朝代史制作了秦桧传的定本,但在现存《宋史》的文本基调和倾向中,无疑可以窥探到他们的影响。[2]

———————————

[1]私家史志也追随了相同的做法。徐梦莘在《会编》中,对于每一个重要的人物,在其卒年都插入很长的传记资料。李心传在《要录》中也在主要人物亡故的条目中提供其传记的概要。

[2]正式开始编纂《四朝国史》是在1203年5月,但直到1238年,当时负责这一计划的李心传延请高斯得(1229年进士)、牟子才(1223年进士)、钱时、赵汝腾(卒于1261年)、刘汉弼(1216年进士)以及徐元杰(1194—1245)(这些人都与道学有密切关系)来协助他时,该书还根本没有完成。这一编年史于1241年1月完成并呈交御览。高、牟和赵继续致力于这一计划,后来,刘克庄(1187—1269)、尤焴(1190—1272)和赵以夫(1189—1256)又加入进来。但一项将工作集中在专题文章上的决定以及人际的冲突延缓了计划的完成。高斯得写于1272年的回忆《四朝国史》历程的文章,提到即使是到了相当晚的时候,史馆仍要决定谁的传记被列入最后的名单。这部书的传记部分只是传主家庭所呈交的碑传的原稿,没有经过史馆人员的编辑甚至重新抄写;参见《耻堂存稿》,卷2,页36。如果在1272年传记部分的情况真是如此的话,那么很难想象其中最难处理的"奸臣传"在当时已经完成了。(转下页)

浏览一下《宋史》的《秦桧传》，就可以看出有违史传常规的一些情况。例如，文本中没有任何关于秦的家世的记载，尽管关于他的父系和母系家族出身尊贵的证据大量地存在于那个时期的文集中，而且广为人知。[1] 其中也包含比较常见的关于他年轻时的文学才能的逸事，尽管秦桧不但以卓异的表现通过了1115年的进士考试，而且还通过了难度极大的文论和策论方面的高级考试，成为宋代历史上通过该考试的几百位学者中的一位。[2] 秦的传记中只引用了一篇他的文章，而这篇文章就是他1127年要求保留赵氏作为帝统的请愿书。然而《宋史》接受了王明清的解释（正如前面提到的），即这一文献实际上是由马伸策划的，而之所以以秦桧的名义呈交，只是因为他是当时御史台的首领。因此，在《宋史》中，这一请愿书非但不是秦桧对赵氏忠诚的一种表现，反而成了他狡诈的政治个性的证据。

整个《宋史·秦桧传》实际上没有一句关于他的正面评价，尽管正面的评估可以在当时找到，甚至还保存到了现在。徐梦莘的

（接上页）关于《四朝国史》的更进一步的细节和参考材料，参见蔡崇榜，《宋代修史制度研究》，页38—148。

[1] 张扩（卒于1147年），《东窗集》（《四库全书》本），卷11，页4—27；程俱（1078—1144），《北山小集》（《四部丛刊》本），卷22，页6—8；刘才邵（1085—1157），《樵溪居士集》（《四库全书》本），卷4，页8—13。

[2] 《宋会要》选举12，页10记载了秦桧在这些考试中的成功，1123年被称为"词学兼茂"。参照聂崇岐，《宋词科考》，《燕京学报》1939年第25期，页134。事实上，当时能证明秦桧的文学才能的许多证据至今尚存。参见《朱子语类》，卷131，页3154。迟至1194年，具有独立思考精神的周煇（1127—1198）仍赞扬秦桧的文风"惟尚简古"，他认为这一文风是对王安石的作品的模仿。周引证实例来支持自己的观点，最终的结论是"语简而意深"。参见《清波别志》（《丛书集成》本），卷3，页157。

《会编》保存了源自题为《靖康小雅》的匿名著作的 15 份传记摘要，而根据文中的证据，《小雅》成书的时间在 1129 年夏到 1130 年秋之间。《小雅》提供了那些被认为在女真人的入侵中丧失性命的官员的传记。传记后面有模仿《诗经·小雅》的四首颂歌。这一文本对于秦桧的记述，显然是基于他已经在被北方俘虏后死去的假设，它赞扬秦是唯一一个敢于对女真人强行立张邦昌为帝进行抗拒的人，并且说秦的被俘正是这一抗拒的结果。《靖康小雅》曰："公讳桧，靖康二年，金国二酋即日遣吴开、莫俦入，趣立异姓，议未敢决，声言将纵兵屠城，中外危惧，士大夫震栗颠倒，遂有张邦昌之请。公为御史中丞，毅然独陈于虏前，以谓主上仁孝圣明，天下归心，废非其罪，岂计之得也。愿速反正，以慰神人之望。苟立异姓，有死而已。二酋遽怒，致公军中，执之而北。时始终不肯立异姓者，孙傅、张叔夜与公三人而已。呜呼，士之所事，外则君，内则父，父既不可易，独君可易耶！且胡人席其破京师之威，以迫忧恐重死之人，自以谓惟所废置，莫我违也。搢绅既靡然奉承风旨之不暇，以偷其生，况敢违其心以攻其失哉！公，儒者也，内激忠愤，不顾其身，惟义所在，岂古所谓忠臣耶！孔子曰：仁者必有勇，今于公见之。诗曰：天崩地陷，革我洪图，孰敢抗争，惟时醇儒；祈复明辟，义在捐躯；猛虎垂涎，遂捋其须；骊龙不睡，乃探其珠；身仆沙漠，名振九区。"[1]这一文本是证明秦桧在 1127 年行动的正直性的第一手资料。它还表明，在 12 世纪末《会编》编纂

---

[1]《会编》，册 4，页 265—266。关于《靖康小雅》的成书年代，参见陈乐素，《〈三朝北盟会编〉考》，页 299—300。《四库全书》的编者所描述的那个版本中包括单独抄自《会编》的文段。这个本子删去了有关秦桧的材料，这一事实，《四库》的编者没有提到，参见《钦定四库全书总目》，页 845。

的时候,对秦桧生活中的某些方面的正面评价仍然流行,因此可以被《四朝国史》和最终的《宋史》的编者利用。

相当的证据表明,12世纪末,对于秦桧的历史"加工",尽管大部分已经是负面的,但与他在《宋史》的传记相比仍有很多细微的差别。《要录》在记述了秦桧的亡故以后,对这位宰相的生平及其政治生涯做了总体的评价:

> 初,靖康末,桧在中司,以抗议请存赵氏,为金所执而去,天下高之。及归,骤用为相,桧力引一时仁贤,如胡安国、程瑀、张焘之徒,布在台省,士大夫亟称之。未几,为吕颐浩、朱胜非所排,遂不复用桧。张浚与赵鼎有隙,因荐枢密使。浚罢,鼎复相,诸执政尽逐而桧独留。既而与鼎并居宰席,卒倾鼎去之。金人渝盟,军民皆归咎于桧,桧傲然不肯退。又使王次翁留之。韩世忠、张俊、岳飞方擅兵,桧与俊密约议和,而以兵权归俊。飞既诛,世忠亦罢,俊居位不久,桧乃使江邈论罢之。由是中外大权,尽归于桧,非桧亲党及昏庸谀佞者,则不得仕宦。忠正之士,多避山林间。绍兴十二年科举,谕考试官以其子熺为状元。二十四年科举,又令考试官以其孙埙为状元。上觉彗星见,桧不乞退,频使臣僚及州县奏祥瑞,以为桧秉政所致。上见江左小安,以为桧力,任之不疑。桧阴结内侍及医师王继先窥微旨,动静必具知之。日进珍宝珠玉书画,奇玩羡余,帝宠眷无比,命中使陈腆,续瑾赐珍玩酒食无虚日。两居相位,凡十九年,荐执政,必选世无名誉、柔佞易制者,不使预事,备员书姓名而已。其任将帅,必选奴才。初见财用不足,密谕江、浙监司,暗增民税七八,故民力重困,饿死者众。又命察事卒数百游市间,闻言其奸者,即捕送大理寺狱杀之。上书言朝政者,例贬万里外,日

使士人歌诵太平中兴圣政之美,故言路绝矣。士人稍有政声名誉者,必斥逐之。固宠市权,谏官匪人,略无敢言其非者。自刘光世薨,其家建康园第并以赐桧。及张俊薨,其房地宅缗日二百千,其家献于国,桧尽得之。性阴险,如崖井深阴,世不可测。喜赃吏,恶廉士,略不用祖宗法,每入省,已漏即出。文案壅滞皆不省,贪墨无厌,监司帅守到阙,例要珍宝,必数万贯乃得差遣。及其赃污不法,为民所讼,桧复力保之。故赃吏恣横,百姓愈困。腊月生日,州县献香送物为寿,岁数十万,其家富于左藏数倍。士大夫投书启者,皋、夔、稷、契为不足比拟,必曰元圣,或曰圣相,至有请加桧九锡,及置益国官属者(注:自"非桧亲党"以下至"富于左藏数倍",以《林泉野记》本文。自"士大夫投书启"以下,并据赵甡之《遗史》删附)。然自渡江后,诸大将皆握重兵难制,张浚、赵鼎为相,屡欲有所更张,而终不得其柄。桧用范同策,悉留之枢府,而收其部曲,以为御前诸军。息兵以来,诸郡守臣,有至十年不易者。又以僧道太冗,乃不鬻度牒,暗消其弊,使民知务本。由是中外少安。至于忘仇逆理,陷害忠良,阴沮宗资之议,又其罪之大者。上久知桧跋扈,秘之未发,至是首勒熺致仕,余党以窜逐,天下咸仰英断焉。

李以一种对他来说不同寻常的方式构造了这一重要的段落:他自己的开首语和结论性评价支撑了两段引文,第一段较长的引文出自《林泉野记》,第二段删节的引文出自《中兴遗史》,这两部书是李在注释中经常引用的两部私家史著。[1] 然而,在这一段,李将引

---

①徐梦莘的《会编》经常引用《林泉野记》。这一佚名著作今已不存,宋代的目录中也没有著录,看上去它似乎是南宋早期政治人物传记的一个汇集。题目暗示了放逐或政治上的敌对,有关秦桧的主题,该书完全是否定性的。参见陈乐素,《〈三朝北盟会编〉考》,页290。

文纳入了他的正文,然后在他的注释中指明每段引文的首尾。整个段落是一种不十分严格的编年结构。李自己开头的一部分是对秦桧一直到 1142 年的早期生涯的一个持衡的叙述,强调他对赵室的忠诚,他在首任宰相期间力引"仁贤",以及他利用谋略战胜他的政治对手而达成 1142 年的和议。与之相反,两段引文却完全是否定性的,不厌其详地列举秦桧的罪状:他的任人唯亲、他对皇帝的操纵、对阿谀奉承的喜爱、对日常官府工作的败坏以及他对不同意见的压制("喜赃吏"、"恶廉士")。然而,李在自己写的最后一段里又称赞了秦桧的两个成就:他恢复了朝廷对私家军队的控制以及他对僧道的更为严格的管制,这两个策略带来了地方上的稳定。但他最终的结论是,秦桧的"罪之大者"在于他对不同意见的独断的压制,而这一点高宗早就知道,但只是到秦桧死以后才采取步骤来制止。① 这一重要段落的独特结构(李在这里用同时代的引文来承担对秦桧的反面描述)不但突出了这位大历史学家对秦桧"罪行"的真实情况的判断,而且还使他可以将此类当时的批评置入历史的背景中。秦桧的罪行是巨大而且真实的,但它们不应遮掩他的功绩。

使人稍有些吃惊的是,并非秦桧友人的王明清在 1198 年一份关于秦的生平的大段叙述中做出了相似的评价:

> 秦桧初擢第,王仲嶷以其子妻之。仲嶷后避靖康讳,改名仲山。仲山朴鲁庸人也,禹玉子。而郑达夫,禹玉婿,达夫之室,盖桧妻之亲姑也。达夫当阙,处以密州教授。翟公巽为守,前席之;代还,荐于朝,得学官。继而夤缘郑氏,中宏词

---

① 《要录》,卷 169,页 2771—2773。

科。吴开力荐其才学，除郎。靖康中，张邦昌使金，辟置为属以行。邦昌使还，拜相，属吕舜徒好问荐引入台，浸迁中司。金酋粘罕妄有易置君位，监察御史马伸首倡大义，上书粘罕言甚不然，桧偶为台长，列名为冠。酋怒，拘桧与其妻王氏于北方。桧既陷金，无以自存，托迹于金之左戚悟室之门。悟室素主和议者也。凡经四载，乃授以旨意，得其要领，约以待时而举，密纵之，使挈其妻航海南归，抵涟水军。敌始至淮上，既退，郡人推土豪丁超者领其郡事。敌再至，遂杀超。敌退，众复推超子禩领军事，年方十八九矣。禩假舟至楚州，令典客王安道偕行，几为郡守杨揆所斩，赖揆之馆宾管当可救之得免。时韩蕲王世忠驻军高邮，桧之不敢取道于彼，复自楚泛洋至会稽，入三江门。思陵方自温明乘槎入越，暂以驻跸。富季申为中丞。露章乞还其职于桧，上亦怀其前日之忠，即从季申之请。寻登政府，继拜右揆，引公巽为参政，季申为右府。富翟二公后卒不合而纷竞。二公罢政，然悉存其职朝，示以报德。桧乃建"北客归北，南人留南"之策，盖欲与悟室相应。大拂人情，遂从策免。故制云："自诡行权而举事，尝耸动于四方，逮兹居位以陈谋，首建明于二策。罔烛厥理，殊乖素期。"褫职告云："耸动四方之听，朕志为移；建明二策之谋，尔材可见。"投闲屡议，吕颐浩、赵鼎、张浚前后为相，皆主战者也。适郦琼以庐州叛，而德远以弗绩责。粘罕诛死，刘豫废斥，悟室大用事。思陵兴念疆场生灵，久罹锋镝，亦厌佳兵。桧起帅浙东。入对之际，揣摩天意，适中机会，申议和之谋，遂为己任焉。大契渊衷，继命再相，以成其事。凡敌中按籍所取北客，悉以遣行，尽取兵权，杀岳飞父子，其议乃定。逮太母回銮，卧鼓灭烽逾二十年，此桧之功不可掩者也。故洪光弼于稠人广众中,昌言悟室托其寄声之语,切中其病,乃遭远窜。及夫求表勋之后,挟金之势,权倾海内,不知有上。钤制中外,胁持荐绅,开告讦之门,兴罗织之狱,士大夫重足而立。使其无死,奈何!后来,完颜亮举国南寇,豕突两淮,极其蹂践。适有天幸,颜亮自毙,不然,殆哉!由桧之军政弛备所以致此,桧之罪不可逃者也。纪之于牒,可不戒哉!其后挽达夫之子亿年视仪执政。开以滔天之罪,流于南州,既放逐,便卜居于章贡。以其婿曾惇作郡守,王安道为江淮守帅,以禩为观察使,邦昌家属悉得还浙中,皆酬私恩也。

这一提供了有关他早期同党和支持者的独一无二的细节文本,总的来说比李心传的叙述含更多负面的内容。它在 1127 年的事件中偏袒马伸,把秦桧塑造成女真人积极的代言人,和议的最终缔造者,并将他 1130 年的南归说成是女真人试图败坏年轻的高宗(既不喜爱也不信任军事)朝政的一种策略,然而,据王所说,高宗母亲的回归以及确保息兵达二十余年,是"桧之功不可掩者"。他在结尾指责秦桧的政策导致了 12 世纪 60 年代早期女真人的再次入侵,并批评他对皇室权威的篡夺以及通过告讦和诉讼对士人异议的压制。[1]

　　现在我们回到《宋史》的《秦桧传》,我们可以参照李和王在 12 世纪末的评价来回顾这一文本。很自然,《宋史》拒斥了这些较早的历史学家的公正尝试,并且忽略了他们吝于给出的对秦桧功绩的认可。对该文本做主题性的分析可以发现,《宋史》的作者

---

[1] 王明清,《玉照新志》(1198;上海:上海古籍出版社,1992 年重印),卷4,页 73—75。

选择了四个主题置于最显要的位置来强调秦桧的邪恶形象,突显并发展了这些负面的特点。《宋史》的作者对某些主题做出的强调和忽略的选择,反映了这样一种道学愿望:创造出一种与道学的伦理和道德专制相容的南宋历史的版本。

他们选择的首要而且最为显著的主题,集中在秦桧对士人不同意见的压制上,即他们使高宗时代的迫害成为秦桧邪恶性格的核心表现。《宋史·秦桧传》的一半以上,实质上甚至可以说是整个文本都与1138年以后的事件有关,详细记述秦桧迫害的人物:指控、审问以及惩罚。第二个主题围绕着秦桧用自己的亲党充塞御史台以及在1138年后他对这一机构的控制,这一御史的主题本质上是第一个主题的发展,因为对御史的控制使得秦桧的文字狱得以顺利地运作。但这一主题还包含了御史台传统上被过高估计的功能的蜕变以及秦桧手中权力的激增。[①] 第三个突出的主题是秦桧对阿谀奉承的偏爱和对谄媚文章的诱导。这一主题实际上是第一个主题的逆反,而且传记经常在同一段落里将两个因素对举。这一联合体一再强调秦桧的邪恶本性与他对别人的迫害之间的关联。根据《宋史》的观点,他对奉承的偏爱和对批评的无情压制都源于他对触及自己政治生涯的文字的一种病态的关切。最后一个主题是秦桧的身份的简单事实以及他在"奸臣"中的位置。《秦桧传》的文本本身并没有明确地将他与其他奸臣做比较。但它的内涵及其在《奸臣传》中的显要位置表明,12世纪晚期和13世纪发展而成的关于秦桧的历史地位的道学观念很大

[①]关于完全按此主题所编的这一时期的简史,参见江伟爱(Gong Wei Ai),"The Usurpation of Power by Ch'in Kuei Through the Censorial Organ (1138—1155)",*Chinese Culture* 15.3(1974年9月),页25—42。

程度上是在努力建构最终决定《宋史》中奸臣身份的一般标准。在这些标准中,最重要的是这位大臣是否用朝廷的法律机构来压制他的政敌。①

在这一点上,我们也许会回想起本文开始时在李心传自己为《要录》作的注释与何俌、留正和吕中窜改的说教性的注释之间的重要区别来。撇开留正不提(他的段落与秦桧没什么直接的关系),对何与吕涉及秦桧的段落的回顾,可以发现其中有对《宋史》传记中的同样主题的强调。何俌与吕中一而再地关注高宗时代的文字狱。二者都强调这些迫害产生于秦桧对其政敌的个人怨恨,它们显得比北宋的文字狱更为残酷和严苛。何俌提到,对于秦桧迫害的个体反应形成了他治下的人事决定的基础:"生、杀、废、置,惟己所欲。"这种怨恨是无情和无止境的,它在1155年针对"五十三位贤士"的"谋大逆"一案中达到了顶峰,涉及这一案件的所有人都逃得一死,因为当时秦桧病得太重以至于无法签署结案的"判词"。② 吕中在相同的脉络里断言:这些迫害表现出了秦桧的冷酷无情。他不仅针对那些反对他的人,而且也迫害他们的子女和家庭。秦的文字狱的经久不息和刻毒远远超过章惇和蔡京。③ 吕中也反复提及秦桧将御史台滥用为文字狱的工具。他

①在其他"奸臣传"中这一主题的实例,参见《宋史》,卷471,页13699 关于蔡确(1037—1093);页13704 关于邢恕;页13712 关于章惇(1035—1105);卷472,页13722、13724 关于蔡京;卷473,页13744 关于黄潜善(卒于1129);卷474,页13773—13714 关于韩侂胄,页13779 关于丁大全(卒于1263年),以及页13783 关于贾似道。

②《要录》,卷151,页2431;另见《要录》,卷124,页2028。

③《要录》,卷169,页2769;《宋史全文》(《四库全书》本),卷22 上,页39。《皇朝大事记》的明代稿本广泛地论述了从1068年王安石时代开始一直到1155年间"君子遭受之诸多灾难"的逐步发展;参见卷1,(转下页)

说这种控制开始于 1138 年,当时秦任命句龙如渊(1093—1154)为御史中丞来攻击胡铨,此后的许多年秦一直秘密地将他的意愿传达给御史台的官员,并提升他们充任那些被他们排挤掉的官员的职位。结果,御史台的官员成了秦桧的"私仆"。[1] 在另一段中,吕又一次将秦桧对御史的控制置于历史的视野中,强调一个理论上独立的御史机构被宰相逐步控制的过程:在宋代初期,公共的意见引导御史的行动。但从王安石开始,御史根据私人的意愿行事。吕追溯了从王安石开始,经由吕惠卿(1032—1111)、章惇、蔡京、秦桧,收结于韩侂胄对"伪学"的攻击的这一进展过程。[2] 何俌和吕中在攻击秦桧的文字狱或他对御史的控制时,都在构织他的行为,从而与被设想为由王安石一直持续到韩侂胄的此类控制的历史模式相协调。这样一来,人们可以在这些作者的观点中窥探到一个最终构成《宋史·奸臣传》的官员名册的根据。实际上,吕中用"奸"这个词来描述秦桧"欺贤人君子"和"欺圣主"的能力。[3]

(接上页)未标页码,"秦桧窜不附和议君子"条。寺地遵以吕中关于秦桧死后如何瓦解其统治集团的注文为基础,分析了秦桧统治的八个特点(《南宋初期政治研究》,页 307—311)。其中的第二点是关于文字狱以及通过告讦的威吓。参见《皇朝大事记》(卷 1,未标页码,"严告讦罚"条)。

[1]《要录》,卷 151,页 2436;《皇朝大事记》(卷 1,未标页数,"除学官台谏"条)。参照寺地遵《南宋初期政治研究》页 308,对御史的控制被列为秦桧统治的八个特征之首。

[2]吕中的言论引自刘时举,《续宋编年资治通鉴》(《丛书集成》本),卷12,页 150。

[3]《要录》,卷 124,页 2029;《皇宋中兴两朝圣政》,卷 24,页 22。由何俌写的另一段对比秦桧与王安石以及蔡京的政策的文字,参见《要录》,卷124,页 2028(又见《皇宋中兴两朝圣政》,卷 24,页 20—21)。这一主题的一个变形就是秦桧的后继者(汤思退与沈该)与王安石的(转下页)

一段出自《宋史·秦桧传》的短小摘要揭示出它的作者如何利用既存的文本建构起围绕这些主题的叙述。作者通过重写的方式来构织这一段落(和他们构织整篇传记的方式相同),在此,至少有六种原始的文本,它们的来源我已在译文下的注释中一一指明。传记将这一叙述置于1144年晚期:①

> 台州曾惇献桧诗称"圣相"。凡投献者以皋、夔、稷、契为不足,必曰"元圣"。② 桧乞禁野史。③ 又命子熺以秘书少监领国史,进建炎元年至绍兴十二年《日历》五百九十卷。熺因

(接上页)后继者(蔡确和王珪)的相似。由于秦的后继者延续他松弛军备的政策,秦桧因1161年女真的入侵而受到了指责;参见《要录》,卷172,页2828(引吕中的议论)以及《要录》,卷185,页3100(引何俌的记述)。何俌指责秦桧对奉承的敏感;参见《要录》,卷168,页2744页(又见《宋史全文》,卷22上,页30)。

①这一段落在中华书局版中被印作完整的一段;参见《宋史》,卷473,页13760。我之所以用"作者或作者们"是为了强调现存文本是合并而成的特性。正如下面的分析将要表明的那样,尽管各个部分早在12世纪就已并入,但现存文本的完成年代可能出自14世纪上半叶。

②李心传(《要录》,卷15,页2438)已将两句话并置在1144年6月下,但他在注文中指出关于曾惇的信息源自1158年7月一份弹劾他的奏议。其次,更为笼统的陈述源于《中兴遗史》——一种极度仇视秦桧的12世纪的材料。出自《中兴遗史》的段落也被引用在《要录》,卷169,页2772和《会编》,册4,页264。换言之,第一段中的所有句子都来自仇视秦桧的文本。然而,它们被如此安排,使得第二段看起来像对一个早期事件的评论。第三段,正如在下面将要讨论的那样,表明了一种相同的"事实"与"评论"的结构。

③这一句关于秦桧的话完全是中性的,而其文本无疑出于《高宗日历》。参见《要录》,卷151,页2433以及《小历》,卷31,页378—379,二者都记载了秦桧于1144年4月乞禁私史的事实。

太后北还,自颂桧功德凡二千余言。使著作郎王扬英、周执羔上之,皆迁秩。自桧再相,凡前罢相以来诏书章疏稍及桧者,率更易焚弃,《日历》、《时政》亡失已多,是后记录皆熺笔,无复有公是非矣。① 冬十月,右正言何若指程颐、张载遗书为专门曲学,力加禁绝,人无敢以为非。②

只有当中文文本与它的组成部分被放置在一起加以比较的时候,人们才能全面了解这一段落的技巧。但是有三种修辞技巧十分突出:构成文本的创造性并置、时序的变更以及精巧且熟练的改写。作为构件的文本至少描述了四个突出的事件(李心传确定的发生时间在括号里注明):曾惇献诗(1144 年 6 月),秦桧乞禁野史(1144 年 4 月),秦熺进呈《日历》与徐度的评注(1143 年 2 月),以及何若的奏议(1144 年 10 月)。这是些完全异质、没有联系的事件。但是《宋史》作者通过审慎地并置和灵活地编辑在这些事件之间建立起了逻辑的关联,并且形成了一种印象,秦桧是所有

---

① 这一较长的段落与《要录》,卷 148,页 2381—2382(日期为 1143 年 2 月)的段落有关,它记载了《高宗日历》的第一期工作的完成。正如李心传在注释中明确指出的那样,这一段落是官方为《日历》呈交的通告(另见《宋会要》运历 1,页 22—23)与收载于王明清的《挥麈后录》中徐度评论的一个复合物。这一模式重复了第一段"史实"与"评论"的结构。《宋史》的作者更改了王明清的结论,将原句"不足传信天下后世"替换为更强烈、更具道德意味的指责:"无复有公是非。"呈交报告中的结论:史馆将太后回銮本末附在《日历》后一并上呈,也被更改了。在《宋史》中,这一附录变成了秦熺为秦桧写的一篇很长的颂文。
② 第一句话意译了何若的奏议,其中"专门曲学"是唯一直接的引用语。第二句则是毫无理由的评述,夸大了何若的奏议本身的重要性和影响(收载于《要录》,卷 152,页 2433 和《道命录》,卷 4,页 35、36)。

这些事件的背后主使者。技巧性的年代忽漏有助于这一加工。曾惇的诗实际上是在乞禁野史之后进献的。而《日历》实际上完成于乞禁野史前一年。开始于献诗的这一经过编定的、错谬的时序,制造了这样一种暗示:这些事件都出自秦桧对奉承的异乎寻常的喜爱和对批评的恐惧。编辑上的变更加强了这一印象。为了在乞禁野史的陈述与后面的段落间建立联系,编者又在包括上引的第二、第三段的原始文本上加了"又命"两个字。这一细节上的修改在乞禁野史和进呈《日历》之间建立起了必然的关系,这种关系完全是《宋史》作者的发明。这一段落还熟练地将出自《高宗日历》(乞禁野史、呈进《日历》和何若的奏议)的对秦桧的正面或中性评述与稍后对他严厉批评的文本(《中兴遗史》的"注"与徐度)编织在一起。其结果是将他所有的行为都抛入负面的视角中。而且,编者完全改写了有关何若奏议的部分(只有"专门曲学"一词是原本就有的)。但它所处的整个段落结尾的位置、对程颐和张载的特别提出,以及"人无敢以为非"的假想性总结,都用来暗示秦桧的文化政策完全是针对道学运动而来的。

李心传的《要录》已经将段落中作为其组成部分的原始文本成对地并置于上面提到过的"事实"与"注释"的结构中。这一情况表明在 12 世纪晚期这种批评性的文本并置就已经出现了。但这是一个程度的问题。在每一个事件都确曾发生过这个意义上,所有这四个"事件"都是历史的。但这些事件的巧妙的组合和拼接创造出了秦桧的形象,这一形象在总体上比包含在原始的文本本身之中的形象要邪恶得多。对整个《宋史·秦桧传》做这样的一个分析将显示,《宋史》的作者们是根据较晚出的关于早期南宋历史的宋代道学观念来塑造他们的文本的。这些观念的来源是我们下面即将谈到的朱熹。

秦桧与道学

　　道学运动在南宋的兴起是众所周知和津津乐道的一段史事。[1] 一个实质的因素即是与君子观念相关的价值的一种转变。从《论语》问世以来,这一概念一直指代那些其内在修养的成就通过他对政治权力的运用向世界展现出来的人,在经典中主要是圣王,而在较低的现实生活中则指官僚机构中的官员。但是在12世纪,复杂的社会、文化和人口的压力使得士人要完成这一将个人与政治成就结合起来的理想目标变得越来越困难,道学运动的领袖开始有意识地转变传统定义中的平衡——忽略政治权力的运用,更看重道德成就的追求。根据新的界定,君子完全不需要任何官方的职位。随着外在的公共职位与内在的个人修养之间关系的削弱,一个令人烦恼的问题产生了:既然人们不再必须由政治上的成就来发现君子,那现在如何辨认君子呢? 不是将政治迫害看作道德失败的信号,而是看作道德价值的一个重要指标,是众多的补救方法之一。受到政治上强势的公开迫害成为内在道德完善的一个标志。[2] 秦桧当然是被看作假想的迫害者的一个

---

① 田浩:《朱熹的思维世界》;包弼德, *This Culture of Ours*, 页327—342。早期的叙述,参见刘子健, "How did a Neo-Confucian School Become the State Orthodoxy?" *Philosophy East and West*, 23(1973), 页483—505。

② 宁爱莲(Ellen G. Neskar)强调在南宋精英的自身形象的演进中政治迫害的重要性;参见 "The Cult of Worthies: A Study of Shrines Honoring Local Confucian Worthies in the Sung Dynasty (960—1279)"(Columbia University, 博士论文, 1993), 页113—132, 特别是她的这一陈述: (转下页)

现成的主角。在相当程度上,秦桧作为恶的化身的地位是受迫害的儒者作为善的化身的道学观念的一个必然结果。

　　但是,这里有需要解决的历史难题。首先,尽管文字狱以众多与道学有亲缘关系的个人为目标,甚至还包括对"程学的禁止",但它并不首先直接针对道学运动。① 换言之,朱熹与他 13 世纪的追随者在建构南宋早期的历史时,将那一时期的主要人物划分成重新界定的君子和小人,但要证明只有小人站在秦桧一边,或者反过来说,秦桧只压制君子是很困难的。事实证明,将这一时期的政治史与每个个人的道德史等同是一项非常艰难的任务;

（接上页）"被迫害的儒者的主旨只是表明,许多人将自己界定为由政府中的人向反对政府的人转变"（页 132）。我的分析并不意味着对《论语》中持不同政见的传统儒学观念的否定。但人们必须观察像柳宗元（773—819）或苏轼这样的早期的持不同政见者的社会排斥度和个人失败感,才能估价南宋企图降低君子身份实现所需要的政治成功的重要性的维度。

①关于直接针对"洛学"的文字狱的可以利用的提要,参见李心传,《道命录》,卷 4,页 34—39。李所举的所有关于禁止程氏兄弟的学说的实例都与科举有关,而他所举的在秦桧治下的例子则一直到 1144 年 8 月才出现:"殿中侍御史汪勃奏:'臣伏睹陛下临御以来,兴衰拨乱,投戈息马,孳孳焉以讲艺论道为先务。比者兼爱南北之民力,定和议,与天下更革,聿修学校,周遍海宇,犹以为未也,涓日之良,春幸贤关,秋幸秘省,崇儒重道,同符祖宗。万几余暇,不迩声色,亲写群经,刻石上庠,颁赐泮宫,盖将以斯文陶冶多士,是宜人人洗心涤虑,明知上之好恶。臣愚以为今年科场,当国学初建,万方多士,将拭目以观取舍,为之趋向,则所系顾不重欤? 今锁院有日,欲望戒饬攸司,一去一取,尤在所谨。苟专师孔孟,而议论粹然,一出于正者,在所必取。或采摭专门曲说,流入迂怪者,在所必去。以晓谕诸生,俾皆知正习,将见文有典则,与六经相为表里,以丕应圣化,岂不韪欤? 取进止。'八月二十四日,奉圣旨依。绍兴十四年上。"

在李心传和徐梦莘的帮助下,我们仍能看出这一还不完整的结果。第二,道学用于界定受迫害的儒者的一些用语和修辞源出于迫害者本人。朱熹从他的敌人那里学到了很多。如果说秦桧对于朱熹来说是一个"成色十足"的恶人,一个原因是由于这位纯粹的政治家给这位道德主义者带来了许多对他的事业有用的东西。

有关高宗时期最著名的文字狱的文献可以用来阐明上述两点,在这一案件中,程瑀(1087—1152)和洪兴祖(1090—1155)因被指证为对前人的《论语》注有毁谤性评论而受到指控。在一个普通的修辞问题上,御史王岷的奏疏从对程的道德状况的攻击开始。他说程"本实妄庸,见识凡下",处于闲废之中,便利用《论语》作为表达怨绪的工具。他建议朝廷,"将兴祖、安行编置远方,以御魑魅。仍并程瑀子弟见已任堂除差遣之人,并归吏部。庶使君子小人有所别白,而天下后世知奸人之不可容也"。[1] 事实上,文字狱的法律文献中充斥着道德至上的言辞,而这种修辞有最高的约束力。1139 年 7 月,在女真人毁弃 1138 年的条约以后,高宗对秦桧议论道:"朝廷惟要辨君子小人,君子小人既辨,则治道无不成。"[2]如果不是在那个时代的语言和背景下皇帝的这番议论被恰当地理解为一种易于看破的隐蔽的授意——指示秦桧进行必

---

①《要录》,卷 167,页 2736—2737。

②《小历》,卷 27,页 316;《要录》,卷 130,页 2100。早此时候,在高宗、赵鼎和张浚之间有一场"分别君子小人"这一主题的对话,参见《要录》,卷 84,页 1375—1376 和卷 85,页 1398。这一题材当然有其北宋党争的源头。参见罗家祥,《北宋党争研究》(台北:文勤出版社,1993),页 1—19。其差别又是一个程度的问题。尽管此类引起分裂的言辞在北宋政府反对派中很普遍,但皇帝,至少到徽宗,似乎在公开的场合仍力求避免通过他们自己对此类言辞的使用对其表示赞同。

要的清洗、为与女真人的另一轮谈判做政治准备,人们可能会将这句话想象为《朱子语类》中的格言。

在第一个问题即许多南宋早期政治历程的道德含混性上,人们可能会将御史王㳟想象为秦桧的一个不起眼的奴才,被资料描述为秦桧心腹的匿名的"帮凶"之一。与秦桧的朋友的通常情况一样,几乎没有关于王㳟的传记资料留存下来。但他碰巧作为一个相当出色的书法家而在当时享有声誉。十分偶然地,一本18世纪的绘画和书法汇编里,保存了出自一种散佚了的方志的一段短小的传记片段,将王㳟描述为一个建立了"梦山堂"的著名书法家,梦山堂中有吕祖谦和当时的许多其他的著名学者的题赠。[1]这几乎不足以作为确定王㳟的政治和思想倾向的证据;然而,这表明他并不是一个为士人所不齿的人,而是一个至少与道学运动的主要领袖之一吕祖谦有社会联系的文雅之士。[2]

秦桧的文字狱资料指控被告人表达了"异端"的思想。朱熹的学生们将在由朱熹和吕祖谦编辑的著名道学选集《近思录》的第十三章的题目中见到这一用语。正如朱熹界定的那样,"辨异端"通过"筛出"那些被断定为受了佛道思想影响的儒家学者,为建立正统的道学系统和准则打下了基础。简言之,它形成了道学

---

[1]《佩文斋书画谱》(1708,《四库全书》本),卷35,页9—10。

[2]王㳟出自北宋一个重要的士人家庭,这一家庭产生出了早期的宰相王旦(957—1017)及他的儿子王素(1007—1073)。王㳟1115年进士及第,与秦桧同年,1154年8月到1155年6月在御史台的主要任期内,他除了弹劾洪兴祖外,还组织了一次对程氏兄弟学说的攻击(《要录》,卷167,页2727、2750、2752)。秦桧死后,他作为对金的一个外交使臣离开,当他于1156年回朝后,作为最积极的秦桧支持者而被革职(《要录》,卷169,页2767;《宋会要》职官70,页43)。

排斥那些"源于异端"的思想的基础。近来的研究强调 12 世纪儒学的多样性以及在朱熹建立统一综合的企图中同化和排斥其他儒者的程度。① 秦桧与朱熹同样用异端这一标签来反对基本上相同的一类人:那些深受佛教影响的程氏兄弟的门徒。秦桧的同党写的很多文字实际上预设"异端"、程门弟子和佛教徒三者是等同的。② 佛教僧侣也是文字狱的牺牲品,在他们中间最突出的例子是禅师大慧宗杲(1089—1163),他于 1141 年 5 月因毁谤朝廷政策而被剥夺僧籍并监禁在衡州。③ 那个时期的佛教史突出地描绘了禅师被放逐的事件,同时也着重记录了 1141 年 5 月秦桧向僧人征收人头税的举措。④ 总之,证据表明 12 世纪 40 年代中期在朝廷提倡一种统一的文化政策的企图中有反佛因素的存在,而程颐的追随者也是它的目标。

简单地说,朱熹父亲的经历可以解释他对秦桧的反对。1134年朱松(1097—1143)被委派到史馆,1138 年他参与了一次抵制和

---

① 田浩:《朱熹的思维世界》;Thomas A. Wilson, *Geneoglogy of the Way*。Wilson 特别注意"筛出"那些"源于异端"的人的过程(页 44、95、155—157)。

② 最清楚的例子出现在《要录》对 1154 年科举的叙述中。这一问答性的文本是对程学进行攻击的一个广泛的邀请,而曹冠——秦桧的追随者,指控程颐的弟子是善于伪装的佛教徒,他们行"默会"之教并倡导异端(《要录》,卷 156,页 2712—2713)。

③ 《要录》,卷 140,页 2254。这一案件也牵涉到张九成(1092—1159),早期道学运动的一个重要人物(田浩,*Confucian Discourse and Chu Hsi's Ascendancy*,页 24—29)。

④ 参见志磐,《佛祖统纪》(1271,《大正新修大藏经》,第 2035 号文本),卷 49,页 425—426;念常,《佛祖历代通载》(1333—1334,《大正新修大藏经》,第 2036 号),卷 49,页 686—687。关于秦桧向和尚们征收人头税,参见《宋史》,卷 30,页 562 和《要录》,卷 153,页 2463—2464(二者都没有将之归因于秦桧)。

谈的联名抗议。秦桧将他从朝廷中调出,委派到饶州,但朱松申请了一份闲职,并从行政工作中退避下来。① 他的情况与李焘相同:尽管没有针对他的法律上的举动,但朱选择退缩以回避与秦桧的对抗无疑截断了自己的仕途。而朱熹对前任宰相的反对表明了一种更为含混和微妙的关系。朱熹出身于文禁甚严的时代,并于 1148 年在秦桧的任期内获中进士。撇开纯学理的方面,朱熹在佛教徒对道学的污染方面的敏感可能是其早年对秦桧不加区别地将程颐的追随者与佛教徒一起称作异端的经验的结果。为了纯化和保持道学系统,将那些确有此种倾向的人清除是十分必要的。当然,尽管这两种排斥的努力同样使用"辨君子小人"的词语,但其中仍有重要的差别。秦桧与高宗的清洗基于主要是作为一种政治角色的旧的君子观念,因此它们导致在朝廷上政治和肉体的消除。朱熹的清洗则基于主要是作为一种道德代言人的新的君子观念,因此它们导致在重新界定的儒学传统上道德和思想的排斥。

现代学者认为朱熹将历史研究看作道德哲学研究的辅助物,历史只是阐明理的作用的一种工具;历史事实只在与道德价值的联系中获得意义——这是程颐倡导的一种观点。② 然而,南宋早期历史的一种道学版本的发展始于对政府和自我审查给原始文

① 《要录》,卷 124,页 2017;《朱熹集》,卷 94,页 4789。
② 参见 Conrad Schirokauer, "Chu Hsi's Sense of History," 收载于韩明士(Robert B. Hymes)和 Conrad Schirokauer, *Ordering the World: Approaches to State and Society in Sung China*(Berkeley: University of California Press, 1993),页 193—220,特别是页 198—200;另见黄俊杰,《作为一个历史教师的朱熹》,收载于中兴大学历史系编,《第二届中西史学史研讨会论文集》(台南:久洋出版社,1987),页 307—366。

献带来的破坏的强烈意识。12世纪下半叶的道学文献中有证据表明这样一种热切希望:寻找现存的文献载记和记录那些能够补足已经被破坏或本来没有记下的资料的口头回忆。有一个事例涉及一次抢救有关前宰相赵鼎的传记资料的努力。徐时举写信给杨时的一个学生、赵鼎的朋友喻樗请求提供有关赵鼎的资料:"故丞相安邑先生忠献赵公,前辈冠冕,扶危定倾,勋在王室,不幸遭罢谗嫉,放死海峤。私史之禁,仿佛焚书;告讦之风,不几削迹,公之功业泯没,殆亡传焉。近乡人陈傅良秀才识其孙于新昌,访以遗书,得公自为墓志,独书迁官次第,问其事,则不知。刘东嘉夙掌著作,时述名臣传,求公行事,一无所得。慨愤之极,拊几而叹,为名流嗟惜如此。及今声迹未远,故老仍存,纂而录之,尚可十得四五。"①

到13世纪初期,对此类文献保存的追求在道德上注定会成功已经成为一种道学的信念,因为"此其良心之不可蚀者"。这一用语出现在道学家及官员魏了翁撰写的《跋李文简公手记李棁等十事》一文中:

> 李文简公所记,多京、桧时事,虽得诸所闻者适若此,然大抵平世事罕所佚遗,惟事在柄臣,则未有不惮史官而嫉记者。故是非毁誉,鲜不失实,率阅岁历时,而后其事浸明。自唐、许、李以至近世王、蔡、秦、韩,皆莫不然也。且裕陵一朝大典,既为群小所湔汩,虽绍兴更定,差胜诸本,而其间诋嫉谩谰之词,终有刊落未尽。其后绍述之议虽行于绍圣,而实防乎元祐之末,至绍兴重修《泰陵实录》,独元祐八年事皆无

---

① 《浪语集》,卷23,页18。

存者,至参取《玉牒》《日历》诸书以足之,仅得成书。中兴后事亦是绍兴八年至二十五年最为疏略,小人终日为不善,皇恤乎人言,惟于传世诒后之书,则必求以遏绝而窜移之,此其良心之不可蚀者。不知闻见于时人而笔削于家乘野录者,父兄子弟姻戚友朋间转相传习,便如申伏之口、制窦之心,盖有不与秦火俱烬者也。公平生记闻当不止是,若更加搜揽而裒萃焉,岂特有补于史氏之缺,亦足以为后来茂恶怨正者之儆云。①

如果徐时举写给喻樗的信代表利用私家记述来修订官方历史缺失过程的开始,人们可以从魏的文章中发现,到 13 世纪下半叶,这一过程的大部分已经完成了。魏的跋文不应被理解为一种无用的希望表达,而应理解为对已经发生的事的一种辩护。

在检讨朱熹在这一恢复工作中的贡献之前,我们可以回顾一下受害者及其家庭企图保存在秦桧治下经历的记录的痕迹。其中最为突出的是已经在上文中间接提到的题为《绍兴正论》的文本,其片段保存在徐梦莘的《会编》中。② 一部 13 世纪中期的目录将此书描述为:"《绍兴正论》一卷,编录秦桧当国,罗织诸贤,或死于市朝,或死于囹圄,或死于贬所,或流落于魑魅之区,累赦不移;或栖迟于林泉之下,屏迹不出者,一百一十八人姓名,与其获罪之

---

①《鹤山先生大全文集》(《四库全书》本),卷 61,页 14a—15a。
②《会编》,册 4,页 319—322。这部书也是李心传的一个资料来源,参见《要录》,卷 119,页 1931;卷 121,页 1951;卷 123,页 1983、2004;卷 125,页 2309;卷 137,页 2207。

因。但云潇湘樵夫序,不知其为谁也。"①《会编》中现存的片段符合早期关于此书仅是一个人物名讳及其所犯过错的列表的描述,但只包含原来 118 位"值得"列举的人物中的 30 个。根据其他的宋代目录,这一名单上的人物后来由吕祖谦的一个学生楼昉(1193 年进士)在一部题为《绍兴正论小传》的 20 卷的著作中补写了传记。② 由于李心传的几条关于《绍兴正论》的资料表明他看到的是传记材料而非只是名单,这一详尽的版本可能在 12 世纪末以前仍然存在。

对于推断《绍兴正论》是一部受秦桧迫害的人的传记集而非一个简单的名单的假设,这里还有其他的证据。现存于《会编》中的《绍兴正论》的片段所涉及的 30 人,其中 4 人的传记资料出现于《永乐大典》中。这 4 人中两人的记录——陈括和陈刚中是按照名字从《绍兴正论》中引出的,在这两个例子中,引文都远长于《会编》的片段中关于陈括和陈刚中的段落,而后者的文字也出现于前者中。③ 在《永乐大典》关于陈刚中的资料下的一段编者的记

①赵希弁对晁公武(1132 年进士)的补充(1250 年序文),《郡斋读书志》重印为《郡斋读书志校证》(上海:上海古籍出版社,1990),页 1115—1116。对于提及此书的另一部宋代目录,参见陈振孙,《直斋书录解题》,卷 5,页 157 和《宋史》,卷 203,页 5116;另见《钦定四库全书总目》,页 845—846 和陈乐素,《〈三朝北盟会编〉考》,页 297,其中对此书存于《会编》中的片段作了评论。

②陈振孙,《直斋书录解题》,卷 5,页 157。

③《永乐大典》(1407;台北:世界书局,1962 年影印本),卷 3147,页 18;卷 3150,页 4。陈括因拒绝参加从女真迎徽宗棺椁回朝的外交使团而被从朝廷解职,于 1138 年 7 月赴省任职。他卒于秦桧亡故以前,所以不可能被召回。陈刚中于 1140 年 7 月与张九成以及其他因支持胡铨而受到报复的人一道被委派到边远的州军。他在抵达任所后(转下页)

述引证了几种关于《绍兴正论》的作者的看法,其中一种认为它由胡铨编成,由周必大(1126—1204)扩充。"潇湘樵夫"的别号恰当地描述了胡铨,他在放逐期间以潇湘夜雨为主题绘画和作诗。[1]周必大称他长久以来一直崇敬胡铨,并在两人于 12 世纪 60 年代中期同在京城、胡铨供职于秘书省时自认为是这位老人的门生。[2]我们可以想象出一种合理的方案:在其流放期间,胡铨保存了一份他认为已经受到秦桧迫害的人的名单。在胡回到京城以后,周必大以及其他一些与道学运动有关的学者为那些列在胡的名单上的人写了传记,他们广泛地引证尚存的文献以强调这些人在秦桧手中受到的迫害。胡铨似乎是极少数不仅设法从南方生还而且还相当完整地带回了藏书和文章的人之一。《永乐大典》中陈括和陈刚中的传记都可以支持这一设想。在正规的传记开端如姓名、籍贯、祖先和科举经历后,这些文本迅速地将注意力集中在其传主与秦桧的遭遇上。例如,陈刚中的传记并不试图表现陈刚中完整的一生,而是建构他作为秦桧的受害者的经历。它引证了陈写的一封祝贺胡反对和议的信并说秦桧非常恨陈。1140 年陈作为张九成的朋友被告讦者指责为讥讪朝廷而遣送到南方。传记中还引证了胡铨在他放逐的地方写给陈的信,然后记载了陈不久以后由于恶劣气候的原因而亡故、其妻削发为尼以及她艰辛地

(接上页)数月便亡故了。关于陈括,参见《要录》,卷 121,页 1951;关于陈刚中,参见《要录》,卷 123,页 2004,卷 137,页 2206—2207,这些都引自《绍兴正论》。

[1] 韦居安(1268 年进士),《梅涧诗话》,见丁福保编,《历代诗话续编》(北京:中华书局,1983),页 543。这首题为《题自作潇湘夜雨图》的诗,没有收入胡现存的文集中,此诗写于 1147 年,其中隐约地包含反政府的情绪。

[2]《宋元学案》,卷 35,页 1228。

扶棺北归的过程。今引传记全文如下：

> 刚中，字彦深。闽清县人。祥道之犹子，著《礼书》行于世者。刚中登建炎二年进士第。绍兴元年，应诏上书得旨，改合入官。八年，监登闻鼓院。胡铨以直言谪昭州，廷中不寒而栗，莫敢与立谈者。刚中独以启贺之曰："屈膝请和，知庙堂御侮之无策；张胆论事，喜枢庭谋远之有人。身为南海之行，名若太山之重。"又曰："知无不言，愿请尚方之剑；不遇故去，聊乘下泽之车。"秦桧大恨之。十年，以告讦者谓刚中与张九成等讥讪朝政，诏九成与外任，刚中送吏部，于是以九成知邵州，而刚中知赣州安远县。胡铨在新州复刚中书云："中昨亦风闻足下亦见黜，而不得其详，蒙谕乃知底里，辄气拂膺。古人固有求为苇笥中人而不可得者，自中为足下贺也。"其相期盖如此。刚中到官数月死。其妻秃发为尼，扶护还乡，行路往往为之出涕。刚中为人丰肌便腹，骨不胜肉。而安远地荒僻，瘴疠尤甚。汲水置器中，须臾墨色，以故仕者多不得免，人固知刚中之必不生还也。悲夫！

与此类似，陈括的传记几乎将注意力完全集中在秦桧因他拒绝参加出使北方的使团而对他进行的惩罚上面：

> 陈括字叔度，蕲州人。有弟名杲者。始徙西安之章戴，仕至龙图阁直学士，括其从弟也。擢政和三年进士之科。绍兴六年，以新江西提举常平茶盐公事，除御史台检法官。八年三月罢。是年四月诏为大理寺丞，主管右治狱。七月，王伦假端明殿学士，为奉迎梓宫使，迁括金部郎官，假徽猷阁待

制,副之。先是,伦请括自副。有携省札入寺者,日晡括户
扃,户扣门云:"有省札呈待制。"括答云:"此是陈寺丞宅。"
竟不纳。其人逡巡而退。明日,括堂白云:"方多事时,臣子
不敢辞难,若朝廷遣台省诸公,括愿为之副,如欲使括介王伦
之行,必不敢奉命。"桧怒,于是以阁门事蓝公佐代括,而黜括
监浙东酒税,日下出国门,久乃得祠,不及桧之亡而卒。孙
汶,登绍兴七年进士第。

在保存原始文献的最重要的尝试中还包括由一位隐士、朱熹
的好友魏掞之(1116—1173)编辑的反对 1138 年和议的文集——
《戊午谠议》。魏编辑的这一文集李心传是知道的,但现在已经散
佚,此文集的编纂可能是受 1147 年赵鼎的文章被销毁的启发。[①]
朱熹写于 1165 年的《〈戊午谠议〉序》是在历史上塑造秦桧形象的
一份重要和基本的文献。它表现了朱熹对秦桧最为全面的分析,
并且在实际上包括了在 13 世纪说教化的历史中找到表达,其后
被收入《宋史》中的所有重要主题。朱熹开始撰写他的序文,并将
他所有确定的论断建立在这一观念的基础上:南宋收复北方的失
败构成了对一种经典训诫的背弃:按君臣父子之义,臣子应该替
君父复仇。[②] 因此高宗有一种为其父兄报仇的道德义务,他登基

---

①关于赵鼎文章的焚毁,参见朱熹为魏掞之写的墓志铭(《朱熹集》,卷
　91,页 4619—4622),由此,这个故事直接进入了魏在《宋史》中的传记
　(《宋史》,卷 459,页 13468)。李心传对《戊午谠议》提供的参考资料,
　见《要录》,卷 122,页 1977;卷 123,页 2000;卷 124,页 2024。
②朱熹引用了《礼记》中的著名段落,它强调杀父之仇"不共戴天";参见
　《礼记》(《四部丛刊》本),卷 1,页 15。然而,他变更了这一段落,将同
　一责任扩大到宰相及其君主。北方女真人的入侵以及二帝的(转下页)

之初就发誓要这样做。"至于绍兴之初,贤才并用,纲纪复张,诸将之兵屡以捷告,恢复之势盖已什八九成矣。虏人于是始露和亲之议,以沮吾计,而宰相秦桧归自虏庭,力主其事。当此之时,人伦尚明,人心尚正,天下之人无贤愚,无贵贱,交口合辞,以为不可。独士大夫之顽钝嗜利无耻者数辈,起而和之。清议不容,诟詈唾斥,欲食其肉而寝处其皮,则其于秦桧可知矣。而桧乃独以梓宫长乐藉口,攘却众谋,荧惑主听,然后所谓和议者翕然以定而不可破。自是以来,二十余年,国家忘仇敌之虏而怀宴安之乐,桧亦因是藉外权以专宠利,窃主柄以遂奸谋。而向者冒犯清议、希意迎合之人,无不夤缘骤至通显,或乃踵桧用事。而君臣父子之大伦,天之经,地之义,所谓民彝者,不复闻于缙绅之间矣。士大夫狃于积衰之俗,徒见当时国家无事,而桧与其徒皆享成功,无后患,顾以亡仇忍辱为事理之当然,主议者慕为桧,游谈者慕其徒,一雄唱之,百雌和之。癸未之议,发言盈廷。其曰虏世仇不可和者,尚书张公阐、左史胡公铨而止耳。自余盖亦谓不可和者,而其所以为说,不出乎利害之间。又其余,则虽平时号贤士大夫,慨然有六千里为仇人役之叹者,一旦进而直乎庙堂之上,顾乃惘然,如醉如幻,而忘其畴昔之言。厥或告之,则曰:'此处士之大言耳。'呜呼,秦桧之罪,所以上通于天、万死不足以赎者,正以其始则唱邪谋以误国,中则挟虏势以要君,使人伦不明、人心不正,而末流之弊,遗君后亲至于如此之极也。"①

_____

(接上页)被俘要求南方在忠孝的名义下"复仇雪耻",这一指责至少在1130年就已出现了;参见范如圭1138年的奏议(《要录》,卷124,页2029)以及下面将要引用的胡安国《春秋胡氏传》中的段落。
①《朱熹集》,卷75,页3929—3932。

值得注意的是,朱熹完全以道德为根据来构造南宋未能成功收复北方的历史问题,并将这一道德失败完全归因于秦桧:他最初对高宗的欺骗最终导致了公众道德的整体堕落。但是这一结论是以大量极不可靠的历史论断为基础的。以上都是朱熹对12世纪30年代初南宋政权命运的非常乐观的估计。绍兴初,朝廷在逃到海上以后仍然在越州,金在其长江的边界上建立了齐的傀儡政权,中国中原地区的大部分控制在独立的私人军事组织手中,而在1131年8月秦桧被委派为宰相。这似乎并不是"什八九成矣"的恢复大业。同样不可信的是秦桧是女真的代理人以及他通过高宗僭取专制权力的观点。看上去,在秦桧死后不到10年的时间里写这篇文章的朱熹并没有奢望这一分析会被作为历史事实而得到普遍的接受。强调秦桧对士大夫的腐蚀以及对时政的攻击,表明朱熹写作的对象是少数的道学听众,他们已经确信了国家在总体上的堕落,朱熹热衷于向他们解释他们自己不能兴盛的原因。①

朱熹1165年对秦桧的分析保留了他在解释当代事件时冷酷无情的方面,即使是当他晚年对夺回北方的军事可能性变得更为乐观的时候,也是如此。当在孝宗治下他自己的职位提高,与此同时道学的政治地位更为稳固的时候,朱熹开始越来越多地公开表达他对秦桧的反对。1182年8月,朱熹在采取下述攻击手段时,显然已有了足够的安全感:他在永嘉的地方学校公开捣毁了

①何俌和吕中关于秦桧的两段较长的议论呈示了暴露在朱熹的序文中直接的文本证据。何俌认为秦桧"要君",并广泛地引用"戊午谠议";吕中则着眼于不能"复仇雪耻"在道德上的失败,两位作者都强调秦桧能够通过对高宗做出虚伪的乐观表象来压制士人的反对(《要录》,卷124,页2028—2029)。

一座秦桧的祠庙,并在一份描述秦桧对其政敌的迫害的报告中为自己的行动辩护。[1] 1188 年上书孝宗时,朱熹将秦桧用作"恶毒的"宰相腐蚀皇帝的一个公开例证。[2]

对秦桧的谴责也充斥在文集的序文和朱熹为文禁的受害者撰写的碑传中。朱熹 1186 年为潘良贵的文集撰写的序文,是以反奸臣为主题的文章的极好范例。在序文中,朱熹通过排置两个相对照的系列而引进阴阳的对立,作为先验的"理"的一个实例:阳,君子,公,刚和朝廷的政治昌明;相对的是阴,小人,私,柔和朝廷的政治灾难:

> 盖公自宣和初为博士,则已不肯托昏富贵之家,而独尝论斥大臣蒙蔽之奸矣。及为馆职,又不肯游蔡京父子间;使

---

① "窃见故相秦桧归自虏庭,久专国柄,内忍事仇之耻,外张震主之威,以恣睢戮善良,销沮人心忠义刚直之气;以喜怒为进退,崇奖天下佞谀偷惰之风。究其设心,何止误国! 岳侯既死于棘寺,魏公复窜于岭隅。连逮赵汾之狱,盖将掩众正而尽诛;徘徊汉鼎之旁,已闻图九锡而来献。天不诛桧,谁其弱秦? 今中外之有识,犹皆愤惋而不平;而朝廷于其家,亦且摈绝而不用。况永嘉号礼义之地,学校实风化之源,尚使有祠,无乃未讲。虽捐田以示濡沫,恐出市恩;然设像以厕英贤,何以为训?"《朱熹集》,卷 99,页 5090—5091。秦桧曾于 1135 年为温州郡守,与永嘉早有关联,他的很多支持者都出自这一地域。秦桧早年的一个对手朱胜非(1082—1144),曾描述过永嘉人在秦桧的派系中的优势(《要录》,卷 144,页 2318;《宋史全文》,卷 21 上,页 1368。另见《宋史》,卷 380,页 11722)。关于地方的神祠及其对道学运动的重要性,参见 Ellen Neskar, "The Cult of Worthies",页 1—206。

② 《朱熹集》,卷 11,页 471—472。关于这一奏议的提纲和背景,参见 Conrad Schirokauer, "Chu Hsi's Political Career",收载于 Wright 和 Twitchett 编,*Confucian Personalities*,页 177—179。

淮南,又不肯与中官同燕席。靖康召对,因论时宰何㮚、唐恪不可用,恐误国事,以是谪去,曾不旋踵而言果验。建炎初,召为右司谏,首论乱臣逆党当用重典,以正邦法、壮国威。且及当时用事者奸邪之状,大为汪、黄所忌,书奏三日而左迁以去。其言虽不大传,然刘观所草责词,直以揣摩诋訾为罪,则其事固可知已。绍兴入为都司,又忤时相以归。复为左史,一日直前奏曰:"先王之所以致治者,以其合于大公至正之道。比年之所以致乱者,以其反此而已。陛下今日诚宜仰思祖宗创业之难,二帝蒙尘之久,俯念生灵涂炭之苦,土地侵削之多,夙寤晨兴,不敢少置,每行一事,必先念此,然后发之。务以合于所谓大公至正之道,而勿以一毫私意曲徇人情,则天下庶有休息之期矣。"服丧还朝,又以廷叱奏事官而忤旨以去。自是之后,秦桧擅朝,则公遂废于家而不复起矣。

简言之,通过牺牲他的政治生涯来表明他对迫害的"不屈的"抵抗以赢取他身后的君子地位,这正是潘的愿望。[1]

许多文章用一种夸张的修辞方法和生动的虚构手段,阐明朱熹关于秦桧是一个典型的"奸臣"化身的说法。这些文章常常是一个既定事件唯一留存下来的资料,也经常直接进入《宋史》的记载。上面已经间接提到的朱熹对赵鼎的藏书毁坏经过的描述,就是一个很好的例子:

> 绍兴中,宰相秦桧专柄用事,诸有故怨及不附己者,皆诬以罪,窜岭海。故相赵忠简公用此死朱崖,天子哀之。还其

---

[1]《朱熹集》,卷 76,页 3984—3987。

枢,将葬衢州常山县,郡将章杰,绍圣丞相惇诸孙,雅怨赵公当国时奉诏治惇罪,又希桧旨,阳以善意檄常山尉翁君蒙之护其丧。一日,下书翁君曰:"赵氏私为酒以饮役夫,亟捕置之法。"而阴使人喻意,使并搜取赵公平日知旧往来书疏,欲以败赵氏,快私憾,且媚桧取美官。翁君不可,则啖以利,又不可,则胁以威,往反再三。翁君度杰意壮不但已,或更属它吏,则事有不可为者,即密告赵氏,夜取诸文书悉烧之,无片纸在。翌旦,乃往为搜捕者,而以无所得告。杰怒,又廉知翁君女弟适故礼部侍郎胡公寅,实当时草诏罪状惇者,益怒,乃诬翁君它罪劾之。会胡公弟宁为尚书郎,具以其事白桧。桧亦悟为杰所卖,下其事安抚使问状,徙翁君官旁郡,赵氏亦竟得无它,而杰遂废,不复用。当是时,天下莫不高翁君之谊,慕翁君之名,而想见其为人者。

当时生活在章家的魏掞之写了一封谴责章杰的信。朱熹在给魏写的诔文和上面这一详尽的墓志铭中复述了这个故事。①

朱熹为张浚写的长篇传记同样是关于审讯五十三位贤士的戏剧化故事的唯一资料,故事中描述了秦桧如何在其最后的日子里设计了一个牵涉甚众的诉讼案,而被告们之所以能够侥幸逃脱只是由于秦桧病得过重,以至于无法签署判词。

---

① 《朱熹集》,卷91,页4619—4622页;《宋史》,卷459,页13468。李心传也接受了这一故事(《要录》,卷161,页2616)。朱熹的文本进入《宋史》的另一个例子是他为范如圭写的神道碑(《朱熹集》,卷89,页4557—4561和《宋史》,卷381,页11729)。朱熹戏剧性的增饰的另一个例子是他为李光的妻子管氏(1104—1175)写的墓志铭(《朱熹集》,卷92,页4680—4683)。

至是,秦桧宠位既极,老病日侵,鄙夫患失之心无所不至,无君之迹显然著见。意欲先剪除海内贤士大夫,然后肆其所为。尤惮公为正论宗主,使己不得安,欲亟加害,命台臣王珉、徐嚞辈有所弹劾,语必及公。至弹知洪州张宗元文,始谓公国贼,必欲杀之。有张柄者,尝奏请令桧乘金根车,其死党也,即擢知潭州。汪召锡者,娶桧兄女,尝告讦赵令衿,遣为湖南提举官,俾共图公。又使张常先治张宗元狱,株连及公。以为未足,又捕赵鼎子汾下大理狱,备极惨酷,考掠无全肤,令自诬与公及李光、胡寅等谋大逆。凡一时贤士五十三人,桧所恶者,皆与狱上。会桧病笃,不能书判以死。时绍兴二十有五年也。

熊克和李心传关于秦桧的最后纷争的叙述都以朱的文本为基础,尽管如此,熊还是略去了夸张的修辞,李则让相关的段落从属于一个透彻的分析。[1] 但在《会编》中有关秦桧的较早的传记资料并没有提到这些事件,甚至朱熹在《朱子语类》中也只是间接地提到了一次:"见说有三十余家皆当坐。"[2]要点不是1155年的大审讯没有发生,而是所有对这一事件的叙述都源出于朱熹的《张浚传》,而这一文本的偏颇甚至朱熹本人都不得不承认。[3]

---

[1]《朱熹集》,卷 95 下,页 4860—4861;《小历》,卷 36,页 437—438;《要录》,卷 169,页 2769。

[2]《会编》,册 4,页 262—272;黎靖德编,《朱子语类》(1270;北京:中华书局,1986 年重印),卷 131,页 3162。

[3]参见《朱子语类》,卷 131,页 3149—3150。在这里,朱熹回答了为何他拒绝为赵鼎写传记:"问:《赵忠简行状》,他家子弟欲属笔于先生。先生不许,莫不以为疑,不知先生之间安在? 曰:这般文字利害,若(转下页)

《朱子语类》中出现的秦桧形象与 1165 年序和上面讨论过的后来出现的文本中的描述完全相符。[1]《朱子语类》另外的特征是它给我们提供了这样的机会：可以观察到朱熹创造他的秦桧角色、为这一角色添加生动的细节以及在回应来自对话者的尖锐质

（接上页）有不实，朝廷或来取索，则为不便。如某向来《张魏公行状》，亦只凭钦夫写来事实做将去。后见《光尧实录》，其中煞有不相应处，故于这般文字不敢轻易下笔。《赵忠简行实》，向亦尝为看一过，其中煞有与魏公同处。或有一事，张氏子弟载之，则以为尽出张公；赵公子弟载之，则以为尽出赵公。某既做了魏公底，以为出于张公，今又如何说是赵公耶？故某答他家子弟，尽令他转托陈君举，见要他去子细推究，参考当时事实，庶得其实而无抵牾耳。"陈傅良显然很难处理这一委托。赵鼎的传记不存于陈傅良的文集中。秦桧的死使得他的攻击对象意外地逃脱了几乎不可避免的灾难，这一主题在朱熹关于五十三位君子的故事中是如此的关键，以至于它也出现在同一时期其他有关秦桧的逸事中；参见王明清，《挥麈后录》，卷 7，页 123—124 以及丁传靖，《宋人轶事汇编》（1935；台北：台湾商务印书馆，1982 年重印），卷 15，页 761。

[1] 然而，这里有一个重要的例外。1165 年的序文将秦桧的兴起与士大夫的道德侵蚀联系在一起，这一侵蚀随着秦桧对朝廷的控制加强，渗透到整个士大夫阶层。对士大夫的这一谴责在《语类》中并不存在（其中关于秦桧的材料出在 1183—1199 年间），在何俌和吕中的 13 世纪的评论中又同样阙如。这似乎暗示了随着朱熹的听众的增加，其中无疑开始包括许多最初被朱批评为道德沦丧的士大夫的后代，使得朱熹对自己早期所作关于中兴历史的分析，在这一方面有所缓和。王明清 1198 年写的文章里，讲述了一个有趣的故事，它可以反映朱熹关注点的变化："秦桧既杀岳氏父子，其子孙皆徙重湖闽岭，日赈钱米以活其命。绍兴间，有知名士知漳州者，建言：叛逆之后不应存留，乞绝其所急，使尽残年。秦得其牍，令札付岳氏知而已。士大夫为官爵所钓，用心至是，可谓'狗彘不食其余'矣。不欲显言其姓名，以为荐绅之玷"（《玉照新志》，卷 5，页 76）。从这则逸事中，人们可以观察到秦桧的那些同谋者被忽略，而他自己却最终被塑造成当时首要且唯一的恶徒的历史过程。

疑时,为这一构造进行辩护的实际过程。朱熹提出了令人吃惊的指控:秦桧意图谋杀高宗并篡夺皇位。这一论断在《张浚传》中只是间接地提到,而在《朱子语类》中则至少有四次直接谈及:"秦太师死,高宗告杨郡王云:'朕今日始免得这膝裤中带匕首。'乃知高宗平日常防秦之为逆。"①朱指控秦桧是一个女真间谍,这一指控不是通过自己做出论断,而是通过讲述一个提示这一结论的故事达成的。这个故事发生在 1138 年,在一个佛寺里秦安排了一次会见。②朱详细讲述了秦桧对御史的控制,并介绍了引人注意的细节:他经常自己写诉状,而让人把它们传送到御史台。③朱暗示了秦桧与他的妻子之间的性生活缺乏和谐,并叙述了一系列传奇故事为秦桧统治的最后几年公共道德的败坏提供文献上的证明。④朱熹在《语类》中回答质问的性质和腔调表明他对秦的刻画确实比他同时代人的一般共识要阴暗得多。例如,他两次纠正汪应辰对秦桧更为宽容的看法。⑤在黎本《朱子语类》有关秦桧的题材的结尾,朱熹正式给秦桧标上小人的标签。⑥

---

① 《朱子语类》,卷 131,页 3162。朱熹两次将秦桧与曹操相比较(《朱子语类》,卷 131,页 3147、3159)。《朱子语类》,卷 131,页 3159:"问:《张魏公行状》秦相叛逆事如何?曰:当时煞有士大夫献谋者,亦有九锡之议矣,吴曾辈是也。"参见《朱文公文集》,卷 95 下,页 4860。

② 《朱子语类》,卷 131,页 3157。

③ 《朱子语类》,卷 131,页 3154 叙述了傅自得(1116—1183)如何认定对洪兴祖的控告的精美文风是出自秦桧的手笔。这个故事被作为一般性的评论,写进了《宋史》的《秦桧传》(《宋史》,卷 473,页 13764)。

④ 《朱子语类》,卷 131,页 3160—3162。

⑤ 《朱子语类》,卷 131,页 3150、3159。

⑥ 《朱子语类》,卷 131,页 3163:"秦老是上大夫之小人,曹泳是市井之小人。"《语类》中关于秦桧的其他重要主题是欺诈(《朱子语类》,卷 131,页 3153—3155)以及他对历史文献的操纵(《朱子语类》,卷 131,页 3157)。

这样，朱熹就把秦桧用作这样一部南宋历史的反面核心：这部历史试图在政治人物中区分出小人和君子。但是，与高宗和秦桧使用同样的区分作为标准来加强当代的政治一致性的企图一样，他的努力也很成问题。促发高宗时代的文字狱的是政治而非意识形态，士大夫反对秦桧的一个主要原因当然是他偏爱"赃官"胜过"清官"。秦桧试图通过减少由正规的委任填充的朝廷职位来简化行政机构及决策的过程。洪迈记载道，在 12 世纪 50 年代中期，"秦桧相位久，不欲士大夫在朝，末年尤甚。二十四司独刑部有孙敏静一员，余皆兼摄，吏部七司至全付主管告院张云，兵、工八司，并于一寺主簿"。① 在一个进入官府的入场券越来越难以获得的时期，这一措施无疑导致了对升迁和晋职的常规模式的严重破坏。朱熹对秦桧的攻击流露出了这一萦回不去的怨恨。但通过以君子和小人这样黑白分明的术语塑造他对秦桧的攻击，也就使得这些迫害看起来受到了比实际情况更多的意识形态化的指引。其结果是受到更多关注的关于"中兴"的历史想象得以形成，而这一想象比原本的人物和事件要简单和粗糙得多。

如果说秦桧在朱熹对于中兴历史的看法中是一个恶徒，那么张浚则是一个英雄。仅仅在写完《〈戊午谠议〉序》后的两年，即 1167 年，朱熹完成了《张浚传》的写作。张浚当然在中兴名臣之列，但他又是其中最有争议的，他的历史地位至今仍很成问题。② 确定朱熹选择张浚作为秦桧的衬托的根据是困难的，但有两个可能的因素是可以当即想到的。首先，在张栻将他父亲的传记委托

---

① 《容斋三笔》，卷 5，页 474。
② 参见杨德泉《张浚事迹述评》的毁灭性批驳，该文收载于邓广铭与郦家驹编，《宋史研究论文集》（郑州：河南人民出版社，1984），页 563—592。

给朱熹并为他提供原始材料的时候,朱熹还没有建立起他举国知名的声望。他很珍视与张栻的亲密关系,无疑,他们之间的友谊对于他决定接受这一委托是十分重要的。第二,即使如我们看到的那样,《朱子语类》因这一传记里面的不一致而指责张栻,它们还是提供了朱熹晚年为他偏爱张浚而非赵鼎而做的辩护。尽管朱熹称扬赵鼎为"中兴名臣一人而已",并认可他的施政能力,但他还是严厉地批评了赵鼎的胆怯,在战争问题上的犹豫不决,以及缺乏远见和主动性。在《朱子语类》的几处有关两位宰相的对比中,朱保留了对张绝对的偏爱,尽管他作为一个行政官员相当的不成功,但他从不动摇他"敢担当大事"和收复北方的决心。[1]

　　从李心传开始的史家一直在批评朱熹在《张浚传》中的回护和歪曲,但似乎没有人注意到这些回护与构成秦桧传的那些主题之间的联系。[2] 事实上,构成秦桧这个恶徒的传记的许多主题也发生在张浚这位英雄的生活中。在这些主题中包括对于部属的不公正的处死和用诗词作为施行迫害的法律上的借口。这两者在张浚处死著名的陕西将军曲端(1091—1131)的事件中起到了

---

[1]《朱子语类》,卷131,页3140、3143、3149—3150。

[2]《要录》引用朱熹的张浚传超过30次,而其中的一半是为校正朱错误的记述。这些错误中至少有五处涉及主要的问题(《要录》,卷82,页1357;卷115,页1859;卷146,页2355—2356;卷147,页2363—2364以及卷155,页2509—2510)。例如,朱熹撰《张浚行状》云:"金人惮公尤甚,岁时使至虏中,其主必问公安在。方约和时,誓书有不得辄更易大臣之语,盖惧公复用云。"而这一细节也进入了《宋史》的《张浚传》(《朱熹集》,卷95下,页4860;《宋史》,卷361,页11306)。然而,李心传随即指出:"案《绍兴议和录》有金国主书三、乌珠书七,并无此语。或又别有书,姑附此,当求他书参考。"(《要录》,卷146,页2355—2356)

重要的作用。曲端和岳飞一样，是一个著名的地方军事领袖，以精通书史和对来自朝中的文官的专横傲慢而闻名。张浚 1129 年被委派为陕西和四川的宣抚史以后，曲被委派为他的部下。1130年，曲反对张在富平的主战场与女真人交战的计划，结果他被解除兵权并拘禁起来。张继续进行攻击，结果导致他的军队损失了40 万将士，并使陕西陷入女真人手中。张与其他的部属记住了曲的先见，并担心他在他们的失败面前恢复傲慢的态度。他们决心除掉他，但又没有合法的借口。曾与曲有仇、当时是张的参议官的王庶记起曲端曾作诗题柱：

> 不向关中兴事业，却来江上泛渔舟。

张随即委派一位曾经被曲杖决一百的地方军事官员作为曲被监禁的地方的提点刑狱。诗句被解释为对皇帝的诽谤，并被接受为叛逆和意图谋反的证据，曲被拷掠致死。① 张等了 10 个月才通报

① 《会编》，册 3，页 219—220；《要录》，卷 43，页 791—792。并不偏爱张浚的周密，在《齐东野语》，卷 15，页 294—297 中带着极大的兴趣讲述了这个故事，并在张对曲端的谋害与秦桧对岳飞的谋害间做了直接的比较。周密强烈反对他从《四朝国史》中引证的对曲的评价，这一评价认为张浚处死曲是合理的，因为如果他不被处死，他一定会叛逃到女真。这一观点出自朱熹为张浚写的传记，其中朱记述张浚之所以召回曲审讯是因为在富平之战后曲的许多部下投靠了女真。朱熹是指明张与曲的被害有牵连的故事是污蔑（《朱熹集》，卷 95 上，页 4825）。尽管《宋史·曲端传》的细节（《宋史》，卷 369，页 11489—11494）较多地根据周密的记述并承认张浚参与对曲的谋害，它的结论仍然是曲因为不听节制才导致了对他的处死。13 世纪另外一部同情曲端的书，参见罗大经（？—1248），《鹤林玉露》（北京：中华书局，1983 年重印），丙集卷 1，页247—248；另见杨德泉，《张浚事迹评述》，页 577—581。

朝廷。极少公开个人观点的李心传在此写道:"以见端之死,所坐无名,故浚之词支离也。"①人们将会在这个故事中注意到,后来秦桧的两个牺牲品张浚和王庶在1131年已经采取了与后来秦桧对付他们时相同的文字狱技巧。这一在秦桧和张浚的生活中共通的主题表明,秦桧的政策和行动在他的同代人中比朱熹版本的中兴历史所承认的更容易接受。

而且,相当多的学者赞同尽管张没有亲自涉入岳飞的被害,但他破坏了对岳飞的政治支持,因此在本质上授权和鼓励了对他的处死。②1137年初,岳飞可能得到许诺,允许他控制刘光世在淮西的军队,他计划调动联合的力量攻击在河北的女真傀儡政权——齐。当那时唯一的宰相张浚反对这些计划而将刘的军队置于自己的控制之下时,岳飞辞去了对他的任命,并拒绝了朝廷让他重掌自己在湖北的军队的指挥权的一再要求。张在朝廷上攻击岳飞,宣称他的计划显然是企图获得对一个更大的军事力量的控制权,而他的辞职则是意图"胁迫皇上"。其暗含的意思是岳打算谋反。③岳最终在劝说下接受了指挥权,而1137年8月淮西军队的失利使得作为宰相的张浚被免职,从而避免了张、岳之间的最后决斗。根据现存的朱胜非的叙述,张浚从刘光世手中夺取

①《要录》,卷50,页883。
②参见杨德泉,《张浚事迹评述》,页582—584。其中引证了包括钱士升(1575—1652)和王鸣盛(1722—1798)在内的许多明清时期学者的观点。
③《宋史》,卷28,页530。有关细节,参见王曾渝校注,《鄂国金陀粹编续编校注》,页427—440以及Edward Harold Kaplan, "Yüeh Fei and the Founding of the Southern Sung"(爱荷华大学博士论文,1970),页321—344。

淮西军的控制权的企图以及他对岳飞的攻击,是他更大的野心的一部分:巩固他作为唯一的宰相的地位,为他僭取对国家的总的独裁控制做准备。① 那时还是枢密使、不久就成为宰相的秦桧当然会记得从前张浚将除掉岳飞看作控制独立的军事力量的关键以及对国内独裁控制的先决条件。

张浚与秦桧的行政实践还在其他方面有着联系。朱胜非同样描述了张浚如何用自己的同党填充御史台,并利用这些关系攻击并最终使当时的宰相赵鼎于 1136 年 12 月被免职,这一变动使张浚成为唯一的宰相一直到 1137 年 9 月。② 就像上面提到的那样,1138 年秦桧采纳了句龙的建议,用御史的控告使和议的反对者缄默,秦为此目的将句龙委派到御史台。但句龙是四川人,也是张浚的亲密朋友。③ 如上面提到的,1137 年 5 月他作为唯一的宰相时,张浚怂恿他对《神宗实录》作另一次修订。为他代理此事的是何抡(1121 年进士),另一位四川乡人及张浚的多年好友。以校正 1136 年新近呈交给赵鼎的修订本中抄写的错误和疏漏的名义,他略去特定的段落以变更文本的意义。根据后来御史对何的指控,何开始其修订工作以后仅三个月,张浚便失去了权力,何担忧起来,删去伪误,并为了逃避检查而将它们焚烧掉。奏议直

①引文出自《小历》,卷 21,页 258 和《会编》第 4 册,页 67。

②1137 年 10 月,“都官员外郎冯康国乞补外,赵鼎奏:‘自张浚罢黜,蜀中士大夫皆不自安。今留行在所几十余人,往往一时遴选,臣恐言谏以浚里党,或有论列,望陛下垂察。’上曰:‘朝廷用人,止当论才不才,顷台谏好以朋党罪士大夫,如罢一宰相,则凡所荐引,不问才否,一时罢黜,此乃朝廷使之为朋党,非所以爱惜人才而厚风俗也。’鼎等顿首谢”(《要录》,卷 115,页 1860)。

③参见《小历》,卷 23,页 274—275 和徐自明,《宋宰辅编年录》,卷 15,页 1022。

接控告何抡"国家大典岂容屡易,以徇权臣之私"。①

　　除了这些在张浚和秦桧生活中的共同主题之外,从李心传的著述中搜集到的大量历史观察可以用来向朱熹的早期中兴历史的幻象提出质疑。李的《道命录》将《神宗实录》的修订直接置于张浚和赵鼎之间政治和思想分歧的背景中。据李所说,赵鼎尊敬程颐的"洛学",但由于赵个人对于程颐没有了解,他经常雇佣伪称为"洛学门徒"的外行。与赵鼎相反,张浚的早期生涯从王安石的追随者中间开始,而且张的朋友大都是赵鼎憎恶和拒绝交往的"才干之士"。在政治上,赵倾向于对北方采取防御性的姿态,主张利用保留刘豫的齐政权作为对女真的一个缓冲,并在临安建立一个屏蔽较多的宋朝都城。与此相反,张浚主张宋应该试图对齐政权进行军事性的毁灭,并喜爱侵略性地将宋朝的都城置于长江南岸的建康。与赵鼎1136年12月离开宰相的职位相关联,张浚和陈公辅(1077—1142)在除去赵的"洛学门徒"的努力中,第一次在南宋发动了对程学的谴责。张浚下令广泛宣传这份奏疏,作为对皇帝关于"士大夫之学"应该广泛地基于孔孟之学而不是某一个单独学派的学说之观点的反映。②

----

①《要录》,卷121,第1963—1964页。另见《要录》,卷111,页1801、1804;卷115,页1861—1862。详细的研究,参见蔡崇榜,《绍兴〈神宗实录〉两修考》,页134—137。

②《道命录》,卷3,页24—25、30;《要录》,卷107,页1747—1748。另见包弼德给田浩的 *Confucian Discourse and Chu Hsi's Ascendancy* 一书写的书评,*Journal of Sung-Yuan Studies* 24(1994),第310—312页。程公辅提供了另一种中兴官员的典型,他的行为很难用后人所定的分类来界定。程公辅是李纲的同伙,也是蔡京的对手。他很早便主张非派系管理和公开讨论国家事务。早在1136年,他就上疏攻击王安石的(转下页)

朱熹的张浚传删略了张与赵鼎之间的这些冲突的所有参考资料,称赞他们的联合掌政是一个长于治理的时期——"小元祐"时期。据朱熹所说,秦桧要为淮西军的失利负责,因为他为了自己掌握执政权在张和赵之间散布了阴谋。但因为正是张浚自己首次于 1136 年 7 月推荐秦桧为绍兴知府,然后又于 1137 年 1 月推荐他作枢密使,朱熹需要掌握一种难度极大的历史技巧。他像通常一样诉诸他的惯常的手法——生动的叙事风格。他描述了皇帝与张浚之间 1137 年 9 月的一次对话,在淮西兵败之后的这次谈话中张提出了辞呈。"八月八日,琼等举军叛,执吕祉以行,欲渡淮归刘豫。祉不肯渡,詈琼等,碎齿折首以死。公遂引咎,力求去位。上不得留,因问可代者。公辞不对。上曰:'秦桧何如?'公曰:'近与共事,始知其暗。'上曰:'然则用赵鼎。'遂令公拟批召鼎。既出,桧谓公必荐己,就阁子与公语。良久,上遣人促进所拟文字,桧始错愕而出。后反谓鼎:'上召公,而张丞相迟留,至上使人促,始进入。'桧之交谍类此。"①

这一传说起到了双重的作用:既免除了张曾支持过秦桧的罪责,又谴责了秦桧对"小元祐"时期的分裂。朱熹关于中兴时期的主要事件的修订版本又一次迅速主导了其后的叙述。朱熹讲述的传说被《小历》援引,然后进入《宋史》中秦桧和张浚的传记,又

<hr />

(接上页)学说。这件事在他《宋史》的传记中已经提到(《宋史》,卷 379,页 11694),但《要录》却没有。而他在《宋史》中的传记没有提到他 1136 年 2 月攻击程学的奏议。当然,朱熹的张浚传中也没有提到张支持程公辅攻击程学。

① 《朱熹集》,卷 95 下,页 4850—4851。《语类》对张浚与赵鼎的不合记载略多,关于这一逸事也有几种不同的说法(《朱子语类》,卷 131,页 3144—3147)。

被毕沅(1730—1797)逐字逐句、不加评论地采纳进他的宋元历史中,最后从那里进入到刘子健关于那一时期的历史叙述。① 而所有这些叙述在文本上都源于朱熹;关于这一故事没有同时代的其他资料可资佐证。别具意味的是,李心传在他的注中引证了这一段落,却并没有把它整合进正文中。② 对《道命录》中李的注释做一仔细的检讨将揭示出张浚与赵鼎的合作只持续了三个月——1135年2月到1135年5月。③ 李心传还记录了一则他深信不疑的记述,在1155年,当时正被幽禁于永州的张浚,告诉他的儿子他相信秦桧不会害死他,因为他曾经举荐过秦。④

最后,从一种现代的视角看,李心传的一篇题为《道学兴废》的文章(该文写于1202年稍前,当时道学运动仍然受到官方的禁锢)对于南宋早期的知识和政治同盟提供了一种相当惊人的视点。⑤ 李关注对程氏兄弟的追随者的政治支持的兴衰上,并将道学信徒的名单与李自己的历史观察并置起来。这一名单列举了从二程到朱熹之间的17个人物,后来进入《宋史·道学传》的10个人全部包括在里面。而李提供的名单里被《宋史》的编纂者排除在《道学传》外的7个人中,最为突出的是胡安国。胡跟随程颐学习《春秋》,是程颐与他的12世纪的追随者之间的一个重要的

① 《小历》,卷22,页268;《宋史》,卷473,页13751,卷361,页11305;毕沅,《续资治通鉴》(1801;北京:中华书局,1957年重印),卷119,页3144;刘子健,*China Turning Inward*,页94。
② 《要录》,卷115,第1859页。徐梦莘折衷并大量删节了这一段落,省略了张与秦桧的对话和此后秦对赵鼎的欺骗(《会编》,册3,页514)。
③ 《道命录》,卷3,页30。
④ 《要录》,卷170,页2775。
⑤ 《朝野杂记》,甲集卷6,页137—138。这一文章是第一部由道学运动以外的人写成的道学史,值得细致地研究。

过渡人物。①《宋史》的《胡安国传》显然有意不提 1131 年 11 月秦桧任命胡为中书舍人兼侍讲一事,以及在秦第一次任宰相时胡实际上是秦桧一派的领袖。② 但李心传承认胡与秦之间密切的政治联系,并将秦桧 1131—1132 年任宰相期间描述为南宋时期对道学的政治支持的第一个阶段。这一支持随着吕颐浩和朱胜非逼迫秦桧下台而结束,但在 1134 年赵鼎执政时又再度恢复,只是到 1136—1137 年间,在宰相张浚和陈公辅的攻击下,才又一次沉落。衣川强对《要录》中任命模式的细致分析断定了许多秦桧的早期支持者有道学的关联。③ 朱熹自己在《语类》中不十分情愿地提到这一问题。他承认胡安国和二程的另一个著名的弟子游酢(1053—1123),在秦桧执教于密州时惊异于其学识的宽博,预言他会有远大的前程,并为他提供参加 1123 年科举的候选资格。④

同样与秦桧跟二程学派的追随者的接触相关的是胡安国的主要著作《春秋胡氏传》在当时的影响。高宗对胡安国在出任侍讲一职时所作《春秋》的讲座十分倾心,他建议胡写一本不是逐字注解而是发挥文本中对于当代政策富有启示作用的注本。尽管胡在秦桧 1132 年下台以后离开了都城,皇帝仍然督促这一著作,

①关于胡安国,参见《宋史》,卷 435,页 12908—12916。Franke, *Sung Biography*,页 434—436; Schirokauer, "Neo-Confucians Under Attack",页 165—166;以及田浩《朱熹的思维世界》,页 21—22。
②《要录》,卷 49,页 869。赵翼(1727—1814)引用了胡的《宋史》本传中的这一忽略,作为"讳饰"的一个例子:参见《廿二史札记》(1796,《丛书集成》本),卷 23,页 454。胡安国在秦桧首次执政时的参与在秦桧传中有详细的记载(《宋史》,卷 473,页 13750)。
③衣川强,《秦桧的议和政策》,页 275—284。
④《朱子语类》,卷 131,页 3153;游酢的一个简短的传记被包括在《宋史》的《道学传》中(《宋史》,卷 428,页 12732—12733)。

它于 1136 年成书并呈交御览。① 根据当代的研究,这部著作的主要关切点可以被描述为"攘夷复仇",一个与其后的道学政治哲学相一致的收复国土的主张。的确,这部著作成为道学教育的一个主题,从宋末一直到清代中叶,始终作为用于科举考试的标准的《春秋》注本。② 而王夫之(1619—1692)在他的《宋论》中严厉地批评了胡安国的《春秋》注。王引证了胡对《春秋》中的两段文字的注释,注释中警告君主不要将对军事力量的控制委托给他的下属。在这两个例子中,下属最终背叛并谋害了他们的君主。王试图证明这些段落导致了高宗对篡夺的恐惧以及对他的军事将领的不信任,这一氛围最终导致了对地方军事力量的削减和对岳飞的杀害。③

通过这些观察判断秦桧是道学的支持者,无疑是错误的。李

①《要录》,卷 56,页 982;卷 109,页 1174;卷 115,页 1857。
②牟润孙,《两宋春秋学之主流》,收载于《宋史研究集》第 3 辑(台北:台湾中华书局,1966),页 113—119。关于强调"复仇"的段落,参见《春秋胡氏传》(《四部丛刊》本),卷 3,页 5;卷 7,页 1—2、页 3—5。
③王夫之,《宋论》(北京:中华书局,1964 年重印),卷 10,页 184—185。关于两段受到质疑的文字,参见《春秋胡氏传》,卷 2,页 2;卷 7,页 2—3。牟润孙(页 115—116)专门反驳王夫之的主张。王与朱熹一样(《朱子语类》,卷 131,页 3155),都批评胡安国与秦桧的关系,以及他没有看透秦的本质。根据近年的一项关于《春秋胡氏传》的学术研究,胡的两个主要的观点是:他对篡夺危险的警告以及他认为与野蛮人的斗争本质上是一个内部文化更新而非外部军事力量的问题。参见 Alan T. Wood,*Limits to Autocracy*:*From Sung Neo-Confucianism to a Doctrine of Politcal Rights*(Honolulu:University of Hawaii Press,1995),页 119—131。无疑,这些观点都与秦桧的内外政策相容。另见皮锡瑞(1850—1908),《经学历史》(1907;北京:中华书局,1959 年重印),页 250—251。

心传断定秦桧并不真的理解这一学说,他对程氏兄弟的追随者的支持或反对只是出于政治上的便利。[1] 这一持衡的评价有利于削弱在朱熹的公开见解中开创的并在《宋史》中得到详细阐述的暗示:秦桧从一开始就是个堕落的邪恶之徒,他导致了宋王朝的道德解体。事实上,秦是一个相当谙练、现实的政治家,以灵活的态度来回应当时的思想流变和政治趋势。他的致命弱点是似乎有一种个人的不安全感以及对批评的过分敏感,这导致他对文字狱的扩大和强化超过了政治需要的界限。这一决定所带来的不良影响最后决定了他的历史命运,这一命运比与他有很多相似之处的同类人以及他用谋略成功地压制的那些人都更为严酷。

结　语

1291 年,当关于南宋初期的道学评判已经成形但还没有被认可为官方历史时,显然不是道学运动同情者的周密在自己的著作中重复了他父亲的警告:"国史凡几修,是非凡几易。"[2]50 多年以后,即 1345 年,成本《宋史》的出现丝毫没有减缓周密的怀疑。中国的历史学家将《宋史》贬低为最差的官修史,并将其缺点归因为蒙古编纂者的仓促。但问题是两面的,对于现代学者而言这并非全无益处。首先,它的组成部分的匆忙连接,使得探寻《宋史》的裂痕变得相对容易。这部书不是原始的文本,而是对原始文本长期改写的最后产物。李焘、李心传和徐梦莘的著作以及相当多保

---

① 《道命录》,卷 4,页 34。
② 《齐东野语》,序,页 1。

存于《宋会要》中有关秘书省的文献的存在，为在文本的宏观和微观两个层面上理解《宋史》的演进过程提供了可能。①

其次，一旦《宋史》的演进的、积累的性质被人们理解，道学视角的出现以及它对《宋史》文本出现的影响也就变得显而易见。这一问题是目的论缺陷的经典范例，亦即倾向于将历史解释为一系列导致既定结果的事件。所有的胜利者都会书写他们自己的历史，但在这里胜利者并不只是获胜的军事或政治宗派。他们更多的是代表着一个拥有一套道德价值体系和一整套思想立场的多歧的运动，它起源于 11 世纪下半叶，而这也正是宋代思想的形成期。而且，在朝代最后的百年间，他们与朝代历史的修定紧密相连，极度清醒地意识到他们的运动在挽回宋王朝积弱的政治命运上的失败。

这一在《宋史》中被认可的既定结果讲述了两个完全相反的人群的故事：道德的、热心的局外人——新君子（他们最终获得了道德和思想上的胜利）和压制的、道德败坏的局内人——新小人（他们最终将王朝引向了政治和道德上的崩溃）。当然，就像对秦桧的历史材料的仔细检讨所揭示的那样，事实是相当复杂的。但是我们不得不考虑供我们质疑和纠正这一业已被接受的宋代历

---

①关于《宋史》的"宏观层面"，《宋会要》职官 18，页 1—109 保存了详细的材料，从中可以找到对朝廷修史的一个制度性的记述以及它的产物的一个评论性的书目。关于"微观层面"——对专门段落的详细研究，李焘的《长编》、李心传的《要录》和徐梦莘的《会编》的注文中常常指出某些段落的文本来源。由于这些段落后来被并入《宋史》的文本中，这些早期的文本检识常常使现代学者识别出真正的原初资料，并由此恢复在重新编纂的过程中有意或无意毁坏的原来的上下文语境。上面对《秦桧传》中的一段分析提供了这种研究《宋史》文本的视角的一个实例。

史版本的可靠线索是何等的微弱。若不是《永乐大典》编者的兼容并包的趣味和《四库全书》编者在学术价值上的敏锐眼光，我们关于两宋历史的最好的材料——李焘的《长编》和李心传的《要录》都不会留存到现在。这些著作中表现出的编史价值——在合法材料的最大可能的范围内做出明智的、比较性的估价，最终都根源于司马光的《通鉴》。这些价值完全与朱熹的编史工作背道而驰。后者的《纲目》是作为说教性的著作编纂的，它将历史组织成了道德教育的例证。它在同一时代里越来越突出，并且反映了与我们上面检讨过的吕中和何俌的著作同样的道德和历史价值的合成。①

　　本文探讨的秦桧的不同形象与宋代编史的这两个轴线相关。对于李心传来说，秦桧是一个恶徒，但却是一个非常人性的恶徒，这位历史学家通过对材料的不断拣择和筛选，将他的行为理解为

---

①关于这两部著作，参见 Otto Franke, "Das Tse Tschi t'ung kien und das T'ung kien kang mu, ihr Wesen, ihr Verhaltnis zueinander und ihr Quellenwert", *Sitzungsberichte der PreuBischen Akademie der Wissenschaften. Phil. -Hist. Klasse* (1930)，页 103—144。前者是由皇帝委派的一项由国家支持的项目，而且正如标题所说的，是为帮助皇帝及其宰相治理国家的。《通鉴》以及由李焘和李心传撰写的续篇，是作为呈交给朝廷帮助治理国家和校正朝代历史的著作而写的。尽管司马光保留了用自己的观点评论史事的传统史家的特权，但他坚持认为对资料的公允取舍将自明地揭示历史的训诫。历史本身就有一种原初价值，史家的主要工作就在于批判性地鉴别史料。司马光指派助手们搜集史料，但最终的笔削——哪些可入正文、哪些应为考异，却独力完成。与此相反，对于朱熹来说，历史是放在第二位来考虑的，只是用来作为先验的道德和伦理价值实例的仓库。史家的重要工作便成了确定历史将用来说明哪些价值，因此朱熹在写出了《纲目》的梗概以后，便将实际的文本选择工作留给了他的学生。

已知的历史动力的产物。而对于朱熹来说,秦桧是一个宇宙级的恶棍,只能被理解为道德腐败势力的化身,而且,就像朱的后继者将要讲述的那样,他最终导致了宋王朝的覆亡。

新近面世之秦桧碑记及其在宋代道学史中的意义

前　言

　　宋朝宰相秦桧（1090—1155）死于1155年10月，在此之前数月，他为宋高宗（1107—1187，1127—1163在位）御制的《先圣先贤图赞》撰写碑记。图、赞与碑记于一年后刻于十五块石碑，至今仍在杭州。1427年，明朝官僚吴讷（1372—1457）在这系列石碑的最后一块发现了秦桧的碑记，心生厌恶，将它凿去，代以自己撰写的《书〈先圣先贤图赞〉后》。但是，吴讷却又将秦桧碑记抄录下来，并保存在他的文集里。他的文集在1548年最后一次刊刻，秦桧的碑记因而得以流传到今天，只是未曾受到注意。本篇论文将还原秦桧碑记在宋高宗《先圣先贤图赞》系列之末的位置，并揭示整个的书写工程是南宋政治、文化史中的重要事业。

　　基本上，秦桧文中有三点主张与近年来宋代思想史研究成果直接相关。第一，他认为"士"与皇帝在理想的政府机构里，是平等的搭档。第二，他坚持宋高宗重新结合"君"与"师"的双重职能于一身,因而拥有与周文王齐等的政治地位,以及与孔子一样的文化地位。第三,由于第二点,他宣称宋高宗复兴了孟子以来隐晦不彰的"道统"。

众所皆知,现代理学史学者长期视"道统"这个词汇为朱熹(1130—1200)的创造,并认为《中庸章句序》是朱熹在1189年对其道统概念及其哲学体系要义的陈述。因此,1155年秦桧论及道统一事,促使我们探究这个词汇在朱熹以前的历史。本研究将要揭示:北宋晚期"道统"一词的发展,其所指是"道"从上古圣王到宋朝皇帝的传衍,也就是说,那是帝王之间相承的道统。但是,1127年南宋建立后的十年,以秦桧为中心的政治冲突,却引发了一个新的想法:二程——程颢(1032—1085)、程颐(1033—1107)——恢复了已止于孟子的"道"的传承。由于孟子与二程都不是君王,因此,道统是在"师"之间传承的。这两种道统概念,长期在争论中并存。1155年的秦桧碑记直接点出了这个紧张关系。秦桧辩称高宗结合两种道的传承而复兴宋朝,因此是道统的继承者。1189年朱熹的《中庸章句序》,也融合两种传承于一个系谱;但朱熹所谱出的传承却跳过宋朝皇帝,而着落于二程,并暗示止于朱熹自己。

最近的研究成果不把理学视为封闭的、内向的哲学体系,并且认为道学的历史是对宋朝皇帝权威的挑战。正如包弼德(Peter K. Bol)的阐释,宋代理学家"内化古典的帝国观念"。[1] 秦桧的碑记,不仅显示宋朝皇帝时常对抗道学,而且显示二者的冲

---

[1]*Neo-Confucianism in History*(Cambridge and London:Harvard University Asia Center,2008),页 217。更详细的讨论见同书,页 115—152;亦参见余英时,《朱熹的历史世界》(台北:允晨文化公司,2003)。

突助长了十二世纪对儒家事业的再陈述。毫无疑问,秦桧碑记是强势的政治宣传,但是这个文宣和道学信念共享一套互通的思想及许多惯用词汇。倘若仔细将它与当时的史料对读,秦桧的碑记展示了帝国国家与道学群体之间,为了对这些惯用语言的意义进行掌控,发生了竞争与冲突。①

秦桧的碑记很短,但是对宋代道学史的意义却很巨大。早期,学界讨论道学的典范是纯粹哲学式的,这无法解释国家何以激烈对抗道学运动日益上升的普及性。秦桧的碑记显示,朱熹创构道统,不是无中生有地制造一个足以绾合于其哲学体系的要素,而是一个大胆且具政治危险的行动。这项行动挪用了宋朝皇帝一直以来独享的一项资产,因此这是对皇帝掌控"道统"定义的挑战。1189 年朱熹的《中庸章句序》反对帝王有以下的特权:皇帝是道统的继承者,而且皇帝拥有决定道统传承和知识内涵的权力。朱熹知道,每一个府州学校都存有宋高宗的《先圣先贤图赞》与秦桧的碑记。朱熹因此而为《中庸章句序》的内容苦恼很多年,他畏惧对帝王定义的道统作直接的挑战,将使自己因为诋毁帝王受到迫害,因此他将《中庸章句序》的出版一直推迟到 1187 年高宗逝世之后。

君权自然不会欣然认同朱熹的挑战:一个登上"师"位的统治者,也许成为与尧舜齐驱的圣人;但是一位"师"攀至统治者的地位,就会被视为叛乱者。庆元时期(1195—1200)禁斥道学为"伪

---

① 争夺共同的修辞延续了宋代既有的政治对抗。见李瑞(Ari Daniel Levine) , *Divided by a Common Language : Factional Conflict in Late Northern Song China* (Honolulu : University of Hawaii Press , 2008)。

学",很大程度上源于政党倾轧;但是朱熹对君权和保守儒者的挑战,让道学很容易就被政治机会主义者贴上标签并被他们瓦解。尽管朱熹死后道学运动逐渐被接受,但两种道统的构想仍持续并存。1241 年道学被认可为国家正统,虽然这是对道学家版本的道统所做的让步,但它同时也再次肯认了宋朝君王才具有决定何谓"道统"的终极权威。

秦桧碑记的历史

近年重修的杭州孔庙,以保有大量宋代石碑自豪,这些石碑本来坐落在南宋的国子监、太学和孔庙附近。其中的八十五块南宋石经,是宋高宗亲书儒家经典的篆刻。另外十四块石碑包含孔子以及七十二弟子的绘像,每幅绘像各有宋高宗的御制赞语和御笔篆刻。高宗与首辅秦桧在 1142 年与金朝和谈后,着手进行这两个计划。大部分石经完成于 1143—1146 年之间;绘像的御制赞语始自 1144 年,但直到 1156 年才完成。

刻有宋高宗《先圣先贤图赞》的十四块石碑是卧碑,每一个高十八英寸,宽四十九英寸。许多已断裂、缺损,第十块碑则已不存。第一块石碑有高宗为这一系列赞语所写的序、孔子坐像和颜回与闵子骞的立侍像。每个图像右侧都以高宗的书法著录该人的姓名、乡里籍贯、谥号以及高宗对其人的赞语。其他十三块石碑各有五到六人的立像,最后一块石碑只有乐欬像,以及吴讷在 1427 年 7 月 1 日(纪年皆依旧历,此处即为宣德二年七月朔日;以下均同)撰写的《书〈先圣先贤图赞〉后》,当时他是浙江巡按御史。此外还有三篇简短的清代碑记。①

吴讷的《书〈先圣先贤图赞〉后》扼要说明石碑的原由。他说最后一块石碑原有秦桧碑记，引用数段原文以显示秦桧如何指斥"顾驰狙诈权谲之说，以侥幸于功利"者玷污了儒家之教。吴讷认为，秦桧这段话是针对那些主张持续抗金的士大夫。吴讷哀叹这些士大夫受镇压，还被秦桧指为"狙诈权谲"。他引用朱熹对秦桧的描述："其罪上通于天，万死不足以赎。"吴讷最后说，下令磨去秦桧的碑记，是为了"使邪诐之说、奸秽之名，不得厕于圣贤图像之后"。②

吴讷重制这一块石碑，是他努力保存南宋国子监石刻的行动之一。1275 年杭州陷落后，南宋太学被改为西湖书院，石碑被弃置为碎石。以挖掘宋帝陵墓而恶名昭彰的杨琏真迦，带走部分石碑作为佛像的建材。1378 年，西湖书院成为仁和县学。1426 年，

---

① 石碑拓片的影像以及释文，见杜正贤主编，《杭州孔庙》（杭州：西泠印社，2008），页 257—267；黄涌泉《李公麟圣贤图石刻》（北京：人民美术出版社，1963）较早出版，辑录了较为清楚、可读的拓本。一般而言，艺术史学者忽略了李公麟（1049—1106）所画的肖像图。全面性的研究参见孟久丽（Julia K. Murray），"The Hangzhou Portraits of *Confucius and Seventy-two Disciples*（*Sheng Xian Tu*）：Art in the Service of Politics，"*The Art Bulletin* 74. 1（1992. 3），页 7—18。

② 吴讷碑记原文，本文采依黄涌泉的拓本。见黄涌泉，《李公麟圣贤图石刻》，页 71—73。数部十五世纪的总集也收录了吴讷的小记。见程敏政（1445—1499）编，《明文衡》，《景印文渊阁四库全书》本（台北：台湾商务印书馆，1986；以下简称《四库全书》本），卷 48，页 10a—11a；陆容（1436—1498），《菽园杂记》（《四库全书》本），卷 12，页 10b—12a。清人对碑铭更详细的研究，见王昶（1725—1806），《金石萃编》（1805 年经训堂本），卷 149，页 1a—22a；阮元（1764—1849），《两浙金石志》（1890 年浙江书局本），卷 8，页 47b—59a。

吴讷发现了圣贤像赞碑和残存的石经,于是将它们安置在仁和县学中。吴讷刻新石碑以记录自己保存石经的努力,其论调和他的《书〈先圣先贤图赞〉后》相似。1459年,仁和县学另迁他址,石碑也随之改徙。1517年,石经与圣贤像赞碑被改置于杭州府学,直到今天。①

　　1142年宋金议和后,高宗与秦桧启动了一个大规模的计划,要在心理上与实体上修建新都,大庇以"中兴"为名的宋朝国家机构。由于与金议和是和皇帝对军事力量的直接统御分不开的,因此,与中兴相关的修辞就格外谀扬和平高于战争的好处,以及文治、文人胜于武功、武人所带来的利益。1143年1月高宗将被抄没的岳飞宅邸拨为太学的基址是一象征性的作为。1143年7月太学落成,国子司业高闶以及太学生邀请高宗临幸太学,并引用《尚书》赞誉他"偃武修文"的功绩。②

　　次年3月18日,高宗与朝廷高级官员亲临太学。祭祀孔子后,一行人进入敦化堂,由秦桧之子礼部侍郎秦熺、国子司业高闶

---

① 明人杨一清(1454—1530)清楚交代修复记事和这些石碑的历史,见嵇曾筠(1671—1739)等修,《浙江通志》(《四库全书》本),卷25,页3a—4a;以及田汝成(1526年进士),《西湖游览志》(《四库全书》本),卷15,页9a—10a。亦可参考杜正贤,《杭州孔庙》,页11—12,22—23,295,298—299,302—303。

② 李心传(1166—1243),《建炎以来系年要录》(北京:中华书局,1988;以下简称《要录》),卷148,页2376,同书,卷149,页2403—2404;王应麟(1223—1296),《玉海》(上海、南京:上海书店、江苏古籍出版社,1988),卷112,页37a—37b;见本书《一个邪恶形象的塑造:秦桧与道学》。国子司业高闶与行政部门关于新太学的折冲,见徐松(1781—1848)辑,《宋会要辑稿》(北京:中华书局,1966;以下简称《宋会要》),《崇儒》1,页32a—36a。

筵讲《易经·泰卦》。接着高宗与诸生啜茶,并造访两个学斋。随后,高宗检阅唐玄宗(712—756 在位)以及宋室先帝太祖(960—976 在位)、真宗(997—1022 在位)、徽宗(1100—1126 在位)为孔子撰写的赞文,并下令进呈过去为孔子及其弟子、从祀孔庙者撰写的赞文。六天后,高宗颁布自己为孔子撰写的赞文,下令刻于石碑,昭示学官。接下来的几个月,他陆续完成七十二子的赞文,并增作一篇序文,5 月则将装订成册的序与赞文典藏于孔庙。1155 年高宗另行御笔亲撰这些赞文与序文。次年 12 月,许多官员请求将御笔亲书的先圣及七十二子赞文刻于国子监石碑,并颁赐给各地州学。①

这一系列赞文的石碑与石经的原初目的不是为了公开检阅或现场阅读,而是要拓印制成平面读本或图书的形式。国子监刊印的儒家经典源自雕版,它也从石碑复制高宗的御笔。有大量资料证实各地州学收录、典藏拓印纸本,洪适(1117—1184)的文集就包含一篇代知建康府张焘(1092—1166)撰写收到高宗赞文"宝轴"的谢表。张焘在绍兴 26 年 2 月至绍兴 29 年之间担任知建康府,因此宝轴约在绍兴 26 年 12 月颁赐官学之后不久抵达建康。②

---

① 脱脱(1314—1355)等,《宋史》(北京:中华书局,1977),卷 114,页 2709—2711;李心传,《要录》,卷 151,页 2429、2431;《玉海》,卷 31,页 30b—31a,卷 112,37a—37b,卷 113,9a—9b;周淙(1115—1175),《乾道临安志》,《宋元地方志丛书》(台北:大化书局,1990),卷 1,页 3a—3b;潜说友,《咸淳临安志》,《宋元地方志丛书》,卷 11,页 7a、19b—29b;熊克(1111—1190),《中兴小纪》(福州:福建人民出版社,1984),卷 37,页 449。

② 洪适,《盘洲文集》(《四库全书》本),卷 35,页 5b—6b;亦见《全宋文》(上海:上海辞书出版社,2006),册 212,页 396。关于张焘的任期,见周应合(1213—1280),《景定建康志》,《宋元地方志丛书》,卷 14,页 19a—19b。

十三世纪早期的庆元府（明州）方志,记载该地学校拥有这一系列高宗赞文的三卷本。① 现存的石碑每一块高45.5公分、宽125公分,而且原本共有十五块;这三卷本的每一卷应该包含五块石碑,并且高45.5公分,共长625公分,这也是宋朝大型卷轴的平均大小。一组完整的三卷本,第一卷卷首应该有高宗的序文,最后一卷卷末则是秦桧碑记。②

碑记文本的分析与理解

吴讷的文集在十六世纪有两种传世系统。我们采用源自吴堂的《吴文恪公大全集》的秦桧碑记为本文校对时的底本,简称Text A。③ 意义重大的几处异文来自最重要的三种《思庵先生文粹》,各自标注为 B1(范来贤本),B2(曹炎钞本),B3(周耕云钞本)。④ 以下是碑记全文:

①臣闻:王者位天地之中,作人民之主,故《说文》谓王者通天地人,信乎其为说也。扬子曰:"通天地人曰儒。"又以知王者之道与儒同宗。出治者为纯王,赞治者为王佐,直上下之位

①罗浚、方万里,《宝庆四明志》,《宋元地方志丛书》,卷2,页7b。
②徽州的赞文卷轴,见罗愿(1136—1184),《新安志》(《四库全书》本),卷1,页20b—21a。《景定建康志》提到一卷"文宣王赞"(卷33,页3a),可能就是高宗在1144年单行颁降的孔子赞文。
③《吴文恪公大全集》,卷9,页11b—12a。
④所有版本的《思庵先生文粹》都将吴讷的《书〈先圣先贤图赞〉后》置于第九卷。

异耳。

②自周东迁,王者之迹已熄。独孔圣以儒道设教洙泗之间,其高弟曰七十二子。虽入室升堂,所造有浅深,要皆未能全尽器而用之。

③共成一王之业,必无邪杂背违于儒道者也。主上躬天纵之圣,系炎正之统;推[1]天地之大德,沃涂炭之余烬。

④而搢[2]绅之习或未纯乎儒术,顾驰狙诈权谲之说,以侥幸于功利;曾不知文王之文,孔圣传之,所谓文在兹者,盖道统也。前未遭宋魋之难,讵肯易言之。

⑤今氛曀已廓,由于正路者,盍[3]一隆所宗,上以佐佑纯文之[4]收功,下以先后秉文之多士。国治身修,毫发无恨。方日斋心服形,鼓舞雷声,而模范奎画,其必有所得矣。

⑥绍兴二十有五年秋八月辛巳,太师、尚书左仆射同中书门下平章事、兼枢密使、监修国史、兼提举实录院、提举详定一司敕令、提举编修玉牒所、益国公臣秦桧谨记。

在南宋初年的脉络中,秦桧碑记的读者必然从宋朝政治修辞的角度来看待这篇文本,因此,我们也将以此来分析理解它。秦桧时为宋朝的唯一宰相,是官僚组织的首席。他在皇帝对学术研习与服务国家之关系作了公开宣示之后,撰写这篇文字。他的读

---

[1] 推,B1 作"推",B2"维",B3"虽"。此处"推"若依 B2 改作"维",其意似仍可通,则指"维持""天地之大德"。若据 B3 改作"虽",则破坏了此处的对句结构。这一段是碑记唯一因版本差异而产生的严重问题。

[2] 搢,B2"搢",B1、B3"缙"。

[3] B1、B2、B3"盖"。

[4] B1、B2、B3 皆无"之"。

者是熟谙时政修辞的全国学子、学者和官员。碑记使用两种政治修辞技巧传达其核心意旨：引述文献与历史类型学。它至少包含十四种经典文献的引语，而这些经典都是秦桧最初设定的读者所熟悉的。他引用了《说文》①，《法言》①⑤，《中庸》①⑤，《孟子》②，《易经》③，《左传》③，《书经》③，《论语》③④，《大学》⑤，《列子》⑤。（书名后的数字为前引全文的段落）

个别来看，每一个引述皆带进了原始语境的要素。综合来看，引文及其文本中的寓意共同创造了完整的思想网络与弦外之音。这些引文又打造了基本的历史模拟脉络：上天保护逆境中的孔子，使孔子传承文王的政治、文化遗产给后世诸圣；如今上天再度在外祸与内乱之下护持宋高宗，使高宗得以再建"道统"。在秦桧的历史模拟中，高宗兼为文王、孔子，而复兴周初以来就消失的政治与文化的合一：政治方面，他继承周文王；文化方面，他上接孔子。秦桧因此认为那些"由于正路"的官僚与学者所得到的回报，将超越孔子七十二门人。

同时，秦桧碑记的措辞也透露出浓厚的当代语境。由此可知秦桧不仅熟悉北宋政治话语的主流，也熟悉道学主要思想家如程颢、程颐、杨时（1053—1135）的著作与思想。秦桧的修辞方式环环相扣地构成了对其政敌的尖锐挑战——这些人都自命为北宋道学的继承者。秦桧主张高宗与他才是合法的、真正的道统继承者。身为皇帝与宰相，他们成功的政治联盟，统合了帝国威权和儒家学术，而这是北宋先驱衷心期盼却不敢望其必成的理想。职此之故，那些"由于正路"者是皇帝的伙伴，将持续参与政府的管理与文化运作。秦桧无疑宣称（高宗默认此宣称）这是北宋道学家所提出的"共治"理念的完成。

本文将首先详述秦桧使用的古代经典引语，然后着手讨论秦桧以这些引语指涉当时的哪些景况。秦桧以三项原始文献建构碑记的第一部分:1. 意译《说文》对"王"字的字形的定义;2. 直接引用扬雄的《法言》;3. 隐约引用《中庸》的文字。《说文》认为"王"是参通天、地、人("王"字的三个横笔)的君王("王"字的竖笔)。① 宋朝国子监在 986 年首度编印《说文》,其中的语源学知识在北宋相当普及。② 秦桧所使用的正是 1061 年进士科赋试的题目("王者通天地人赋")。碑记读者中的科举试子绝不可能对此视而不见。③

　　虽然秦桧赞成《说文》对"王"的定义,但他立即引用扬雄的看法:儒者同样也"通天地人"。这为秦桧亟欲申说王者与儒者有相同功能的主张提供文本基础。在《法言》的原文里,扬雄将贯通三个领域的士与只理解天地运行的"伎"作了强烈的对比。④ 秦桧以此开宗明义:统治者的权威与其从属者的道德品质之间,有相辅相成与象征性的关系。碑记将不断回到这个主旨,秦桧借此一方面推展此一论旨的历史与政治意涵,另方面则描绘可与高宗及其同代人相模拟的事例。

　　庆历时期(1041—1048)的改革者特别喜爱《法言》。国子监

----

① 《说文解字》(《四部丛刊》本),卷 1 上,页 3a。
② 《宋大诏令集》(北京:中华书局,1962),卷 150,页 555。《四部丛刊》重印了北宋版本。
③ 《宋会要》选举 7,页 18a—18b。赵抃担任 1061 年科举考官期间的日记也证明了当年的赋题。见刘昌诗,《芦蒲笔记》(北京:中华书局,1986),卷 5,页 36—42。
④ "通天地人曰儒,通天地而不通人曰伎",《扬子法言》(《四部丛刊》本),卷 12,页 3b。

在 1060 年代刻印《法言》，司马光（1019—1086）编写《法言集注》。① 扬雄的儒者定义，在改革者企图将道德价值与行为准则带入养士和选士的努力中时，具有重要地位。1044 年 3 月欧阳修（1007—1072）草拟改革的制书时，开章用的正是一个世纪之后秦桧所引的文字。② 秦桧的用法援引了这段文字的原始意义，也牵引出这个北宋的脉络，并暗示真正的儒者必定道德纯正。鉴于这种正直，秦桧主张，学者的道与王者的道乃系出一源。

"纯王"的概念来自《中庸》第二十六章的结论，该章讲述文王之德如何使他达成政治与文化的完美。早期以及宋朝时对"中"的解释是"无杂"。秦桧在第三段强调"无杂"是士大夫群体必备的品质，碑记的第五段则再度组合《中庸》和《法言》的引文，复述君王与士人相互充实而"纯"的中心概念。换言之，秦桧以碑记起始处的一系列引文，做出引人注目的宣言："纯王"与"王佐"拥有相同的本质，二者的差异仅在于地位与职守。"王佐"（即"赞治"者）是汉代指称宰相的词汇，但也可以广泛借指高级官僚。顺应这个用法，秦桧主张他的目标与高宗一致，同时也申明他对国家官僚的领导权。

碑记的第二部分触及周初政教绾合之衰落，以及孔子和门徒

---

① 北宋对《法言》的态度，见 Peter K. Bol, *"This Culture of Ours"*: *Intellectual Transitions in T'ang and Sung China* (Stanford: Stanford University Press, 1992)，页 234—235、294、313。

② 李焘（1115—1184），《续资治通鉴长编》（北京：中华书局，1979—1995），卷 147，页 3563—3565；李逸安点校，《欧阳修全集》（北京：中华书局，2001），卷 79，页 1128—1129。庆历时期的教育改革，见李弘祺（Thomas H. C. Lee），*Government Education and Examination in Sung China* (Hong Kong: The Chinese University Press, 1985)，页 233—239。

在"教"这一方面的延续。以《孟子》"孟子曰：王者之迹熄，而《诗》亡；《诗》亡，然后《春秋》作"为典而将政教绾合的衰落与公元前 770 年的周室东迁挂上钩。[1] 为了强调孔子只是传承周朝王室的文化权威而不是政治权威，秦桧说不稳定的政治造成禀赋各异的孔子门徒"皆未能全尽器而用之"。秦桧谨慎选择"器而用之"一词，与当时认为君王与士大夫相互负有责任的想法有强烈的关联性。

第三部分以重建政教绾合之必要条件为何发其端。秦桧转向自己的时代，他在孔子及其弟子所形成的群体和宋高宗及其臣/士大夫所形成的群体间，作了一个类比。秦桧坚称，所有襄佐"纯王"者，本身必须拥有纯粹的道德以及完全的奉献。他先前已将"儒道"与孔子及其门徒视为一体，在此处这个词汇则指涉他同时代的人，秦桧并抨击那些背离或有害这个统一性的人。三个来自《论语》、《易经》和《书经》的引语，将孔子与高宗连结起来。《论语》第九卷第六章，有人问孔子是否为圣人，子贡回答"固天纵之将圣"。秦桧界定高宗是"躬天纵之圣"，也就是主张高宗的纯正性及其志向皆与孔子相似。[2] 所谓"炎正"，强调了宋朝和五德终始说的火德的关系。这个词出现在宋高宗的第一个年号"建炎"里，在南宋的官方文书中也很常见。[3]

随后的引文意指高宗是"天地之大德"的护持者，源自《易

---

[1] 这一句话与周室东迁的关联普遍被接受，见朱熹，《四书章句集注》（北京：中华书局，1983），卷 8，页 295。

[2] 这个用法常见于对宋代皇权的描述，例如 1140 年 5 月建立敷文阁的诏令。见《宋会要》职官 7，页 15b；《全宋文》，册 203，页 306。

[3] 例如孙觌，《鸿庆居士集》（《四库全书》本），卷 8，页 14b；同书，卷 16，页 8a。

经·系辞》：

> 天地之大德曰生，圣人之大宝曰位，何以守位曰仁，何以
> 聚人曰财。理财正辞，禁民为非曰义。[1]

这段话昭示圣人、皇帝的一个重要身份：他们是将天地的生产力量转化为人类社会与政治资本的中介者。因此，这一段是《易经》以伏羲为开创者的"文明史"的开场白。早期汉唐注家的焦点在于界定圣人地位即是道的外在表现；[2] 然而，从苏轼（1037—1101）开始，宋代的学者却重在引申这段话的戒鉴意涵，认为这是要求君王必须规范、节制其政治结构，以使人民的资源有正当合理的利用。这个解释由张浚（1097—1164）和他的儿子张栻（1133—1180）延续于南宋。[3] 无论秦桧如何理解这段话，这段引文放在此处无疑强化了他前面"通天地人"的论述，并将高宗的成就与地位和古代圣王画上等号。

下一句话"沃涂炭之余烬"综合来自《书经》与《左传》的引语，用以叙述高宗的重要功业。《书经》"仲虺之诰"章说明上天降生贤智的统治者以节制生民之欲，如果没有这样的统治者，"民坠涂炭"，陷入混乱和痛苦。[4] "余烬"首见于《左传》，喻指残兵败将。因此，这个词汇影射的是宋高宗在 1126—1127 年宋室溃败

①《周易正义》（《四部丛刊》本），卷8，页74b。
②《周易正义》，卷8，页74b
③苏轼，《东坡易传》（《四库全书》本），卷8，页2b—3b；张浚，《紫岩易传》（《四库全书》本），卷8，页4a—4b；张栻，《南轩易说》（《四库全书》本），卷2，页3b—4b。
④《孟子·公孙丑上》第九章及《孟子·万章下》第一章有类似的用法。

以及 1142 年议和之后,重建宋朝的国防安全。

　　第四个部分再度回归在前一段起始处已触及的集体"纯正性",在前一段,秦桧触及这个课题时,用的是一般性的语言。但在本段,秦桧论定高宗功业之后,其行文却有了具体的指涉:重点转移到被秦桧认为抵制高宗努力的人。他描述这些官员对儒术有"不纯的"理解,且又驰骋"狙诈权谲"的学术,以求"侥幸于功利"。这一小段话里,秦桧没有引用经典,但映照着他镇压其政敌时所用的法律语言。①

　　接下来的部分,结合了《论语》"子罕第九"与"述而第七"的内容,是这篇碑记的修辞高潮。在"子罕第九"第五章,孔子被匡人包围,仍坚持是天而不是匡人决定文王之道的命运:

　　　　子畏于匡。曰:"文王既没,文不在兹乎? 天之将丧斯文也,后死者不得与于斯文也。天之未丧斯文也,匡人其如予何?"

"述而第七"第二十二章,孔子同样坚信:

　　　　子曰:"天生德于予,桓魋其如予何?"

孔子的自信在这两章表露无遗,尽管孔子个人遭逢困顿,但他仍坚信天会保护周朝成就的道德与文化。唐以前的注疏已并论这

---

①Charles Hartman, "The Misfortunes of Poetry: Literary Inquisitions under Ch'in Kuei (1090–1155)," *Chinese Literature: Essays, Articles, Reviews* 25 (2003), pp. 25–57.

两章,到北宋这两章的联结更形强化。①

　　这段引文在南宋的脉络中,会在读者中引发特殊的共鸣,而秦桧巧妙利用这种共鸣以获致其目的。秦桧暗引"述而第七"第二十二章而说"前未遭宋魋之难",提醒读者桓魋是周代宋国的司马。虽然清代学者提出匡的三个可能地点,北宋主流的地理学传统则把匡定位于长垣附近,即开封西北 105 里,也仍在京畿范围之内。② 职此之故,对秦桧碑记读者而言,匡就是开封。《庄子》"孔子游于匡,宋人围之"则加强这个匡与宋的联结。许多《论语》的注疏家比较喜欢《庄子》的这段话,因为孔子是被"围",而不是"畏"于匡。当然,对秦桧以及他的读者来说,"围"这个字正是对 1126—1127 年之际女真人兵临开封城下的描述。

　　由于其他《论语》章节也透露孔子为天命的周道继承者,秦桧选取"子罕第九"与"述而第七"的相关内容,以及融合二者的做法,是刻意而巧妙的选择。秦桧在两个引语之间,又极有技巧地插入上天保护身处匡的孔子以确保道统的文句。前文已经暗示孔子与高宗的平行地位,碑记的第四部分,则延伸了类比:孔子与高宗受人尊敬,是因为他们都确保道统。文王之道衰弱,致使镐京失陷,天通过孔子及其门徒以保存此道;同样的,宋朝之文,在王朝开创者宋太祖之后衰弱,造成开封陷落,但是天再度通过宋高宗与他的士大夫保存此道。

　　孔子与高宗都曾遭"难"。正如孔子面对匡人之围而免于难,

_____

①两部著作并论引文的两段话:何晏、皇侃(488—545),《论语集解义疏》(《四库全书》本),卷 4,页 14a—14b;陈祥道(1053—1093),《论语全解》(《四库全书》本),卷四,页 14a。
②乐史(930—1107),《太平寰宇记》(《四库全书》本),卷 2,页 7b;程树德,《论语集释》(台北:鼎文书局,1973),页 498—500。

高宗亦克服开封之围。除此之外，秦桧微妙暗示高宗之成就，在两方面超越孔子。第一，因为高宗同时保存了宋朝文化与政治二种权威，因此他的士大夫能享受比遭逢政治秩序混乱的孔子门人更多的益处。第二，秦桧重组引文，以强调"宋人"围困匡或开封，以及孔子或高宗"遭宋魋之难"，再度挑起变节的议题。这是碑记的核心关怀之一，因为高宗复兴宋朝权威之际，也须处理那些"邪杂背违于儒道者"。

碑记的最后一个部分，将焦点从过去转移到现在与未来。转移的媒介是所有引文中的异数，是唯一与经典无涉的素材。"今氛曀已廓"，隐约引自唐人崔护在796年科举赋试所作的对句。①宋初的《文苑英华》收录崔护的《日五色赋》与其他两位同年的赋，该年指定的赋题实为公开要求阿谀唐德宗与李唐帝室。秦桧所用的词语是选自以德宗为主题的对句(由崔护所撰)：

懿其廓烟霄而朗霁，敛天宇之氛曀。

虽然能支持崔护行文的脉络关联并不明确，但秦桧确是颇有技巧地暗喻宋高宗排除反对声浪以及重振宋帝国的威权。

扼要转折之后，秦桧重回碑记最初的主旨，点明其读者的义务并以此鼓励他们。那些坚守正统学说并与高宗团结一致的学者，将为了王朝的文化与荣耀承担协助道统传承的重任。国家和

---

① 《文苑英华》(《四库全书》本)，卷5，页6a；亦见徐松，《登科记考》(北京：中华书局，1984)，卷14，页502—513。除了《日五色赋》，《日载中赋》也使用了"氛曀"这个词汇。见《文苑英华》(《四库全书》本)，卷5，页10a。

皇帝、学者和官僚，将因此达成《大学》的双重抱负：国治身修。秦桧接着通过两个不寻常的引文强化皇帝与学者的依存关系。第一个引文来自《列子》，第二个则是《法言》。秦桧操纵这些引文的方式非常特别。这些引文的原始脉络，主词都是一位皇帝；但在秦桧手上，主词变成那些"由于正路"的士大夫。这个手法随后加强秦桧最初的主张：皇帝与士人在终极意义上的同一性。

在《列子》第二卷的开头，黄帝于最初统治的三十年间，忧劳于修身与治国，却一无所成。黄帝因此"退而闲居大庭之馆，斋心服形，三月不亲政事"。期间，黄帝梦游华胥氏（三皇之首伏羲的母亲）之国，在那里体验了道家乐土中个人及政治的完美境界。发现"至道"以后，黄帝在接下来的二十八年统治中达到梦里所见的至善至美。①

碑记最后一个引语再度来自扬雄的《法言》，此处《法言》的整个段落都与秦桧的意旨相关：

> 或问"政核"，曰："真伪。真伪则政核。如真不真，伪不伪，则政不核。"鼓舞万物者，雷风乎；鼓舞万民者，号令乎。雷不一，风不再。圣人乐陶成天下之化，使人有士君子之器者也，故不遁于世，不离于群。遁离者，是圣人乎？②

综合言之，这两段引语发展《大学》对成功政体的定义：公、私成就相辅相成的联合体——人心内在的与世界外在的秩序是宋代儒学的核心。列子的道家理想主义与扬雄的儒家责任并未造

---

① 杨伯峻，《列子集释》（北京：中华书局，1979），卷2，页39—43。
② 《扬子法言》（《四部丛刊》本），卷9，页3b—4a。

成实质的冲突:黄帝内心隐遁了三个月,使他臻于二十八年外在的完美政治。秦桧的手法巧妙暗示,道家与儒家修辞在实际政治实践上是并列共存的。事实上,这种儒道并存的修辞支撑了宋朝国策,特别是在徽宗与高宗时期。

碑记的最后一个部分也用另一种方式暗示人心内在与世界外在的关联。秦桧鼓励太学生欣赏刻在碑上的高宗书法,并借之得到启发。但是"奎画"也可以指高宗赞文的内容,"模范"则可以是高宗供给其子民的教师典范角色。[①] 由于新刻石碑的目的是在国境内传播高宗的赞文,秦桧碑记的最后一节不仅是对着杭州的太学生立论,其实也写给"由于正路"的"多士"。若再考虑到秦桧刻意并列孔子与宋高宗的角色,秦桧的结论等于再度强调高宗与听众们的双重关系。第一重关系是君臣,高宗就像周文王一样,是官员们的君主。第二重关系是师生,高宗宛如"多士"之师,一如孔子之于他的门徒。

引用《法言》,也暗示追求"政核"有必要区别"真"与"伪"。如此一来,秦桧重回"纯"的问题。这个隐喻不仅为秦桧执政时的政治肃清辩护,亦说明政治肃清形同兼为圣人与皇帝的宋高宗履行"陶成天下之化,使人有士君子之器者"的责任。隐藏在辞藻华丽的结论背后,是语带威胁地警告那些不打算选择"正路"的人。

以上总结了我们对秦桧碑记中,来自传统经典之寓意及引文的修辞结构的分析。然而,碑记中的某些用语也和宋代政治、学术议题存在互文性的关系。这显示秦桧留心北宋道学家的著作,尤其是二程与杨时。秦桧汲取道学,可勉强分为两类。第一类是词汇,其互文关系呈现着对某一种道学文献明显、刻意的参照,因

---

① 这个用语的最早例子,见《扬子法言》,卷 1,页 1b—2a。

此与特定学者的特定概念有密切关系。第二类是段落,其中的互文性术语只呈现某些南宋初流传而常见的词汇,因此未与哪一位特定学者有关。这两类互文性关联,能为重构秦桧碑记所处情境提供证据。请先论第一类。

正如前述,秦桧不断运用《中庸》的"纯王"概念,探究纯王与其臣属的文化和道德活力之间的关系。同样的侧重焦点,正好出现在一段二程兄弟的简短对话中:

王道与儒道同,皆通贯天地,学纯则纯王纯儒也。①

这个对话片段,显然是程颐《中庸》二十六章注解的说明(朱熹也引用在其《中庸章句》中)。程颐认为文王以"无二无杂"和天道的"不已"规范自己,而达到"纯"。②《中庸》只关心文王与天的关系,但是程颐以及秦桧则扩张这段话的寓意,纳入君王与臣子的关系。程颐改变了"纯"的意义:从君王个人的品质,到君臣为了统一的政体而通过共同之学的教程以追求共有的理想。当然,我们可以想象程颐的"纯"甚至其"学"的含义,与秦桧所论有很大的不同,但程颐的箴言与秦桧的碑记共用了常见的术语、注解基础和修辞,却是很值得注意的。

二程很早就关心"纯王"概念的发展。程颢在 1057 年的进士考试已将焦点放在"纯王"的意义上。当时考试问古代使用什么政策以"养老"。程颢首先以概略的原则作答:"以纯王之心行纯

---

① 程颢、程颐,《二程集》(北京:中华书局,1981),页 411。
② 朱熹,《四书章句集注》,页 35。

王之政尔。"①其中"纯王之心"的概念,之后不仅成为道学注释的砥柱,也是秦桧描述高宗的宗旨。

现在,我们将注意力放在道学家与秦桧碑记用语中较一般的相应处(共有两段)。现存的杨时著作,有十七种科举考题——也许是学生的习作题。这些题目的年代约在1124—1126之间,当时杨时在朝中任教职官,包括国子祭酒。第五个问题提到不称职的宰相往往会妨碍皇帝权力的运作,使统治者"舆脱马疲"。尽管汉唐曾出现数位有能力的宰执,但也未曾重现上古"以舜武之为君,后稷、周召之为臣,而相与共成帝王之业"的盛况。② 秦桧在碑记第三部分的开头,描述君臣之间理想的政治结合,和杨时的构思相当类似。

最后一个与道学资料有互文性关系的例子,在碑记的第二段,秦桧在此描述了孔子门徒"所造有浅深"。这句话源自程颐最著名的格言,虽未有教条意义,但后来被朱熹采入《近思录》予以强调,因而在后世道学语录中十分普遍:

> 根本须是先培壅,然后可立趋向也。趋向既正,所造有浅深,则由勉与不勉也。③

---

① 《二程集》,页465。
② 杨时,《龟山集》,《四库全书》本,卷15,页4a—5a;《全宋文》,册124,页372。
③ 《二程集》,页87;江永(1681—1762),《近思录集注》(《四库全书》本),卷2,页20b。后人使用此语之例,见黎靖德编,《朱子语类》(北京:中华书局,1994),卷61,页1463—1464;与黄榦,《勉斋集》(《四库全书》本),卷2,页17a。

虽然这段话可能是程颐给予门人的建议，但秦桧碑记的结论仍应和着程颐格言的前提，只是这两种行文脉络产生明显不同的弦外之音。对程颐和他的学生来说，"培壅"与"立趋向"的过程是师徒之间的私领域问题；对秦桧而言，高宗为国家立根本、立趋向，那些日夜依循"正路"努力不懈的人，将会得到公领域的表扬与功成名就。

我们探究碑记的语汇层面，揭露出一位精通经典解释并借由修辞传达讯息的作者。我们现在转而进一步讨论这些讯息将如何被其同代人解读的历史脉络。

碑记及其历史脉络

有三种文献资料能提供我们相互对照的脉络，以更好地理解秦桧的碑记以及其所传达的讯息。第一，由于秦桧碑记实际上是作为宋高宗《先圣先贤图赞》与序文的题跋，秦桧等于是在这一系列赞文的最末处补充最前端的高宗序文，因此高宗的序文构成秦桧碑记最直接、最相关的文本脉络。第二，1155年孔子与七十二门徒图的系列石碑，显然与同一时间的重刻石经计划，即"南宋石经"有关。石经的字体也是宋高宗的书法，其拓本传于各路。石经的命运与先圣及七十二子图的石碑相仿，多存于今天的杭州。其中有数块石经的石碑刻有秦桧1143年撰写的碑记。1143年的石经碑记所提出的议题，与1155年的碑记相似。这两篇碑记相互启发，并提供不同时期的观点，一为秦桧身为宰相的中期，一为末期。第三，秦桧生涯最后几年的历史，尤其是1155年秋天秦桧死前的政局，可以为理解秦桧碑记提供直接且当代的脉络。

正如前述，高宗于绍兴 14 年 3 月 24 日（1144 年 5 月 5 日）揭示他的先圣赞文，但是整个计划剩下的部分，包含七十二子的赞文与秦桧的碑记，要到 1155 年之前的某个时间点才完成。高宗的序文扼要宣示这个计划的构想与目的：

> 朕自睦邻息兵，首开学校，教育多士，以遂忠良。继幸太学，延见诸生，济济在庭，意甚嘉之。因作文宣王赞。机政余闲，历取颜回而下七十二人，亦为制赞。用广列圣崇儒右文之声，复知师弟子间缨弁森森覃精绎思之训。其于治道，心庶几焉。

这份看似简白的叙述，主要道出两点：首先，高宗直截了当地宣称儒家教育的目的在于增进"治道"。其次，高宗撰写赞文，从而对儒家的教诲有了更深刻的理解，因此他主张他有能力辨认并拔擢"忠良"。在他的思维里，国家官学体系应教育"多士"以求"忠良"。高宗说他亲幸太学而受此启发，这是整个过程的高潮。高宗看到崭新的太学而感到愉悦，也表示有意给太学生荣誉与鼓励（"意甚嘉之"）。

通篇序文，高宗皆以身为"君"与"师"的双重姿态发言。正如秦桧碑记结论详细阐述的，高宗"君"的身份是继承尧舜，"师"则是继承孔子。高宗在序文的后半部（从"用广"开始）继续发展"多士"潜在的双重性（既指诸官员，也指诸学生），而在修辞上刻意模糊二者的差别，将孔子的门徒和高宗的天子门生/臣僚画上等号。这种一致性将高宗与孔子相侔的寓意更加强化。"列圣"与"师弟子间"二语明显是指孔子与其门人，但是"缨弁"自古以来皆借指官吏。同样的，"绎思"（这篇序文少见的引语）的出处是《诗经·周颂》，通章叙述周初诸臣感怀奠基者周文王的辛劳，并尽心尽力永保文王之政，以表达对文王永远的怀思。最后，高宗在篇末重申他个人对孔子之"训"的理解，将大有裨益于当时政府。

高宗的先圣赞文延续他兼具"君"与"师"的论旨，将复兴文王之教的孔子与重振孔子训示的高宗混同为一：

> 大哉宣圣
>
> 斯文在兹
>
> 帝王之式
>
> 古今之师
>
> 志则春秋
>
> 道由忠恕
>
> 贤于尧舜
>
> 日月其誉
>
> 维时载雍
>
> 戡此武功
>
> 肃昭盛仪
>
> 海宇聿崇

高宗颂诗环环相扣的主旨，构成了一篇以政治更新为诉求的道德宣言。从下诏没收岳飞宅邸并改建为太学，再到与金朝议和（这不过是一年多之前的事），高宗的文本坚定地将孔子与和平关联起来。高宗指陈文与武的二元对立，他颂扬"文宣王"是弭武之"文"统传承者，其重要性更甚尧舜。含义丰富的开场白引用了《论语·子罕》的典故，隐约暗示，由于与金人议和，高宗承接了这个"文"统。强调孔子是《春秋》的作者，除了说明孔子复兴并继承了周初的价值体系,也同时强化了高宗身为类似的复兴者与继承者的意象。有资料可以充分说明宋代读者如何理解最后四行诗的寓意(例如:宋高宗媲美孔子)。① 如果结合孟子形容孔子"贤于尧舜",读者从这篇颂诗接收的可能消息是:高宗缔造的文化与政治复兴,"贤于"王朝建立者宋太祖与宋太宗的成就——犹如秦桧碑记所透露的。②

1155—1156 年完整颁布先圣与七十二子赞文以前,高宗的先圣赞文已刻在一单独的石碑,并赐降各路。③ 太常寺为这首颂诗编曲合乐,每年春秋两度于太学行释奠礼时歌唱,终南宋之世不辍。④ 这首颂诗以几个彼此相关的理念宣扬宋高宗:孔子、他的皇帝身份以及与金人和平共处的政策。与经常改革更化的北宋相比,南宋皇帝对改动此一颂诗有所迟疑,这显示宋高宗的修辞与政策,长期笼罩他的继承者。⑤

秦桧的石经碑记

1155 年先圣与七十二子赞文的正式结构(有高宗的序文、字

---

① 林骃,《古今源流至论·前集》(《四库全书》本),卷 8,页 18b—19a。
② 《孟子》的引文见《公孙丑上》第二章。其他引文见《论语·子罕》第五章、《论语·里仁》第十五章、《诗经·大雅》的《文王有声》,与《尚书·尧典》。
③ 《玉海》,卷 31,页 30b—31a。庆元府的方志记载该地府学拥有一份文宣王赞的卷轴,建康的方志也著录了另一份复制品。见《宝庆四明志》,卷 2,页 7a;《景定建康志》(《四库全书》本),卷 33,页 3b。
④ 吴自牧,《梦粱录》(《丛书集成》本),卷 15,页 131。
⑤ 北宋释奠文宣王的颂诗,见《宋史》,卷 137,页 3234—3238。

体用他的书法、末端以秦桧的碑记作结)与南宋石经相仿。南宋石经是规模更为庞大的计划,大部分完成于1143—1146年之间。① 国家主持儒家经典刻于石碑的传统可以回溯到汉代,北宋的石经则制于1041—1061年之间。然而,由于这些石经遗留在开封,建造新的石碑就成为南宋中兴政府在1142年议和之后优先的文教事业。不过,和其他早期的石碑不同,高宗决定用他自己的书法作为新刻石经的字体。这个决定结合了古代国家主持石经的传统,以及始自北宋太宗赐予新科进士御笔儒经篇章的习俗。②

在议和之前的1139年与1140年,秦桧请求宋高宗允许将赐给他的御书《孝经》、《中庸》刻于石碑。③ 议和以后,1144年7月,临安御书《孝经》石碑的州郡复本,赐给了现任官员与官学学生。④ 这些动作与提倡议和直接相关。始于1143年1月的南宋石经计划,乃应秦桧任湖州通判的弟弟秦棣之请。⑤ 是年至1146年,高宗御书了《春秋左传》、《周易》、《书经》、《诗经》、《论语》、《孟子》。⑥

---

①关于石经的研究,最佳的概论仍是张国淦,《历代石经考》(北京:燕京大学国学研究所,1930)。所有现存南宋石经碑刻的图像,见《杭州孔庙》,页21—65。清代详尽的研究,见王昶,《金石粹编》,卷148,页5a—19a;阮元,《两浙金石志》,卷8,页5b—34a。

②《宋会要》选举2,页2a,7a。

③《宋会要》崇儒6,页17a—17b。根据《玉海》的记载,从绍兴五年(1135),南宋开始赐予殿试生御书石刻《中庸》拓本。《玉海》,卷34,页23a。

④《要录》,卷152,页2444;《玉海》,卷34,页19b。

⑤《玉海》,卷148,页2376。

⑥《宋会要》崇儒6,页18a;《玉海》,卷43,页22a—22b。

一部十三世纪中叶重要的石刻著作指出"卷末皆刊桧跋语"。① 检查现存的石碑可确认每一种御书儒经皆殿以秦桧撰写的碑记——我们应记住石碑的作用是用以制作拓本并裱褙成卷轴。② 秦桧在《诗经》篇末的碑记,全文如下:③

　　　　臣闻之《书》曰:"天降下民,作之君,作之师。"④自古圣王在上,则君师之任,归于一致。尧舜之世,万邦咸宁,比屋可封者,治教之明效大验也。仰惟主上以天锡勇智,拨乱世反之正。又于投戈之隙,亲御翰墨,书六经以及《论语》、《孟子》,朝夕从事,为诸儒倡。臣因得请刊石于国子监,颁其本遍赐泮宫。尧舜君师之任,乃幸获亲见之。夫以乾坤之清夷,世道之兴起,一人专任其责,所为经纶于心,表仪以身者,勤亦至矣。所望于丕应者岂浅哉。《诗》不云乎,"思皇多士,

---

① 曾宏父,《石刻铺叙》(《四库全书》本),卷1,页1a—1b。
② 杭州现存的石碑中,《左传》、《尚书》、《毛诗》与《论语》的最末块石碑仍存,全都有秦桧撰文的残迹。而《周易》与《孟子》的最后一块石碑已经不存。现存《中庸》的末块石碑是例外,上面没有秦桧的文章。这个反常现象的一个可能解释是,正式始于1143年1月的石经计划,使用了现成的《中庸》石碑。有两则资料提及石经计划以前就有的《中庸》石碑:一在1135年,见《玉海》,卷34,页23a;一在1140年由秦桧所撰文,见《宋会要》崇儒6,页17a。
③ 我们的文本根据下中邦彦重制的《毛诗》拓本的题辞。见下中邦彦,《书道全集》(东京:平凡社,1955),第16册,页140。现存版本的秦桧题辞的文本皆有差异,据我们所知,对此未有详细的研究。王昶抄录了《左传》石经的秦桧题跋,并比对《论语》碑的题跋,指出差异处。见王昶,《金石粹编》,卷148,页11a—11b。
④ 虽然秦桧援引《尚书》,他的用字实是依据《孟子》里引用《尚书》的同一段话。

生此王国,王国克生,维周之干"。①臣愿与学者勉之。绍兴
癸亥岁九月甲子,太师、尚书左仆射、同中书门下平章事、兼
枢密使、监修国史、兼提举实录院、提举详定一司敕提举编修
玉牒所、魏国公臣秦桧谨记。

虽然修辞并不像 1155 年的碑记那般复杂,然而这个较早的
文本却以类似于 1155 年碑记开端与结尾的话语来架构其根本意
旨:高宗颁布石经,显示他达成古代集"君"与"师"于一身的理
想。上天支持此一结合,加上高宗个人的献身,使"尧舜之世"得
以重现。结合"治"与"教",在任何时代皆能实现和平、学习、道
德与政治秩序。高宗因此得以圆满完成孔子的志向,也就是《春
秋》最后一章所说的"拨乱世,反之正"。

秦桧鼓励他的同时代人回报高宗的成就,就像古人回报上古
贤君——献其忠与效其力。"丕应"一词来自《尚书·虞书》,该
章阐述上天、臣民油然而衷心回报良善的君主。结尾来自《诗
经》,强调君王与臣属相辅相成的纽带,这是文王时代的特征,也
是秦桧对听众的谆谆教诲。借由鼓励"学者"往这个目标迈进,秦
桧也再度暗示周文王与宋高宗都是履行"君师之任"的国君。

检视《尚书》原文,这段引语之后的文字强调,帝王正义而无
私的统治将使官员产生"一心"。该段文字与《尚书》其他以颂扬
上古君王的家臣为政治目标而团结一致的章节,成为绍兴时代用
来制裁反对 1142 年与金议和、倾向持续对金军事对抗的异己者

---

①晚宋的注疏家在这段话看见完美政治一统性的实现,即《大学》中著名
的"正心"与"平天下"之联结。见林岊,《毛诗讲义》(《四库全书》本),
卷7,页3a—3b。

时的修辞准据。简言之,熟读经典者将在秦桧的碑记中看到对破坏"一心"、不接受高宗兼为君师者的恫吓。正如黄潛与吴讷所言,1155 年的碑记强烈指责"顾驰狙诈权谲之说,以侥幸于功利"者,指向反对议和的士大夫,其中许多人都和程学有关。职此之故,在 1155 年的政治背景中,有两项议题尽管各有其焦点、目的与修辞,但在政治上是相关的:1. 禁止在 1144—1156 年之间大行其道的程学;2. 高宗、秦桧兴起大狱迫害反对议和的政敌。

碑记与 1155 年的政治情境

宋代最早、最佳的道学史材料是李心传的《道命录》,其中收录了六份系年于 1144—1156 年之间的文件。[①] 这些文件的焦点是科举以及皇帝在考试体系的角色,依时代通读可以看出裁抑程学者的严厉程度与日俱增。有五份文件(第 23—26 篇与第 28 篇)谈论即将到来的科举考试(1145 年,1151 年,1154 年,1157 年)。第 23—27 篇文件的作者要求禁止并处罚那些在试卷中透露"专门曲说"的考生及其教师。

《道命录》第 23—24 篇文件皆成稿于 1144 年,密切反映秦桧

①一般使用的十卷本《道命录》乃经由程荣秀的扩充与修订。程荣秀是程颐的后代,生活在元朝。秦桧时期的文件构成李心传原始版五卷本《道命录》的第二卷的结论,这本书将绍兴时代视为一个整体。很幸运,《永乐大典》完整保存原始本的这个部分。见本书《〈道命录〉复原与李心传的道学观》。本文使用的《道命录》文件编号,完全采用《〈道命录〉复原与李心传的道学观》中的编号。本文引用的原始《道命录》文本,见《永乐大典》(台北:世界书局,1962),卷 8164,页 15b—18b。

1143 年石经碑记的修辞。这两份文件颂扬高宗的三项举措：1142年与金议和之后的文化复兴计划；亲幸太学；颁布石经。同时，也主张高宗书写经书之举明确表达了他对士人科举表现的期待，以及为"正"学建立了指引。第 23 篇文件认为高宗使科举时文"将见文有典则，与六经相为表里，丕应圣化"，[1] 第 24 篇文件则申言石经"使多士知所取法……亲得圣上为师"。[2] 李心传的注解引用了高宗的见解：王安石与程颐之学皆有其优点，士人不能独宗其一。这两篇文件论说了"正"学是中道之学，是直接依赖经典文本为根柢的学问，此学之"师"为孔子、孟子和皇帝。由于"专门曲说"认同"师"和最终的权威来源在经典与皇帝之外，形同歪曲"正"学，因此采纳此类学说的试子应被黜落。《道命录》第 23 篇文件未具指其批评之"专门曲说"所指为谁（应是王安石与程颐），但第 24 篇则明确将其矛头对准程学。[3]

写于 1150 年的第 25 篇文件，关切之前的诏令并未有效执行。某个州近来拔擢数十位"专门之学者"，这些人因而有资格参加 1151 年在首都举行的会试。这份奏疏的作者认为这样的拔擢让"私意"凌驾于公共利益之上，威胁科举的公正性，因此要求御史弹劾让这些学生通过考试的官员。[4] 第 26 篇文件撰写于 1154 年科考之前，疏中要求罢黜胡襄与杨迥（程颐门人杨时之子）。上疏

----

[1]《永乐大典》，卷 8164，页 15b。

[2]《永乐大典》，卷 8164，页 16b。

[3]《道命录》第 23 号文件的作者汪渤（1088—1171）的墓志铭，说汪的上奏是针对偏眛王安石之学而发的。见叶适（1150—1223），《叶适集》（北京：中华书局，1961），卷 24，页 480。

[4]《永乐大典》，卷 8164，页 17a；亦见《要录》，卷 161，页 2622；《宋会要》职官 13，页 10a；《宋会要》选举 4，页 29a。

的作者指控二十年前的宰相赵鼎操纵科举考试,偏袒程学学者,借此建立自己的政治网络;而胡襄试图运用相似的方式,重建昔日的网络。作者控告胡寅——当时坐监位于今日广东的新州——是这个计划的幕后主使者。

第27篇文件系年于1155年10月1日,晚于1155年碑记两个月,为秦桧死前三周,其精神反映了碑记的寓意。作者张震谈到学子们以"靡然乡风"回应高宗的文化更新计划,高宗希望学子直接通过经典以学习古风,但少数人仍依附"虚无不根"。张震要求学校不得传授"专门之学",以确保通过考试的人"专以经术渊源之文"。如此一来,"士风近古,悉为可用之才"。

第28篇文件系年于1156年6月15日,在秦桧逝世之后,但在整个先圣赞文计划颁布前六个月。该文再度坚称皇帝身为"师",是经典的布道者和正统考试标准的裁决者。奏疏的作者认为秦桧"阴佑"王安石之学,黜落任何可被证明稍微注意程学的试子,这歪曲了考试的公正,妨碍"人才"中选。高宗承认赵鼎对程学的支持和秦桧于王安石之学的鼓励,都扭曲了科举考试,下令今后典试委员须一以孔孟经典为依归。[1]

依照编年的顺序阅读,并以1143年和1155年的碑记为背景,《道命录》中的文献显示对程学的禁止(李心传记录这总共延续了十二年,1144—1156),乃是基于皇帝既是君主也是师的典范来进行的(尽管它并未直接使用君师的词汇)。这个典范详述于1143年的碑记,早于1144年的程学禁令,又在1156年重申,以正当化对程学的摈斥。这个典范的本质可以一系列的主张来说明:1. 皇帝身为终极统治者和政治权威的来源,亦为终极的"师"和教育权

---

① 《永乐大典》,卷8164,页18a—18b;《要录》,卷173,页2847。

威的来源;2. 本于后者之职能,高宗颁布官方版本的经典文献;3. 这些文献构成考核学生的唯一合法依据;4. 结合这两种职能,皇帝根据科举考试的表现选任官员。高宗 1144 年和 1156 年的言论,清楚表达了一项立场:任何大臣若意图利用教育体系建构自身的政治网络,无论其意识形态倾向为何,都将被视为对帝王权威的侵犯。

绍兴时代的政治肃清几乎在 1138 年 12 月秦桧一担任独相时就开始,且直到他 1155 年过世都是其政策的显著特色。① 迫害经常始于举劾某个人著作中的一段话,受审的文字被断为亵渎皇帝或国家政策。清代史家赵翼(1727—1814)计算《宋史》中共有四十三人被秦桧以此方式攻击。王曾瑜仔细列举的二十四案,每一案牵连人数都超过一人。此类政治迫害肇始于强制士人接受与金朝议和,但政治迫害在 1142 年之后的持续,常被解释为秦桧的不安全感和报复心态的表现。但是,如王曾瑜所说的,在迫害活动中高宗扮演着积极的、乐意帮助的角色。重要的文件也证明朱熹的说法:迫害活动在秦桧生涯的最后二年变本加厉。② 换言之,政治肃清是政府的政策,而且在 1155 年碑记前的一段时期加速进行。

现存的绍兴时代的监察举劾文献,并未提到程学为告发的特殊因素。这些案例的指控与裁决,通常远比教育体系下对程学学者施以有限度的约束和警告更严苛。然而,这两种动机之间却又存有关联。例如成文于 1153 年的《道命录》第 26 篇文件,将科举

---

①概论性的文章,见王曾瑜,《绍兴文字狱》,《大陆杂志》第 88 卷第 5 期,1994 年,页 18—31;以及本书《一个邪恶形象的塑造:秦桧与道学》
②《朱子语类》,卷 131,页 3160。

考试的不法行为和围绕着胡寅的反对者的政治观点密切联结起来，指控胡寅密谋重建前宰相赵鼎的政治派系。此外，至少有两个 1150 年代的审查案例，呈现 1155 年碑记的政治背景中更为尖锐的焦点。

　　牵涉程瑀（1087—1152）注解《论语》的审查案例，终止于 1154 年 12 月。秦桧在 1131 年首度擢用程瑀成为其圈内人，但两人随后因为议和政策产生争执。程瑀被卷入 1150 年针对李光（1078—1159）党羽的调查，并在 1152 年去世。[①] 他的门人洪兴祖（1090—1155）为程瑀对《论语》的解读写序文，魏安行则用路的资财出版该书。洪的序文强调了几段程瑀对《论语》的解释，比如说，程瑀解释孔子"弋不射宿"是"不欲阴中人"之意，秦桧认为"阴中人"暗讽他有如恶名昭彰的宦官赵高，因为赵高曾计划谋反并寻求盟友，而在朝廷上演"指鹿为马"的戏码，且"阴中"那些坚持鹿为鹿的大臣。[②] 言官认为高宗已借由石经传布"圣学"，程瑀对《论语》的解释是无根"异说"，违反正确经典注疏的体统。如果允许此类看法毫无约束地蔓生，将会危害教育，困惑学子，产生祸害更甚于古代杨朱、墨子的当代邪说。该书的书板被下令毁弃，魏安行必须偿还刊书的花费，他与洪兴祖都被远谪编管。[③]

　　第二个相关的异端审查案例是著名的"张浚与五十三贤士"，这是秦桧打压异己的最高峰。倘使此案真的追究到底，秦桧将能铲除所有的政敌、其子孙、他们尚存的政治网络。1147 年赵鼎死

①针对李光的案例，见本书《一个邪恶形象的塑造：秦桧与道学》
②司马迁，《史记》（北京：中华书局，1959），卷 6，页 273。
③《要录》，卷 167，页 2736—2737；《宋史》，卷 381，页 11742—11744；徐自明，《宋宰辅编年录》（北京：中华书局，1986），卷 16，页 1109—1110。

后,张浚与李光是秦桧最具威胁性的政敌。李光于1144年流放到海南岛,张浚则在1146年后于南方受编管。"五十三贤士"之案始于1155年5月,侍御史呈论张浚与赵鼎之子赵汾互有接触,欲挑起变乱。政府派员至南方调查,设法取得赵汾的自白书,企图将张浚、李光和胡寅都卷入事端。同时期,一位路官员向刑部进呈了张浚旧属寄给张浚的贺寿诗中大逆不道的内容。1155年8月,正值秦桧草拟其碑记之际,最初的起诉已告成,调查官员被派到南方审问张浚。这个大案的完整文件照说在秦桧死前应可完成,但由于秦桧病入膏肓,无法押字签署,因此未彻底执行。[1]

基于以上的脉络和历史情境,我们可以试着总结1155年碑记的内容和目的。显然,秦桧之死(发生于1155年8月碑记的构思和1156年12月高宗颁布整个计划之间)为高宗带来政治环境急遽的变化。因此,我们应当从三个观点思考意图的问题:1. 为什么高宗在1155年开启该计划? 2. 为什么秦桧在1155年8月草拟碑记? 3. 为什么高宗在1156年12月(已是秦桧死后年余),选择持续颁布这个计划,并纳入秦桧死前撰写的碑记作为总结?

从皇帝的立场来说,1155—1156年的赞文计划是企图恢复并巩固高宗对1142—1144年的中兴修辞的主导权。借着再度强调和流通他先前的宣圣赞文,高宗无论在秦桧生前或死后皆寻求强化他个人对国家的政治和文化政策的掌控。《道命录》的文件从反方向说明高宗中兴政策的基础(即,将孔子正统、和议政策、高宗身为君/师的权威三者关联起来)遭遇持续的抵抗。这在学术思想方面是明显的,但在政治面则是隐晦的。1153年,第三代的程学信奉者诸如胡襄、杨迴,仍担任朝廷要职,而且被赋予监督会

_____

[1]《要录》,卷168,页2749;同书,卷169,页2760,2762,2764,2768—2769。

试的责任。将这个事实与1155年五十三贤士的案例关联起来看,可见1150年代的反对势力依然强大。后世建构的迫害史却着力塑造了秦桧主宰一切的印象。① 再者,鉴于北宋政治史中,在政治上具有权势的家族习于设法代代传承其权势,高宗与秦桧很可能畏惧张浚或李光之类的人借机恢复他们从1130年代以来沉寂的政治网络。1155年的碑记是在五十三贤士将被彻底迫害的预想中写成的,警示下一代的学子/学者/官员要依循"正路",不要犯了和前人一样的错误。

尽管碑记严重警告"狙诈"与"权谲"者,但它却也呈现了兼为君、师的高宗和他的宰执所具有的正面潜力:"器[重学生与官员]而用之"。这个词汇在北宋晚期的用法,指涉一个理想的状态:帝国的教育与政治权力发挥到极致时,将能辨别与训练个人的潜力至其极限,以此适当地任用每一个学子/官员,从而最大化国家的利益。② 秦桧使用这个词汇,暗示高宗已经达成了此一典范的完美状态。皇帝兼运君与师的权力,使他的学生/官员超越孔子门人的成就(孔子不是"君"因而无法任命官员)。但是能得益于此的只有"由于正路"和"一隆所宗"的人。如同《道命录》的文件所说明的,"正"是孔子、孟子和皇帝,而"宗"是源自这个传承的文献集成。显然,高宗无论在秦桧生前死后,都未曾想让这个正统的定义变得宽泛或模糊。

当秦桧在1155年8月撰写碑记时,他已经开始构想如何给予政敌最后一击。五十三贤士案,将瓦解他们的政治网络,并使之无法再重建。秦桧可能怀着儿子秦熺将继承宰相职位的期待而

①见本书《一个邪恶形象的塑造:秦桧与道学》。
②例见李焘,《续资治通鉴长编》,卷502,页11966。

撰写碑记。碑记中的宰相形象,是君/师权威运作的主要伙伴。这个形象毫无疑问是对过去秦桧与高宗关系的礼赞;鉴于秦桧日益恶化的健康情况,这也可被解读成在未来仍应延续这种结构的提案。高宗也许把秦桧的碑记当作过往成就的历史记录,但也可能视之为以秦熺继任宰相的提案,以及担保在秦熺执政之下君王与宰相的合作不会改变。最后,秦桧对着更广大的听众陈述:未来"多士"将被"器而用之"。

众所周知,高宗在秦桧临终时拒绝任命秦熺为宰相,相位虚悬,直到 1156 年 5 月沈该与万俟卨(1083—1157)任此职。秦桧之死留给高宗一个棘手的工作:维持先前与秦桧共同拟定和推动的政策的同时,表明自己与秦桧理政时声名狼藉的事务无涉。高宗的考量兼顾国内与国外。对内,他准许瓦解秦桧亲信的政治网络,但宽宏承诺秦桧的妻子保全其家庭。[1] 他停止对五十三贤士的迫害,允许平息许多案件,显著减轻其他人的刑罚。《道命录》的第 28 号文件承诺即将到来的 1157 年的科举将恢复公正无私,期待在官僚中重建信心:政府人员的传统结构,将会在新的行政体系下恢复。整个赞文计划的要旨,特别是 1156 年 12 月最终颁布一系列赞文,反映了高宗对内政策的目的。尤其,秦桧将官僚体系提高到与皇帝相侔的位阶,高宗仍愿承认其有效性,期望借之消除政府官员的疑虑:高宗依然珍视且需要他们积极的参与以达"国治"。用秦桧自己的措辞来传达将要回归良好秩序的信念,这大概是最有力的一种修辞作为吧!

对外,国际政策的考量也影响了高宗的决策。秦桧之死粉碎了宋金之间脆弱的政治平衡。金朝知道,只要秦桧尚居首辅,宋

---

① 《要录》,卷 170,页 2779。

朝就不会改变对外政策。根据朱熹撰写的张浚行状，1142 年的议和条款规定宋方不能"辄更易大臣"；而金朝的使节由于畏惧张浚有复位的可能，经常询问张浚的下落与状况。[1] 秦桧之死因此触发金朝的疑虑：宋朝可能采取好战政策，甚至毁弃议和。宋方某些人露骨地流传这种期待：议和是秦桧的政策，现在秦桧已死，政策应该改变。某些人致力制造趋势正往此发展的错觉，刻意伪造、散布召回"旧臣"的诏令。1156 年 3 月，高宗颁布一份措辞强硬的诏书，否认对外政策即将转变的谣传。高宗强调，与邻国和平共处是宋朝的既定国策，已有两百年历史；现在的和平政策是他自己而非秦桧的意志，秦桧只是帮助执行而已。他保证会究办坚持异见的人。[2]

　　1155 年 12 月，张浚的监禁被撤销，他的官职被恢复。他受命出判隆兴府。然而他的母亲才刚去世，服丧迫使张浚辞受此官职。张浚请求归葬母亲于故乡四川绵竹，他从永州启程，往长沙前进。途中他两度上书，警告金朝可能入侵与抨击秦桧、沈该、万俟卨的腐败与无能。大约在 1156 年 9 月或 10 月，张浚终于抵达绵竹。但是，他的奏疏刺耳而高调，无可免地卷入了阴谋说的情境中，而这是高宗 1156 年 3 月诏书所严禁的。他的奏疏令执政相当吃惊和愤怒，以致他在 1156 年 10 月又被发配到永州居住。根据朱熹的记载，接下来四年张浚钻研与注解《易经》、《春秋》、《论语》、《孟子》，夜晚则阅读司马光的《资治通鉴》。随着 1161 年金

---

①郭齐、尹波主编，《朱熹集》(成都：四川教育出版社，1996)，卷 95 下，页 4860。
②《要录》，卷 172，页 2827—2828。

人入侵,张浚终于被召回北方。①

北宋晚期的帝王道统

以现代的观点而言,秦桧碑记最值得注意的特色是他在第四部分使用了"道统"这个词汇。第四部分借由宣称下列几点,构成该文修辞的高潮:1. 宋高宗继承了周文王的政治与文化遗产;2. 这个遗产经由孔子传承;3. 正如上天在逆境中保全孔子以确保这个遗产的传承,上天也保全宋高宗以保证儒家正统的延续,而"中兴"宋朝。当时有些人否定道统是由以上几点联合构成的,秦桧撰文的主旨之一便是冲着这些人而来的。紧挨在"道统"之前的"盖"字本身或许有某种不确定的意思,但整个第四部分的行文脉络却暗指:"道统"的意义也许是新的、仍有争议且具弹性的,但是秦桧对自己提出的定义却没有任何的怀疑。

由于学界对于朱熹创造"道统"与 1181 年首度使用这个词汇没有异议,该段落特别引人注目,②因为,秦桧碑记的重新面世挑

①《要录》,卷 170,页 2798;同书,卷 171,页 2804;同书,卷 172,页 2842;同书,卷 175,页 2885—2887;《朱熹集》,卷 95 下,页 4861—4869。
②陈荣捷(Wing-tsit Chan),"The New *Tao-t'ung*," *in Chu Hsi New Studies* (Honolulu:University of Hawaii Press,1982),页 320—335,321;狄百瑞 (Wm. Theodore de Bary)and 华霭仁(Irene Bloom),compilers,*Sources of Chinese Tradition*. Volume 1(2nd ed. New York:Columbia University Press, 1999),页 732;余英时,《朱熹的历史世界》,第 1 册,页 40—41。较新的研究指出朱熹使用道统一词的最早例子在 1179 年,见祝平次,《评余英时先生的〈朱熹的历史世界:宋代士大夫政治文化的研究〉》,《成大中文学报》2007 年第 19 期,页 249—298,特别是页 295。

战了这两种一般认可的主张。道统概念的增势与成长,是宋代儒学具有定义性意义的特征,也是接下来的中国儒学学说史的转机所在。① 而且,虽然早期对道统的学术研究强调这个概念的内在与哲学的层面,晚近著作则强调道统外在的、政治的维度,视为士人对抗帝国权威的工具。本文将指出秦桧的碑记提供了新的重要证据,使这些论述更加丰富。尤其,我们致力于碑记的相关背景,发掘"道统"一词更早的用法,且回溯到北宋晚期;这个词汇、概念的"史前史",在很多方面与秦桧以及复杂的南宋早期政治史纵横交错。

狄百瑞(Wm. Theodore de Bary)分析朱熹《中庸章句序》经典性的构思,精炼道统概念为三个要旨:1. 古代圣王之政与学,在整个历史中非常不连贯;2. 在传统失落的时期,异端邪说威胁并取代了"道";3 只有极少数卓越超群者能振兴"道",与道相连,因而

---

① Wm. Theodore de Bary, *Neo-Confucian Orthodoxy and the Learning of the Mind-and-Heart*(New York:Columbia University Press,1981),页 2—20;Thomas A. Wilson, *Genealogy of the Way:The Construction and Uses of the Confucian Tradition in Late Imperial China*(Standford:Standford University Press,1995);Ellen G. Neskar,"The Cult of Worthies:A Study of Shrines Honoring Local Confucian Worthies in the Song Dynasty(PhD dissertation,Columbia University,1993),页 207—404;祝平次(Ping-tzu Chu),"Tradition Building and Cultural Competition in Southern Song China(1160—1220):The Way,the Learning,and the Texts,"(PhD dissertation,Harvard University,1998),页 97—123。道统持续具有生命力,并作为思想学术的力量,见梅约翰(John Makeham),*Lost Soul:"Confucianism" in Contemporary Chinese Academic Discourse*(Cambridge and London:Harvard University Asia Center,2008),页 149—167,192—207。

延续了道统。① 人们肯定会注意到秦桧的碑记包含了这三个要旨：高宗是极少数的卓越超群者，重新衔接古代圣王，碑记的其他要素也预示了日后的道统构想。例如，眼尖的读者会注意到秦桧直接引用四书：《论语·述而》第二十二章和《论语·子罕》第五章与《孟子·公孙丑》第二十一章等裨益日后道统结构的章节。② 源自《中庸》的一段文字引入了碑记的中心概念"纯"；《大学》的语句则提供了个人修身与理想国家秩序相互关系的准绳。

秦桧凸显"共治"概念及其落实，同样引人注目。秦桧在开章大胆宣称君王之道与儒者之道来自同样的源头，因此皇帝和士人的不同只在于彼此的位阶，如此提高士大夫地位的论点可能使读者感到诧异（高宗和秦桧身为士大夫意见的无情压制者的形象已深入人心了）。然而，秦桧的修辞在北宋的新法辩论中有其根源。最近对宋代道学史的解说显示，士大夫持续不断为自身力争免受君主权威的努力，不仅是道学运动，更是宋代历史的动力。1071年宋神宗与德高望重的政治家文彦博（1006—1097）的对话，经常被视为这种冲突的典型。当皇帝说精心拟定新法是为了便利百姓而不是士大夫的看法时，文彦博回应："为与士大夫治天下，非与百姓治天下也。"③余英时根据朱熹的看法说明"共治"观与北宋道学先驱张载（1020—1077）及程颐政治哲学的关系。再者，朱熹在《孟子集注》的最后特别提到文彦博赠予程颢"明道先生"的

---

①de Bary, *Neo-Confucian Orthodoxy*, pp. 2–13; Neskar, "The Cult of Worthies," pp. 302–311.

②关于《论语·子罕》第五章，参见朱熹为了重建江州的周敦颐书堂所写的记文，《江州重建濂溪先生书堂记》，《朱熹集》，卷78，页4073—4075；关于《孟子》，见 Neskar, "The Cult of Worthies,"页311—314。

③余英时，《朱熹的历史世界》，第1册，页223、288—312。

谥号,并以程颐认同其兄为孟子独一无二的继承者的一长段引文作为结论。[1] 正如南宋史所显露的,程颐的提法可说是最早宣称道统转移到个别学者的宣言。[2]

如同 Neskar 精要的持论:"程颐其兄程颢所做的宣言是彻底而崭新的。"[3]虽然狄百瑞所论成熟道统观的三要旨中,第一与第二项的历史源自《孟子》而非常悠久;第三要素"卓越超群者"以及与前两项要素一体化而组成独特道统的典范,实是宋代逐渐成形的创新。起初,在宋初与中叶正道复兴的论述中,被皇帝拟人化的宋朝制度具有"卓越超群者"的意义。在此论述里,道统乃是自上古圣王传至宋朝皇帝。宋朝诸帝中,特别是建立官学的宋仁宗,被视为赓续了圣人之业。只要宋朝士人对帝国制度的活力以及制度的改革能力保有信心,这个通用的典范已经足够。但是新法的争议和派系斗争持续增长,削弱了对制度性的"卓越超群者"可以重新联结正道的信心,也为二程彻底而崭新的宣言创造了空间。[4]

但是从公共的、体制的道统,到私人的、个人的道统的转变,是逐渐递进而且从未完成的。我们的研究确定:首先出现的是前段所论及的道统含意,后来道学创造的解释普及性日增,二者在紧张对立中并存——即使在 1241 年君主接受道学以后亦然。北宋晚期使用道统这个词汇,紧紧恪守着已然确立的那种公共的、体制的道统典范。最早的例子见于刘才邵(1086—1158)约略撰

---

[1]《四书章句集注》,页 377。
[2]Bol, *Neo-Confucianism in History*, pp. 84-86.
[3]Neskar, "The Cult of Worthies," p. 330.
[4]Neskar, "The Cult of Worthies," pp. 316-332.

于 1110 年的《乞颁圣学下太学札子》。这份文件一开始如是云：

> 臣闻：天佑下民，作之君，作之师。惟其克相上帝，宠绥
> 四方，盖治之之谓君，教之之谓师。治之、教之之功，天不能
> 以自为，必付之帝王。帝王以盛德履尊位，克称君师之任。
> 用能相天而成其能，四方之民赖以宁谧。唐虞三代之盛，见
> 于《诗》《书》之所传，率由此道。其后去圣既远，无所折衷，
> 异论肆行，而道统益微。[1]

这个开头宣称了北宋复兴正道的论述，并将之联结于《尚书》中成
功的君王乃合统治者与师于一身的概念，并将此种兼备称为道
统。刘才邵的上疏接着提到数位汉朝皇帝召开学术会议处理经
典的问题，因此活络了汉朝文风。但是，唯有在宋朝创立后，方有
每位皇帝皆积极参与经典研究与文学作品之"圣圣相承"的盛况。
接着，刘才邵认同宋徽宗是"卓越超群者"：徽宗不仅继承了宋朝
的传统，还拥有更深邃的学养与实践，超越先前所有的君王。他
宣称徽宗达到的学养水平与上古圣王并驾齐驱，而且同样兼具
"君师之任"于一身，其学识超越了章句训诂、洞察经典的"妙
旨"。刘才邵请求徽宗"颁"其学识予太学，之后向下传于州县学
校。刘才邵并未具体说明这个传承应该采取什么形式，但这份文
件也许可以解读为请求徽宗将其"自得于圣心"的经典之"微言奥

---

[1]《椒溪居士集》（《四库全书》本），卷 8，页 18b—20a；《全宋文》，册 176，
页 17—18。这份奏书并未标注日期。经过仔细考虑，我们选择接受黄
淮（1367—1449）与杨士奇（1365—1444）在《历代名臣奏议》中系之于
大观年间（1107—1110）的判断。见《历代名臣奏议》（台北：学生书局，
1964），卷 115，页 1b—2a。

旨"颁赐太学。无论如何,刘才邵上疏的主旨、修辞结构和措辞与秦桧在 1143 年与 1155 年撰写的碑记几乎相同。秦桧也表示石经与赞文为皇帝知识的赐予,构成联结高宗与古代圣王的道统的证据。

这个相似性并不令人意外,刘才邵与秦桧的传记资料显示两人有很多的接触,所以彼此可能有直接的影响。刘才邵在 1108 年获得进士功名,并出任一系列的路级教育职务。1120 年他通过宏词科考试(秦桧则在 1123 年考中),立刻获得宫廷职位。1126 年开封被包围时,刘才邵在秘阁供职,当时他和秦桧都是宫廷官员。他的仕宦生涯中断十年之后,在 1130 年代晚期重新开始,而宏词科的功名使他快速升迁。刘才邵是一小群负责草拟战后文化复兴基本内容与修辞的官员中的一分子,比方说,他在 1142 年参与审议徽宗的谥号。1143—1144 年刘才邵担任中书舍人,这个职位使他成为宰相秦桧的秘书,当时正是石经与赞文计划酝酿成形的关键时期。1143 年 11 月,刘才邵礼赞由秦桧姻亲进呈宫廷的《绍兴圣德诗》。[1] 因此,刘才邵与秦桧是很亲近的同代人,同样出身宏词科,也都受到徽宗朝教育与文化政策的熏陶,而当时正是以下这种论述的酝酿期:宋朝皇帝借着重新连接分途已久的君、师之业而复炽上古圣王道统。

在北宋末期,此一道统概念相当成熟并具有弹性,足以历经

_____

[1] 关于刘才邵,见《宋史》,卷 422,页 12606—12607;《要录》,卷 1,页 34;同书,卷 133,页 2135—2136;同书,卷 149,页 2406;同书,卷 150,页 2411、2415;《玉海》,卷 204,页 24a;《宋会要》帝系 1,页 16b。虽然刘才邵支持秦桧,但是在政治上他与万俟卨相结。1144 年刘才邵出知漳州,正是秦桧与万俟卨在政治上不和的结果。见熊克,《中兴小纪》,卷 31,页 377;与《要录》,卷 151,页 2427。

1125—1127 年动荡不安的过渡期而存续。1125 年 12 月徽宗退位、钦宗登基,开始肃清徽宗朝与王安石、蔡京新政有关的官员。"道统"再次出现于 1126 年夏天(或秋天)翰林学士李若水(1093—1127)致丞相何㮚(1089—1126)的书信中。[①] 李若水请求何㮚继续支持任命反新法的官员,以根除王安石变法的残迹——李若水认为王安石的政策导致宋朝衰弱与女真人入侵。他使用已然确立的北宋帝国的道统修辞来架构自己的请求;然而,身为新法的长期支持者且已退位的徽宗不能居于"卓越超群者",李若水因此将宋太祖界定为奠立祖宗之法而在宋朝恢复道统典范的完人,"天厌丧乱,眷命有德,艺祖以勇智之资,不世出之才,祛迷援溺,整皇纲于既纷,续道统于已绝";他并说"仁宗之缵承,持以勤俭,镇以清静,抚以忠厚仁爱",因而坚称宋朝道统在仁宗朝达到巅峰。李若水也强调,在道统的辉煌期,"(人君)所以共治,以有士也"。这是秦桧在碑记中与朱熹在著作中屡次重复的主题。

在李若水所重整的论述中,王安石、蔡京其人其政中断了已复兴的道统,就好比《孟子》记载杨朱与墨子的"邪说"危害了孔子之教的传承。十二世纪的道学家对北宋史的论述,诸多核心要旨都已在李若水的信中出现:宋太祖与宋仁宗比起其他宋朝君王更具荣光;新法被目为反抗"祖宗之法";结合"祖宗之法"与"道统"两种修辞;祖宗成为古人。[②] 朱熹最终将在此发展中的混合物中嵌入程颐(而非宋朝君王),成为典范完人与存续道统者,士人

---

① 《忠愍集》(《四库全书》本),卷 1,页 18a—21b;《全宋文》,册 185,页 183—184。

② 李华瑞,《略论南宋政治史上的法祖宗倾向》,收入姜锡东主编,《宋史研究论丛》(保定:河北大学出版社,2005),页 199—226。

（而不是君王）则成为理想政府的中心。

秦桧、胡安国、道统

从刘才邵对宋徽宗的谄媚奉承，和李若水对王安石的责难来看，在南宋初期之前，"道统"一语以及其概念已被用来推展极其不同的政治立场和修辞姿态。然而无论是刘才邵或是李若水，都和道学家或道学思想没有任何已知的联系。秦桧的情形却非如此，他在 1155 年所写的碑记构成了"道统"另一个证言性的用法。零碎的史料指出：秦桧在为期一年的首度宰相任内（1131 年 8 月到 1132 年 8 月）曾作过保存、发扬程学的努力。这些努力包括将二程彻底而崭新的宣称（以私人来承继道）整合进正在发展的道统论述中。证据的零碎，乃由于持续发展的政治环境催化秦桧与程学学者之间逐渐加深的裂缝。他们的政治关系最终恶化以后，两方（即二度担任宰相的秦桧；以及十二、十三世纪期间继起的道学史家）各自操弄历史纪事，掩饰他们先前这段短暂的关系。①

当 1130 年 10 月秦桧逃脱女真人的俘虏并奔向南方之时，他所见到的是一个没有首都的朝廷，一位从未遇过的年轻皇帝，几乎不可能有盟友的紊乱政局。吕颐浩（1071—1139）与朱胜非（1082—1144）等人身为官僚与财政大臣（他们自 1127 年以来与高宗共患难），是高宗身边年长的辅弼者。他们和秦桧一样在蔡

---

① Denis Twitchett and Paul Jakov Smith, eds. , *The Cambridge History of China. Volume* 5, *Part one*: *The Sung Dynasty and Its Precursors*, 907 – 1279（Cambridge：Cambridge University Press, 2009）, pp. 691–694.

京时期的新政中受教育;但与秦桧的差异在于,由于他们比较年长,且能跨越南北分裂而维系着私人的政治网络。这些网络的成员,严格来说是王安石政策的"残党",也就是李若水提醒何㮚要注意的一伙人。

这些客观环境迫使秦桧起用他自己的姻亲、年轻官员,以及不属现存党派的人,以构筑自己的政治网络。他的集团以此特殊目的而迅速成形,不可免地包括许多元祐(1086—1093)官员的后裔。这些元祐官员在徽宗朝被蔡京归于黑名单,因为他们反对蔡京重归新政。胡安国被公认是秦桧关系网的"党魁",①胡安国除了是秦桧的首席要员,他也是程学由北宋传承于南宋的关键人物。② 我们必须在此指出,胡安国的这两个角色关系密切,而且他也是秦桧获得对程学基本理解的关键渠道。朱熹的《语类》显示他对秦桧与胡安国的同盟关系感到尴尬。然而朱熹承认,当秦桧在1120年代担任密州教授时,程颐的及门弟子游酢(1052—1123)与胡安国一起支持知州瞿汝文(1076—1141)推荐秦桧参与1123年的宏词科考试。十年后,秦桧吸收了瞿汝文和胡安国进入他的执政团队,这说明秦桧从程学学者得到的早期支持并互蒙其利的模式持续存在。③

---

① 胡安国被指为"党魁"始自秦桧的政敌,但也被胡寅为父亲写的传记承认。见《要录》,卷 57,页 989;朱熹,《朱子语类》,卷 131,页 3156;胡寅,《崇正辩·斐然集》(北京:中华书局,1993),《斐然集》,卷 25,页 551—552。

② 叶翰(Hans van Ess), *Von Ch'eng I zu Chu Hsi. Die Lehre vom Rechten Weg in der Überlieferung der Familie Hu*(Wiesbaden:Harrassowitz,2003)。

③ 朱熹,《朱子语类》,卷 131,页 3153;van Ess, Von Ch'eng I zu Chu Hsi, p. 112.

李心传也在三部不同的著作中明言秦桧与胡安国的政治关系颇为亲近。① 他认为，秦桧对道学没有全面的理解，而且秦桧支持或反对道学学说都只是政治的权宜之计。② 这种支持，始于秦桧担任宰相、朝廷赠予程颐身后学士官职之日。虽然这个行动是更广泛的平反元祐官员后裔的一部分，但是诏书指出了程颐的特出，而且诏书的言语回应了程颐为程颢所做的彻底而崭新的宣称。诏书引用了《中庸》，承认程颐之"正心诚意"，使他独一无二地获得经典含义的真知见——这自孟子以来就失传了。诏书宣称程颐以这个知识善佐宋哲宗（1077—1100；1085—1100 在位），但是伪称程颐之徒者背离了他的学说，危害他的名誉。诏书也征召程颐之孙程盛到朝廷。③

　　平反程颐的诏书，其中的主调与修辞，为已有稳固知识基础的中兴运动拉开序幕。1131 年 11 月，在秦桧的推荐下，胡安国受命为中书舍人兼侍讲，这是一个兼有秦桧秘书（拥有否决草诏权力）和帝师之任的职位。④ 胡安国以选自程颐著作的原则为根据，发展出系统性的当代《春秋》诠释，并为宋高宗讲述。高宗命胡安国以详细的传注体阐述他的思想，胡安国终于在 1136 年呈交给

---

①《要录》，卷 169，页 2771；《道命录》（《永乐大典》本），卷 8164，页 13a—14a；《建炎以来朝野杂记》（北京：中华书局，2000），甲集卷 6，页 137。

②《道命录》，《永乐大典》本，卷 8164，页 16a。

③《要录》，卷 46，页 832—836；《道命录》（《永乐大典》本），卷 8164，页 8a—8b；《宋会要》仪制 11，页 14a。叶绍翁，《四朝闻见录》（北京：中华书局，1989），页 89—91。程盛的兄弟程易，在 1131 年 10 月被派任官职，见《宋会要》选举 32，页 19b。

④《要录》，卷 49，页 869。

高宗。① 此外,胡安国升官时,他呈交高宗和秦桧 12 篇深思熟虑的《时政论》。② 同时,胡安国也写一封长信给秦桧,依其《春秋传》表达他对于重要政策的立场。③ 最后,正如 van Ess 说明的,胡安国在同一时间主持收集与出版程颐著作的首度尝试,产生了一个后来传承给杨时与朱熹的"程学"著作总汇。④

　　胡安国针对南宋初期地方割据问题,提出一套兼具哲学与政治意涵的提议,他视此类提议为孔子"拨乱世、反之正"的当代表述。⑤ 他以四点阐释孔子的思想蕴义:第一,皇帝涵养个人的道德与学问(胡安国相信这是所有人所倚赖的)是中兴运动的核心。胡安国以《大学》为皇帝内在涵养的途径,这种内在涵养将使高宗重新与"道心"接轨,重现古代圣王的政治与文化。第二,胡安国敦促高宗与秦桧清算官僚体系中承继王安石与蔡京的"吏",让政府充盈着接续程颐与其他元祐人物的"学者"。此举将使皇帝与官员同心协力,共享正道的道德威信,以更有效率地治国。第三,以此方式强化的朝廷得以重新主张皇帝对各路军阀的控制权,并

---

① 《要录》,卷 56,页 982;同书,卷 109,页 1774;同书,卷 115,页 1857;van Ess,*Von Ch'eng I zu Chu Hsi*,pp. 201-208.

② 胡寅,《斐然集》,卷 25,页 538—549;《宋史》,卷 435,页 12912—12913。《时政论》的文本,见《历代名臣奏议》,卷 47,页 1a—21b;《全宋文》,册 146,页 107—130。《时政论》的梗概,见 van Ess,*Von Ch'eng I zu Chu Hsi*,页 115—118。胡安国在 1132 年 7 月直接和高宗讨论这些上疏,见《要录》,卷 56,页 978—979。

③ 胡寅,《斐然集》,卷 25,页 534—538。

④ van Ess,"The Compilation of the Works of the Ch'eng Brothers and Its Significance for the Learning of the Right Way of the Southern Sung Period," *T'oung Pao* 90(2004),pp. 264-298.

⑤ 见胡寅在 1131 年写给秦桧的书信。胡寅,《斐然集》,卷 25,页 537。

且防范篡夺。第四,胡安国从根本上定义对抗金朝为内在文化复兴的议题,而不是外在军事力量的问题。[①]

比较胡安国的章程与秦桧碑记的修辞,人们很可能将秦桧的碑记视为秦桧的一项宣称:高宗已将早期的中兴计划付诸实践并取得了成果。首先,秦桧坚持皇帝本身已经恢复了圣王道统。其次,虽然秦桧已经放弃胡安国对元祐政治家的偏好,但他持续宣传皇帝与官员间在学术思想方面的同心协力与共同一致的追求目标。第三,秦桧暗示1140年代早期的和平进程也是重申皇帝对宋朝军事力量及行政体系的统御权力。第四,和平进程与文化复兴关系密切,特别是推行国家支持的教育训练。为了追索从胡安国到秦桧的延续并探讨之后的发展,我们将集中讨论前两点,因为它们与朱熹成熟的道统建构具有直接的关系。

胡安国的《正心论》(《时政论》的第九篇)使用《大学》环环相扣的连锁概念给予宋高宗建议:若高宗遵循经典所示的学与内在修养的进程,必然依此而生"正心",进而能为国家创造文化更新,此一文化复兴也将会带来边疆的稳定。[②] 胡安国从帝王道统中引用数个环节,强调"心"的传承,作为这个方案的古典性和有效性的证据。胡安国说明,当舜传正道于禹,他警示"人心惟危,道心惟微"。这句话出自《尚书》,构成著名"十六字心传"的前半部,后来朱熹在1189年的《中庸章句序》即视"十六字心传"为道统的

---

① 胡寅,《斐然集》,卷25,页534—549。关于这些思想与胡寅对《春秋》的注释,见本书《一个邪恶形象的塑造:秦桧与道学》;Bol, *Neo-Confucianism in History*, pp. 130 - 133; and Alan T. Wood, *Limits to Autocracy: From Sung Neo-Confucianism to a Doctrine of Political Rights*(Honolulu:University of Hawaii Press,1995), pp. 119-131.

② 《全宋文》,册146,页126。

精髓。① 虽然胡安国并没有使用"道统"这个词,但他的文章第一个确定"十六字心传"为道统传承的精髓。胡安国论述——"正心"的君王是理想政府的基石,文化复兴必然先于光复北方——的细致化,在接下来的一百年中依然是道学的主要观点。在此意义上,胡安国论述的这个面相就好像是为君王所建构的道学。

关于第二点,胡安国以下述看法总结他的《正心论》:高宗应该要与有见地的学者为伍,他们可以帮助高宗达致"正心"。Hans Van Ess 准确地注意到《时政论》系列的另一篇文章,胡安国在文中反对吕颐浩及其执政时的官吏,此辈怀有"私"心,与组成秦桧集团的"学者"明显不同;而胡安国写给秦桧的信则建议彻底剔除政府中王安石的残党。② 尽管这番呼吁有着迫切而狭隘的目标,也就是建立一个能独立发展并属于秦桧的政治网络,其中却也显露了在学术思想方面更宽广的需求:一个学问一致的群体,而皇帝与官僚皆共享那份学识。虽然秦桧首度的政治结盟未获成功,但是皇帝与官员具备共同学术(基于圣王通过道统所传承的学识)的追求则持续下去。

秦桧的第一个行政团队在 1132 年 8 月垮台,但胡安国大部分的方案在亲近道学的宰相赵鼎(1134—1138 年在职)执政下获得延续。胡寅在这个行政体系担任中书舍人(1134 年 12 月到 1135 年 11 月),这是他父亲先前的职位。胡寅在一系列的上书中推行

①《四书章句集注》,页 14。这"十六字心传"出自《尚书·大禹谟》:"人心惟危,道心惟微,惟精惟一,允执厥中。"
②《全宋文》,册 146,页 128;van Ess, *Von Ch'eng I zu Chu Hsi*, p. 117;胡寅,《斐然集》,卷 25,页 537。

父亲的思想,并且维持自己家庭与秦桧的关系。① 胡寅第一次(1135 年)呈给高宗的奏疏中,包含了后来的秦桧 1155 年碑记以及朱熹 1189 年《中庸章句序》的要素。他向高宗阐述,可以"正心"的君王将能构筑与天地一致的道德统一体,而这统一体是政府的基石。"十六字心传"概括了此一原则,而这十六字的精髓则在心与心的传承下,从尧舜手中传递下去。由于此心"不杂不放",恪守"中道"的统治者方可成就完整而公正的道德与政治洞察力。孔子撰《春秋》以传承这个在周代衰微的"心"于后世。但是,因为秦朝阻断这个传承,对"心"理解不够完善的学说(诸如佛老二家之流)遂兴起。这个发展使得学问走向欺罔,权术的价值变得高于道德,法令的重要性超越教化。经典虽然仍存,但是"帝王之迹熄矣"!

和秦桧的论述相似,胡寅接着宣称天选择高宗为皇帝,乃是因为高宗个人获得古人之道,使他得以继承"仲尼之心",存续"斯文"。高宗"有诸内"的修养既已如此确立,其"形诸外"的事功必将紧接在后。但在当下,胡寅坚论对"利"的欲望超越了追求"义理"的渴求,腐化了公众道德,驱使官员叛降北方、支持虚伪的大臣及强大的将军——胡寅的述说先于秦桧而与之同调。周代相似的境遇激发孔子撰《春秋》,胡寅鼓励高宗采取犹如孔子再世的作为以"拨乱反正"。②

胡寅的上书并没有明指其政治攻击目标,但是随后一连串上

---

① 《宋史》,卷 435,页 12920—12921;《要录》,卷 95,页 1574。亦见 1134—1137 年之间胡寅写给秦桧的书信。胡寅,《斐然集》,卷 17,页 353—355;van Ess, *Von Ch'eng I zu Chu Hsi*, pp. 113–114.
② 胡寅,《斐然集》,卷 11,页 214—215;《全宋文》,册 189,页 146—147;van Ess, *Von Ch'eng I zu Chu Hsi*, pp. 213–215.

呈的文件,如同胡安国在 1131—1132 年的奏论,将矛头指向吕颐浩与朱胜非。① 李心传的《建炎以来系年要录》保存朱胜非日记的片段,提供另一方不假雕饰的看法,谈论程颐的学说遗产在 1130 年代的政治斗争中所扮演的角色。朱胜非指出,1134 年赵鼎出任宰相,他支持程学学者,并如先前秦桧所为,企图从中建立政治网络。但由于赵鼎私底下与程颐没有往来,他无法区分正牌程颐门人与企求官职的"伪"程门学者。赵鼎的女婿范冲是元祐领袖范祖禹(1041—1098)之子。范冲声称他继承了程颐的手稿,以"伊川学"之名刊印与流传。赵鼎支持这些努力,承诺将给精熟这份材料的人们以官位。然而朱胜非描述这些出版物为"浅陋乖僻"的"小编杂语",并且含沙射影地暗示范冲与他的同道杜撰这些著作,利用这些伪作操弄 1135 年的殿试排名(仅根据哪篇程文引用了较多的"伊川学"而评予高第)并组织政治同盟。②

　　无论朱胜非的说法的真实性如何,这段记载表露了党争激烈的氛围(也是道统概念兴起的环境)。不仅之后被归类为"道学"的政治家、学者与王安石、蔡京在政坛的后继者竞争,分属不同集团的真、伪程颐门人也竞相控制程学的内容,企图借此支配程学的定义。③ 这些政治斗争造就了第一个二程兄弟复兴"圣学"的宣

---

① 《要录》,卷 87,页 1436,1447;同书,卷 88,页 1468;同书,卷 89,页 1491—1492;同书,卷 94,页 1553;同书,卷 95,页 1566—1567;容肇祖,《胡寅年谱》,收录在《崇正辩·斐然集》,页 655—700,请注意其中的页 674—676。

② 《要录》,卷 88,页 1477。

③ van Ess,"The Compilation of the Works of the Ch'eng Brothers and Its Significance for the Learning of the Right Way of the Southern Sung Period," pp. 297-298.

言。我们在此引用两个例子。首先是胡安国在 1135 年写的杨时墓志铭，文中谈到二程是孟子以后发现经书蕴涵的本心与天理的第一人，二程把这些见解传给三位最重要门人：杨时、游酢与谢良佐。① 胡安国的论述暗示，孟子以前"圣学"与经典本文都是以一个学说整体而传承；但二者在孟子之后分离，仅有经典文献流传下来；直到二程终于在宋朝重新统合圣学与经书。

其次是 1136 年 5 月，时为翰林学士兼侍读的朱震（1072—1138，他是赵鼎与胡氏的亲密伙伴）在一份朝廷的官方文书中使用了和胡安国相似的论述：他宣称二程复振了经由曾子、子思与孟子而传的"孔子之道"。② 朱震的主张经常被引用为二程复兴道统的最早宣言。③ 但是朱震这番宣言，是为谢克念（程颐门人谢良佐之子）谋求官职而极具政治性的文件的开场白。这份文件的其他部分提到谢良佐在蔡京时代受迫害和"亲传道学"以及谢克念兄长横死等事，朱震据以为任命谢克念的正当理由；换言之，由于谢克念体现了回溯至孔子的传承，因此应授予他官职。如同李心传对朱震上奏的评论所指出的，宣称程学与二程复兴圣学，是在激烈的政治与学术思想斗争的环境里出现的。④

①《全宋文》，册 149，页 165。
②《要录》，卷 101，页 1660—1661。《宋会要》收录了同篇文书，但删去开头宣称传承孔子的部分。见《宋会要》崇儒 6，页 27a—27b。
③刘子健，《宋末所谓道统的成立》，收录在氏著，《两宋史研究汇编》（台北：联经出版事业公司，1987），页 249—282，请注意其中的页 261。亦见 Neskar，"The Cult of Worthies，"页 285—286。
④《道命录》（《永乐大典》本），卷 8164，页 8a—9a。笔者认为李心传对朱震的评论，部分来自 1135—1136 年的一份资料，该文列举程颐的真正门人并推荐他们出任官职。见本书《〈道命录〉复原与李心传的道学观》。

1130 年代中期的情况,导致以下两种立场的并合:北宋对帝王道统——自上古到现世君王的传承——的传统解读,与二程亲承"圣学"这个方兴未艾的概念。胡安国与胡寅是此一汇流的中心人物,因为他们同时提倡这两种立场。由于胡安国和朱震都没有使用"道统"这个词语,而胡安国提出二程继承孟子,朱震则上溯至孔子时,两人都没有提到君王,因此,他们为二程所做的论述,与北宋晚期认为帝王道统是从古代到现代君王的传承的看法,并没有公开的冲突。但是胡寅在 1135 年称许高宗为孔子再世,加以程学在政治上的重要性日渐提高,隐然引发高宗与二程作为正道继承者的分歧。胡寅于 1135 年的奏疏构筑于当时存在的帝系道统概念,但这份奏疏提前使用了大量朱熹 1189 年《中庸章句序》的结构、用语和修辞。

张浚与私人道统

秦桧作于 1143 年与 1155 年的碑记,将界定与贯彻大道内涵的重责大任赋予君王,也就是道统的继承人;朱熹则将此重任归于道学家,他们才是道统的继承者。"圣学"一词的演变,从刘才邵的"帝王之学",到朱熹与其他道学家的"圣人之学",反映了上述的转变。"道统"意义上的转移,显现在秦桧死后的资料中,也显现在其身后的政治与学说脉络中。如前述,在秦桧死后张浚被释放,并被允许归葬他的母亲。然而,张浚对政府政策的批评、关于他即将回到政坛的谣言、金朝的外交压力,凡此种种共同作用,而迫使张浚再度被流放到永州。1156 年晚秋,张浚待在绵竹数周时,有一位同乡士人李流谦(1123—1176)写信给张浚,希望拜在张浚门下。李流谦的父亲李良臣(1115 年进士)曾于 1130 年代中期在张浚属下为官,当时张浚担任川陕京西诸路宣抚使,所以李流谦与张浚有着地方和政治上的网络关系。

李流谦在充满敬重的信中,长篇大论正学只能来自学生长期亲身接受为师者心灵与行止的熏陶。他要求这样的传授,是因为他希望从张浚那里"承列圣之道统,振千载之绝学"。李流谦界定这些是《中庸》开宗明义的教诲,《中庸》肯定圣人/君王的"致中和"将为天下带来秩序与圆满。李流谦于 1156 年写给张浚的信,是现存最早使用"道统"来指私人的道的传承,而与帝系式的道统无涉的记载。该信坚定地表明张浚已经承续道统,他应该将道传给有大志的门生李流谦。此外,李流谦确定此一传承的内容是《中庸》的核心讯息,可说承先于胡安国,而启朱熹于后。[1]

李流谦对于当面教学的坚持,可说是他期盼接收其父与张浚的政治关系,并争取成为张浚的属下(假使张浚的平反可以延续)的表现。朝廷针对 1154 年的科举所下达的道学禁令、1155 年秦桧的碑记、1156 年 3 月高宗的诏书,三者的真正寓意正是畏惧这种政治结盟的重建。李心传曾云,虽然张浚在 1130 年代反对道学,但是那段被流放的岁月使张浚理解这个学说的用处。[2] 虽然证据并不明显,但李流谦的书信及在其中谈到道统,说明张浚也许正在进行秦桧所惧怕的、后人批评道学而用以指控朱熹的行动:他们将道学学说与私人的、非帝王的道统传承结合起来以建立政治联结,借之挑战政府已然立定的政策。

---

① 《澹斋集》(《四库全书》本),卷 11,页 16a—18b;《全宋文》,册 221,页 183—184。
② 《道命录》(《永乐大典》本),卷 8164,页 19a。

这个私人的道统概念似乎在张家家学传统中颇为盛行,张栻在父亲死后(1164 年)承担领导责任。张栻延续胡氏家庭的道学传统,获得胡安国持有的程学著作钞本并在 1166 年出版了一部分。① 1172 年,张栻的门人陈概建议其师编纂一部关于道统的著作。陈概提议张栻根据六经、《论语》、《孟子》的材料编写尧和孟子之间十四位圣人的传记,并"系以道统之传"。十四位圣人的传记之后,张栻应增补两汉以及其后于理解大道有功的学者。陈概更具体提议,周敦颐、二程与张载的资料应置于十四位古代道统圣人的传记之后。②

陈概的提议试图建立一个到孟子为止确然无疑的道统,继以通贯至北宋道学家及其门人的传承。由于张栻将选择"附"于道统的候选人,陈概暗示张栻应确立自己身为道统当代依止的地位。张栻拒绝陈概的建议,他另外拟选并类编"圣贤之言行",以避开陈概更有野心的提议所可能牵涉之政治与学派的复杂问题。如同李流谦写给张浚的书信,陈概的思想建基于胡氏父子自 1130 年代以来的尝试,并先行于后来朱熹之集大成:即,道统在北宋以私人传承的姿态复兴,这是对帝系道统的修正。然而,陈概的提议与朱熹的建构有着差异:借着承认汉唐学者,陈概缓和了朱熹

---

① Hoyt Cleveland Tillman, *Confucian Discourse and Chu Hsi's Ascendancy* (Honolulu:University of Hawaii Press,1992), pp. 43-82;van Ess, *Von Ch'eng I zu Chu Hsi*, pp. 287-309,320-330;van Ess, "The Compilation of the Works of the Ch'eng Brothers and Its Significance for the Learning of the Right Way of the Southern Sung Period," pp. 277-298.

② 张栻,《南轩集》,卷 30,页 13a—17a;《全宋文》,册 225,页 207—210。很可惜,由于陈概的信件只有摘录并以引文的方式保存在张栻的回复里,现在已经不可能确认陈概拟定的"十四圣"为何。

更为严峻的声言;朱熹则完全切断了孟子与周敦颐间的传承。

朱熹与《中庸章句序》之政治

　　1170 年代早期出现了其他类似的道统建构论述,1172 年李元纲编纂的《圣门事业图》最为著名。第一张图名为"传道正统",描述了唐尧和孟子之间传承《中庸》教诲的十二位圣人,李元纲则以程颢和程颐接续与结束这个传承。附属于同一张图的人物,如老子、墨子、杨朱和扬雄,他们的学说被视作仅能"救一时",位于"正统"的两侧,但被排斥于外。①

　　1173 年朱熹编订的《伊洛渊源录》反映了陈概提案中的宋人部分,但没有使用道统这个措辞。众所周知,朱熹在 1172 年初步完成了《大学》与《中庸》的注解草稿,并呈交张栻审阅,从而开启了修订、刊印的过程,更进一步的修改则持续到朱熹逝世。② 1177 年朱熹草拟了他对《中庸》注解的序文,但由于他最早使用道统一词始自 1189 年,今已亡佚的 1177 年草稿可能不会提到道统。从朱熹的信件可见他曾于 1185 年构思序文中与道统有关的段落。1184 年朱熹的同僚詹仪之在广南东路的德庆府刊印《四书》,但朱熹对这个本子感到不满,遂催促詹仪之烧毁书板。1186 年朱熹和詹仪之的通信谈到另一个在桂林(詹被派任此地)刊印的版本,

①Wm. Theodore de Bary, *The Message of the Mind in Neo-Confucianism*(New York:Columbia University Press,1989),pp. 31–32,54–57.

②束景南,《朱熹年谱长编》(上海:华东师范大学出版社,2001),页 479—481。

也论及对《中庸》序文中的道统概念的大量修正,然而我们无从知悉这个 1186 年的修订版本是否包含这篇详细的序文。①

1186 年朱熹写给詹仪之的书信详述了他对于进一步刊印《四书》的疑虑,他提出两个理由。第一,由于朱熹对于《四书》许多地方的解读未成定论,他不愿意付诸出版。第二,朱熹畏惧广泛流传将招致政治报复。他警告当时政治的情况尚混沌未明,承认有些门人的确牵涉党争,恐惧用公共资财付印私人著作将给官方制裁的口实。朱熹举出 1150 年针对程瑀注解《论语》的审查,告诫詹仪之现任宰相王淮可以如法炮制秦桧的审查手段。朱熹特别承认自己对《中庸》的解释明显暗指当时政坛,他可能会被指控"讪上"。朱熹提到前一年台谏以毁谤控告一位建昌官学的学官,因为该学官为学生刊印、注释朱熹的二十首《感兴诗》。② 根据束景南的看法,1172 年朱熹所作的《感兴诗》,其中第八首到第十三首叙述了朱熹初始的道统概念。③

鉴于台谏从 1183 年 6 月开始攻击道学,朱熹的小心翼翼是可以理解的。由宰相王淮一手策划,这些非难的主要焦点是逐渐成形的道统概念,此一道统乃基于私人的传承,通过二程及当时的学者而延续着。郑丙(1121—1194)攻评道与学止于孟子的见解。

---

①束景南,《朱熹年谱长编》,页 847—849;《朱熹集》,卷 27,页 1155—1164,特别是页 1163。余英时将朱熹的道统建构置于他和陈亮辩论道在历史中的角色的背景之下。见余英时,《朱熹的历史世界》,页 46—53;Hoyt Cleveland Tillman, *Utilitarian Confucianism:Ch'en Liang's Challenge to Chu Hsi* (Cambridge:Council on East Asian Studies, 1982), pp. 153-168.

②《朱熹集》,卷 27,页 1157—1158,1160。《感兴诗》见《朱熹集》,卷 1,页 177—182。

③束景南,《朱熹年谱长编》,页 481—482。

他引用了程颐宣称程颢复振已经失落的传承的说法，并且责难这种说法。① 尤袤（1124—1193）回应1183年的抨击，是以创造早期道统典范人物的区别为其辩护的策略：尧、舜是帝，大禹、商汤、武王是王，周公、孔子与孟子是师。② 这些区别强调了道统包含皇帝以外的身份的概念，并试图缓和私人道统即为"讪上"的谴责。

有很好的证据可以证明朱熹延伸、淬炼他的道统建构，回应了1183年台谏的非难；但他认为当时的政治环境对他来说日益严峻，因此不得不小心翼翼。不利的环境随着高宗于1187年10月逝世，接着王淮于1188年5月罢相而有了戏剧性的改变。高宗之死，使得接受私人化道统传承时所必须面对的实质性与象征性的障碍消失了。朱熹再度开始大规模修改《四书》，尤其着力于《中庸》以及《中庸》的序，最终完成于1189年3月。③ 1192年、1194年重新刊印《四书》都是处在更加有利于道学支持者的环境下，这个刊本可能包含修正过的《中庸》序文，但也可能没有。④ 这个较有利的环境并没有延续下去。1196年6月的一份诏书正式禁止了《四书》，此禁令也包含李元纲的道统图、刘子翚（1101—1147，他是朱熹的第一位老师）的《圣传论》。⑤ 十篇《圣传论》是道

---

① 《道命录》（《永乐大典》本），卷8164，页20b。因为郑丙嘲弄程颐，现在较普遍使用的《道命录》已经删去了这些段落。见《道命录》（《丛书集成》本），卷5，页44。

② 《宋史》，卷389，页11929。

③ 束景南，《朱熹年谱长编》，页955—956。

④ 束景南，《朱熹年谱长编》，页1009—1011。由于没有朱熹生前的《四书》刊本实物流传至今，无法准确地判断修正过的《中庸》序文何时首度付印。现存最早的实物是1252年刊本。见徐德明，《朱熹著作版本源流考》（北京：中国文联出版社，2000），页60—72。

⑤ 《宋会要》刑法2，页27a；束景南，《朱熹年谱长编》，页1253—1254。

统的早期见解,将道统的私人化回溯到非常原始的时期。第一篇是整个系列的序曲,其结论有云:"子为尧舜乎,尧舜为子乎,荡荡巍巍,复在吾目中矣。"①《圣传论》的构思大约与宋高宗颁布石经及宣圣赞文同时,人们或许很难想象对帝国权威还有什么比这个挑战更为彻底,对秦桧1155年碑记大概也难有比此更强的反对精神。

帝国与私人的道统观之间的紧张关系持续到十三世纪。现代学者经常认为1241年朝廷的"承认"道学,标示着国家接受道学家对朝廷的政治指谬。然而,尽管接受周敦颐、张载、二程与朱熹入祀孔庙并排除王安石,是朝廷与道学家关系的一个重大转捩点;但是,我们也应该注意到:有些证据却也显示君王仅将这个和解视为皇帝特权(高宗与秦桧已在1155年的石碑上公开宣示)的延伸。1224年宁宗驾崩后,宰相史弥远起草宁宗谥号的商议结果时,提到宁宗在1208年允许赠予道学家官爵,因此宁宗使"道统既明,邪说自殄"。虽然史弥远的修辞冲着道学的敌人,但是他的论述坚持道统的决定权属于皇帝。②

1244年,史弥远之子史嵩之为1241年入祀"五子"于孔庙的著名诏书起草碑记。③ 1230年理宗为修正过的十三位道统圣人撰写赞文。理宗以高宗的系列赞文为模范,而于1232年将其赞文刻于石碑,且与高宗石经并置于太学,又在1241年因应理宗亲临而修补。史嵩之宣称,理宗个人拥有深邃的学问与涵养,这不仅使理宗成为文化供输的枢纽,也使他能独溯"圣心"至其源,并

①《诸儒鸣道集》(1234年本),卷69,页2b;《全宋文》,册193,页160。
②《宋会要》礼30,页86a。
③这个文件原只存于《咸淳临安志》,卷11,页15b—16b;亦见《全宋文》,册333,页443。该诏书见《宋史》,卷42,页821—822。

在历史中识得"圣心"之传而确保"圣心"延续于未来。这些都是秦桧已在1155年为高宗所做出的宣言。

1241年官方确立的十三位圣人的组合是一种妥协。理宗承认道学学说的影响,接受颜子、曾子、子思是孔孟之间的传道者,这种位阶是道学的支持者自刘子翚、李元纲以来就安排好的。然而,官方版的道统(史嵩之强调此点)增加伏羲并且置于唐尧之前,成为一系列道统圣人的开始。台北故宫博物院收藏马麟的伏羲绘像与随附在旁的理宗赞文,伏羲的脸正是理宗的肖像。①

总结地说,秦桧1155年的碑记给予我们新的证据,帮助我们理解宋朝政府与其"多士"之间的紧张关系。李心传的《道命录》将道学的历史说成一连串对抗国家权力的政治挑战(国家权力具现于先后继任的权相,而秦桧是其中的佼佼者)。② 我们对秦桧碑记的研究,支持此一道学史建构。我们的研究也指出《道命录》悄悄避开数个关键问题,这些问题对其原始的听众来说是显而易见的,但由于选择性的销毁文件,使后来的读者对这些问题有如身陷五里雾中一般迷惑。我们的研究显示,道学绝非在政治真空中发展,道学努力争取在宋朝政府既有的政治结构中保有一席之地。而且,由"道统"之例可见道学家与国家竞相控制一套惯用的修辞,这也形塑了宋朝和随后几个王朝的理学特色。

---

①李慧漱(Hui-shu Lee),"Art and Imperial Images at the Late Southern Sung Court,"in *Arts of the Sung and Yuan*,eds. Maxwell K. Hearn and Judith G. Smith(New York:The Metropolitan Museum of Art,1996),页249—269,特别是页258—259。
②见本书《〈道命录〉复原与李心传的道学观》。

"文本考古学"

《宋史·蔡京传》的文本史

    1345 年由元代所编纂的《宋史》,其中卷帙浩繁的传记是关于宋代政治人物生涯细节的第一手参考资料,但是长期以来学者们哀叹这些传记内容的不确实。常见的想法是将这些现象归咎于断代史人物传记体例的限制,以及蒙古人的因素——蒙古人迟迟不能开始修纂《宋史》,实际编修工作也极端草率,造成了现今《宋史》的体例不定与文本残缺。以上批评在很大程度上是正确的,关于编纂《宋史》的完整研究目前仍待进行。但 1275 年杭州投降后蒙古人所获得的宋朝国史本身的确有着许多缺陷,而蒙古人运用这些宋代文稿时仅做最轻微的研究与编辑,最终产生了所有正史中编纂最为轻率的版本。

    不过,《宋史》中仍潜藏着极大的价值与重要性,尤其是传记部分。传统中国史家的主要工作是抄录文本。他们通过多重漫长的重组、重写与浓缩,处理这些日常的朝廷文书以产生国史。后继的朝代则完成最终的汇辑与编纂工作,其目标为抹除多次抄录的痕迹,并产生出一个风格上具有整体性与前后连贯的文本。《明史》通常被认为是这类最终修订稿中最成功的范例。但是,因为元代对于宋代国史的文字风格进行了最低程度的修改,构成

《宋史》文本结构的原始段落比其他正史更加清晰可见。

因此,细心的读者常常可以辨别文本的接缝,或是从构成《宋史》复合式的传记中,看出多种基础文本间的分辨界线。笔者此处所谓的"基础文本",是指其最原始出处及最初作者可被清楚辨识的段落。识别这些段落是阅读《宋史》传记方法的重要步骤,因为一旦辨识出段落的原作者,经常能追溯到这些段落的来源并得知作者的动机。这些原始的基础段落于是既可置于其原始语境,也可在《宋史》的新语境中阅读。根据这些构成《宋史》传记的并行文本来检验《宋史》传记,不仅是文本的细读,更能够得到一种或可称为"文本考古学"的理解。细心的研究与一定程度的运气,有时能辨别出《宋史》文本发展中的不同阶段。

总之,研究者在并行段落的搜集之外,更可以着手分疏文本重组与编辑的历史层次,以了解《宋史》中一些具体段落的形成过程。于是,《宋史》传记的真正价值不在于对于传主事迹的如实记载——大部分的学者同意现代客观性概念并非传统传记作者的首要关注,而是在于它们能够告诉我们文本的编纂史。以下我们将会看到,《宋史·蔡京传》展现的很少是蔡京本人的事迹,反而更多的是十二、十三世纪人们对他的看法。《宋史》文本因此成为南宋思想史的一手资料。

我在之前的文章采用了这个方法,从《宋史》秦桧(1090—1155)传记的一个段落论证宋代史家如何修改文本以达到其自身的目的。[1] 将这种文本考掘的技术延伸至《蔡京传》,能够进一步改进这一方法论,并将其运用在更大篇幅文字中。众所周知,蔡京传与秦桧传皆属于《宋史》人物传的卷 471—474 名为"奸臣"的系列

———————

①见本书《一个邪恶形象的塑造:秦桧与道学》。

传记。文本层次的分析尤其适用于"奸臣传",因为这些篇章的组成给传统史家提出了一些特殊问题。此外,这些问题留下了文本中的"缝隙",比争议性较少的人物传记中的"缝隙"更大,也更易被察觉。

十二世纪的史学

《宋史》传记的正式制作流程,目的在于将常规的仕宦生涯转化为道德正直的榜样。这个过程大多是从传主的印纸开始,其中记录了仕宦生涯的细节——包括职守、升迁、考核、旌赏、惩戒等等。① 读者会察觉到,《宋史》人物传的典型架构是从个人仕宦生涯的这些基本记录开始浮现。关键在于每个官员都保留与维护他们的个人档案,而在他死后,其后人会委托有声望的文学家将印纸的内容改写为行状与墓志铭,这构成其公开传记的基础。

这些文件会逐一被递交到史馆,几乎不经修改即成为传记草稿,再依传主的卒年编入官修《日历》中。当《日历》精简为《实录》时,传记仍依照传主的卒年月日编排。然而在《国史》中,这些传记会被适当归类,就如同今日的《宋史》。

虽然史官理应在进行工作的每个阶段,查核他们从前一阶段所获得的信息,但只有极少数人会耗费时间或热衷于此。私家编纂的行状因此成为官方史稿依赖的基础。此外,认为《实录》与

---

① 对于宋代印纸精彩的阐述,参见罗文(Winston W. Lo),*An Introduction to the Civil Service of Sung China* (Honolulu: University of Hawaii Press, 1987),页 179—187。罗文的说明以吏部留存的宋代法规为依据,也就是现存于《永乐大典》中的《吏部条法》。参见《永乐大典》(北京:中华书局,1986),卷 14626,页 23a—31a。

《国史》中的人物传应当与私人流传的家传相符,似乎是南宋时人们共同的期待。①

但蔡京与秦桧的仕宦生涯都不符合常规。欧阳修与宋祁在《新唐书》中,首创奸臣传为道德上的反面典型。当时这个分类范畴几乎没有程序上的困难,因为作者是在重写距之已三百年的历史。然而,"奸臣"的概念却和当时官方宋代人物传的历史编纂流程相抵触。尽管蔡京的个人档案如印纸、告身并无流传,我们仍相信其中不会将蔡京描写为奸臣。事实上,1215年以前所有宋代宰辅的制词都保留在《宋宰辅编年录》中,这也是本研究主要的资料来源。可以预料的是,委任蔡京的制词将其描述为能力与道德的双重典范,与《宋史》中的邪恶形象全然不同。

问题因此变成:宋代史家要如何在官员印纸、行状、墓志铭与家传不存在,或是即使存在但其正面的记载却不符史家目标的情况下起草传记? 答案是:难度很大。《宋史·蔡京传》的历史与现状,便提供了极佳的例证。蔡京在1126年7月20日于前往监禁地海南岛的途中死于潭州(今长沙)。当地官员将他葬在潭州城外的崇教寺。② 几个月内,开封再度被围困,北宋宣告灭亡,两位皇帝与大量官员被女真囚禁。在这种情况下,应在蔡京死后进行的传记编纂

---

①例如朱熹(1130—1200)曾抱怨《徽宗实录》及其后《四朝国史》内的《吴执中传》,与吴氏"家传"有两处细节上的歧异,而朱熹质疑《国史》版本的可靠性。有趣的是,现今《宋史》内《吴执中传》的文字大多沿用朱熹录自《徽宗实录》的引文而非出自家传。见郭齐、尹波编,《朱熹集》,卷71(成都:四川教育出版社,1996),页3695及其后;卷83,页4305—4306。以及《宋史》356卷,页11204—11205。

②徐梦莘,《三朝北盟会编》(台北:大化书局,1979;以下简称《会编》),卷49,页493引用了负责蔡京流放的官员的报告。

几乎不可能实现。理应主持这项工作的蔡京子孙们，大多散落在中国南方，或是前往监禁地途中，或已被监禁，或在不久后自杀。

由于蔡京死于钦宗在位期间，依史馆的作业规范必须将传记初稿纳入《钦宗日历》中。① 《日历》的预修工作在1140年2月开始进行，因为在此时的敕令中首次提到将之前史馆的功能转移至秘书省。② 这项工作也许一直持续到1144年7月，此时宰相秦桧的儿子秦熺执掌秘书省，修史工作接近停摆。③ 当时存在着许多问题。不仅钦宗仍然幽禁在北方，并且秦桧在1125—1127年的灾难中曾扮演重要的角色，而这段时期的政治以及对其中人物的评价都还是非常敏感的议题。然而，钦宗在1161年5月的逝世，高宗于1162年6月的退位以及孝宗的登基，为编纂《钦宗日历》创造了有利的政治环境。

南宋史家李心传形容完成的《钦宗日历》"因龚实之（龚茂良，1178年卒）所补《日历》"而成。④ 由于龚茂良在1162年5月至1164年3月任职于秘书省，李心传的简短评述暗示《日历》的草稿在1160年代初期就已存在，最终版本来自于龚茂良对之前书稿的增补。⑤ 幸运的是，我们对增补工作中的困难有所了解。

在1163年7月龚茂良任职于秘书省期间，秘书少监刘仪凤

---

① 规定《日历》必须包含哪些项目的相关法规。见陈骙（1128—1203），《南宋馆阁录》（北京：中华书局，1998），卷4，页39—40。
② 徐松（1781—1848）辑，《宋会要辑稿》（北京：中华书局，1966；以下简称《宋会要》），《运历》1，页22b。
③ 见本书《一个邪恶形象的塑造：秦桧与道学》。
④ 李心传，《建炎以来朝野杂记》（北京：中华书局，2000；以下简称《朝野杂记》），甲集卷4，页110。
⑤ 《南宋馆阁录》，卷7，页97；卷8，页114、122、131。

(1110—1175)上奏称,《日历》的编纂几近完成,但一些传记仍有问题。刘仪凤称,原始档案的遗失,加上为数众多的官员死于靖康年间,造成 41 个人传记空缺。他要求将这 41 人的姓名分发给诸路转运司,令其求访任何与这些传记有关的地方文献。皇帝批准了这项建议。41 人的名单附在奏疏之后,其中包括了蔡京与其子蔡攸、王黼、童贯与梁思成,这些人都是北宋覆亡时具争议性的核心人物。[1]

　　三年后的 1166 年 12 月,75 卷的《钦宗日历》终于完成,进呈御前。紧接着便是将《钦宗日历》改编为《钦宗实录》的工作。[2]洪迈负责这项工作。洪迈或许已经预期到,刘仪凤为 41 位靖康人物所做的文献求访工作无甚成果。洪迈明白,再次访求也不会有不同,于是他提出了一个有点非正统的建议。他提议由靖康时期曾任职御史台的致仕官孙觌作传上呈。[3] 孝宗批准了这项计划。孙觌最初虽有些犹豫,但终究仍在 1167 年 10 月呈上名为《蔡京事实》的手稿。我们不能确定洪迈是否对孙觌上呈的文稿有何改动。然而,以下对于文本的细部研究将能追溯现存的《宋史·蔡京传》有哪些出于孙觌之手。40 卷《钦宗实录》的定稿在 1168 年 4 月进呈皇帝。[4]

---

①《宋会要》运历 1,页 25a—26a。刘仪凤自 1161 年 7 月至 1165 年 3 月任职于秘书省史馆,见《南宋馆阁录》,卷 7,页 85、88;卷 8,页 130、131。附带一提,由于刘仪凤将秘书省任内所抄录的一万多卷文件藏于私宅,故在 1166 年 1 月遭御史台指控并将他解职。见《宋会要》职官 71,页 13a;以及《宋史》,卷 389,页 11941。

②《宋会要》运历 1,页 27b。

③《宋会要》职官 18,页 67a—67b。

④《宋会要》职官 18,页 67b—68a;《南宋馆阁录》,卷 4,页 37—40。对于孙觌参与《钦宗实录》的撰述,以及十二世纪对于北宋覆亡的观点有何发展,详细的讨论,见本书《无奈的史家:孙觌、朱熹与北宋灭亡的历史》。

然而,将这些《实录》转化为《国史》的工作此时早已展开。记载宋代前五朝的《国史》已经修成,编纂包含神宗、哲宗、徽宗、钦宗统治时期的《四朝国史》,将使北宋的《国史》归于完整。神宗、哲宗、徽宗三朝的《本纪》已经在 1166 年闰 9 月 29 日呈交,仅有一卷的《钦宗本纪》则随着《钦宗实录》一同上呈。① 《钦宗本纪》由史家李焘编纂,他的巨著《续资治通鉴长编》一直是北宋史的基本史料。由于《续资治通鉴长编》的声誉渐隆,李焘在 1167 年 8 月从故乡四川眉州被征召至秘书省。皇帝命令秘书省将已完成的 960 年至 1067 年部分抄成清稿,于 1168 年 4 月进呈。

　　到任秘书省后不久,李焘与洪迈在修史工作之外,对当时一桩外交礼仪的处理意见不同;孝宗倾向李焘。这起冲突据说导致洪迈对李焘心怀芥蒂,并且对《四朝国史》产生严重的后果。洪迈在 1168 年秋天自秘书省离任,蛰居乡间,直到 1185 年 6 月才重返首都。李焘则持续《四朝国史》的编纂工作至 1170 年 6 月离任。1176 年 1 月,他被召回任秘书监至 1177 年 9 月,并在上任后为了《四朝国史》的编纂,立即进行了另一次搜求文献的工作。1177 年 5 月,李焘进呈了徽、钦两朝《长编》。② 在 1180 年 12 月,秘书省进呈《四朝国史》中已完成的《志》,内容大部分取材于《长编》,至此只留下传记部分尚待完成。

　　1183 年 3 月,李焘在四川完成了《长编》全书的最后修订并递交朝廷。他在当年夏被召回秘书省,并在 1183 年 7 月 17 日递交

---

① 《南宋馆阁录》,卷 4,页 35。
② 《宋会要》崇儒 4,页 30b;文件日期为 1176 年 5 月 9 日。关于 1177 年《长编》的完成,见李焘之子李壁(1155—1222)于 1201 年为其父所作的《敷文阁学士李文简公焘神道碑》,收入《续资治通鉴长编》(北京:中华书局,1986—1995),册 1,页 29。

了关于《四朝国史》修纂状况的报告。他很自然地将焦点放在传记部分，报告中一个极重要的段落描述了书稿的状况以及完成全书的计划：

> 裕陵诸臣列传已经四次修改，泰陵三次，祐陵两次，靖康一次。若旧本有误处及有合添处，即当明著其误，削去；合添处仍具述所据何书，考按无违，乃听修换，仍录出为考异。不然则从旧，更勿增改。[1]

李焘宣称如有适当的支持，这项工作将在一年内完成。但不幸的是，他于1184年2月去世，而他的传记编修工作仍未完成。

一年之后，1185年6月，洪迈再次回到秘书省，并提出了关于传记修纂状况的报告，意见与李焘殊异。洪迈感叹这段时期政治问题复杂，且因丢失北方国土而导致文献缺乏。他指出被指定作传的1300人中，有将近一半是鲜为人知的皇室宗亲，因此需要获得更多的讯息。他建议可以合并一些传记，对于那些无事迹可书者，即使贵为宰辅也应悉行删去。洪迈没有提出完成的时限。两天之后，皇帝令他于一年内完成这项工作。[2]

这两份计划侧重点的差异值得注意。一方面，李焘着重于文本层面，在可能的情况下解决现存版本的历史与文献问题，并在考异中记录这些过程，这份提案反映出他修纂《长编》的方法。另

---

①高斯得（1229进士），《耻堂存稿》，卷2，收入于王云五主编，《丛书集成初编》（上海：商务印书馆，1936），页34—35。此处李焘的完整报告引自《孝宗实录》。
②《宋会要》职官18，页59b—60a。

一方面,洪迈则在更广的范围内处理问题,一再地抱怨文献不足的情况,并且请求大幅删减整体文本的篇幅。洪迈似乎不愿意,或是无法完成李焘所规划的修订工作。我们也能清楚地看到,朝廷手握1183年李焘的乐观评估,也不倾向接受另一次漫长的延宕。

李心传称洪迈仍因礼仪之争时在李焘面前丢失颜面而耿耿于怀,故而拖延修订《四朝国史》的传记。当皇帝要求限期完成工作时,洪迈将《东都事略》人物传一字不漏地抄录下来,而《东都事略》才刚由王偁进呈给皇帝。根据李心传的说法,人们"但见新书疏略舛误甚多,而不知仓卒之间不暇考择也"。[①] 事实上,李心传的"仓卒之间"还是委婉的说法。《东都事略》进呈于1186年8月26日。而仅仅在43天后,洪迈就呈交了《四朝国史》的传记。洪迈也许想在之后补救这种情况,他随即请求将北宋的三部《国史》合并为所谓的《九朝国史》。[②] 显然,在1188年6月离开秘书省前的大约两年时间中,洪迈一直在进行这项工作。但他离任之后,合并三部北宋《国史》的工作被永久放弃了。

《东都事略》成为现存有关宋代的本朝史著作中最重要的作品之一,不是因为其文辞优美,而是由于它提供了后人了解宋代史学发展的线索。[③] 十三世纪大部分的史家与目录学家曾严厉地批评这部著作。李心传评价《东都事略》时定调为:"其书特掇取

---

① 《朝野杂记》,甲集卷9,页187。
② 《宋会要》职官18,页60a。
③ 同样重要的是,这部作品存有绍熙刻本,见王偁,《东都事略》4册(台北:文海出版社,1979)。关于这部作品与《宋史》关系的研究,见舒仁辉,《〈东都事略〉与〈宋史〉比较研究》(北京:商务印书馆,2007)。

五朝史传及四朝《实录》附传,而微以野史附益之,尤疏驳。"①在洪迈对于王偁的推介中,他坦承《东都事略》里有九成的内容抄录自先前的《国史》,但洪迈以此辩称该书的可靠。他也提到王偁经由其父王赏(1149 年卒)所遗留的资料,完成这部书的编纂工作。② 王赏在 1142 年 3 月到 1143 年 12 月期间任职于秘书省,那时正是《钦宗实录》编纂的第一次高峰。

　　将这些发现联结到《宋史·蔡京传》之前,有必要先简短地介绍《东都事略》与《长编》的关系,这是个复杂但重要的议题。这涉及到《东都事略》的原作者以及成书时间。基于洪迈的陈述,清代学者王士祯认为王赏在 1149 年去世前完成了《东都事略》的书稿,而王偁为了获得朝廷的提拔隐匿了其父之前的贡献,在 1186 年时一如常例地向朝廷进献他略微增补的手稿。③ 当代学者赵铁寒也认为《东都事略》的大部分内容早已完成,他指出《长编》一书中出现了引自《东都事略》的文字,因此早在 1186 年以前李焘

---

① 《朝野杂记》,甲集卷 4,页 113—114。十三世纪的目录学家呼应了李心传的意见,见陈振孙(约 1190—1249 年之后),《直斋书录解题》(上海:上海古籍出版社,1987),卷 4,页 110;以及赵希弁(死于 1250 年之后)的看法,收入晁公武(死于 1171 年)与赵希弁撰、孙猛校证,《郡斋读书志校证》(上海:上海古籍出版社,1990),页 1107;还有王应麟(1223—1296),《玉海》(上海、南京:上海书店、江苏古籍出版社,1988),卷 46,页 51a。对于前述及与南宋同代作品的评价,亦见舒仁辉,《〈东都事略〉与〈宋史〉比较研究》,页 1—4。

② 《宋会要》崇儒 5,页 41a—b。这份文件也刊印在《东都事略》绍熙本的卷首。

③ 王士祯,《蚕尾续文》,卷 19,页 11a。也援引在陈述,《〈东都事略〉撰人王赏、偁父子》,《"中央研究院"历史语言研究所集刊》第 8 本第 2 分(1939),页 133—134。

必定见过此书。① 中国大陆的学者则认为这些引文不是《长编》原始文字的部分，而是后来的编者与出版者所增加的。这些学者坚持不论王赏曾经有什么贡献，王偁应该被视为这本书的真正作者，他们认为王偁于 1186 年进献《东都事略》不久前刚完成该书。②

下文将看到，《宋史·蔡京传》提供了重要的证据，帮助我们解决这道谜题。王赏与其子为四川眉州人，也是李焘的同乡，很难想象这两个史学家的家族彼此不认识。李心传明确指出《东都事略》的大部分内容抄录自《国史》与四部《实录》。有人可能会因此推测王偁抄录了在 1168 年完成的《钦宗实录》的某些部分。李心传进一步指出，王偁于 1186 年进献《东都事略》时任四川龙州知州，并在庆元年间卒于朝官任内，但没有任何证据显示他曾在 1186 年前到过首都。

能容纳以上事实的最合理情况为：王赏在 1142—1143 年任内抄录了他能取得的大部分朝廷档案及各种《实录》，1149 年去世后这些资料由其子继承。李焘与王偁定有所联系，可能是在 1160 年代李焘被召唤至首都之前，或是李焘晚年再度回到四川定居期间（亦即在 1172—1173 年与 1180—1183 年）。也许在这些时段中，王偁以《长编》书稿为媒介，接触到他父亲于 1140 年代抄录文献档案之后才完成的《实录》，包括了《哲宗实录》修订版以及徽钦两朝《实录》，其中亦包含了《蔡京传》。③

①《东都事略》，册 1，序题，页 1—2。
②蔡崇榜，《宋代四川史学家王偁与〈东都事略〉》，《成都大学学报》1985 年第 4 期，页 24—25。以及何忠礼，《王偁和他的〈东都事略〉》，《暨南学报》1992 年第 3 期，页 57—58。
③关于李焘从《东都事略》中如何取材（以及是否自其中取材）的问题，是复杂的书目课题，此处不需处理。

关于十二世纪《宋史·蔡京传》起源的追索成果,可以归结为下表:

《宋史·蔡京传》的发展

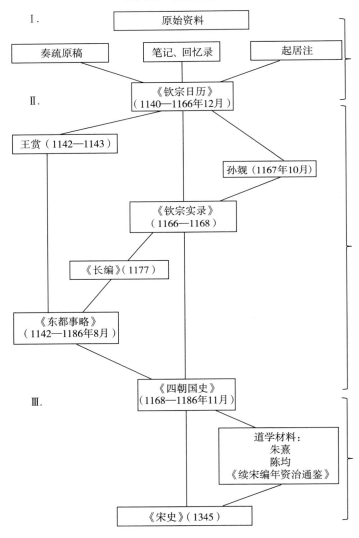

| 历史的严妆:解读道学阴影下的南宋史学

以上图表将《宋史·蔡京传》的历史发展分为三个阶段。本文接下来的部分将论证,细读《宋史》文本与其并行材料,能清晰揭露这三个阶段的痕迹。如前所见,传记最早的部分可以追溯至1140年代初开始编纂《钦宗日历》之时。当时人们对于蔡京已深怀敌意。[①] 王赏也许誊写了这些材料,但他更可能局限于抄录北宋早些时候的历史,它们已经编纂完成且基本定案。福建人龚茂良在1162—1164年间修订了《钦宗日历》,他后来在1170年代位列执政,为朱熹政治上重要的支持者。《钦宗日历》在1166—1168年间在洪迈的主持下修订为《钦宗实录》,期间洪迈向孙觌征求有关蔡京的资料,孙氏在1126年率先在御史台攻击蔡京而遭贬。以上事件暗示1166年的《日历》里也许没有蔡京传记,而1168年的《钦宗实录》是国家首次尝试编纂蔡京的官方传记。此时于史馆任职的李焘很有可能参与了蔡京传记的编纂。以下我们将看到,《东都事略》与《宋史》传记结语中的一段文字无疑出自于李焘之手。

1160年代末以及1170年代中期任职秘书省期间,李焘承担了将《钦宗实录》编入《四朝国史》的初步工作。在此期间,李焘着力编纂徽钦两朝的《长编》,终于在1177年完成。到1184年李焘去世时,秘书省的史家已通过补正《钦宗实录》的传记,为《四朝国史》传记提供了草稿,这其中必定包括《蔡京传》。李焘认为仔

---

①例如,在1144年9月获悉蔡攸之妻与其子进入京师时,御史汪勃强烈抗议,他们因此被秘密逮捕并在护卫下回到囚禁地。有一通敕令重申将蔡京的二十三个子孙永远放逐,并断绝未来任何赦免的可能性。见李心传,《建炎以来系年要录》(北京:中华书局,1988),卷152,页2451。这个事件也在叶适(1150—1223)为汪勃所题写的墓志铭中提到,见《叶适集》(北京:中华书局,1961),卷24,页480。

细审阅与评估这些修改后,《四朝国史》即能完成。洪迈不持此议,在递交最终成果的强大压力之下,他从 1186 年进呈的《东都事略》中抄录许多人物传记。这一叙事暗示了在 1186 年《四朝国史》内的官方《蔡京传》与现存《东都事略》中的大致相同。然而,将《东都事略》与《宋史》的《蔡京传》仔细对照阅读,却显示从 1186 年《四朝国史》文本到 1345 年《宋史》文本发生了显著而重要的变化。

从《实录》到《国史》

以上用大篇幅处理《四朝国史》的发展阶段及其与《东都事略》的关系,是因为笔者所见,仅有两种南宋形成的蔡京传记尚存于世。其一见于徐梦莘的《三朝北盟会编》,由两种私史集成,这两种私史均可追溯至绍兴(1131—1163)末年。[①] 虽然这份资料对于了解此时蔡京的形象十分重要,但在文本上与《宋史·蔡京传》无关,因此超出了本文的讨论范围。其二为《东都事略》的《蔡京传》,显然与《宋史·蔡京传》相关,而且两篇传记有着相关的文本史——这是《宋史》与《东都事略》中许多传记的共同特征。

仔细比较《东都事略》与《宋史》中的蔡京传记,显示两者虽然相关,关系却非完全直线式的。如前述《蔡京传》的发展图表所

---

① 《会编》,卷 49,页 493—495。此处所谈论的两份作品为《中兴遗史》与《幼老春秋》。关于这些文本的年代与性质,见陈乐素,《〈三朝北盟会编〉考》,《"中央研究院"历史语言研究所集刊》第 6 本第 3 分(1936),页 284—285。

示,《东都事略》并非《宋史》文本的直系祖先。相反,有证据表明这两篇传记有共同的来源,而且各自对共同的原始文本进行了删节与增补。对于《四朝国史》的编纂及其与《东都事略》关系的回顾指出,两种文本最可能的来源为1168年的《钦宗实录》。《钦宗实录》现已不存,而笔者也未见任何对《钦宗实录·蔡京传》的直接引用。然而,1194年由杜大珪编纂的《名臣碑传琬琰集》中,完整转录了27篇北宋《实录》的传记。杜大珪也来自四川眉州,与李焘、王偁为同时代人。《琬琰集》转载自《实录》传记的传主中有四人名列《宋史·奸臣传》:蔡确(1037—1093)、吕惠卿(1031—1110)、章惇(1035—1105)、曾布(1035—1107);他们的传记几乎构成了《宋史》卷471——即《奸臣传》首卷。四人在《东都事略》里无疑也有传。后三位死于徽宗朝,他们的传记几可确定来自1177年李焘与吕祖谦(1137—1181)修订的《徽宗实录》。①

　　详细比较四人在《实录》、《东都事略》与《宋史》内的传记将超出本文的范围,而且,杜大珪可能删节了《实录》文本,也导致了问题的复杂。不过,对现存宋代《实录》传记的初步观察,也许可以帮助厘清《钦宗实录·蔡京传》——《东都事略》与《宋史·蔡京传》的原始文本——的一般特性。首先,杜大珪作品中的《实录》传记只提供了基本的官职年表;不过这份年表非常精确,尤其

---

① 《宋会要》职官18,页70b。以下的回顾不包括《蔡确传》,因为此传记原有可能在《哲宗实录》中;《哲宗实录》有着复杂的历史,在李焘到临安前已大致完成。其余三位人物(吕惠卿、章惇、曾布)传记的文本,分别见(1)杜大珪,《名臣碑传琬琰集》,收入《四库全书》,下卷14,页9a—12b;下卷18,页8b—10b;下卷20,页1a—3a。(2)《东都事略》,卷83,页1a—3b;卷95,页1a—4a;卷95,页4a—5a。(3)《宋史》,卷471,页13705—13717。

是其中涉及的官职。事实上,吕惠卿、章惇与曾布传的大部分是由官职组成的。现代读者或许会觉得,对于编纂这些记载的专业史家与宋代官员而言,人们所需要的传记,就理应是个人官衔的完整年表。

其次,虽然《东都事略》增入逸事、对话,并且在《实录》年表内援引奏议,但极少改变既有的编年结构,或是再加入新的年代。这些增补应当是1183年李焘所说《四朝国史》中的"合添处";换言之,这些材料被提议用于增补《实录》人物传的年表基础。《宋史·袁枢传》内的一桩逸事有助于厘清《章惇传》增补的经过。袁枢在1179年1月至1180年3月间任国史院编修。袁枢与章惇同乡,章家利用了这层关系请托袁枢在《国史》内"文饰其传"。袁枢怒称"宁负乡人,不可负后世公议",当时宰相称他可比古之良史。袁枢获得晋升,并续任职秘书省直到1182年5月。[①] 如果我们承认这段故事的真实性,那么故事发生时间恰好与我们所知的《四朝国史》编修相契合,因而支持了《四朝国史》传记是在扩充《实录》的过程中编成的看法。此处还表明,有着强烈道学背景的袁枢,也许即是修改《章惇传》的史家。

第三,在每篇传记中,《宋史》与《东都事略》的关系并不相同:两者的《章惇传》关系很近;《吕惠卿传》相距甚远;《曾布传》则介于两者之间。然而,修纂的普遍趋势是增加文本材料以加强传主"奸邪"的特征,这些材料强调了传主并非君子的概念。通常《实录》的文本只提到有奏疏攻击传主,《东都事略》在这些地方

---

① 《宋史》,卷389,页11935;《南宋馆阁续录》,卷9,页366。袁枢是《通鉴纪事本末》的作者,这是首部纲目体史书。袁枢与朱熹是关系密切的同道,而龚茂良则在朝中支持他。

则直接引用奏议文本。这个过程也可能反向运作:《实录》中的一些材料模糊了"君子"与"奸邪"之间行为的标准的差异,《东都事略》与《宋史》都将这些材料隐去。例如《实录·章惇传》内提及他早年曾受到欧阳修举荐,而《实录·吕惠卿传》内也提到他入仕初期受到韩绛(1012—1088)的支持。《东都事略》与《宋史》的人物传都略去这些资料,因为它们混淆了《东都事略》与《宋史》等后出的文本企图建立的道德区分。事实上,王偁为其《章惇传》撰写的评论中,将章惇与司马光各视为"小人"与"君子"。①

《宋史》文本

本文附表内再现了两种《蔡京传》,左栏是《宋史》,《东都事略》在中间,右栏则是在其他宋代资料中辑录出来的并行文本。为了便于比较两种传记,笔者为文本标识了一些分析特征。首先,《宋史》文本被分割为 22 个主要部分,其下再分若干细目。这些划分奠基于传记的主题与逻辑划分,大多与中华书局 1977 年版《宋史》的分段对应。由于《东都事略》是较早的文本,从反向着手,基于《东都事略》进行分析也同样可行。然而,本文既以《宋史·蔡京传》为主要焦点,因此笔者以《宋史》作为分析的出发点,然后将其划分覆盖至《东都事略》。以下我们将会看到,考察其他

① 对于《实录》、《东都事略》及《宋史》内蔡确、吕惠卿与曾布传的比较研究与翻译,见 Ari Levine, "A House in Darkness: The Politics of History and the Language of Politics in the Late Northern Song, 1068—1104" (Ph. D. dissertation, Columbia University, 2002),页 204—308,597—638。

宋代文本内的对应段落,能够证实上述文本划分的完整,也能证实以此为分析工具,能够帮助了解文本的历史发展。简言之,宋代史家每次将一个文本中的文字抄录到另一文本时,都在揭示他们认为原始材料的各组成部分应当如何划分。这些迹象有益于目前的分析。

第二,已经被笔者识别为"基础文本"的段落,即能够识别其源头的段落,在附表中以粗体与下划线标示。这些《宋史》或《东都事略》中的段落,不仅可以在其他宋代史料中找到并行文本,且能确认并行文本的原作者。笔者强调,"基础文本"的概念完全是用于分析的启发的工具;"基础文本"的辨识构成了比较文本分析的方法论基础。理论上说,因为每字每句在某一时间点必定有终极的原作者,这两份传记的所有内容都应被视为"基础文本"。然而,我们鉴定文本任何部分的"基础"(即原作者)的能力,取决于文本平行段落存在与否。反之,这些段落的遗存,部分是历史的偶然,部分则是后来的编者与刊印者有意的意识形态与理智选择的结果。

第三,附表中不同的字体也试图重现两种传记的"考古学"。一方面,那些在《东都事略》和《宋史》中相同或大致相似的段落(排除文体的变异),表中以一般字体显示。仅存两传其中之一的段落,则以斜体显示。如前文所见,这两种传记来自于宋代官方史学编纂历程的不同阶段。然而,由于《宋史》比《东都事略》晚了150年,是否可以认为,存于《宋史》人物传却未存于《东都事略》的段落,是在《东都事略》于1186年定稿之后才加入的? 相反地,存在于《东都事略》却不见于《宋史》的,则是1186年之后被删除的?

在分析这些模式之前,有必要先说明对《宋史·蔡京传》的一些观察,特别是依据上述对《实录》、《东都事略》与《宋史》内其余"奸臣"传记的比较。与《宋史》中几乎所有传记一样,《蔡京传》的文本可分为两个部分。首先,主要由传主官职变动构成的时间表提供了总体上的结构框架。其次,在未列入奸臣的官员传记中,我们会看到,编年基础中穿插着一系列传主历任上的逸事和花絮以及奏疏的片段。

不难注意到,《宋史·蔡京传》的编年基础经过压缩,显得马虎,还有若干时间点错误。通常,蔡京主要官衔被删节(举例来说,VII 节记载了蔡京首次升任宰辅)或是只取意译(XIV 节描述他在 1112 年重回权力核心)。另外,传记存在严重的年代错位,蔡京于 1106 年 1 月自左仆射之位罢相之事记载了两次,显然撰者并未意识到两个段落指的是同一件事(XI. C 与 XIII. A 节)。[1] 在 IX. D 与 XV. A 节,蔡京的任职年表也有些微错误。

《东都事略》大体并不如此。蔡京传记的编年基本可靠,且官衔完整,比《宋史》文本更为正式。这项差异显示后世《宋史》的编者,试图降低蔡京身拥重要官衔的正面影响。即便是在那些与《宋史》所列奸臣相关的资料中,如此敷衍地省略官衔的现象,也从未在宋代著名史家如李焘或李心传的著作中发生过。《东都事略》中不存在编年错误问题,也表明了在十二世纪晚期到 1345 年定稿之间,《宋史》的文字曾经修改,甚至是不慎重的窜改。

在仅有日期与职衔的干瘪年表中添上故事与文字,给予了传主生命与个性。然而在蔡京的案例中,《宋史》文本的创作者无法

---

①无论如何,《宋史》将蔡京从左仆射解职的日期标为 1106 年 1 月是错误的。正确的日期应该是 1106 年 2 月 13 日。见黄以周等辑注,《续资治通鉴长编拾补》(北京:中华书局,2004),卷 26,页 878—879。

参考通常的传记资料，即使这些资料确实存在，而必然被迫制订一些替代策略。有三个策略明显可见。首先，与起草正面道德典范的传记时的惯例相反，《宋史》的撰写者仔细地从他们的传记中排除任何蔡京本人撰写的文字。① 因此，传记中完全没有从他的奏疏或任何著作引述文字。相反，《东都事略》中有四处引文，其中两处出现在第 IV 节。在第一处引文中（IV. A），蔡京攻击左正言孙谔，暗指其在 1096 年 5 月批评恢复差役法，是在诋毁神宗。② 第二处引文（IV. B）摘自 1097 年蔡京主审同文馆案所写的长篇奏疏。③ 这两处引文批判了元祐政治的许多方面，因而被《宋史》的编者移除。结果，《宋史》中同文馆案的部分被简化到了不可理解的程度。删节的原因显而易见：蔡京在奏疏中指控司马光及元祐政府的其他成员与宦官密谋阻挠 1085 年哲宗的继位。在北宋晚期与南宋初期，对于元祐党人的这项指控是司空见惯的。不过随着时间的推进与道学式北宋史逐渐成形，对元祐当权派的负面评价逐渐消失。第 XV. A 节省略了蔡京的一份奏疏，这份奏疏于 1112 年他被召回任尚书左仆射时进上。在其中，蔡京向朝廷请求也将前同僚张商英一并召回首都。虽然《东都事略》将蔡京的提议评为"不情"，但这段引述显示了蔡京并非全面握有宰辅之权，

① 我此处所指的直接引述来自奏疏，依名称引用与标记。在 VIII. A. 1 小节内的基础文本描述了讲议司的功能与人员。事实上这来自蔡京在 1102 年 8 月 4 日的奏疏（见《宋会要》职官 5，页 13a），但在原文本内没有指明这个段落出自蔡京之笔。
② 蔡京的原文见《宋会要》食货 66，页 68a—b；《宋史》，卷 178，页 4330；以及《长编拾补》，卷 13，页 509。
③ 文字见《长编》，卷 495，页 11773—11774。

因此削弱了他的"奸臣"形象。① 最后，第 XIX. B 节中省略了蔡京奏疏中徽宗厚待蔡氏家族的段落。

第二个策略，《宋史》传记通常引用传主奏疏中的文字解释其政策，《蔡京传》的创作者却代之以"议论"，其中以大段用负面字眼罗列蔡京的政策。《东都事略》保留这些显然属于文本早期组成部分的段落。第 VIII、IX、XVI、XVII 与 XVIII 节都属于这类段落，几乎占了现存文本的四分之一。十七世纪的学者汪琬称赞《东都事略·蔡京传》的这项特色，并将其与《史记》的《封禅书》、《平准书》相比，即用特定事件为例证支撑更为概括的志书式专论。② 《蔡京传》中，背信弃义与其败坏朝政是概括的论述，而以下我们将会看到，此一论述的细节来自蔡京生前受到的攻击。

第三个策略是在编年基准中放入具体的逸事，以反映蔡京的负面形象。这些逸事常常没有放入年表中适当的位置，或者它们仅与蔡京有些微关系。在 XV 节有一个很好的例证，整段以 1112 年蔡京重掌大权的编年记载起始。这一节由两个部分组成：编表条目（XV. A）附以《东都事略》中未收的逸事（XV. B）。故事内容是淮西学官苏械指出，在蔡京罢官期间，淮西学官在为策问命题时，多以能邀取批评蔡京主政的方式出题。苏械要求对最近五年的策问命题进行司法审查，导致超过 30 人受到惩处。故事出自南宋初期方勺所编的逸闻笔记《泊宅编》。③ 这一记载将苏械提议

---

① 除《东都事略》引文之外，蔡京的奏疏没有被其他同代的书籍保存下来，但可见于《长编拾补》，卷 31，页 1026—1027；与《宋史》，卷 351，页 11098。

② 汪琬，《尧峰文钞》（《四库全书》本），卷 25，页 20b。

③ 方勺，《泊宅编》（北京：中华书局，1983），页 9、73。这部作品具有复杂的流传史，现存 3 卷及 10 卷的版本。这两种版本都收录了这个（转下页）

审查定在 1107—1108 年左右，也就是蔡京首次而非第二次离开权力核心时。虽然年代不确，但《宋史》通过记入苏械的故事而强化了蔡京全盘掌控朝政的印象，因为蔡京的代理人即使在蔡京罢政期间，仍持续执行其政策。

文本考古之早期地层

我们现在转而讨论附表内以粗体显示，表示为"基础文本"的段落。如附表右栏所示，《宋史·蔡京传》的大部分都能找到宋代的并行文本。在可以辨别原作者的十个段落里，有七段同时保留在《东都事略》与《宋史》中。这些段落构成了人物传的文本考古之早期地层：他们是"基底岩层"，文本的原始出处早于 1168 年《钦宗实录》的首个官方《蔡京传》。这些段落尤其值得注意，不只是因为它们的日期较早，更因为仔细考察这些段落能够揭示十二世纪中期史家对蔡京的态度。在缺乏传主身后通常都会有的传记资料的情况下，龚茂良、洪迈与李焘挑选了这些段落为原始文本以处理与铸造蔡京传记。为进行分析，这些段落可以被分为三组：首先是当时对蔡京不利的诏令与奏疏（VIII. A；XII. A；XIV. B 和 C；XIX. B）；第二是私史中反对蔡京的逸事与回忆录（II. B；III. A；IX. C，XII. B；XX. B）；第三是李焘个人对蔡京的评价（XXII）。

（接上页）逸事，尽管有一些差异，包括那些涉事官员的姓名。10 卷版本的文字也出现在《宋会要》礼 19，页 15a。在《宋会要》内的另一份文件中，将苏械在淮西的行动记载为 1108 年 7 月。见《宋会要》刑法 2，页 48a—48b。

第一类的段落显示官方史家对反蔡京奏疏的关注不仅在语言方面，还有蔡京传记内许多概括的主题。以主题分析，《东都事略》与《宋史》的《蔡京传》与这些奏疏之间完全一致。这个事实本身极为重要。它表明了十二世纪史家初次建构蔡京的生平时所使用的语言与观点，来自蔡京同时代的政敌与批评者。在这些资料中时间最早的是方轸1107年的长篇奏疏，当时蔡京刚刚再任宰辅不久。虽然两传并未特意凸显方氏此论的语言，不过方轸的奏疏已经列举了许多的罪状，而这些罪状在随后都出现在《东都事略》与《宋史》中：蔡京将兵力集中于首都与宋代政策不符（IX. C）；对于中书省的操纵（XVI）；聚敛财富（XII）；毁灭盐商（VIII. A. 6），以及对元祐党的迫害（XI）。①

　　如上文所见，第VIII. A. 1节描述了讲议司的建置与职能，实际上使用了蔡京的文字，但未说明作者，且将这段文字编入对这个机构的总体负面评价中。第XII. A节引用侍御史孙觌写于1126年2月的奏疏，该奏疏在十二世纪的史料中常见引用，也是致使蔡京最后一次罢政的重要文字。② 我们应该在这个脉络中理

①奏疏全文见王明清（1127－1214之后），《挥麈录》（北京：中华书局，1961），《后录》，卷3，页109—112。摘录见徐自明，《宋宰辅编年录》（北京：中华书局，1986），卷11，页723—726。王明清的记载描述方的奏疏如何被交付到李焘之手以便纳入《长编》之内；但这个时期《长编》的拾补并未留存这份文字。见《长编拾补》，卷27，页921—924；注释中引用了王明清的文本。

②孙觌一文在十二世纪的出处，见汪藻（1079—1154），《靖康要录笺注》（成都：四川大学出版社，2008），卷3，页386—390；在徐自明，《宋宰辅编年录校补》，卷13，页836—837引用的《中兴遗史》；《会编》，卷39，页389—391；《长编纪事本末》，卷148，页7b—8b。这份文本普及的一个主要因素为其动人的骈文，在这一点上孙觌是公认的大师。

解洪迈决定邀请孙觌参与编纂 1168 年《钦宗实录》的《蔡京传》。《宋史》提到了孙觌的奏疏（XXI），而且《东都事略》与《宋史》都直接引用了其中的文字（XII. A）。在塑造蔡京之历史角色的发展过程中，这份奏疏的重要性无可比拟，因为是孙觌首先认为蔡京须成为对女真入侵负首要责任的人。孙觌 1126 年的奏疏已经包含了对于蔡京人格、政策和其在宋代历史中的地位的评价，这些都为后来的传记充分吸收并发扬。

在奏疏中，孙觌为公众舆论代言，公众对蔡京导致女真入侵感到愤怒，亟须缓解。孙觌认为蔡京以"新法"掩饰其暴政，其最终目的是自身的财富。而在这过程中，蔡京摧毁了国家合理的制度。以促进道教为掩饰，蔡京"倡为穷奢极侈之风，而公私积蓄扫荡无余"（在第 XII. A 节的措辞）。他破坏封驳制度，助长党派主义与任人唯亲之风。他执政腐败，收受贿赂且鬻卖官爵。腐败之风蔓延到蔡京的整个家族。蔡京是史上"奸臣"之最，他的执政如此歹恶，以至于"怨气充塞，上干阴阳，水旱连年，赤地千里，盗贼漫野，白骨如山"，"于是敌人乘间鼓行而南，如入无人之境矣！"。孙觌最后呼吁早赐蔡京"窜殛"。在孙觌的奏疏之后，蔡京每一次的贬黜及与其相应更偏远的安置居住，都需要更多层次的修辞以谴责蔡京的罪行。随后，吕好问（1064—1131）于 1126 年 6 月的上疏以及一个月后程瑀（1087—1152）的奏疏，扩大且完善了孙觌之前的概括，更提供了许多后来被纳入蔡京官方传记中的主题。[1]第 XIV 节则大量引用了两份反对蔡京的奏疏，两篇奏疏与他在 1109—1110 年间自左仆射再罢有关。虽然第二处引文在石公

---

[1]《靖康要录笺注》，卷 7，页 817—823；卷 9，页 907—911。《长编拾补》，卷 55，页 1741—1743。

弼传中被大篇幅引用,但两奏疏的文字都未被《东都事略·蔡京传》采用。《宋史》认为第一段引文(XIV. B)由太学生陈朝老作于1109年6月,其中以十四个三字词汇的清单概括蔡京的罪状。奏疏中列举了对蔡京十四宗罪名指控的细节,最后以罪行的清单结尾,其中攻击蔡京的措辞则远重于方轸1107年的奏疏。① 第二段(XIV. C)1110年5月由侍御史张克公进上,以骈文写成,"轻锡予以蠹国用,托爵禄以市私恩"一句被直接抄入《宋史》文本中。这份文本的修辞延续陈朝老的脉络,也使对蔡京的政治与措辞的攻击升温正式化。② 因此,《宋史》文本至少直接引用了出自陈朝老、张克公、孙觌的三份奏疏,他们在蔡京生前即对其展开了批评。

"基础文本"的第二类是直接取自笔记与回忆录的段落。正文开篇之后,《东都事略》与《宋史》都继之以1068年12月蔡京任开封府尹时的一件逸闻。司马光上任宰辅后,立即下令撤销募役法(王安石新法的关键条款)而恢复之前的差役法。他设置了不切实际的五日期限。蔡京是唯一一个达成这项时限的官员,而且在毫无反对声浪的情形下,在全首都成功地完成政策的转换。当他向司马光报告时,这位宰辅答道:"使人人奉法如君,何患法之不行!"

几段之后,两传继续写道(III. A):"绍圣初,入权户部尚书。

---

① 陈朝老奏疏的全文见《会编》,卷50,页498—500。也可比较徐自明,《宋宰辅编年录》,卷12,页751;这份列表也被引用在评论中。
② 关于张克公的奏疏见《会编》,卷50,页496—497。前引段落被合并在一份任命通知内,这份任命书将蔡京在1110年5月自左仆射之位免职。见徐自明,《宋宰辅编年录》,卷12,页749;以及《长编拾补》,卷29,页979—980。《东都事略》,卷105,页3b提到这份奏疏是张克公与石公弼共同努力的成果。

章惇复变役法,置司讲议,久不决。京谓惇曰:'取熙宁成法施行之尔,何以讲为?'惇然之,雇役遂定。"为了确保不会漏掉这一点,《宋史》插入了《东都事略》未收的后续段落(III. B):"差雇两法,光、惇不同。十年间京再莅其事,成于反掌,两人相倚以济,识者有以见其奸。"在《蔡京传》的一开头就置入此一逸事,而《宋史》又增入这段文字宣扬,埋下了蔡京无原则、狡诈、投机与无情的最初印象。然而,将两件事对举与其中的用词皆出于道学宗师邵雍之子邵伯温于1131年撰成的《邵氏闻见录》。众所周知,这一著作极端反对新法。[1] 选择邵伯温对这些事件的记载再次提醒细心的读者,《蔡京传》的创作者选择那些蔡京的坚定反对者的言辞来建构他的生平。

这个过程在《东都事略》撰成后仍继续进行。第 IX. C 节描述了1105年7月在首都周围的四辅扩编驻军。对此,《宋史》文本没有根据官方资料,而是采用了蔡京主要批评者赵挺之(1040—1107)的日记。赵挺之指控蔡京通过指派姻亲至四地任知州以操控扩编。

取自笔记与回忆录资料的第三例,描写了蔡京负面形象的另一侧面:在1126年之后,蔡京昔日的盟友纷纷脱离他。第 XX. B 节记述了蔡京于1124年12月再任宰相的最后时期。《东都事

---

[1]邵伯温,《邵氏闻见录》(北京:中华书局,1983),卷11,页119。这个故事的另一版本出现在《丁未录》中,引述在徐自明,《宋宰辅编年录》,卷11,页703—704。李焘注意到邵伯温对1068年司马光与蔡京会晤的记载有数个矛盾之处,不过他接受了这次会面的基本事实。见《长编》,卷367,页8834—8836。之后,蔡京本人在1096年2月的奏疏中提及这个事件。见《宋会要》食货14,页10a。然而,《蔡京传》沿用了邵伯温的原文,而非李焘对此次会面的修订版本。

略》与《宋史》将蔡京形容为几乎失明的老人,他将所有权力委于其子蔡絛。传中生动地描述了蔡絛滥用权力:"每造朝,侍从以下皆迎揖,咕嗫耳语,堂吏数十人,抱案后从,由是恣为奸利。"然而,这段性格描写出自朱胜非,来自朱氏 1130 年代晚期所创作的政坛回忆录——《秀水闲居录》。①

作为 1103 年的进士,朱胜非在 1132 年 9 月至 1134 年 9 月间担任宰相,是一个在蔡京执政时期入仕的官员。朱胜非能在 1132 年登上相位,表明他在徽宗朝定然相当活跃。但《宋史·朱胜非传》与《宋会要》的档案中,都没有他这个时期政治活动的只言片语。② 笔者曾在别处讨论过在 1130—1140 年代期间发生过大批资料被"清洗"的问题,清洗是为了掩饰靖康之变的责任归属。③朱胜非的回忆录是急于将北宋覆亡归罪于蔡京并扩及至蔡京整个家族的例证。事实上,当时蔡京显然已经身患重病,不可能承担所有的责难。第 XIX. B 节对 1130 年代范冲著作的引用是这类文本的另一例证。

---

①朱胜非回忆录内的这段文字,见《会编》,卷 50,页 496;《长编纪事本末》,卷 131,页 20b—21a;亦见《长编拾补》,卷 48,页 1493。关于《秀水闲居录》的年代见陈乐素,《〈三朝北盟会编〉考》,页 291—292。该著只有一些其他书摘录的片段留存。蔡絛在 1123 年 9 月 13 日被免职,当时的批评者因他撰写《西清诗话》"多用苏轼、黄庭坚之说",指控他"学术邪僻"。见《宋会要》职官 69,页 13a。不过,显然他之后很快重返权力核心。1125 年 4 月 21 日再次将他免职的敕令,使用的语言与 XX. B小节内第二个基础文本相似,描述他对宣和库事务的参与。见《宋会要》职官 69,页 17b—18a。
②《宋史》,卷 362,页 11315—11319。将任命朱胜非进入翰林院的时间系于 1120 年的是洪迈,见洪迈,《容斋随笔》(上海:上海古籍出版社,1978),页 790。
③见本书《一个邪恶形象的塑造:秦桧与道学》。

文本考古之晚期地层

　　附录中以斜体显示的《宋史》文本,是不见于《东都事略》的
段落,可能是在十二世纪之后的某个时期增入。这类的段落共有
十七个,篇幅从一(XVIII. A)至约一百二十五个字(VI)。这些段
落都没有变更编年基准或是新增有具体系年的史料,也不包含蔡
京的日期和官衔。这些段落可分为两组:第一组是为了增强、开
展或是评论《东都事略》中已有的观点(III. B, VII. C, XIII. B,
XIV. C, XVI. B, XVIII. A, XIX. B, XX. C, XXI. A),第二组则是添入
《东都事略》中没有的新内容。以下我们仔细考察每组中的实例。

　　第 VII 节交待了蔡京在 1102 年首次升任宰相的始末。前半
段内容(第 VII. A、B 小节),《东都事略》和《宋史》大致相同。[①]　第
VII. B 段是《长编》与李丙 1172 年完成的《丁未录》中更完整记载

[①]第 VII. B 小节的开篇提供了一个有趣的例子,展示了后世文本如何操
　弄早期的文本,迫使它们和不断演化的、关于历史实相的认识趋于一
　致。《宋史》行文如下:"韩忠彦与曾布交恶,谋引京自助,复用为学士
　承旨。"这段文字有些含糊不清,因为它并未明言是韩忠彦还是曾布谋
　划"利用"蔡京,并设计他的回京。然而,这暗示了韩忠彦是行动者,因
　为他是第一句话的主语;而且,的确,在以下注释内所引的十二世纪相
　应段落中,明确地陈述召回蔡京的人是韩忠彦。不过,韩忠彦是韩琦
　(1008—1075)之子,韩琦为十一世纪的重要宰辅并与欧阳修、司马光
　结交。于是,这段文字在明代修订本中被重写为:"会韩忠彦与曾布交
　恶,布谋引京自助……"由此将蔡京召回的行动者,从其后被圣格化的
　韩忠彦彻底变为"奸恶"的曾布。见陈邦瞻(1557—1602),《宋史纪事
　本末》(北京:中华书局,1977),卷 49,页 479。这个例子显示使用便利
　的宋后汇编本研究宋史的危险。

的缩略。① 因此第 VII. A 与 B 节必定为《钦宗实录·蔡京传》的一部分。然而《东都事略》与其他十二世纪的记载都不包含第 VII. C 节的段落，这一段的目的是记录蔡京获任宰相之日时与徽宗的交流。第 VII. C 节为叙述体，带着逸事的笔调。这一段中断了传中时间的推移，并强化了第 VII. B 节勾勒的看法，意即蔡京的任命完全是基于他对新政的了解与忠诚，而非因为他有任何行政管理的长才。整段文字确认并强调了蔡京对新法的信奉，也是第 VIII 节前的过渡段落，第 VIII 节大段罗列了蔡京的政策及其导致的困境。然而，第 VII. C 节这一戏剧性的段落直至十三世纪中期的道学纲目体史著之前，并不曾在其他宋代文献中出现。② 即使这段文字是"真实"的，即其确实出自十二世纪史馆的材料，只是没有进入李焘、李丙或其他十二世纪文献中，但它在《宋史》传中的关键位置，却将它的意义从体现蔡京对新政的信奉和对徽宗个人的效忠，转化为对蔡京推行的政策必然导致灾难的预示。

---

① 这个故事述及徽宗在审阅邓洵武（1055—1119）所呈的图表之后，怎样决定将蔡京拔擢为宰辅。邓所建构的图表向徽宗呈现了新政的反对者把持高位的情形，而升任蔡京为左仆射能处理这种失衡。李焘的叙述见《长编拾补》，卷 18，页 660—661。另一个记述见被引用在徐自明，《宋宰辅编年录》（北京：中华书局，1986），卷 11，页 701—702 的李丙的《丁未录》。《东都事略》中邓洵武的传记包含这个事件较长的版本，见《东都事略》，卷 98，页 2b—3a。

② 陈均（约 1165—1236 年之后），《皇朝编年纲目备要》（北京：中华书局，2006），卷 26，页 663。这个段落也出现在另一份十三世纪中期不详其作者的道学著作，18 卷的《续宋编年资治通鉴》中。这是一部自元代以来尚未被刊印的作品，见《续宋编年资治通鉴》（济南：齐鲁书社，1997；《四库全书存目丛书》本），卷 15，页 5b。此处所谈的段落亦援引自较晚的《长编拾补》，卷 20，页 700 的注释部分。

即使是对《东都事略》文本进行非常微小的文字更动,其主旨亦在彰显《宋史》中蔡京的奸邪特征。举例而言,在第 XVIII. A 节开头简单将"京又为帝言"中的"又"替换为"每",即大幅增加了蔡京向徽宗推动其挥霍无度的政府项目的频率。同样,在第 XIII. B 节的开头,增入"其党阴援于上",调整了第 XIII. A 与 XIII. B 节之间的过渡,借此令蔡京的党羽成为蔡京 1107 年重掌权力的策动者。

第二组段落,即在《东都事略》中毫无踪迹而是事后增补至《宋史》内的材料,或可以第 VI. A 与 VI. B 这两节中的记载为例。这一连串逸事中的第一件,涉及宦官童贯如何与蔡京在杭州地区花费数月为皇家征集屏风与扇面,当时童贯被派往长三角地区为徽宗收集书画。这桩逸事在《宋史·蔡京传》的整体框架内相当重要,这引入了蔡京与宦官(特别是童贯)密切合作的主题,这是蔡京被控的罪行中重要的一项。然而,笔者所见,没有任何的宋代文献记载了这段故事;而且由于年代的矛盾,传统和现代学者均对此事件的发生表示怀疑。[1]

第 VI. B 节则是蔡京的影响力如何在宫廷内扩展的故事。学士范致虚与道士徐知常交好,而徐因其道术而与最近丧偶的刘妃(1079—1113,哲宗妃)接近。范致虚利用这层关系请徐知常在宫中夫人与宦官中为蔡京延誉,结果范本人得到晋升,而蔡京任知定州,这是蔡京最终在 1102 年复职宰相的起步。同样,据我所知,这在宋代文献中也没有任何对应的记载。然而,朱熹的《朱子

---

[1]《长编拾补》,卷 18,页 665 及顾吉辰,《〈宋史〉比事质疑》(北京:书目文献出版社,1987),页 517—518。基本的问题是童贯在 1102 年 3 月被指派到长江三角洲时,蔡京已离开杭州,在 1101 年 12 月赴任知定州。

语类》中却有这段故事的大意，其中范、徐两人是福建建阳同乡，在被徐知常引见给徽宗之后，范致虚直接向皇帝条陈提议任蔡京为相。[1] 不论朱熹的记载是否确有其事，这桩事件在宋代史料甚至包括道学史书中的缺席，以及朱熹与《宋史》记载的分歧，都显示了这段故事是在十三或是十四世纪时增补进《蔡京传》内的。总之，第 VII. A 与 VII. B 节的逸事在其他宋代文本都没有对应的记载。也许这两个小节是在十二世纪之后进入《四朝国史·蔡京传》，旨在强调理应存在的蔡京与宦官的密切联系。

　　接下来考虑相反的情况，即保留在《东都事略》却不在《宋史》的段落。除了前列四处由蔡京自己撰写的直接引文外，在《东都事略》中只有两个类似段落。一个出现在第 XVIII. B 节之后，另一个则在第 XXI 节。第一个段落详述了蔡京对其批评者石公弼与张克公的敌意，以及对他们的阴谋。但是《东都事略》的描述也说明了徽宗如何长期保护这些批评者以制约蔡京的权力。《宋史》省略了这段叙述，因为它揭露了蔡京并非绝对地掌握权力。第 XXI 节的段落也被删除了，因为此处提到与蔡京的其他后代不同，蔡絛与皇家的联姻使他在蔡京垮台后免于被放逐。换言之，对《东都事略》文字的删减与增补都具有同样的目的：他们增强了蔡京作为奸邪政府中唯一罪人的形象。

李焘评价蔡京

　　第 XXII 节是《东都事略》与《宋史·蔡京传》的结尾，以史家

---

[1] 黎靖德编，《朱子语类》（北京：中华书局，1986），页 3128—3129。

论赞的语调和风格撰写,这是自司马迁以来中国历史著作的一种标准文类。这段文字的另一个版本也出现在杨仲良的《续资治通鉴长编纪事本末》中。① 这段被杨仲良标记为评注的文字,总结了杨仲良摘出的蔡京传记资料(蔡京事迹),因此这段文字必定出自李焘《长编》的评注。重建《长编》失传部分的十九世纪学者将这段评注系于1126年7月11日,正是下令蔡京儋州安置且遇大赦不许量移之日。这是与蔡京有关的最后官方行动,蔡京在九日后(1126年7月20日)死于潭州。② 如上文所见,李焘以朝廷史官的身份编修《钦宗实录》与《四朝国史》,两者都包含了蔡京传记;他在同一时间也进行《长编》徽钦两朝部分的编纂。因此毋庸置疑的是,在杨仲良著作中保留的这段文字呈现了李焘对蔡京的评断。③ 虽然无法完全肯定,但这段文字可能是1168年完成的《钦宗实录》中的《蔡京传》(最早的官方版本)的结论。

无从推断《续资治通鉴长编纪事本末》在多大的程度上复制了李焘的原文。然而,杨仲良的文本显然是《东都事略》与《宋史》的起源。李焘字斟句酌且公式化地总结了蔡京的人品及其历史地位。虽然大多与反蔡京的奏疏表达的观点大致相同,不过用语要公平些,而《东都事略》与《宋史》都恣意修改了李焘的原文。《东都事略》尤其大规模改写和增删资料。这项事实也许再一次地指出洪迈与李焘之间的摩擦,暗示了洪迈相当程度上忽视李焘对《四朝国史》传记部分的贡献。《宋史》主要删减资料,只增加

---

①关于杨仲良的编本及其与《长编》关系的研究,见本书《论〈续资治通鉴长编纪事本末〉与十三世纪前期的史学编纂与出版》。

②《长编拾补》,卷55,页1743。

③《长编纪事本末》,卷131,页22a—b文本最优。亦见《长编拾补》,卷55,页1738—1739;陈均,《皇朝编年纲目备要》,卷30,页784。

一句话强调蔡氏家族成员不和。

李焘引用伟大史家司马迁发端。开篇一句"京天资险谲,舞智以御人",改写自司马迁的《张汤传》中的"汤为人多诈,舞智以御人"。张汤是一位为汉武帝效力的酷吏。[1]《张汤传》与《蔡京传》之间有许多相似之处。司马迁描写张汤幼年即精于讼狱之道。[2] 张汤与外戚及商人结盟,且因他能够准确预料汉武帝最细微的愿望,得以操纵政府的法律机制为其谋取私利,迎合汉武帝。然而,张汤的众多政敌最终成功使皇帝相信其贪赃欺罔,致其被勒令自杀。李焘对《张汤传》的引喻相当重要,隐喻保留在《宋史》中,但被《东都事略》移除,显示三种文本在如何处理徽宗与蔡京的关系这一问题上存在着巨大差异。在李焘的原始文本中,蔡京与徽宗两人共享了一种微妙的、共生的关系,正如张汤与汉武帝。蔡京鼓励徽宗趋向奢靡;徽宗则报之以相位,但对他的不信任使徽宗也任用他人,以阻挠蔡京的独裁野心。最主要的差别是:在李焘的记载中,蔡京鼓励徽宗自身固有的奢靡倾向;而《东都事略》则略去徽宗作为主动者的角色,将蔡京自身的贪婪作为主因。前者中蔡京鼓励徽宗自富,后者却是蔡京自肥。

《宋史》基本原样保留了李焘的开端部分。但在选择性的编辑之下,《宋史》随后的段落变成:"帝亦知其奸,屡罢屡起,且择与京不合者执政以梏之。"这段编辑主要的效果是移去了徽宗的作用,并将蔡京从"奸谀"提高为无所不包的"奸",于是不再是徽宗

---

[1] 司马迁,《史记》(北京:中华书局,1959),卷122,页3138。
[2] 开篇段落为整篇传记定调:"张汤者,杜人也。其父为长安丞,出,汤为儿守舍。还而鼠盗肉,其父怒,笞汤。汤掘窟得盗鼠及余肉,劾鼠掠治,传爰书,讯鞫论报,并取鼠与肉,具狱磔堂下。其父见之,视其文辞如老狱吏,大惊,遂使书狱。父死后,汤为长安吏,久之。"

使蔡京富贵、暗中了解蔡京，又不相信可委之治理国家。大幅减少徽宗的角色是必要的，因为在《宋史》传中，是蔡京通过其党徒操纵徽宗，使他得以三度再回相位（见 XIII. B 节）。重要的是，李焘对蔡京的批评并未提及其党羽与家人，而是将焦点完全集中于蔡京本人。《宋史》一如《东都事略》，也省略了长串反对蔡京的宰辅，因为这串名单会破坏蔡京在徽宗政府专断独权的形象。换言之，对李焘而言徽宗与蔡京之间是一种共生关系。《宋史》与《东都事略》削减了徽宗的作用，以增加蔡京的罪责、"奸邪"。《东都事略》删去徽宗的作用，最可能是因为对官方历史编纂来说，即使是在十二世纪晚期，影射批评徽宗也是有问题的。而作为一个非官方史家，李焘则可以更为坦诚。《宋史》的编纂者当然没有这些限制，但在另一方面他们希望将罪责聚焦于蔡京身上。

李焘的提要继续关注蔡京的人品、他在徽宗面前的怯懦、自私自利、任人唯亲以及漠视法规。段落的结尾描述了蔡京这些个人性情散布至整个社会而导致了北宋灭亡。此处《宋史》再次省略了关键语句"识者窃忧之"，意在减低他人（如徽宗）明知蔡京的腐化影响却不能或是不愿去阻止的罪责。总之，李焘的原意是将蔡京呈现为徽宗之贪婪与优柔寡断以及北宋晚期社会之衰弱的产物。而其他的衍生著作却改造李焘的文本，将蔡京呈现为一个自体生出的邪恶化身，必须单独为北宋的崩亡负责。

李焘评价 1122 年由童贯与蔡攸推动北伐收复燕州的段落，《东都事略》与《宋史》的调整也不相同。《东都事略》在段落的开端增加"北事之萌也，京首倡之"，令蔡京成为北伐的首创者。然而有明确的证据显示蔡京其实反对这次冒险，李焘必定知道这项证据。① 而增入这句话也与王偁在《东都事略》卷 101 结尾更为极端的评价一致,王偁将蔡京与王莽相比,而王莽的行为与政策导致西汉的灭亡。早在 1107 年方轸攻击蔡京的奏疏中,即开始将蔡京与王莽比拟。《宋史》则加入一句话凸显蔡京与蔡卞、蔡京与其子之间的家族冲突。为使这一修改与全文协调,《宋史》修改传记的开头(第 I 节)以引入家族不合的主题,并在第 XX. B 节加入凸显蔡攸与蔡絛之间激烈竞争的内容。

《四朝国史》在 1186 年完成至该书于 1275 年为蒙古所得期间是否曾被改动,我们知之甚少。正如我们所见,即使是在 1186 年之前,已有证据显示道学影响了蔡京的传记。然而,在本文附录右栏的对应段落中,揭示了受道学启发的史书家(特别是陈均的《皇朝编年纲目备要》)与《宋史·蔡京传》之间的关系。此外,《宋史》与《东都事略·蔡京传》所涵盖的主题,与陈均在 1229 年出版的《皇朝编年纲目备要》中的"纲"接近趋同。例如第 Ⅷ. A 节列举了蔡京在 1102 年 7 月与 1104 年 7 月首任宰相期间倡议的六项政策。陈均用来为每个政策撰写"纲"的语言,同样反映在《宋

---

① 例子可见周煇(1127—1198 年之后),《清波别志》,王云五主编,《丛书集成初编》(上海:商务印书馆,1936),卷 1,页 124—125。此次战役触发了女真的入侵,最终使北宋在 1126 年覆灭。蔡京送给蔡攸的诗作留存了下来,而其真实性是毋庸置疑的,它被引用在《会编》,卷 7,页 60 的出自蔡絛所作的《北征纪实》。蔡京以这首诗表达了对这项计划可行性的严肃保留,而某些宋代的资料以其表面意义来理解它,故而认为蔡京表达了真实的反对意见;其他的作品则同意史家的看法,认为他所写诗作,是为了使他本人在征伐行动失败时,可以作为免于责难的工具。见《长编拾补》,卷 44,页 1362—1363。

史》的文本中。① 杨仲良完成于 1210 年的《续资治通鉴长编纪事本末》中的专题划分与前述的主题也有重叠。②

此处的因果关系很难建立:《东都事略》与《四朝国史》对主题的选择是否影响了后代史家? 或者,现存的《宋史》是在宋代衰落时期对早期历史进行修订的产物,目的是为了使其与道学式历史符合? 那些并未收入《东都事略》的段落,事实上的确出现在十三世纪前半期的道学史书中。陈均为说明蔡京于 1102 年 7 月首次晋为宰辅的"纲"所撰写的"目"提供了例证。这在北宋史上是一个关键时刻,而且陈均合并了三个段落,期望可以概括蔡京的人品及他在政府的影响力。其中两段(第 XII. A 与 B 节)都出现在《东都事略》与《宋史》中,但第三段只出现在《宋史》(第 VII. C 节)。这并不表明这类段落是伪造的,而是道学对于北宋历史所采的观点,指引了十三世纪的史家从十二世纪的《长编》与《四朝国史》中提取和凸显哪些段落,而这类的敏感性亦贯穿在整部《宋史》中。

结　语

再回到以上引介过的图表,我们的结论是《蔡京传》的发展可分为三个阶段,每一阶段以一部重要历史著作的完成告终。第一阶段以 1166 年编成《钦宗日历》为标志,初步搜集了原始材料。

---

①关于这六项政策,见《皇朝编年纲目备要》,卷 26,页 663、667—668、670—671。
②例如,标题为:四辅,花石纲,蔡京事迹,讲议司,当十钱,方田,诛六贼。

就蔡京而言，史官不得不在缺乏传主身后私人传记的情况下，以蔡京的政敌而非蔡京本人的原始奏疏与私人回忆录编就传记草稿。他的传记从未曾、也不曾被期望从最初的缺陷中复原。第二个阶段则以一些表面的拓展历史资料范围的努力为标志。但是如洪迈邀请孙觌提供的资料所显示，就蔡京的情况而言，这些努力或许只是为了认定既有的历史裁决——把北宋覆亡归罪于蔡京——所做的幌子而已。虽然李焘基本上同意这项裁决，但他试图深化其历史基础，提升反蔡京的修辞以超越对 1126 年事变的无休止谴责所做的努力，却没能在 1186 年完成的《四朝国史》中留下太多的影响。《四朝国史》的《蔡京传》可能更接近现在的《东都事略》。第三个阶段以现存的《宋史》为终点，其标志是日益强化蔡京的"奸臣"身份，这一刻板印象使其得以与蔡京之后的专制宰相类比。因为，约在十三世纪，很可能是世纪之初，"奸臣"交替出现成为宋代史家的重要主题。

笔者曾有专文研究秦桧的生平及史家为使秦桧与发展中的"奸臣"刻板印象合拍，从而对史料进行的操弄。本文则显示，将蔡京归为此类，所需的工夫则少得多。与秦桧几乎只手造就了南宋的稳定不同，蔡京甚至在生前就已被描绘为造成北宋覆亡之人，因而很容易将他定为"奸臣"的原型。但是本文显示，尽管这样的描绘并非困难的历史作业，它仍然经历了数个阶段。这一过程直到"奸臣"自蔡京之后继起不断的观念建立之后才真正完成。要让这个观念运作起来，不止需要一两个，而是至少三个同类的人物。这一概念在赵汝愚（1140—1196）政府失败、庆元年间韩侂胄（1151—1207）开始掌权后开始有影响力。韩侂胄专制的政治余波中产生了"奸臣"继起的历史想象——蔡京、秦桧、韩侂胄……《宋史》中的蔡京形象最终形成。

附　录

宋史　卷四百七十二	东都事略　卷一百一	平行文本
I 蔡京字元长，兴化仙人。登熙宁三年进士第，调钱塘尉、舒州推官，累迁起居郎。使辽还，拜中书舍人。时弟卞已为舍人，故事，入官以先后为序，卞乞班京下。兄弟同掌书命，朝廷荣之。改龙图阁待制，知开封府。	I 蔡京字元长，兴化军仙游人也。举进士，为钱塘尉，入为崇文院校书，改太子中允馆阁校勘。俄拜考功员外郎，擢起居郎。出使辽，还拜中书舍人。与弟卞对掌书命，以龙图阁待制知开封府。	
II. A 元丰末，大臣议所立，京附蔡确，将害王珪以贪定策之功，不克。	II. A 元丰末，命侍禁中议所立，京附蔡确，贪定策之功，乃阴戒刽子执刀入，欲斩宰相王珪。会珪言上自有子，乃止。	
B 司马光秉政，复差役法，为期五日，同列病太迫，京独如约，悉改畿县雇役，无一违者。诣政事堂白光，光喜曰"使人人奉法如君，何不可行之有！"	**B 司马光秉政，改免役法，复行差役法，京于五日内差役殆遍，诣政事堂白光。光曰："使人人奉法如君，何患法之不行！"**	蔡京者，知开封府，用五日限尽改畿县雇役之法为差役，至政事堂白温公，公喜曰："使人人如待制，何患法之不行?"（《邵氏闻见录》，卷11，页119。）

宋史　卷四百七十二	东都事略　卷一百一	平行文本
C 已而台、谏言京挟邪坏法,出知成德军,改瀛州,徙成都。谏官范祖禹论京不可用,乃改江、淮、荆、浙发运使,又改知扬州。历郓、永兴军,迁龙图阁直学士,复知成都。	C 于是台谏言其尹京挟邪坏法,出知成德军,徙瀛州,加宝文阁直学士、知成都府。谏官范祖禹论京不可用,乃改江淮荆浙发运使,又改知扬州,历郓州、永兴军,迁龙图阁直学士,知成都府。	
III. A 绍圣初,入权户部尚书。章惇复变役法,置司讲议,久不决。京谓惇曰:"取熙宁成法施行之尔,何以讲为?"惇然之,雇役遂定。 B 差雇两法,光、惇不同。十年间京再莅其事,成于反掌,两人相倚以济,识者有以见其奸。	III. A 绍圣初,召还,权户部尚书。章惇复变役法,置司讲议,久不决。京谓惇曰:"取熙丰旧法施行之尔,何以讲为?"惇然之,雇役遂定。	绍圣初,子厚入相,复议以雇役改差役,置司讲论,久不决。蔡京兼提举,白子厚曰:"取熙宁、元丰法施行之耳,尚何讲为?"子厚信之,雇役遂定。(《邵氏闻见录》,卷11,页119。)
IV. A 下拜右丞,以京为翰林学士兼侍读,修国史。	IV. A 下拜右丞,以京为翰林学士兼侍读,修国史,除户部尚书。时左正言孙谔论役法差雇之弊,京言:"谔以为弊者,盖非今日,乃前日之弊。前日之弊,谓熙宁、元丰也,则元祐变法是矣,此臣所不忍闻也。"谔缘是罢谏职。	蔡京言:"谔之论……谓元丰不若元祐明矣……免役法复行将及一年,天下吏习而民安之,而谔指以为弊,则所诋者熙宁、元丰也。且元丰,雇法也。元祐,差法也。雇与差不可并行……而谔欲不间熙、祐,是欲伸元祐之奸,惑天下之听。"(《宋史》,卷178,页4330;《宋会要》食货66,68a—68b。)

宋史　卷四百七十二	东都事略　卷一百一	平行文本
B 文及甫狱起,命京穷治,京捕内侍张士良,令述陈衍事状,即以大逆不道论诛,刘挚、梁焘劾之。衍死,二人亦贬死,皆锢其子孙。王岩叟、范祖禹、刘安世复远窜。	B 文及甫狱起,京究治,以及甫与邢恕书谓"刘挚有大逆不道之谋",京锻炼其事。*乃言:"司马光、刘挚、吕大防交通中人陈衍之徒,猎取高位,变先帝已成之法,废受遗顾命元臣,以翦陛下腹心羽翼。前日奸党虽已窜逐,而奸谋逆节盖未白于天下也。臣幸被诏旨,询究本末,得其情状。其无君之恶,同司马昭之心;擅事之迹,过赵高指鹿之罪。所有陈衍,罪在不赦。"*衍于是坐死。衍盖宣仁后殿内臣也。惇、卞遂欲追废宣仁后,皇太后、皇太妃皆争之,哲宗乃已。而刘挚、梁焘同时死于贬所,皆锢其子孙。王岩叟、范祖禹、刘安世复远窜。	于是翰林学士承旨蔡京,右谏议大夫安惇言:"……司马光、刘挚、吕大防等忘先帝厚恩,弃君臣之义。……交通中人张茂则、梁惟简、陈衍之徒,猎取高位,快其忿心,尽变先帝已成之法……废受遗顾命元臣……以翦陛下之羽翼。……前日虽已窜逐摈废,而奸谋逆节盖未白于天下也。臣等幸被诏旨,询究本末,乃于焚弃毁灭之余得其情状,其无君之恶,同司马昭之心;擅事之迹,过赵高指鹿之罪。……所有臣衍罪在不赦……"(《长编》,卷495,页11773—11774。)
C 京觊执政,曾布知枢密院,忌之,密言卞备位承辖,京不可以同升,但进承旨。	C 京几执政矣,曾布知枢密院,密言卞备位丞辖,京不可以同升。进翰林学士承旨。	

宋史　卷四百七十二	东都事略　卷一百一	平行文本
V.A 徽宗即位,罢为端明、龙图两学士,知太原,皇太后命帝留京毕史事。	V.A 徽宗即位,罢为端明殿学士、兼龙图阁学士,知太原府。皇太后诏令京毕史事,留不行数日。	
B 逾数月,谏官陈瓘论其交通近侍,瓘坐斥,京亦出知江宁,颇怏怏,迁延不之官,御史陈次升、龚夬、陈师锡交论其恶,夺职,提举洞霄宫,居杭州。	B 谏官陈瓘论其交通近习,瓘坐逐,京亦出知永兴军,徙江宁府,颇鞅鞅,迁延不之镇。御史陈次升、龚夬交论其恶,夺职、提举洞霄宫。明年,复龙图阁直学士、知定州。	
VI.A 童贯以供奉官诣三吴访书画奇巧,留杭累月,京与游,不舍昼夜。凡所画屏幛、扇带之属,贯日以达禁中,且附语言论奏至帝所,由是帝属意京。B 又太学博士范致虚素与左街道录徐知常善,知常以符水出入元符后殿,致虚深结之,道其平日趣向,谓非相京不足以有为。已而宫妾、宦官合为一词誉京,遂擢致虚右正言,起京知定州。		范致虚初间本因同县道士徐知常荐之于徽宗,遂擢为右正言。致虚未到,即首疏云:"陛下若欲绍述熙丰之政,非用蔡京为政不可。"京一到,这许多事一变,更遏捺不下。虽为曾子宣论列一番,然如何遏得蔡京之势! 呼啸群小之党,以致乱天下。范一到,便为惊世骇俗之论,取他人之不敢言者,无所忌惮而言之。(《朱子语类》,卷130,页3128—3129。)
VII.A 崇宁元年,徙大名府。	VII.A 崇宁元年,改大名府。	

宋史 卷四百七十二	东都事略 卷一百一	平行文本
B 韩忠彦与曾布交恶,谋引京自助,复用为学士承旨。徽宗有意修熙、丰政事,起居舍人邓洵武党京,撰《爱莫助之图》以献,徽宗遂决意用京。忠彦罢,拜尚书左丞,俄代曾布为右仆射。	B 韩忠彦与曾布交恶,谋引京自助,复用为翰林学士承旨兼侍读,修国史。邓洵武朋附京,进《爱莫助之》之图以献,徽宗遂决意用京。忠彦罢,擢拜尚书左丞,遂代布为尚书右仆射兼中书侍郎,进拜左仆射兼门下侍郎。	参见《丁未录》刊《宋宰辅编年录》,卷11,页701—702;岳珂,《桯史》,卷15,页173—174。
C 制下之日,赐坐延和殿,命之曰:"神宗创法立制,先帝继之,两遭变更,国是未定。朕欲上述父兄之志,卿何以教之?"京顿首谢,愿尽死。		制下,中外大骇。赐京坐延和殿,上命之曰:"昔神宗创法立制,中道未究,先帝继之,而两遭帘帷变更,国事未定。朕欲上述父兄之志,历观在廷,无与为治者。今朕相卿,其将何以教之?"京顿首谢,愿尽死。(《皇朝编年纲目备要》,卷26,页663;《续宋编年资治通鉴》,卷15,页5b。)
D 二年正月,进左仆射。		

宋史　卷四百七十二	东都事略　卷一百一	平行文本
VIII. A. 1 京起于逐臣，一旦得志，天下拭目所为，而京阴托"绍述"之柄，箝制天子，用条例司故事，即都省置讲议司，自为提举，以其党吴居厚、王汉之十余人为僚属，取**政事之大者，如宗室、冗官、国用、商旅、盐泽、赋调、尹牧，每一事以三人主之**。凡所设施，皆由是出。2 用冯澥、钱遹之议，复废元祐皇后。3 罢科举法，令州县悉仿太学三舍考选，建辟雍外学于城南，以待四方之士。4 推方田于天下。5 榷江、淮七路茶，官自为市。6 尽更盐钞法，凡旧钞皆弗用，富商巨贾尝赍持数十万缗，一旦化为流丐，甚者至赴水及缢死。提点淮东刑狱章绰见而哀之，奏改法误民，京怒夺其官；因铸当十大钱，尽陷绰诸弟。御史沈畸等用治狱失意，羁削者六人。陈瓘子正汇以上书黥置海岛。	VIII. A. 1 京起于逐臣，一旦得志，遂阴托绍述之柄，箝制天下。用熙宁条例司故事，即都省置讲议司，自为提举，悉用其党为僚属，取**政事之大者，如宗室、冗官、国用、商旅、盐泽、赋调、监牧，每一事辄以三人主之**。凡所设施，皆于此乎出。2 用冯澥、钱遹之议，复废元祐皇后。3 罢贡举法，令郡县悉放三舍考选，置辟雍外学于城南，以待四方之士。4 又推方田于天下。5 榷江、淮七路茶官，自为市。6 尽更盐钞法，凡旧钞皆勿得用，富商巨贾按所赍持或为缗钱数十万，至变为流丐，赴水及缢死者。	（崇宁元年）八月四日，宰臣蔡京言："奉诏提举讲议司，乞以户部尚书吴居厚、翰林学士张商英、尚书刑部侍郎刘赓为详定官，起居舍人范致虚、太常少卿王汉之、尚书仓部郎中黎珣、尚书吏部员外郎叶〔楳〕为参详官。今政事之大者，如宗室、冗官、国用、商旅、盐泽、赋调、尹牧，每一事欲以三人主之。"（《宋会要》职官5，页13a。） 参见孙觌，《鸿庆居士集》，卷33，页7b—8a。（《宋故左朝奉大夫提点杭州洞霄宫章公墓志铭》） 然见行之法钱通，辄复变之，凡旧钞皆勿得用。富商巨贾，或至转为流丐，有赴水自溺死者。提点江淮东刑狱章绰，见而哀之，上言……蔡京怒夺绰官。（《皇朝编年纲目备要》，卷26，页671。）

宋史　卷四百七十二	东都事略　卷一百一	平行文本
B. 1 南开黔中,筑靖州。 2 辰溪徭叛,杀溆浦令,京重为赏,募杀一首领者赐之绢三百,官以班行,且不令质究本末。荆南守马城言:"有生徭,有省地徭,今未知叛者为何种族,若计级行赏,惧不能无枉滥。"蒋之奇知枢密院,恐忤京意,白言城不体国,京罢城,命舒亶代之,以剿绝徭为期。3 西收湟川、鄯、廓,取祥珂、夜郎地。	B. 1 南开黔中,筑靖州。 3 西收青唐,夺湟川、鄯、廓。又取祥珂,夜郎地,以为平、允、从三州。	
IX. A 擢童贯领节度使,其后杨戬、蓝从熙、谭稹、梁师成皆踵之。	IX. A 而内侍童贯始用事,擢领节度使。	
B 凡寄资一切转行,祖宗之法荡然无余矣。	B 凡内侍寄资一切转行,祖宗之法荡然无余。	
C *又欲兵柄士心皆归己,建澶、郑、曹、拱州为四辅,各屯兵二万,而用其姻昵宋乔年、胡师文为郡守。* 禁卒干拺月给钱五百,骤增十倍以固结之。威福在手,中外莫敢议。	铸当十大钱,小民耆利,亡命犯法者纷纷。章綖子縯,以私铸置之法,黥配海岛。侍御史沈畸,坐治縯狱失意削官,羁管者六人。陈瓘子正汇,亦以上书窜海上。(参见《宋史》VIII. A6)威福在手,道路以目。	赵挺之《手记》:京置京畿四辅郡,每郡以两制一人知州事,屯兵各二万人。京意盖欲以密亲如宋乔年、胡师文等为之,则兵权归己矣。(《长编纪事本末》,卷128,页3b;《长编拾补》,卷25,页846。)
D 累转司空,封嘉国公。	D 累迁司空,封嘉国公。	

宋史　卷四百七十二	东都事略　卷一百一	平行文本
X 京既贵而贪益甚,已受仆射奉,复创取司空寄禄钱,如粟、豆、柴薪与傔从粮赐如故,时皆折支,亦悉从真给,但入熟状奏行,帝不知也。		
XI. A 时元祐群臣贬窜死徙略尽,京犹未惬意,命等其罪状,首以司马光,目曰奸党,刻石文德殿门,又自书为大碑,遍班郡国。	XI. A 于时元祐群臣贬逐死徙略尽矣。京第其罪状两等,以司马光为首,指为元祐奸党,请之徽宗而刊诸石,置文德殿门。又自书为丰碑,放之天下。	
B 初,元符末以日食求言,言者多及熙宁、绍圣之政,则又籍范柔中以下为邪等。凡名在两籍者三百九人,皆锢其子孙,不得官京师及近甸。	B 初,徽宗以日食下诏书,言者颇论熙宁、绍圣之政,于是又籍范柔中以下,以为上书邪等。凡名在两籍者,皆锢其子孙,不得官京师及至近甸。	
C 五年,进司空、开府仪同三司、安远军节度使,改封魏国。		
XII. A 时承平既久,帑庾盈溢,**京倡为丰、亨、豫、大之说,**视官爵财物如粪土,**累朝所储扫地矣。**	XII. A 当是时,四方承平,帑庾盈溢,**京倡为丰、亨、豫、大之说,**视官爵财物如粪土,**累朝所储,大抵扫地矣。**	托丰亨豫大之说,倡为穷奢极侈之风,而公私积蓄扫荡无余。(《靖康要录》,卷3,页386"孙觌等上言"。)

宋史　卷四百七十二	东都事略　卷一百一	平行文本
		时,四方承平,帑庾盈溢。京倡为丰亨豫大之说,视官爵财物如粪土,累朝所储,大抵扫地矣。(《皇朝编年纲目备要》,卷26,页663;《续宋编年资治通鉴》,卷15,页5b—6a。)
B 帝尝大宴,出玉盏、玉卮示辅臣曰:"欲用此,恐人以为太华。"京曰:"臣昔使契丹,见玉盘盏,皆石晋时物,持以夸臣,谓南朝无此。今用之上寿,于礼无嫌。"帝曰:"先帝作一小台财数尺,上封者甚众,朕甚畏其言。此器已就久矣,徜人言复兴,久当莫辨。"京曰:"事苟当于理,多言不足畏也。陛下当享天下之奉,区区玉器,何足计哉!"	B 徽宗常出玉盏、玉卮以视辅臣,曰:"朕欲用此于大宴,可乎?"京曰:"臣昔使虏,见有玉盘盏,皆石晋时物,指以夸臣,谓南朝无此。今用之上寿,于礼无嫌。"徽宗曰:"朕此器久已就,深惧人言,故未用尔。"京曰:"事苟当于理,多言不足畏也。陛下当享太平之奉,区区玉器,何足道哉?"京之不能纳忠,类如此。	徽宗尝出玉盏、玉卮,以示辅臣,曰:"欲用此于大宴,恐人以为太华。"京曰:"臣昔使虏,见有玉盘盏,皆石晋时物。指以示臣,谓南朝无此。今用之上寿,于礼毋嫌。"徽宗曰:"先帝作一小台,财数尺,上封者甚众,朕甚嘉之。此器已就久矣,惧人言复兴。"京曰:"事苟当于理,人言不足恤也。陛下当享天下之养,区区玉器,何足道哉!"其不能纳忠,大率如此。(周煇,《清波杂志》,卷2,页79—80。) 上尝出玉盏、玉卮以示辅臣,曰:"朕此器久已就,深惧人言,故未用耳。"京曰:"事苟当于理,多言不足畏也。陛下当享太平之奉,区区玉器,何足道哉!"(《皇朝编年纲目备要》,卷26,页663。)

宋史　卷四百七十二	东都事略　卷一百一	平行文本
XIII. A 五年正月,彗出西方,其长竟天。帝以言者毁党碑,凡其所建置,一切罢之。京免为开府仪同三司、中太乙宫使。	XIII. A 五年,彗出西方,其长竟天。徽宗震惧,仆所立奸党碑,罢京为开府仪同三司、安远军节度使、中太一宫使,封魏国公。	
B *其党阴援于上*,大观元年,复拜左仆射。以南丹纳土,躐拜太尉;受八宝,拜太师。	B 大观元年,复为左仆射兼门下侍郎。以南丹州莫氏纳土,拜太尉。徽宗受八宝,拜太师。	
XIV. A 三年,台谏交论其恶,遂致仕。犹提举修《哲宗实录》,改封楚国,朝朔望。	XIV. A 三年,复以中太一宫使罢,遂致仕。犹提举修《哲宗实录》,改封楚国公。	愿陛下奋乾刚之断,勿贰勿疑,置之远方,以御魑魅,庶以杜绝其望……臣观考蔡京之所为,合而言之,则其事止于十有四:曰渎上帝,曰罔君父,曰结奥援,曰轻爵禄,曰广费用,曰变法度,曰妄制作,曰喜导谀,曰钳台谏,曰炽亲党,曰长奔竞,曰崇释老,曰穷土木,曰矜远略。散而言之,其事数十万言,岂毫楮所能载哉。(《三朝北盟会编》,卷50,页499。)
B *太学生陈朝老追疏京恶* **十四事,曰:渎上帝,罔君父,结奥援,轻爵禄,广费用,变法度,妄制作,喜导谀,箝台谏,炽亲党,长奔竞,崇释老,穷土木,矜远略。乞投畀远方,以御魑魅。** *其书出,士人争相传写,以为实录。*		
C 四年五月,彗复出奎、娄间,御史张克公论京辅政八年,*权震海内,轻锡予以蠹国用,托爵禄以市私恩,役将作以葺居第,*	C—D 四年,彗复出奎、娄间,御史石公弼与张克公论京罪,贬太子少保,语在《石公弼传》,京遂出,居杭州,复太子少师。	与谏议大夫张克公交疏论蔡京罪恶,以为:"京擅作威福,权倾中外,滥锡予以蠹国用,轻爵禄以市私恩。谓

宋史　卷四百七十二	东都事略　卷一百一	平行文本
*用漕船以运花石。名为祝圣而修塔,以壮临平之山;托言灌田而决水,以符"兴化"之谶。法名退送,门号朝京。*方田扰安业之民,圜土聚徙郡之恶。不轨不忠,凡数十事。		财利为有余,皆出诞谩,务夸大以兴事,肆为骚扰。援引小人以为朋党,假借姻娅布满要涂。以至交通豪民,兴置产业,役天子之将作营葺居第,用县官之人舫漕运华石。曾无尊主庇民之心,惟事丰己营私之计。名为祝圣寿,而修塔以壮临平之山势;托言灌民田,而决水以符兴化之语。乃至法名退送,门号朝京……"(《东都事略·石公弼传》,卷105,页3b。参见《长编纪事本末》,卷131,页14a—b;《宋宰辅编年录》,卷12,页747—48;《三朝北盟会编》,卷50,页496—497。)
D 先是,御史中丞石公弼、侍御史毛注数劾京,未允,至是,贬太子少保,出居杭。		
XV. A 政和二年,召还京师,复辅政,徙封鲁国,三日一至都堂治事。	XV. A 政和二年,复太师,召还,赐第京师。京奏:*"已蒙恩召还,而前宰相张商英尚谪远方。臣与商英神宗朝同时遭遇,旧人无几,乞放还便。"*识者以京为不情。未几,落致仕。令三日一至都堂治事。徙封鲁国公。	
B 京之去也,中外学官颇有以时政为题策士者。提举淮西学士苏械欲自售,献议请索五年间策问,校其所询,以观向背,于是坐停替者三十余人。		崇宁五年,长星见,蔡京斥居浙西,时事小变。士大夫观望,或于秉笔之际,有向背语。蔡既再相,门人苏械者自漳州教授召

宋史　卷四百七十二	东都事略　卷一百一	平行文本
		赴都堂,审察献议,乞索天下学官五年所撰策题,下三省委官考校,以定优劣。坐是停替者三十余人。械为太学博士,迁司业卒。(方勺,《泊宅编》,卷2,页9;《宋会要》礼2,页15a。)
XVI. A 初,国制,凡诏令皆中书门下议,而后命学士为之。至熙宁间,有内降手诏不由中书门下共议,盖大臣有阴从中而为之者。至京则又患言者议己,故作御笔密进,而丐徽宗亲书以降,谓之御笔手诏,违者以违制坐之。事无巨细,皆托而行,至有不类帝札者,群下皆莫敢言。	XVI. A 初,国朝之制,凡诏令皆中书门下议而后命学士为之。至熙宁间,有内降手诏,是不由中书门下共议,盖大臣有阴从中而为之者,议者已非矣。至京则又作御笔手诏焉。京益专政,患言者议己,故作御笔密进拟,而丐徽宗亲书以降出也。违御笔,则以违制坐之,以坏封驳之制,事无巨细,皆托而行焉,至有不类上札者,而群下皆莫敢言。	旧制,凡诏令皆中书门下诏,而后命学士为之。至熙宁间,有内降手诏作御笔手诏,违御笔以违制坐之,事无巨细,皆托而行焉。有不类上札者,而群下皆莫敢言也。(《皇朝编年纲目备要》,卷27,页696—697。)
B 繇是贵戚、近臣争相请求,至使中人杨球代书,号曰"书杨",京复病之而亦不能止矣。		

宋史　卷四百七十二	东都事略　卷一百一	平行文本
XVII. A 既又更定官名，以仆射为太、少宰，自称公相，总治三省。B 追封王安石、蔡确皆为王。C 省吏不复立额，至五品阶以百数，有身兼十余奉者。侍御史黄葆光论之，立窜昭州。D 拔故吏魏伯刍领榷货，造料次钱券百万缗进入，徽宗大喜，持以示左右曰："此太师与我奉料也。"擢伯刍至徽猷阁待制。	XVII. A 又更定三公、三孤之官，改左、右仆射为太宰、少宰，废尚书令，自称公相，总治三省。B 追赠王安石、蔡确皆为王。C 堂后吏不复立额，有身兼十余奉者。侍御史黄葆光疏论之，即贬昭州。D 用故省吏魏伯刍提举榷货务，令作泛料关子百万缗进，徽宗大喜，持以示左右曰："此太师所与我奉料也。"擢伯刍至徽猷阁待制。	
XVIII. A 京每为帝言，今泉币所积赢五千万，和足以广乐，富足以备礼，于是铸九鼎，建明堂，修方泽，立道观，作《大晟乐》，制定命宝。B 任孟昌龄为都水使者，凿大伾三山，创天成、圣功二桥，大兴工役，无虑四十万。两河之民，愁困不聊生，*而京俨然自以为稷、契、周、召也*。	XVIII. A 京又言于徽宗，以为内外泉货所积为五千万，和足以广乐，富足以备礼，于是立明堂，铸九鼎，修方泽，建道宫，作大晟乐，制定命宝。B 任孟昌龄为都水使者，凿大伾三山，回引河流，作天成、圣功二桥，大兴工役，无虑数十万。两河之人愁困不聊生矣。	

宋史　卷四百七十二	东都事略　卷一百一	平行文本
	石公弼、张克公之论京恶也，京憾之不置。徽宗觉之，用克公为吏部尚书，凡七年。京尝令御史察吏部稽违事，毛举细故，以为克公罪。徽宗命削侍郎以下官，勿问尚书。公弼知襄州，因论牙校转般破产事，户部侍郎陈彦文言其诋毁先烈。京虑徽宗见公弼姓名必庇之，但泛言乞责襄州官吏，遂以散直安置台州。	克公敢言事，无所回避。既论罢蔡京，京复相，克公屡求去，而徽宗不许。京忌之，复不得进为尚书者凡七年。（《东都事略》，卷105，页4a—b。）

京再相，户部侍郎陈彦文言："公弼奏襄州牙校转般损坏官物，破荡家业，为诋毁先烈。"京恐徽宗知公弼姓名，止云襄州官吏，乞窜责。遂为秀州团练副使、台州安置。（《东都事略·石公弼传》，卷105，页4a。） |
| C 又欲广宫室求上宠媚，召童贯辈五人，风以禁中逼侧之状。贯俱听命，各视力所致，争以侈丽高广相夸尚，而延福宫、景龙江之役起，浸淫及于艮岳矣。 | C 又欲以宫室求媚，召童贯辈五人，讽以禁中逼侧之状。贯辈听命，乃尽徙内酒坊诸司及两军营等于他所。五人者各视其力所底，争以侈丽相夸尚。于是崇大宫室、苑囿，改建延福宫，浸淫及于艮岳矣。七年，进封陈鲁国公，不拜。 | |
| XIX. A 子攸、絛、翛，攸子行，皆至大学士，视执政。 | XIX. A 京子攸、絳、翛，孙行，皆至大学士，视执政。 | |

宋史 卷四百七十二	东都事略 卷一百一	平行文本
B **儵尚茂德帝姬。帝七幸其第,赉予无算。命坐传觞,略用家人礼。**厮养居大官,媵妾封夫人,然公论益不与,帝亦厌薄之。	B 儵尚帝女,他至侍从者又十人。厮役皆至大官,妾媵封夫人,**尚方赉予无虚日。轻舟小辇,鸣鸾七幸,命坐赐酒,略用家人礼。**京表谢,有"*主妇献寿,请醮而肯,从稚子牵衣挽留而不却*"之语,殊以为荣遇焉。	至是再乞骸骨,以联姻国戚,子尚王姬,赐予宠赉略无虚日。轻车小辇,鸣鸾七幸,命坐赐酒,用家人之礼。(范冲,《宰辅拜罢录》,刊《宋宰辅编年录》,卷12,页792。)
		时,京子攸、儵、儵、孙行,皆至大学士,视执政,而儵尚帝女,他至侍从者二十余人,尚方赉予无虚日,厮役皆至大官,媵妾至封夫人。然公论益不与,而上厌之。(《皇朝编年纲目备要》,卷29,页736;《续宋编年资治通鉴》,卷16,页6b。)
XX. A 宣和二年,令致仕。	XX. A 宣和二年,京再致仕。	
B 六年,以朱勔为地,再起领三省。京至是四当国,**目昏眊不能事事,悉决于季子儵。凡京所判,皆儵为之,且代京入奏。每造朝,侍从以下皆迎揖,咕嗫耳语,堂吏数十人,抱案后从,由是恣为奸利**,窃弄威柄,骤引其妇兄韩梠为户部侍郎,媒蘖密谋,斥逐朝士,**创宣和库式贡司,四方之金帛与府藏之所储,尽拘括以实之,为天子之私财。**	B 居四年,又起领三省事,五日一朝,细务免金书。京至是四入相,**年老目昏,不能事事,悉决于子儵。**儵时为龙图阁直学士兼侍读,威福自恣,多引其宾客置要官,**建议创式贡司于宣和库,括四方之币,空府藏所有以实之,以为天子私财。**超拜其妇兄韩梠为户部侍郎。	时京已八十,目盲不能书,足蹇不能拜跪矣。其子儵用事,凡判笔皆儵为之,仍代京禁中奏事。于是肆为奸利……儵每造朝,侍从以下皆迎揖,附耳与语,堂吏抱文案数十人从之。(朱胜非,《秀水闲居录》,刊《三朝北盟会编》,卷50,页496;《长编纪事本末》,卷131,页20b。)

宋史　卷四百七十二	东都事略　卷一百一	平行文本
宰臣白时中、李邦彦惟奉行文书而已,既不能堪,兄攸亦发其事,上怒,欲窜之,京力丐免,特勒停侍养,而安置韩棓黄州。未几,褫絛侍读,毁赐出身敕,而京亦致仕。		诏曰:"蔡絛比建议宣和库令置式贡司,掌凡四方式贡之余,以待天子之用。拨元丰、大观榷货务库金银,并入宣和库。朕抚世隆平,昭德崇俭。而絛妄意建议,请创置式贡司于宣和库。张官置吏,又分六库,以括四方钱币,万民之贡,又欲空府库之所有以实之。违典式,兴聚敛,绌国用,启私藏,可特落职。"(《宋宰辅编年录》,卷12,页809—810。)
C 方时中等白罢絛以撼京,京殊无去意。帝呼童贯使诣京,令上章谢事,贯至,京泣曰:"上何不容京数年,当有相谗谮者。"贯曰:"不知也。"京不得已,以章授贯,帝命词臣代为作三表请去,乃降制从之。	C 白时中、李邦彦为相,皆不能堪,先白罢絛侍读以撼京。京尚未有引去意,徽宗召童贯,使诣京讽之致仕。贯既宣旨,京泣曰:"上何不容京数年?必有相谗谮者。"贯曰:"不知也。"京不得已,草奏请罪。徽宗降制,复令致仕。在位仅数月,而攸以太保领枢密院事。	

宋史　卷四百七十二	东都事略　卷一百一	平行文本
XXI 钦宗即位,边遽日急,京尽室南下,为自全计。天下罪京为六贼之首,侍御史孙觌等始极疏其奸恶,乃以秘书监分司南京,连贬崇信、庆远军节度副使,衡州安置,又徙韶、儋二州。行至潭州死,年八十。	XXI 钦宗即位,谏台论京误国滔天之罪,责授秘书监,分司南京。连贬庆远军节度副使、衡州安置,徙韶州,又徙儋州。其子孙皆褫职,分徙远郡。惟傿尚武德帝姬,以驸马都尉特免窜,换深州防御使。京行至潭州而卒,年八十。	
XXII 京天资凶谲,舞智御人,在人主前,颛狙伺为固位计,始终一说,谓当越拘挛之俗,竭四海九州之力以自奉。帝亦知其奸,屡罢屡起,且择与京不合者执政以桅之。	XXII 京资险诈,侈靡无度,竭四海九州之力以自奉。徽宗虽宠用之,然亦屡起而屡仆。	京天资险谲,舞智以御人,在人主前,左狙右伺,专为固位之计。终始持一说,谓当越拘挛之俗,竭九州四海之力以自奉。徽宗虽富贵之,而阴知其奸谀,不可以托国,故屡起屡仆。尝收其素所不合者,如赵挺之、张商英、刘正夫、郑居中、王黼之属,迭居台司以桅之。
京每闻将退免,辄入见祈哀,蒲伏扣头,无复廉耻。燕山之役,京送攸以诗,阳寓不可之意,冀事不成,得以自解。见利忘义,至于兄弟为参、商,父子如秦、越。	京每闻其将退,必见徽宗,叩头求哀,无复有大臣廉耻事。北事之萌也,京首倡之,燕山之役,攸实在行,而京送之以诗,戒其起衅,冀事之不成得以自释也。	京每闻将罢退,辄入宫见上,叩头祈哀,无复有大臣廉况事。燕山之役起,攸实在行,京送之以诗,阳为不可之言,冀事之不成,得以自解。

宋史　卷四百七十二	东都事略　卷一百一	平行文本
暮年，即家为府，营进之徒，举集其门，输货僮隶得美官，弃纪纲法度为虚器。患失之心无所不至，根株结盘，牢不可脱。卒致宗社之祸，虽谴死道路，天下犹以不正典刑为恨。	暮年，即家为府，谄佞干进者伺候其门输货，僮妓以得美官者，不可胜数。纲纪法度，于是大坏，卒为宗社之祸云。	暮年，即家为府，嗜利干进者趑趄其门输货，僮奴以得美官者踵相蹑。纲纪法度，一切为虚文，识者窃忧之。而京患失之心，无所不至，根结盘固，牢不可脱。卒以召衅误国，为宗社奇祸，虽以谴死，而海内犹以不正典刑为恨云。（《长编纪事本末》，卷131，页22a—b。）

无奈的史家：孙觌、朱熹与北宋灭亡的历史

> "历史伴随文本而生。"
>
> ——Fustel de Coulanges（1830—1889）

本文考察宋代历史编纂中一起事件及其在宋代历史书写发展过程的意义。1167 年夏，国史院编修洪迈请孝宗起用致仕官孙觌（1081—1169）协助《钦宗实录》的编纂。通常，《实录》的编纂是"内部"事务，编纂的档案与活动被限制由指定的国家机构进行。用现今的话说，洪迈要求孙觌的帮忙相当于寻求"外部咨询"。皇帝同意了这个不寻常的措施，但当时已 86 岁的孙觌并不情愿，他最初拒绝这项任命。孙觌最后同意有限度地参与编纂，并在 1167 年的冬天把他的手稿递交给实录院。

在孙觌去世的二十年之内，朱熹于 1185 年极力批评这位不情愿的史家，给孙觌贴上机会主义者、道德堕落者的标签，并认为他个人的过失直接导致了 1126—1127 年北宋的覆灭。朱熹断言，孙觌利用洪迈考虑欠周的邀请这一良机，将曲解引入该时期历史真实，掩盖了他在北宋覆灭时的共犯行为，并诋毁了他过去的政敌。朱熹更进一步指控，刚刚完成了北宋史巨著《续资治通

鉴长编》的同时代史家李焘(1115—1184)也不小心采用了孙觌带有偏见的叙述。

本文将揭示朱熹推广一种修正的北宋覆灭史,并利用孙觌曾参与《钦宗实录》编写一事,否定李焘所编纂的官方历史的可信度。运用比较文本分析,本文检验了李焘编辑《长编》的方法,通过"文本考古学"的过程,确认李焘叙述的可靠性。笔者认为,朱熹对孙觌的攻击,可视为朱熹及其追随者在道学运动期间,为改变司马光(1019—1086)开启的传统宋代历史书写方式所发起的长时期努力之先声。而这些道学家的长期努力,最终将成功改变司马光所建立的《通鉴》传统。最后,本文将检视道学对宋代史料的影响,并勾勒出其对《宋史》研究的含义。

孙觌与《钦宗实录》

正如我们所熟知的,宋代官方历史编纂过程会编辑和压缩例行的朝廷政令,最后把这些材料加工成为王朝历史的草稿。起居注,理想情况下是皇帝言动的每日记录,经过浓缩成为《日历》,再成为《实录》,最后形成《正史》或《国史》。北宋最后的皇帝钦宗的短暂的统治,给那些编纂钦宗朝官方历史的南宋史家们带来了难以克服的障碍。

徽宗统治期间(1082—1135,1101—1125 年在位),数位起居注作者抗议政治的党派之争已经削弱了起居注作为历史编纂过程中的第一步的功能。他们宣称,《日历》的记载内容是选择性的、分散的,缺少充分的细节、忽略不同意见,而且充满恭维时政的祥瑞报告。① 除了这些存在于基础历史记载的缺点之外,几乎所有的朝廷档案——无论被修改与否——都在 1126 年女真侵略者攻陷开封的时候遗失了。此外,在一年中去世的官员传记,按例会被收入该年的《日历》;而不少高级官员在北宋无秩序的最后那年中去世。② 最后,当时尚是康王的高宗皇帝,深深地卷入了1126—1127 年的许多关键事件。即使在他 1162 年 6 月禅位之后,高宗和其他官员对 1126 年那可怕一年的政治敏感仍困扰着史官们的任务。举例来说,元朝史官袁桷(1266—1327)指控,由于当时太上皇高宗仍然健在,洪迈隐瞒了很多北宋晚期历史的细节,特别是徽宗对于北宋灭亡的责任。③

开始重修《钦宗日历》与 1140 年 2 月实录院的大规模重组密切相关,当时该机构的许多职能都被移至秘书省。④ 之后数年,这一工作取得了初步进展,或许是与大部头的《建炎以来日历》一起进行。《日历》在权相秦桧的养子秦熺(1161 年去世)支持下,于1143 年 2 月完成。然而,钦宗朝历史编纂工作却在之后陷入低迷。1144 年 7 月,秦熺完全控制了秘书省及其历史编纂功能。秦桧的执政持续到他 1155 年去世,期间许多徽宗及钦宗朝的事件始终是敏感的政治议题。在秦熺的控制下,实录院的常规运转陷

① 见赵汝愚(1196 年去世)编,《宋朝诸臣奏议》(上海:上海古籍出版社,1999),卷 60,页 659—660。石公弼(1091 年进士)记于 1108 年的奏议以及卷 60,页 660—661,宇文粹中(1139 年去世)记于 1110 年的奏议。
② 关于事件和项目(规定编纂日历时需要被收录在编纂中的章程)的分类清单,见陈骙(1128—1203),《南宋馆阁录》(北京:中华书局,1998),卷 4,页 39—40。
③ 袁桷,《清容居士集》(《四部丛刊》本),卷 41,页 33a。
④ 徐松(1781—1848)辑,《宋会要辑稿》(1936;重印本,北京:中华书局,1966。以下简称《宋会要》),《运历》1,页 22b。

入了停顿。①

修纂《钦宗日历》的工作很可能并未恢复,直到三件事件相互
结合,创造出有利于编纂计划的政治环境:(一)被女真俘虏的钦
宗皇帝于1161年5月死亡;(二)高宗皇帝于1162年6月退休;
(三)孝宗皇帝的继位。李心传(1166—1243)所写的一段简短笔
记记载《钦宗日历》的最终定本,是由龚茂良(1178年去世)从较
早的草稿增加而成:"《钦宗实录》,洪景卢因龚实之所补《日历》
而修,文直而事核。"②秘书省当时的记录显示龚茂良于1162年5
月至1164年3月期间曾任多种馆职,并在1162年9月被任命为
国史院编修官。③ 很可能是在这段时间,龚氏完成了1140年代开
始编纂的草稿。很幸运地,现存的记录证实了这个编年并提示了
其中的困难。

1163年7月,秘书少监刘仪凤(1110—1175)报告:

> 国史日历所见修《靖康日历》,将及成书。缘当来文字遗
> 逸,内有臣僚薨卒及死于兵者凡四十一人,虽粗有事迹,即未
> 曾立传。欲乞下礼部开具所要立传姓名,下诸路转运司,令
> 所属州县多方求访逐人子孙亲属所在,抄录墓志、行状及应
> 干照修事迹缴申本所,以备照用。或其间系罪籍之人,见无
> 子孙可以搜访,及薨卒死事在靖康年分,而名字湮没不存,恐

---

①关于秦桧执政下的官方史学编纂,见本书《一个邪恶形象的塑造:秦桧
　与道学》。
②李心传,《建炎以来朝野杂记》(甲集,1202;乙集,1216;重印本,北京:
　中华书局,2000。以下简称《朝野杂记》),甲集卷4,页110。
③《南宋馆阁录》,卷7,页79;卷8,页114、122、131。

士大夫曾有收得上件事迹,但可参照者,欲乞就令搜访施行。①

在这份清单上,最重要的"罪籍之人"莫过于北宋最后一位权相蔡京(1047—1126)。作为一则有趣而重要的题外话,1166 年 1 月,刘仪凤被御史台弹劾并遭解职,原因是他在秘书省任职期间"录四库书本以传私室",其中更是包括《国史》、《实录》等官方史著。② 我们将注意到,这个事件很可能让孙觌不愿意参与国史编纂。

1166 年 12 月《钦宗日历》宣告完成,"缘渡江之后,简编散逸,前来官吏冥搜博采,今已成书,凡七十五卷"。《钦宗日历》被命令直接送到国史院,立即准备编纂《钦宗实录》。③ 次日,刚被指定为国史院编修官的洪迈,上呈了一份长篇奏议,提出《实录》的工作纲领。纲领中承诺洪迈及其下属将在一年之内,在没有额外人员与资源的情况下完成工作。④ 加快的日程表与没有其他资源分配可能反映了洪迈计划合并《钦宗实录》与《四朝国史》(神、哲、徽、钦)的修纂工作,并以此完成北宋的国史修纂。⑤

---

① 《宋会要》运历 1,页 25a—26a。刘仪凤从 1161 年 7 月到 1165 年 3 月服务于秘书省的史馆,见《南宋馆阁录》,卷 7,页 85;卷 8,页 130、131。

② 《宋会要》职官 71,页 13a;脱脱等编,《宋史》(1345;重印本,北京:中华书局,1977),卷 389,《刘仪凤传》,页 11941。

③ 《宋会要》运历 1,页 27b。

④ 《宋会要》职官 18,页 66b—67a。

⑤ 《宋会要》职官 18,页 57b;《宋史》,卷 373,《洪迈传》,页 11572;Herbert Franke, ed., *Sung Biographies* (Wiesbaden: Franz Steiner Verlag, 1976), pp. 473-475.

然而,洪迈马上发现他的前任者刘仪凤虽然宣称广泛搜求数据,只是粉饰了资料不足的问题。1167 年 5 月,洪迈上奏:"除日历所发到《靖康日历》及汪藻所编《靖康要录》并一时野史杂说与故臣家搜访到文字外,缘岁月益久,十不存一。"特别是,搜求那些死于靖康时期官员的传记几乎毫无所得。洪迈建议要求靖康年间曾于御史台任职的致仕官员孙觌帮忙解决这些缺陷。"其年虽老,笔力不衰。乞诏觌以其所闻见撰为蔡京……谭世勣等列传。及一朝议论事迹,凡《国史》、《实录》所当书者,皆令条列,上送本院。"①皇帝同意了此建议,命孙觌编纂这些传记。

三个月后,孙觌回复了皇帝的命令:

> 被旨令撰蔡京、王黼等列传。伏见《神宗实录》藏之金匮久矣,绍圣以来,两经刊削,今有二书。臣今被旨,所当书者皆误社稷大恶,更无记注、日历为根据,而出于一夫之手。他日怨家仇人袭绍圣之迹,指为诽谤,吠声之众,群起而攻之,臣腰领不足以荐铁钺。奉诏惕然,以乐为惧。况列传之体,合得州里、世次、出身、践历岁月终始,移文所属督责报应,皆非臣所能办。欲望察臣衰谢,非宣力之时,而私家亦非修史之地。今欲自蔡京以下臣所亲睹事迹有实状者旋行记忆,每得十数事,则缮写续申实录院,以备史官采择。乞免臣下笔

---

① 《宋会要》职官 18,页 67a—b。这些洪迈特别要求孙觌传写的官员传记包括:蔡京、王黼(1079—1126)、童贯(1054—1126)、蔡攸(1077—1126)、梁师成(1126 年去世)、谭植、朱勔(1075—1126)、种师道(1051—1126)、何㮚(1089—1127)、刘延庆(1068—1126)、聂昌(1078—1126)、谭世勣(1074—1127)等人。

作传，以逾越职出位之咎。①

　　孙觌用相当直接的措辞表明，如果强迫他写这些传记，稍早前《神宗实录》遭遇的命运也将等待着《钦宗实录》。《神宗实录》成了北宋晚期激烈党派之争的牺牲品，当时变法派指控编纂墨本《神宗实录》（完成于1091年3月）的史官们在书稿中诋毁神宗和新政。重修的朱本《神宗实录》（完成于1096年11月）删除了那些"诽谤"并从变法派的观点重写了这段历史。② 孙觌表示自己人单势孤，既没有史官的身份，也无法接触那些史官能使用的寻常档案资料。如果撰写《钦宗实录》之中如"大恶"传记这样重要的部分，他的参与将招致政敌的诽谤，也会危害《钦宗实录》的被接受度。孙觌指出，即使是圣旨命令他参与，也不足以保护他避免这样的结果。他也强调，自己没有承担此职责的必要资源。此外，或许他想起了刘仪凤最近的下场：私家不是修史的场所。孙觌同意提供他个人的回忆（此举是将他上呈的资料置于朝廷稍早要求普遍协助的范围之内），但仍坚持事件的选择以及传记定稿的责任必须归于史官。孝宗同意了他的请求，孙觌于1167年10月递交名为《蔡京事实》的手稿。较预定期限延迟了三个月，《钦宗实录》宣告完成，共四十卷，于1168年4月上呈。③

---

① 《宋会要》职官18，页67b，记时于1167年8月12日。
② 关于更细致的研究，见黄汉超，《〈宋神宗实录〉前后改修之分析》，《新亚学报》第7卷第1期，1965年2月，页367—409及第7卷第2期，1966年8月，页157—195。孙觌被认为简化了这个议题。现代学者蔡崇榜则认为《神宗实录》在宋代重修不少于五次，见《绍兴〈神宗实录〉两修考》，《文史》，第37辑，1993年，页131—137。
③ 《宋会要》职官18，页67b—68a；《南宋馆阁录》，卷4，页37—38。

孙氏回答的要旨看起来表示了洪迈的要求以及接踵而来的诏命使他颇为惊讶。稍后笔者将回顾孙觌的突出事迹。目前可以说,没有迹象显示洪迈与孙觌之间有任何往来,足以使洪迈将如此艰巨的要求托付给这位年长官员。此外,洪迈选择孙觌担当为北宋臭名昭著的"罪籍之人"撰写传记这不受欢迎的任务也令人困惑。虽然孙觌的仕途自从1130年代初期即告没落,但即使到1160年4月致仕之后,孙觌仍是极具争议的人物。就在1166年4月,孙觌在噩梦般的1126年中的行为才再次被御史台弹劾。不过,尽管仕途困厄,他似乎天性爱交际,且对于北宋以来的故事,他是个热切成癖的讲述者,在晚年尤甚。孙觌以文笔著称,常有些同时代人的家族或是后人委托他撰写墓志,一些志文还保存在他的文集里。①

　　洪迈似乎确实认为他所掌握的档案材料不足以完成《钦宗实录》的编纂,但是为何他这样反常地寻求这位好交际且具争议性的八旬老人协助呢? 之后的道学士人把洪迈的要求归因于他的天真以及缺乏身为史家的责任感。然而,这更有可能是出于一个更具恶意的动机:洪迈清楚任何关于北宋最后时日的历史叙述势必引起批评,他会否是在寻找可以转移批评的替罪羊? 还有谁比这位以撰写墓志典雅著称、朝中无人、只被视为旧日遗迹的行将就木的八旬老人更合适呢? 确实,从对孝宗的回复如此的坚决与小心来看,孙觌也许明白他被"算计"了。

　　现在不可能确定孙觌所呈递手稿的确切性质,不论是他的文

---

① 关于孙觌的致仕,见李心传,《建炎以来系年要录》(约成书于1208年;重印本,《丛书集成》本,以下简称《要录》),卷185,页3093;卷192,页3207。

本、《钦宗实录》或是任何宋代国史都没有存留下来。因此,也不可能知道孙觌的手稿是否履行了他的承诺:为洪迈名单上的每位人物提供十余项事迹。然而,从今本《宋会要辑稿》中保存的《蔡京事实》这一标题来看,他的资料至少涉及蔡京。那么,是否有可能根据现存的《宋史·蔡京传》(完成于 1345 年)确认孙觌上呈资料的相关信息?①

　　事实上,比较《宋史》传记及其他南宋人所试图撰写的蔡京传记,可以得到一些重要的结论。笔者所见,现存有三部这样的文本。徐梦莘(1126—1207)于 1196 年完成的《三朝北盟会编》,便从两种十二世纪中期著作的蔡京传记引用了数段文字。② 然而,这两种记载与《宋史·蔡京传》并无文本上的联系。也就是说,两者并不属于最终构成《宋史·蔡京传》的文本母体(textual matrix)。不过,现存的第三种记载——《东都事略·蔡京传》(1186 年由王偁上呈朝廷)——则与《宋史·蔡京传》密切相关。③ 对两传做详细比较超出了本文的范围,但是能够发现,虽然《宋史·蔡京传》包含了一些《东都事略·蔡京传》没有的段落,但是《宋史·蔡京传》事件的序列完全沿袭了《东都事略·蔡京传》。除却一些文体的细微改变,两种文本的段落基本上可以相互对应。显然,《宋史·蔡京传》的文本如果不是对《东都事略·蔡京传》文本进行的改写,就是它们拥有共同的史源。

---

① 《宋史》,卷 472,《奸臣·蔡京传》,页 13721—13728。
② 徐梦莘,《三朝北盟会编》(1196;重印本,台北:大化书局,1979。以下简称《会编》),册 1,页 493—495。
③ 王偁,《东都事略》(1186;重印本,台北:文海出版社,1979),卷 101,《蔡京传》,页 1a—5b。关于建立在《宋史》传记"考古学"的蔡京历史意象的演变,见本书《〈宋史·蔡京传〉的文本史》。

1185 年 6 月,洪迈再次受命任职国史院以完成《四朝国史》,并最终于 1186 年 11 月竣工。[①] 稍后在 1187 年 3 月的一份奏议中,洪迈承认编纂工作倚仗 1186 年王偁进呈的《东都事略》甚多,并推荐王偁任官作为献书的奖励。[②] 奏议中,洪迈称王偁完成《东都事略》是依托其父王赏(1149 年去世)1140 年代在秘书省任职时留下的资料。洪迈估计王氏父子九成的资料来自国史,剩下一成则有其他来源。而王应麟(1223—1296)亦对《东都事略》的内容给予相似的评价。[③]

---

① 关于《四朝国史》编纂的历史(这工作于 1168 年由李焘所展开),见李心传,《朝野杂记》,甲集卷 4,页 110—111 及王应麟(1223—1296),《玉海》(重印本;上海、南京:上海书店、江苏古籍出版社,1988),卷 46,页 49b—51a。

② 《宋会要》崇儒 5,页 41a—b。亦印于文海出版社重印的《东都事略》前。李心传提到的关于《东都事略》与《四朝国史》之间关系的有趣小故事,符合洪迈奏议叙述的细节。根据李心传的说法,洪迈与李焘在乾道时期(1165—1173)曾就宫廷礼仪发生争执,孝宗最后听从李焘的建议,使洪迈非常不愉快。当李焘于 1184 年去世时,《四朝国史》的传记部分尚未完成,而皇帝指定洪迈完成这个工作。然而洪迈仍然对之前的争论耿耿于怀,便冷落李焘手稿的残余部分。当皇帝催促完成这份工作时,洪迈便将才刚进呈的《东都事略》的传记抄录进《四朝国史》。李心传的说法同时说明了为何《四朝国史》存在许多错误,以及为何洪迈之后推荐王偁任官。见《朝野杂记》,甲集卷 9,页 187。

③ 《玉海》,卷 46,页 51a。借由比较保存于 1194 年的《名臣碑传琬琰集》中 27 篇正式的《实录》传记与《东都事略》的相关传记,有可能形塑出《东都事略》与其原始材料彼此关联的印象。在粗略地比较几篇传记之后,显示《东都事略》作为"节录的事件"、"摘要"的描述是经过考虑而精确的。《实录》的文本(每篇皆以传主去世时的确切日期开头)被以精确的模式建立起来。《东都事略》跟随着《实录》所述事件的序列,但加以摘要并浓缩材料,以提供更具有效率的、较少篇幅的(转下页)

虽然王偁进献《东都事略》时在 1186 年,但有明显的证据显示全书大部分在很早以前已经写就。王赏精于仪制与礼制,1142 年 3 月开始在新近改革的秘书省中的实录院任职,比秦熺早一个月。1143 年 12 月,或许是来自秦桧的授意,王赏遭到御史攻击,被迫离开临安。王赏在编纂《钦宗日历》的最初阶段及火速完成《建炎以来日历》期间都在实录院,在 1144 年 7 月秦熺完全掌控实录院前被免去职位。① 前文提及洪迈与王应麟都认可《东都事略》大部分抄录自官方档案,既然没有王偁曾担任可接触到官方档案的官职的记载,那么这些材料应该是王赏在秘书省任上抄录的。1149 年去世之后,王赏的资料由其子王偁继承。王赏与李焘同是四川眉州人,当《东都事略》逐渐形成时,李焘极有可能认识王氏父子,知道他们的成书计划。②

(接上页)文本。关于实录的传记,见杜大珪(于 1194 年之后去世),《琬琰集删存附引得》,哈佛大学燕京学社引得特刊第 12 辑(3 卷本;北京:哈佛燕京学社,1938),卷 3,页 1a—55b。南宋的读者批评《东都事略》过度简要的本质,见陈振孙(约 1190—1249 年之后),《直斋书录解题》(重印本;上海:上海古籍出版社,1987),卷 4,页 110。

① 关于王赏作为史官的事迹,见《要录》,卷 144,页 2318;卷 145,页 2319;卷 146,页 2356;卷 150,页 2418;卷 159,页 2577;卷 160,页 2736。《宋会要》职官 70,页 28b 和选举 34,页 8b。《南宋馆阁录》,卷 8,页 135、137。

② 关于《长编》的出版历史,见顾吉辰、俞如云,《〈续资治通鉴长编〉版本沿革及其史料价值》,《西北师院学报》1983 年第 3 期,页 36—42。关于王氏父子及其作品的研究,见陈述,《〈东都事略〉撰人王赏父子》,《"中央研究院"历史语言研究所集刊》第 8 本第 1 分(1939),页 129—138。虽然陈述自己对于《东都事略》的成书日期没有表态,他引述了清代学者王士禛(1634—1711)的说法(王士禛认为《东都事略》完全是由王赏完成的)。关于王赏、王偁对《东都事略》贡献的相应部分、此书的成书日期,以及《长编》与《东都事略》的关系仍存在许多争议。赵铁寒在(转下页)

从上述事实可得到:第一,现存的《东都事略·蔡京传》,即便不是直接来自 1140 年代早期为《钦宗实录》编纂的蔡京传记,也是其近亲。第二,《东都事略》的文本是 1186 年《四朝国史》中蔡京传记的基础。第三,1186 年的文本经过些许新增及文体上的修正,即成为现在的《宋史·蔡京传》。第四,也是我在这篇文章接下来的议题最重要的部分,孙觌于 1167 年递交给洪迈的手稿之中关于蔡京的材料,似乎并未在《四朝国史》或最终在《宋史》的《蔡京传》的形成中扮演主要角色。

朱熹对孙觌的攻击

孙觌于 1169 年去世,距他将手稿呈交给实录院尚不到两年。

(接上页)他为台湾重印《东都事略》本子所写的序言中提到《长编》的注释包含了许多《东都事略》的引文,赵氏并主张李焘曾接触过《东都事略》的早期稿件。然而,有些大陆的学者坚持这些注释是事后所加上的,并非李焘原来文本的部分,见蔡崇榜,《宋代四川史学家王偁与〈东都事略〉》,《成都大学学报》1985 年第 4 期,页 23—29 及何忠礼,《王偁和他的〈东都事略〉》,《暨南学报》1992 年第 3 期,页 55—64。这些学者,相对于陈述,强调王偁而非其父对《东都事略》的贡献。确实,辽宁省图书馆所保存的《长编》108 卷南宋版本的最近重印本并未包含《东都事略》的引文。然而,就像陈智超于序言所指出的,这个版本并非最初由李焘监督印行的版本,而是其后商业用的版本,只保留了原文的百分之七十。见《宋板续资治通鉴长编》(7 册本;北京:中华全国图书馆文献缩微复制中心,1995),《序言》,页 7。关于《长编》与《东都事略》确切的关系尚待更细致的研究。此时,笔者倾向相信现在保存于《长编》的《东都事略》引文是后来添写的,但笔者认为李焘接触过王赏《东都事略》的早期手稿,或是从史馆接触到相似材料的钞本。

孙觌对孝宗的提醒——他参与《钦宗实录》的编纂可能引起其他人对文本可信度的批评——得到了应验。1185年秋天，尚在洪迈完成《四朝国史》前，朱熹在与他的学生刘爚（1144—1216）的谈话中，曾提及孙觌及其在北宋覆灭中的角色。朱熹认为这件事情的重要程度，值得他将自己的意见记录下来。

> 靖康之难，钦宗幸虏营，虏人欲得某文，钦宗不得已，为诏从臣孙觌为之，阴冀觌不奉诏，得以为解。而觌不复辞，一挥立就，过为贬损，以媚虏人，而词甚精丽，如宿成者。虏人大喜，至以大宗城卤获妇饷之，觌亦不辞。其后每语人曰："人不胜天久矣，古今祸乱，莫非天之所为，而一时之士，欲以人力胜之，是以多败事而少成功，而身以不免焉。孟子所谓'顺天者存，逆天者亡'者，盖谓此也。"或戏之曰："然则子之在虏营也，顺天为已甚矣，其寿而康也，宜哉！"觌惭无以应，闻者快之。乙巳八月二十三日，与刘晦伯语，录记此事，因书以识云。[1]

朱熹所指的"某文"即所谓"降表"，是宋钦宗向金国皇帝承认臣属地位，并宣布北宋终结的正式文书。这份文件完成于1126年12月1日，此时钦宗和他的随员正被囚禁在女真设于"青城"的营地。孙觌时任中书舍人，身处起草这份羞辱性文件的过程的中心。《记孙觌事》清楚表明了朱熹对孙觌在此事件的角色和孙觌的动机及人格的态度。朱熹指出三点：（一）孙觌接受了钦宗的命令起草降表，是为不忠。（二）孙觌是机会主义者，因为他精心撰

---

[1]《记孙觌事》，《朱熹集》（成都：四川教育出版社，1996），卷71，页3690。

写了一份过分反宋的文书以取悦金人。(三)孙觌所写文本的优美措辞证明他定是在先前就拟好草稿。幸运的是,李心传及徐梦莘的历史著作、孙觌的文章以及现存金代编纂的文献都保存了关于降表的材料。这些材料使验证朱熹对孙觌指控的准确性成为可能。

对北宋覆灭时期最早且最丰富的记载当属《宣和录》,如今不知撰人姓名且已散佚,而徐梦莘《会编》曾引用此书:"上在虏寨,宿郊宫,与二酋尚未相见,遣使议事。索降表,上命孙觌草表,但言请和称藩而已,使人赍草示粘罕,粘罕以为未是,使人往来者数四,皆不中,而要四六对属作降表。觌与吴开互相推避不下笔,上曰:'事已至此,当卑辞尽礼,勿计空言。'促使为之,于是觌、开与何㮚共草成之。"《宣和录》从降表引用了三段文字,接着叙述钦宗对孙觌的评论:"对属甚切,非卿平昔闲习,安能及此?"接着,《宣和录》举出数例,说明女真"二酋"坚持在所引的三段降表文字中进行改动。《宣和录》最后引述孙觌来年进呈的一份辞状中的文字作结,孙觌在其中概述了他在降表起草中的参与。①

孙觌自己的解释支持了《宣和录》的说法。此外,孙觌解释道,由于起草国家重要文件一般是翰林学士而非他担任的中书舍人的职责,他最初拒绝执笔,但来自宰相何㮚与钦宗的压力使他妥协。孙觌又提到女真使节已决定降表的内容,而钦宗为了回到城内的皇宫,催促官员们按女真的条件起草。孙觌更指他之所以同意撰写最后定稿,是因为何㮚不满钦宗投降的决定而拒绝起草,而起居郎胡交修(1078—1142)亦参与了降表的准备。②

李心传的《要录》在一则据孙觌自己的文字所写成的条目中

①《会编》,册 2,页 140。
②《会编》,册 2,页 140—141。

提到"降表"。李心传是为达成事件的中允记载接受了这些文字。注文中,李心传和《宣和录》一样,引用了 1127 年的辞状,此外还引用了孙觌在大约 1160 年写给御史朱倬(1086—1163)的信。李心传指出这两种材料的写作时间相距超过三十年,体现了孙觌对参与该事件的叙述始终一致。孙觌在信中称,由于钦宗急于回城,在两位翰林学士以病推辞起草后,钦宗命他起草文书,不许推辞。经过协商,女真决定文件内容,而何㮚、胡交修、孙觌及另一位官员起草文书,文字由孙觌实际撰写。①

我们可以从以上关于降表的简要历史中推断朱熹严重地夸大了孙觌的过失。回到朱熹在《记孙觌事》中的三个主要论点。第一,显然孙觌接受钦宗命令起草文件是在理应负责的官员拒绝、他自己拒绝、钦宗又禁止他拒绝之后。比起主张孙觌对皇帝命令的接受是不忠,我们也可以主张孙觌接受了同僚极力推辞的任务,显示了更高的忠诚。第二,很明显,孙觌几乎没有能力影响降表的内容与措辞。前引的史料一致认定女真方面决定其内容与一部分的措辞。此外,在北宋这边,孙觌并不否认他确实写就了那决定北宋灭亡命运的降表,但他只是撰写降表的"委员会"中的一名成员。最后,《宣和录》的文章脉络显示钦宗评论孙觌行文"对属甚切",意在赞美孙觌的文体,而非质疑他的动机或忠诚。②

---

①《要录》,卷 1,页 20。关于孙觌写给朱倬信件的完整内容被保存在孙觌的文集《鸿庆居士集》(《四库全书》本;卷 12,页 13a—15b)。
②即使已处于无望的军事状态,北宋宫廷到最后仍保留了对文学价值的强烈依恋。李心传提到(《要录》,卷 1,页 29)在被囚禁期间,宰相何㮚提议钦宗君臣作诗度日。很自然地,这些人以诗作为透露关于彼此可能的行动步骤的想法载具。钦宗所作的诗全用"归"和"回"字韵,这指出了他渴望借由满足金人的要求以返回宫殿。

朱熹接着扩大了对孙觌的攻击。《朱子语类》有一段长篇的对话,其中朱熹将历史记载中的一些严重失实归咎于孙觌与他在1167年上呈给洪迈的资料。1199年,就在朱熹去世前不久,他的一位学生记录了下面这段对话,不过同样的观点可以在《语类》中一些系年早在1170年代初期的段落中找到:

> 论李仁甫《通鉴长编》曰:"近得周益公书,亦疑其间考订未甚精密,因寄得数条来某看。他书靖康间事最疏略,如姚平仲劫寨,则以为出于李纲之谋;种师中赴敌而死,则以为迫于许翰之令。不知二事俱有曲折,劫寨一事,决于姚平仲侥幸之举,纲实不知。时执政如耿南仲辈,方极力沮纲,幸其有以藉口,遂合为一辞,谓平仲之出,纲为其谋。师中之死,亦非翰之故。脱如所书,则翰不度事宜,移文督战,固为有罪。师中身为大将,握重兵,岂有见枢府一纸书,不量可否,遂忿然赴敌以死!此二事盖出于孙觌所纪,故多失实。"问:"觌何如人?"曰:"觌初间亦说好话。夷考其行,不为诸公所与,遂与王及之、王时雍、刘观诸人附阿耿南仲,以主和议。后窜岭表,尤衔诸公,见李伯纪辈,望风恶之。洪景卢在史馆时,没意思,谓靖康诸臣,觌尚无恙,必知其事之详,奏乞下觌具所见闻进呈。秉笔之际,遂因而诬其素所不乐之人,如此二事是也。仁甫不审,多采其说,遂作正文书之。其他纪载有可信者,反为小字以疏其下,殊无统纪,遂令观者信之不疑,极是害事。昔王允之杀蔡邕也,谓:'不可使佞臣执笔在幼主旁,使吾党蒙讪议。'允之用心,固自可诛,然佞臣不可执笔,

则是不易之论。"①

　　在开始详细分析此段落之前,笔者将深入考察北宋最后一年的历史与史学编纂。简单说明笔者的结论:在这段文字里,朱熹试图改变李焘在《长编》中建立的对 1126 年两个关键事件的认识。朱熹的策略是:既然孙觌据称是朱熹计划改正的那些错误信息的来源,那么借着攻击孙觌的动机与诚实,即可削弱《长编》这部可信史著的权威性。其最终目的,是转移李纲(1083—1140)在导致北宋覆灭的两个重要事件中的责任。本质上,朱熹试图精心打造北宋覆灭的道学解释。这一解释将李纲重塑成道学的道德模范和在政治、军事上长期持与女真对抗立场的典范人物。

李焘笔下的北宋覆灭史

　　为了解朱熹为何选这两个事件作为李焘缺乏史学判断力的

---

① 黎靖德(1263 年在世)编,《朱子语类》(1270;重印本,北京:中华书局,1986),卷 130,页 3132—3133。这段话也被引用进《永乐大典》(1407;重印本,台北:世界书局,1962),卷 10421,页 11b—12a。朱熹最后一段话的含义是指汉代作家蔡邕(133—192)之死。蔡邕在董卓(死于 192年)死后落入军阀王允(死于 193 年)手中。蔡邕请求王允饶恕他的性命,使他可以完成他所写的汉代历史。但王允拒绝此要求,并指出当时汉武帝错在没杀司马迁,使司马迁得以完成他的"谤书"(即《史记》)批评皇帝。王允推测蔡邕将会做类似的事情,便处死蔡邕以免"复使吾党蒙其讪议"。见范晔(398—445),《后汉书》(重印本;北京:中华书局,1965),卷 60 下,页 2006—2007。

证据,我们首先应将两事件置于北宋灭亡的总体历史之中。①
1125 年冬,两支女真军队入侵了宋朝的河东路与河北西路,并从
侧翼袭击河北东路。这些地区即后续谈判所指的"三镇",其区域
几乎包含宋朝所有黄河以北的领土,大致相当于今日的河北省与
山西省。西线部队包围了河东路的首府太原,东线部队则继续向
宋朝的首都开封前进。

　　上述事件迫使徽宗退位,并传位钦宗。女真军队在 1126 年
的新年后三天渡过黄河,太上皇徽宗离开首都"东巡"。预料新帝
钦宗也将离开首都,宋廷下达了一系列人事任命,其中李纲被任
命为尚书右丞、东京留守,但李纲强烈反对钦宗离城,钦宗最终未
成行。1126 年 1 月 7 日,女真军队包围开封。金人要求现金赔
款、割让三镇,以及一名亲王与一名宰相作为人质以换取金军撤
退。一周后,宰相张邦昌(1081—1127)以及后来成为宋高宗的康
王来到女真营地,二人名义上是使者,实为人质。

　　月底,宋朝的两支增援部队抵达,分别由姚平仲(1099—?)和
种师道(1051—1126)率领。姚、种二人都出身武将世家,其祖先
世代在宋朝西北边境统兵。女真军队正侵略他们的防区,割让三

①接下来的节要用的是《宋史》,卷 23 的基本记录。另外也很有用的是:
Herbert Franke and Denis Twitchett, eds. , *The Cambridge of China. Volume
6. Alien Reigns and Border States*, 907–1368 (Cambridge: Cambridge Univer-
sity Press, 1994), pp. 223–230; Sabine Werner, *Die Belagerung von Kai-
feng im Winter* 1126/27 (Stuttgart: Franz Steiner, 1992), pp. 16–68; Herbert
Franke, "Treaties between Sung and Chin, "in Françoise Aubin, ed. , *Études
Song, in memorian Étienne Balazs. Serie I. Histoire et institutions* (Paris:
Mouton & Co, 1970), pp. 55–84; and Samuel H. Chao, "The Day Northern
Song Fell, " *Chung-yüan hsüeh-pao* 8 (Dec. 1979), pp. 144–157.

镇将结束他们对该地区的控制。因此他们急忙驰援宋廷,支持对抗金军。然而姚、种两个家族却处于竞争状态,彼此忌妒对方的特权和朝中的关系,对于如何应对当前的困局也抱持不同意见。种师道因其弟种师中(1059—1126)正统兵太原,反对割地,但他也认为宋朝在首都的军队不足以突破包围。他建议宋廷借由提出每年将三镇的岁收划入岁币,拖延谈判时间。在谈判期间,西北方的增援部队将陆续到达,使东京城下的军力对比变为有利于宋军。女真军队将被迫撤退,且在粮食供应不足的情况下,可趁其北归途中加以击败。姚平仲则偏好立刻采取军事行动打破女真的包围,李纲亦持这一主张。

在此,《语类》提及的第一个事件发生了。1126 年 2 月 1 日晚,姚平仲率领军士万名,对城外的女真营地发动突然袭击,试图解救康王、张邦昌,并生俘金将斡离不。但是城内的女真间谍预先告知了金军此次行动。结果,宋军的攻击变成一场军事与政治的灾难。夜色渐深,钦宗命令李纲组织其他军队突围反击以试图挽救危局,但多数的行动均告失败,姚平仲也在战乱中不知所踪。此次行动将宋朝的人质置于相当的危险之中,而宋朝在外交谈判尚在进行中便发动袭击的行为也使斡离不震怒。

突袭的失败也熄灭了钦宗用武力解决金人入侵危机的决心。斡离不则利用此优势,要求将种师道与李纲解职,宋廷于隔天将两人撤职。斡离不也对宋廷施压,强迫其答应金兵撤军的条款。三日后,宋廷答应割让三镇。这激起了由陈东(1086—1127)所领导的著名的"太学生伏阙"运动。陈东反对割地,并请求以李纲取代当时的宰相李邦彦(1130 年去世)。作为与太学生的妥协,宋廷将李纲官复原职,但仍按金人的要求签订条约,包括割让三镇。1126 年 2 月 10 日,金军释放俘虏,并撤回北方。

朱熹对于此事的观点是清楚的:姚平仲是个有野心而冲动的将领,急于超越年长的种师道而以突袭行动为由向朝廷求取高位。朱熹称,李纲对姚平仲的突袭行动毫不知情,但耿南仲(1127年去世)和其他支持割地的官员为切断李纲的影响力并将其排挤出朝廷,将这次灾难性的军事行动归咎于李纲。

幸运的是,李焘对于姚平仲事件的主要论述今日尚存,因而仍然能够通过比较李焘的文本与同时代相关人士的叙述以评判朱熹的论点是否正确。[①] 研究李焘与其他人的记载之间的文本彼此关系(intertextuality)的模式,即是否存在着相似的、对应的段落,将有益于分析,并指向重要的结论。

李焘关于姚平仲事件的段落就和他许多记载一样,以一段与当今新闻头条相似的事件提要开头,随后开始详细描述。这件事的记载中,提要提到宋廷此前曾派遣两位使节到金营,金人释放了其中一位,但扣押了另一位使节郑望之(1078—1161):"二月丁酉,李棁、郑望之至虏营,虏先遣棁归。是夜,宣抚司都统制姚平

---

① 就像我们所熟知的,《长编》只有前108卷的节本有清朝之前的印本传世。这部作品的主要部分(包含整个徽宗朝与钦宗朝)都在剩下的部分于1407年被抄录在《永乐大典》前就遗失了。不过,《长编》的完整文本于十三世纪被杨仲良节录并主题式地重新编排,有些《长编》遗失的材料可以从杨氏编纂的作品中取回。关于杨仲良与其作品的研究,见本书《论〈续资治通鉴长编纪事本末〉与十三世纪前期的史学编纂与出版》。这部被重新找回的史料由黄以周(1829—1899)及其他人按时间先后加以安排,并补充了非常有用的注释。关于李焘文本对于姚平仲事的说法(亦即朱熹所回应的那个文本),见杨仲良,《续资治通鉴长编纪事本末》(1253;重印本,台北:文海出版社,1967。以下简称《本末》),卷145,页5b—7a;卷147,页7b—8a和黄以周等编,《续资治通鉴长编拾补》(1883;重印本,北京:中华书局,2004),卷53,页1645—1647。

仲率步骑万人劫虏寨,以败还。"这个提要与《东都事略》的《钦宗本纪》部分一字不差,有可能来自于李焘在 1168 年所修撰的《钦宗帝纪》。① 郑望之在金营的这个细节是极为重要的。因为郑望之主张尽速与女真达成和议,此时期他常作为使节往返宋金两方。他将自己的这段经历记录下来,题作《靖康城下奉使录》,目前只在《会编》中保留了一些片段。② 李纲也写下了这时期的回忆录,名为《靖康传信录》。不同于已经散佚的《靖康城下奉使录》,李纲的记录完整地流传下来,成为许多研究者感兴趣的研究对象,并被译成英文。③ 二书都描述了当晚姚平仲的突袭,郑望之人在金营,李纲人在城中。如我们所料,二人对事件的叙述截然不同。

李焘的文字融汇了两种记载中的信息,又借鉴了《东都事略》中的部分段落,李焘将这些材料用自己的语言熔为一炉,并抛弃了其中夸张和自私自利的部分,最终呈现出一份公正的、有条理

---

① 《东都事略》,卷 12,《钦宗本纪》,页 2a;王德毅,《李焘父子年谱》(台北:台湾商务印书馆,1963),页 33—34。

② 《会编》,册 1,页 278—279、280-283、286-287、288、327-329;参看陈振孙,《直斋书录解题》,卷 5,页 152—153。关于郑望之对于金人的态度以及他在 1127 年后所受到的惩罚,见《要录》,卷 5,页 128;《宋史》,卷 23,《钦宗本纪》,页 426 及卷 24,《高宗本纪》,页 444。

③ John Winthrop Haeger, "Sung Government at Mid-Season:Translation of Commentary on the *Ching-k'ang ch'uan-hsin lu*"(Ph. D. dissertation,University of California,Berkeley,1971). 这篇论文有些章节已经出版:John Winthrop Haeger, "1126-27:Political Crisis and the Integrity of Culture," in Haeger, ed. , *Crisis and Prosperity in Sung China*(Tuscon, Arizona:The University of Arizona Press,1975), pp. 143-161;and Haeger, "Li Kang and the Loss of K'aifeng:the Concept and Practice of Political Dissent in Mid-Sung," *Journal of Asian History* 12. 1(1978), pp. 31-57.

的叙事。对此段文字的仔细分析,为我们了解李焘这位宋代史学大家的高超技艺提供了鲜活的例子。整段记载全文如下:

二月丁酉,李梲、郑望之至虏营,虏先遣梲归。是夜,宣抚司都统制姚平仲率步骑万人劫虏寨,以败还。初,种师道以三镇不可弃,城下不可战。朝廷姑坚守和议,俟姚古来,兵势益盛,军中共议,自遣使人往谕虏,以三镇系国家边要,决不可割,宁以其赋入增作岁币,庶得和好久远。如此三两返,势须逗遛半月。重兵密迩,彼必不敢远去劫掠。孳生监粮草渐竭,不免北还,俟其过河,以骑兵尾袭。至真定、中山两镇,必不肯下。彼腹背受敌,可以得志。会李纲主平仲之谋,师道言卒不用。平仲,古之养子也。上以其骁勇,屡召对内殿,赐予甚厚,许以成功当授节钺。<u>平仲意欲夜叩虏营,生擒斡离不,奉康王以归,而其谋泄,未发。数日,行路及虏人皆知之。虏先事设备,故反为所败。</u>时康王及张邦昌留金营,斡离不请相见,帐前立本朝旗帜数百面,又俘虏将校数十人以责邦昌,邦昌云:“此非朝廷意,恐四方勤王之师,各奋忠义,自结集为此举耳。”斡离不曰:“谓我贼耶,安得如许! 其众相公但可诿谓朝廷不知耳?”良久,罢遣归所。馆有韩鲁太师者,传斡离不语,独止郑望之曰:“侍郎首来议和者,今当往都统国主营。”因导之北行,穿营栅,屈曲可六七十里,始至立寨处,其实不出一二十里,故为迂回,以示众盛。夜后始至,与国主相见,尽彻从者,以刀仗夹卫而入。既见,国主曰:“侍郎首传和议,今顾以兵相加,侍郎遄不得一死,姑实言朝廷所以用兵者何?”望之曰:“使人如前知朝廷用兵,岂肯出城犯死! ”国主曰:“然则果何人?”望之曰:“以为勤王者自出意耶? 万

一朝廷所命,则使者为欺大国。若直谓朝廷命之攻耶?万一
勤王之师实为之,亦为欺大国。若以实言,即真不知耳。今
人墙壁外事,耳目不接,尚不能知,何况身在郊外,岂能知用
兵者主名哉?"国主辞色稍定,徐徐问劳望之,且曰:"侍郎休
矣,诘朝相见。"翌日,望之回斡离不寨,其下惊曰:"公顾得还
耶?"张邦昌曰:"昨夕康王为公泣下,盖闻军中语,谓过国主
营非善意也。"少顷,望之从王汭丐归。汭曰:"公方主和,而
兵从之,皇子大王疑君心,君知都统营之危乎?今幸脱彼,未
可言归也。"

　　李纲会行营左右军将士,质明,出景阳门,勒兵于班荆
馆、天驷监,分命诸将,解(潜)①范琼、王师古等围。虏骑出
没,鏖战于幕天坡,斩获甚众。复犯中军,纲亲率将士以神臂
弓射却之。

　　上初满意平仲必成功,既而失利,宰执、台谏皆交言西兵
勤王之师及亲征行营司兵为虏所灭,无复存者,上大震惊,有
诏不得进兵。遂罢纲尚书右丞、亲征行营使,以蔡懋代之。
因废行营使司,止以守御使总兵事,盖欲逐纲以谢虏也。

　　在提要之后,李焘开始分析种师道大致的战略,上面已略为
提及,这段文字全文来自郑望之《靖康城下奉使录》。② 李焘从

---

① 潜,据《宛委别藏》本删。
②《本末》,卷145,页5b行7到页6a行1(《会编》,册1,页329亦同)。
　 李焘对郑望之的文字(描述李纲如何热切地希望作战,以及姚平仲的
　 自大)有所删减。郑望之描述他曾听闻姚平仲吹嘘他在1121年协助镇
　 压方腊之乱时杀了许多"魔贼"。"纲信其说,意谓可以杀金军如杀魔
　 贼也。"

《靖康城下奉使录》所引用的文字已经以粗体字注明；从《靖康传信录》引用的文字以斜体字注明；而从《东都事略·种师道传》所引用的文字则加下划线注明。剩下的部分则是李焘自己添加的文字。李焘自己的文字中最重要的部分是"李纲主平仲之谋，师道言卒不用"，包含了李焘对于这一事件意见的关键。李焘接着从李纲的记录撷取一小段文字描述皇帝因为姚平仲的军事才能给予奖赏，接着用一段《东都事略·种师道传》的文字，说明姚平仲的攻击计划被泄漏至金人处而导致失败。① 李焘随后再次从郑望之的记载，用大段文字详述此时金营紧张的谈判过程，郑望之与张邦昌迅速地掩饰并说服斡离不相信此次行动并非宋廷所授意。② 李焘又继续从李纲的记载中引用三段文字说明李纲率增援部队减少姚平仲部的损失、李纲的政敌向钦宗夸大此次行动的伤亡，令钦宗变得非常害怕，并下令停止对金的敌对行为，以及李纲最后因此被免职。③ 最终李焘认为在姚平仲事件中，皇帝将李纲撤职，是"欲逐纲以谢虏也"。

---

① 《本末》，卷 145，页 6a，行 2 至行 3［与《靖康传信录》（《丛书集成》本）同，卷 2，页 11，行 7 至行 8］；《本末》，卷 145，页 6a，行 3 至行 5（与《东都事略》同，卷 107，《种师道传》，页 3b，行 6 至行 10）。

② 《本末》，卷 145，页 6a 行 5 至页 7a 行 11（与《会编》同，册 1，页 329，行 2 至行 4）。《会编》只有再现了被李焘所引用的郑望之本文片段，但无疑地李焘的全部引文是来自《靖康城下奉使录》，因为段落的主体包含了郑望之与斡离不之间的直接对话。这段文字，从"良久，罢遣归所"，一直到"今幸脱彼，未可言归也"已经在上面的引文中指出。

③ 《本末》，卷 145，页 7a，行 2 至行 4（与《靖康传信录》同，卷 2，页 11，行 12 至行 13）；《本末》，卷 145，页 7a，行 5 至行 6（与《靖康传信录》同，卷 2，页 12，行 1 至行 2）；《本末》，卷 145，页 7a，行 6 至行 7（与《靖康传信录》同，卷 2，页 12，行 4 至行 5）。

李焘通过这些引文的选择与布置,表达了他对于这些主要人物与其动机的态度。除了提要之外,整段条目只包含两句李焘自己的意见:"会李纲主平仲之谋,师道言卒不用"及"盖欲逐纲以谢虏"。然而,这两句话对于李焘在此条目中其他引文的布置提供了架构,进而决定了他对于姚平仲事件的整体评价。这样,他对姚平仲事件提出了四点主要看法:第一,李纲选择支持姚平仲积极的军事策略,而非种师道较持重的策略;第二,缺乏计划令突袭行动尚未开始即注定失败,并将在金营的人质置于极度危险之中;第三,在姚平仲的军事行动失败后,李纲尽力收拾残局,但无法抑制此次笨拙的冒险行动所造成的政治余波;第四,钦宗屈服于金人的压力,处罚了与此次军事行动相关的大臣,并允许李纲的政敌将他作为替罪羊逐出朝廷。

李焘的这些看法,在李纲《靖康传信录》中对自己行为的描述和其他同时代人对此事件的说法之间取了折衷。李纲称军事行动获得了广泛的支持,但为了配合天象预测的结果,定在1126年2月6日晚上才发起攻击。李纲称,姚平仲为了赢得荣誉,在预定的时间五天之前就发动了攻击。李纲还称,当皇帝下令出击时,他正在病假中。[①] 然而,没有其他同时期的文本能支持李纲的说法,无论是姚平仲提早发动攻击,或是李纲事先对此行动不知情。

其他《会编》中搜集的叙述大体与李焘相同,并增加了若干支持李焘说法的细节。举例来说,《中兴遗史》中收录了一长段来源独立的文本。其中提及钦宗如何对种师道的拖延战术感到失望,并秘密地下令姚平仲按照天文官选定的二月初一发动攻击。文中还详细谈到开封城内开始为即将到来的胜利做庆祝的准备:"仍于封丘

---

① 《靖康传信录》,卷2,页11—12。

门上张御幄,以俟车驾临受俘获,都人填溢于衢路,颙待捷音。"文本的结尾记载了如下事件:姚平仲的下属杨可胜建议钦宗万一此次行动失败该如何保护他的王权。杨可胜随身携带了一份假造公文,内容为杨、姚发动的军事行动并没有得到朝廷授权。当杨可胜被俘时,斡离不对于如此笨拙的欺骗感到愤怒,立即处死了杨可胜。①

同样收录在《会编》中来自《宣和录》的史料则提到,由于对结果期望甚高,李纲的一位下属事先发布了一篇"露布"详细说明晚上军事行动的胜绩。② 这件历史的稀罕物件——对不曾发生的事件的详细记录——流传了下来,全文稍后被王明清(1127—1214 年后)收入《玉照新志》刊行。王明清断定李纲下令姚平仲出击,并命令下属方允迪准备这份露布。露布用骈文写成,细致入微地描述了当晚的事件,包括康王归来与敌"单于"被俘。最重要的是,这篇文章清楚说明二月初一的攻击行动是按照原定计划发动,并把所有的功劳都归于李纲。③

从李焘的公允的呈现中可以看出,李纲跟姚平仲彼此结盟,

①《会编》,册 1,页 322—323。《会编》也收录了一些此军事行动失败后,宋、金双方通信的片段文字[《会编》,册 1,页 323—324;完整的文本见《大金吊伐录校补》(北京:中华书局,2001),页 180—188]。宋廷的信件并无什么有帮助的材料。其信否认事先对此计划知情,并允诺会惩罚姚平仲以及枢密院的主战派(如李纲)。这种投降的态度说明了姚平仲的消失,其经由长安逃到四川。姚平仲许多年后以道士之姿出现在四川青城山上清宫。诗人陆游(1125—1210)于 1174 年曾在该处遇到姚平仲,并为之撰写了一篇小传(包含姚平仲逃走以及作为道教隐士生活的一些细节)。这篇传记形塑了其后关于姚平仲传说的基本部分。见《渭南文集》(《四部丛刊》本),卷 23,页 1a—2b。
②《会编》,册 1,页 340。
③《玉照新志》(1198;重印本,上海:上海古籍出版社,1991),卷 5,页81—84。

双方都准备利用对方完成自己不同的目标。李纲，作为几乎是唯一一位坚持军事抗金的大臣，迫切地希望有一场迅速的军事胜利以遏止政治上不断滑向割地与妥协的势头。姚平仲始终注意着他的对手种家，需要在种氏的民兵到达开封、宋军力量均势倒向种师道前，采取决定性的军事行动。

　　在北宋覆灭之后一年，凭借着后见之明，姚平仲的袭击在一连串最终导致北宋不可阻止地走向毁灭的事件中被认为非常关键。如果李纲还想有任何政治生命，他需要一套可以为自己在那些事件中卸责的说辞。事实上，钦宗以及李纲的政敌确实满足于让李纲充当军事行动失败的替罪羊。不过也不须怀疑，李纲确实与姚平仲同谋，并深入参与了行动的策划与执行。已经有现代学者指出李纲的《靖康传信录》（完成于 1127 年 2 月，仅在北宋覆灭后两个月）是为了自我吹捧，以掩盖他的同谋角色及逃避他的参与所带来的政治后果。①

　　朱熹所提的第二个例子，是"五月丁丑，王师与金人战于榆次县，制置副使种师中死之"。此事件在历史或文本层面，比起姚平仲事都相对简单。李焘对于种师中死亡的记载保存在杨仲良《续资治通鉴长编纪事本末》中。② 其全文如下：

---

① Haeger, "Sung Government at Mid-Season," pp. 266-267. Haeger 主要使用赵铁寒，《由〈宋史·李纲传〉论信史之难》，《大陆杂志》，第 8 卷第 11 期，1958 年，页 338—341。这篇文章包含了对姚平仲事的细致分析。另外，赵效宣对李纲有细致的传记研究，见赵效宣，《李纲年谱长编》（香港：新亚书院，1968），页 58。赵效宣并未重视赵铁寒的研究成果，仅简单地处理李纲该为姚平仲事所负的责任（赵效宣只简单提道："朱子已辩驳甚详，兹不赘。"）。
② 《本末》，卷 145，页 8b—9a 和《续资治通鉴长编拾补》，卷 54，页 1707—1708。

五月丁丑，王师与金人战于榆次县，制置副使种师中死之。初，斡离不还，抵中山、河间两镇，兵民固守不肯下。肃王、张邦昌及割地使等躬至城下说谕，即以矢石及之而退，沿边诸郡亦然。师中因此进兵逼金人，金人出境。粘罕之师至太原，太原亦坚壁固守，虏兵围之，悉破诸县，为锁城法困之，使内外不相通。虽姚古进师，复隆德、威胜，扼南北关，累出兵，有胜负而不能解围。于是诏师中由井陉道与古相掎角。师中进次平定军，复寿阳、榆次诸县。时粘罕以暑度隖，会西山之师于云中，所留兵皆分就畜牧，觇者以为兵散将归，告于朝廷。大臣信之，从中督战无虚日，使者项背相望，诏书以逗挠切责师中。师中读诏叹曰："逗挠，兵家戮也。吾结发兵间，今老矣，忍以此为罪乎！"慨然赴敌，坠崖下而死。将士退保平定军。

和对姚平仲的记载相同，整段先以一段提要开头："王师与金人战于榆次县，制置副使种师中死之。"[1]接着，在上文用斜体标出的部分是来自李纲《靖康传信录》，用以说明战争的背景。[2]然而，这段引文正好结束在李纲将开始为自己的行为辩护处。李焘接着描述金兵的诡计、从首都多次派来的使者，以及朝廷指责种师中拖延的诏书。形容完种师中对诏命的情绪反应后，整段文字以种师中"慨然赴敌，坠崖下而死。将士退保平定军"结尾。

笔者没能找出上文其余文字的原始出处。然而，关于种师中

---

①《东都事略》，卷 12，《钦宗本纪》，页 3a。
②《本末》，卷 145，页 8b 行 7 至页 9a 行 3（与《靖康传信录》同，卷 3，页 25 行 11 至页 26 行 1）。

死事的这段记载的全文也能在汪藻的《靖康要录》以及《东都事略·种师道传》附传中看到。① 因为汪藻于 1154 年去世,这段文字必定在此前写成,或许就在 1130 年代汪藻开始撰写《靖康要录》时。李焘可能在 1167 年第一次到达临安时在秘书省初次见到《靖康要录》。如前文所述,洪迈在 1167 年提到秘书省存有《靖康要录》的钞本,但是没有种师道的传记。而因为这段文字也出现在《东都事略·种师道传》中,李焘也可能在 1167 年抵达临安之前,就已经在他的同事、同是出身四川眉州的史家王赏、王偁父子搜集的资料中读到过这段文字。无论如何,李焘直接采用了这个文本,或许是因为不同于姚平仲事,李焘对种师中之死的这一既有叙述感到满意。因为这段文字被收录在《靖康要录》,必然完成于 1154 年之前,这段文字不可能是孙觌所写。有意思的是,虽然《靖康要录》《东都事略》和《长编》三文本都称种师中"赴敌"而死,《语类》中记录的朱熹的对话中也用了相同说法,但这三种记载都没有点明种师中的压力是来自许翰,只记载压力来自"大臣"。

然而,《会编》中保存的丰富一手史料和其他资料可以支持李焘的记载。这一问题可能非常清晰,以至于李焘觉得不需要为这个事件另写"剧本"。随着陈东在 1126 年 2 月 5 日抗议要求李纲复职,李纲被任命为知枢密院事;而许翰,作为李纲的门徒,也随李纲于 1126 年 3 月担任他的副手同知枢密院事。② 两份当时的材料都一致认定许翰起草了对种师中施压的诏命且应为种师中

① 王智勇笺注,《靖康要录笺注》(成都:四川大学出版社,2008),卷 7,页 776—781;《东都事略》,卷 107,《种师道传》,页 4b—5a。
② 《宋史》,卷 212,《宰辅表》,页 5533—5534。

的死负责。1126 年 9 月 3 日,臣僚正式指控许翰对种师中之死负有责任,其文件保存在《靖康要录》中。文中称赞种师中作为将领的才能、经验及英雄事迹。文中将许翰描绘为一个没有军事经验的文士,其不断的威胁和劝告迫使种师中"忘其万死以决一战……使翰百辈在朝,何所云补? 而失一师中,所系甚重"。联系许翰曾经的一些过失,以此为据指其为蔡京党羽,许翰因此"落职宫祠"。① 朱熹显然并未注意到许翰曾被指控,否则朱熹不会宣称李焘的叙述定然错误。另外,1129—1130 年由佚名作者编纂的《靖康小雅》收录了种师中的长篇传记,其中用更为激烈的言辞发展了 1126 年时控诉的主题。但传记中详细描绘了种师中的死亡,将其归于筋疲力竭、胆气与自杀的结合。许翰被形容成"腐儒不知兵","以峻文绳公"。②

对朱熹提到的二事的考察使我们得以确认,孙觌在 1167 年上呈给实录院的资料与李焘对于这两事件的塑造无关。无论是历史或文本层面,这两则故事所有重要要素的产生都比孙觌所上呈的资料早许多年。换句话说,李焘的记载中反映的历史评价,可以回溯到这两件事发生不久后所形成的判断。《会编》中搜集的当时言论,则显示出这些判断在当时已广泛流传。这并不是要以任何客观的观念去评判这些判断是否"公平"或是符合历史。李纲与许翰可能确实因为事件不为时人乐见的走向,承受了不公的谴责。但是李焘既没有发明,也没有扭曲这些当时的意见,他

---

① 《靖康要录笺注》,卷 10,页 1063—64。《宋会要》职官 78,页 34a。
② 《会编》,册 1,页 468;《靖康要录笺注》,卷 7,页 778—779。关于《靖康小雅》,见陈乐素,《〈三朝北盟会编〉考》,页 299—300 和本书《一个邪恶形象的塑造:秦桧与道学》。

所做的,是通过熟练的征引提供了极其公允的综合报道,并调整资料中自我吹捧的取向。就文本的角度而言,李焘对两事件记载中的大部分内容都可以追溯回与那些事件同时期的资料,甚至通常来自时间目击者。很有可能,李焘对于种师中的讨论原封不动地来自《靖康要录》或是《东都事略》的传记,而自己编纂了有关姚平仲的记载。但是,就我们的目的来看,很显然孙觌并没有参与这些文本的形成,文本中表达的观点也不体现他个人的历史判断。

如果有人不接受《东都事略》传记早于《长编》的论点,他们很可能会主张这两段文字都是孙觌于 1167 年所上呈文字的部分内容,然后李焘如朱熹所言,轻易地将这材料未加质疑地收入《长编》。不过文本自身的内在证据已否认了这种情形的可能性。在这两段文字中,原始资料的广泛引用以及平衡的呈现——对李纲自己关于姚平仲事奏议的引用,以及在叙述种师中事时并未出现许翰的名字——都显示熟练的史家李焘是这些文字的作者。此外,洪迈最初的要求以及孙觌对孝宗的回复都表明孙觌的资料将集中于自身所见的事件,而《本末》的段落很难与孙觌上呈资料的特征相符。

在进入下一个主题之前,《语类》的段落仍有些问题值得注意。第一,朱熹特别不满意李焘对行间小字注文的使用。朱熹批评,最可信的资料被降格记在注文中,而较不可信的材料反被写入正文。他认为这样的格式会传达给读者错误的讯息。不幸的是,由于杨仲良大多节选《长编》的正文而忽略注文,朱熹批评的这两段注文——正文已在上文讨论——今天已不传。但是,如果我们从现存《长编》观察李焘写作的标准习惯,再结合上文我们检讨过的两段正文里透露的引用模式,可以推测出这些注文应有的基本面貌。

李焘的习惯，是详细引用一手史料中的文字，并在正文直接使用这些引文，在《长编》的后半部，处理许多具体事件时常常会面对充满冲突的材料，这一习惯体现得更为明显。这些主要的引用文献通常会在注文中用其他史料来互相补充，以支持李焘最终的选择。简单地说，李焘通过开放地、有意识地运用现存史料来表达他的历史价值判断。这个过程允许读者去看哪些史料文件的段落是李焘选择不入正文的，哪些部分是他认为过分的或自我吹捧的。李焘对姚平仲事的注文应该会包含了李纲回忆录的全文，其中李纲特别否认事先知悉姚的行动；其中也应该有郑望之的回忆录未引入正文的段落，郑望之认为李纲相信了姚平仲对自身军事才能的吹捧，并期望借姚的能力达成自己的目的。注文还可能记载了《中兴遗史》的材料，甚至还可能有方允迪撰写的"露布"。《长编》正文和注文共同达到的效果应当和朱熹的批评类似：借由揭开李纲回忆录的欺骗性质，使李焘的历史评判更具权威。

第二，《朱子语类》对李焘的批评并无文本或历史的基础。朱熹并没有提供新证据，也没有引用新的史料。他从或可称作道德心理学的有利地位立论：因为种师中是一流将领，他"怎么可能"以这种方式死亡？简单地说，朱熹相信拥有特定道德特质的人应该会按照特定的方式行事。从这点出发，他的评论最终提炼出一种李纲代表的正面道德价值观与孙觌代表的负面道德价值观间的对抗，因此有必要在《语类》中加上孙觌那简短而无好话的传记。在检验朱熹攻击李焘《长编》可信度的动机之前，回顾孙觌的政治事业会对我们有所帮助。

真实的孙觌

孙觌于 1081 年生于今江苏常州,其家族已于此地居住数代。他的父亲是村童老师。根据孙觌的侄子的说法,1089 年苏轼曾经过他们的村子。这位著名的诗人在市场看到年幼的孙觌在他父亲的课上,并惊艳于孙觌对属的能力。[1] 在另一则传说中,孙觌其实是苏轼之子,苏轼把已怀孕的婢女送给孙觌父亲,之后产下孙觌。[2] 无论如何,孙觌是苏轼的一位热心的效仿者和拥护者。他与

_____

[1] 记于王明清,《玉照新志》,卷 1,页 7;卷 5,页 76。孙觌在《宋史》无传,一般认为是对他曾参与撰写降表的行为所做的历史惩罚。接下来笔者所选录的孙觌生平细节部分主要来自于《宋会要》、李心传的《建炎以来系年要录》、徐梦莘的《三朝北盟会编》,以及孙觌现存的作品。孙觌的作品提供了复杂的目录学议题(因为孙觌在道学的圈子中是不受欢迎的人物)。孙觌作品比较通行的版本显然是在十二世纪的四川与福建出版的,但存在着大量的错误以及一些其他作者的作品。1199 年,孙觌之子孙介宗出版了其父 42 卷的文集(名为《鸿庆居士集》)。由周必大(1126—1204)替此书写序,而孙介宗自己撰写后序。在后序中,孙介宗提到孙觌写于 1127 年以前的作品大约九成都遗失于靖康之难时的开封。他也提到他父亲政治的退隐,以及其在秦桧执政时期对于文学迫害的担心。此时期孙觌创作极少,而且多是无害的社交文字。孙介宗写道,这些因素导致了孙觌文集的内容以及规模不大的原因。然而,现存的 42 卷文集,无意中透露出孙觌或是其子有意隐藏孙觌过去的迹象。更多关于孙觌文集今存版本的信息,见陈晓兰,《孙觌生平及其文集详考》,《孙觌研究文集》(上海:上海古籍出版社,2006),页 52—91。

[2] 丁传靖,《宋人轶事汇编》,页 784。

苏氏后人保持联络,并热心于搜集、出版苏轼的作品。① 1109 年,孙觌通过进士考试,并在 1115 年的词学兼茂科取得头名。② 1117年,孙觌与史家汪藻一起在秘书省工作,提出了整理秘书省中尚未分类的超过万卷藏书的计划。③ 孙觌随后任国子司业,1124 年被擢升尚书都官员外郎。1126 年 2 月,孙觌任侍御史,他的弹劾推动了蔡京父子仕途的终结。④ 也是在御史任上,孙觌在姚平仲袭营事件后以组织太学生、威胁朝廷重新启用李纲的罪名,弹劾李纲与陈东。⑤ 孙觌随后被任命为中书舍人,使他在北宋最后的日子时常出现在皇帝左右。也是在此时,他参与了撰写降表一事。

女真将孙觌与其他宋方随从一同囚禁。根据李心传的记载,1127 年 3 月,金军释放了部分被囚的前宋廷官员,作为他们答应在伪帝张邦昌的政府中任职的交换,其中就有孙觌。但是金人改变了主意,并试图重新抓获孙觌,孙觌的几位邻居为他提供庇护直到金人北撤,令他逃脱了与两位皇帝一同被掳至北方的遭遇。⑥

———————————

①见孙觌写给苏轼孙子苏籍的信,收于孙觌,《孙尚书内简尺牍》(《四库全书》本),卷 7,页 1a—4a 和孙觌,《鸿庆居士集》(《四库全书》本),卷 12,页 5a—8a。
②《宋会要》选举 12,页 8a。
③《宋会要》职官 18,页 19a。
④《宋会要》选举 20,页 2b;《宋会要》帝系 8,页 58a。
⑤《鸿庆居士集》,卷 27,页 1a—3a。以孙觌的观点,李纲不懂军事,既坚持要参与姚平仲军事行动的细节,又不为失败承担责任。孙觌强烈地暗示李纲实是"太学生伏阙"的幕后主使者,孙氏把此抗议行动视为对社会秩序的威胁,而李纲则是对王权的危害。
⑥《要录》,卷 3,页 78、84。这段关于北宋灭亡后孙觌与金人的应对经验之解释,看来与朱熹在《记孙觌事》所说有根本冲突(朱熹在《记孙觌事》提到孙觌受到金人的礼遇)。史家汪藻也在此时被放回宋廷。

尚不清楚孙觌是否真地接受了张邦昌短命政权的职位,李心传记载孙觌被命令接受职位,后来的指控也称孙觌在伪楚政权中担任权直学士院,但是孙觌否认了这些指控。① 孙觌赶到应天加入了新朝廷,1127 年 4 月 26 日,张邦昌与其他的官员亦从开封抵达应天。1127 年 5 月 1 日,康王继位,即高宗皇帝。隔天,孙觌恢复了中书舍人的职务。② 但三天后,李纲被任命为首相,前往应天,对那些曾经支持割让三镇或主张与金人和谈者的降黜也随之而来。月底,就在李纲即将到达应天时,孙觌自请外任得到准许。孙觌的请愿书提到他先前担任御史时曾弹劾李纲参与了姚平仲事以及太学生抗议运动,不可能作为李纲直属官僚工作。③ 当李纲到达后,不出意外地立刻强烈主张以不妥协的态度对待张邦昌与伪政权的合作者。1127 年 6 月 5 日,张邦昌、孙觌以及其他十余位

---

① 《要录》,卷 4,页 92;卷 6,页 149。明代 70 卷本《南兰陵孙尚书大全集》(《宋集珍本丛刊》本)卷 24 收录了一篇系年于 1127 年,对指控其与张邦昌合谋所作的反驳。也见《全宋文》,册 159,页 17—18。没有其他孙觌文集的版本收有这份文件,而该文件的许多细节与李心传的解释相符。这份文件《辩受伪官状》也印于《会编》,册 2,页 463。孙觌写道,他在开封沦陷后,被囚禁了超过 70 天,并于 1127 年 3 月 23 日被释放。当金人决定重新逮捕他时,孙觌便躲藏起来。金人离开后,孙觌便在自家自我隔离,其房舍为开封的执法官员所包围,并被强迫替张邦昌服务。孙觌拒绝此要求,直到他越加虚弱,终于在 1127 年 4 月 24 日抵达应天(围绕着未来的高宗皇帝所成立的新朝廷所在之地)。孙觌在该份文件中坚称因为他被金人释放已是 1127 年 3 月 23 日,他并没有接受金人的要求。孙觌很可能上呈了这份文件以回应李纲于 1127 年 6 月所提出的指控。

② 《要录》,卷 5,页 118。

③ 《要录》,卷 5,页 136。

官员被剥夺官职,送往南方安置。①

　　孙觌之后几年的命运随着宰相的更替起起伏伏。李纲在相位仅三个月,李纲解职后,孙觌和其他被贬官员成了李纲施政严峻专断的例子而被召回。孙觌再度被任命为中书舍人,但他拒绝此任命,仍求外任。孙觌的辞状,是对自己行为的长篇辩解,他声称对蔡氏父子、李纲、太学生抗议者的弹劾,已经引起这些人的诽谤和憎恨。孙觌随后被任命为知平江府(今江苏苏州)。② 1128年6月,御史马伸(1129年去世)用极具偏见的措辞再次弹劾孙觌等官员,指控他们是耿南仲支持者及赞成与金人和谈。孙觌被召至中央,成功为自己辩护,被授予中央官职。③ 孙觌继续在中央担任过不少中级职位,在任户部尚书时达到了仕宦生涯中的最高官职。1129年4月,孙觌再度被任命为知平江府。④ 但是孙觌显然并非是有能力、有同情心的地方长官,仅在五个月后即被解职,理由是御史弹劾他催缴崇宁时期(1102—1107)积欠的青苗钱,导致

---

①《要录》,卷 6,页 147—149;《宋会要》职官 70,页 2b—3a;《宋史》,卷 24,《高宗本纪》,页 445。

②《要录》,卷 10,页 233、240;卷 12,页 274。《会编》,卷 2,页 463—465。《鸿庆居士集》,卷 8,页 9a—13a。

③《要录》,卷 16,页 339、343—344。关于马伸因为这些攻击而导致的贬官,参见《宋会要》职官 70,页 7b。朱熹在《语类》中说孙觌"遂与王及之、王时雍、刘观诸人附阿耿南仲,以主和议"是取自于马伸的指控(《要录》,卷 16,页 339)。同样一段文字稍后出现在耿南仲的传记,从《会编》所收十二世纪中期的史料中引用(《会编》,卷 2,页 488)。关于马伸在死后成为道学运动的英雄,见本书《一个邪恶形象的塑造:秦桧与道学》。

④《要录》,卷 18,页 358、364、372;卷 21,页 413。《宋会要》职官 1,页 47a—b;卷 8,页 10a;卷 43,页 15b—16a。

民众陷入恐慌。①

　　1131 年 1 月,在首相范宗尹(1098—1136)的推荐下,孙觌被任命知临安府。在那里,孙觌又得罪了南宋史上的另一位大人物。秦桧(1090—1155),未来南宋中兴时期的权相,不可思议地从北方金人的囚禁中回到宋境。秦桧被任命为谏院官员后,孙觌在给秦桧写的贺信中,将秦桧与中国历史上为外国所掳而终归朝廷的前人比较,秦桧怀疑这些比较语带讽刺和冒犯。当秦桧于1131 年 8 月成为宰相后,孙觌以病求解任,被授予宫观差遣。② 这次调动基本上已终结了孙觌活跃于政坛的可能,但并没有断绝孙觌与政府的联系。秦桧的支持者李光(1078—1159)指控孙觌在担任知临安府期间曾挪用军费四万缗。秦桧把指控移交大理寺。案件之后还牵连其他三十人,孙觌提供证据反驳指控,但最后他仍被认定曾把价值一千八百缗的经文纸札等公物赠予友人、宾客。为此,孙觌被宣布应处死刑,但判决最后减为除名羁管象州。在秦桧两次任相的间隙,孙觌要求恢复名誉。1134 年 8 月,孙觌被解除羁管状态并恢复官员身份。③

　　孙觌还是深居简出,虽然严格来说他仍算是正式官员。在1155 年秦桧去世后,孙觌成功恢复了贴职与宫观差遣。④ 1161 年

---

① 《要录》,卷 22,页 473;卷 27,页 530。
② 《要录》,卷 41,页 753;卷 42,页 766。关于秦桧与孙觌的对立,见本书《一个邪恶形象的塑造:秦桧与道学》。
③ 《要录》,卷 53,页 941—942;卷 79,页 1290;卷 86,页 1413。关于李光最初的指控,见他的文集,《庄简集》(《四库全书》本),卷 11,页 15b—17a。
④ 《要录》,卷 173,页 2846;卷 175,页 2894。《鸿庆居士集》,卷 10,页1a—14a。

8月,孙觌要求致仕,于来年获准。① 然而,1166年4月,已八十五岁高龄的孙觌又遭御史弹劾。御史王伯庠(1106—1173)批评孙觌未随徽宗、钦宗一起被掳至北方,"背恩卖国,取媚虏酋。抚其事实,臣子所不忍言",显然是指孙觌参与撰写降表一事。王伯庠接着说,孙觌回到朝廷后因为高宗皇帝的恩典而被留用,但是,"觌天资小人,不能自改,又以赃罪除名勒停,窜斥岭外。遇赦放还,累经叙复,不带左字,为觌者自当屏迹人间,岂敢复施颜面见士大夫?而蝇营狗媚,攀援进取,既复修撰,又复待制。如觌之背君卖国,不忠不义,而处以侍从,可乎?"应被夺职流窜。这次弹劾导致孙觌贴职被剥夺,但并没有被流放。② 我们难以推测这次弹劾的动机,或许与当时的朝廷政治相关,也许当时已有孙觌将被要求协助修史的风声。无论如何,王伯庠批评孙觌的许多主题在朱熹的《记孙觌事》中再次出现。

　　孙觌最重要的身份是词臣。清代史家钱大昕(1728—1804)把孙觌、汪藻视为该时期最杰出的骈文大师。③ 周必大与孙觌之子孙介宗都曾在文中回忆孙觌的作品在1120年代备受推崇。二人也都形容孙觌是位"词臣",这一官职最重要的能力即能优雅地使用制诏文体。④ 有鉴于此,孙觌被视为著名词臣苏轼的继承人。也是由于这一专长,孙觌得以进入钦宗朝的核心集团。若不是他驾驭制诏文体的能力高超,也不可能受命参与起草降表。金人无疑也觉得

①《要录》,卷185,页3093;卷192,页3207。
②《宋会要》职官71,页13b—14a。
③《潜研堂文集》(《万有文库》本;上海:商务印书馆,1935),卷31,页483—484。这份文本也收有一则有用的孙觌任官年表(这份年表是建立在钱大昕对孙觌文集的阅读上)。
④《鸿庆居士集》(《常州先哲遗书》本),序,页1a;后序,页1a。

优雅的骈体文更能凸显这一场合的正式性和重要性。钦宗对孙觌迅速写好降表的称许，只是针对这位官员做好了自己的本职。

然而，孙觌没有充分地具备在宋代官场获得成功应该拥有的其他技能。孙觌看来对政治并不擅长，是个随更强力人物和重大事件起伏的官员，而非那些事件的塑造者。事实上，1120年代到1130年代的政治潮流席卷了大量比孙觌老道得多的政治人物。年轻的高宗极力试图建立与身陷敌手父兄都不同的政治和管理特征，对军事和政治情势的应对摇摆不定，令孙觌1127年至1131年间的仕宦生涯随之起伏。孙觌实质上是钦宗的臣子，经由钦宗任命，他才第一次成为皇帝近臣，孙觌的文字中也透漏了他对钦宗的爱戴和忠诚。高宗增加了作为皇帝的自信后，开始疏远孙觌等钦宗近臣，这在高宗与秦桧合作后体现得尤为明显。[1] 在高宗看来，兄长的这些忠仆过去就支持与金人和谈，可以预见他们会以更激烈的措辞促成钦宗获释，而钦宗归来将意味着高宗统治的终结。当高宗要启用钦宗旧臣子时，他选择了在1126年明确主张抗金的秦桧。直到1135年徽宗去世，高宗确信金人不可能释放钦宗时，才决定与金人展开认真的谈判，形成了1142年的和约。孙觌和其他大臣被卷入这场政治漩涡，只能沮丧隐退，过起了只能终日琢磨骈文的"田园生活"。

朱熹与其理想中的历史书写

对孙觌来说，碰巧在错误的时间处于错误的职位，不得不起

---

① 参见《会编》，册3，页226。

草降表。他与张邦昌的倒霉政权的瓜葛,他对政府财产的随意作风,以及他作为地方官员任上的不足,都使他容易为秦桧控制下的御史台攻击。当 1160 年代编纂北宋末年的历史时,作为秦桧早期的受害者之一,来自对这位大独裁者的敌意提升了孙觌的信誉。但孙觌历史形象的决定性因素并非与秦桧的对立,而是与李纲的对立。如同我们所见,朱熹将《语类》中讨论《长编》可信度的对话设计成了孙觌与李纲的对比。事实上,在朱熹及其弟子设计的那一幅大得多的全景图中,这段对话仅是一个细部,整幅画作意在搭建从北宋灭亡到随后"中兴"的历史框架。而在这幅全景中,李纲被认为有着伟岸形象(cosmic stature)。[1]

朱熹在 1183 年为李纲的奏议刊行所作的后序中清晰地展现了他系于李纲身上的重要意义。《丞相李公奏议后序》开头首先从哲学上说明了上天在政治分裂时也在关心人类:文化上的英雄人物应运而生,传承正面的道德价值观。这些英雄人物是汇聚了前人宝贵经验的智囊,他们将为未来的新生播种。上天会借由这些独特的个体使"为之君者,犹有所恃赖凭依,以保其国",显示了他对世人的"爱"。朱熹接着说在 1126—1127 年的危机中,李纲就是上天应运而生以消弭灾祸的人。在 1120 年代初期,李纲主张对金坚决抗战;在他 1127 年为相时又率军投入恢复北方的军事行动,在 1130 年代又继续主张这样的政策。朱熹又写道,李纲在上述事迹中最后总是因为被政敌诋毁而导致无功。最后,朱熹回到他的中心预设:

---

[1] 本书见《一个邪恶形象的塑造:秦桧与道学》。周必大与孙介宗为孙觌所写的序是观察该时代极重要的晴雨表。在他们于 1199 年为孙觌所写的序及后序,周必大与孙介宗都提到了孙觌对蔡京的弹劾,但二人都对孙觌曾弹劾李纲一事保持沉默。

"虽然,今天子方总群策,以图恢复之功……则有志之士,将不恨其不用于前日,而知天之所以生公者,真非偶然矣。"①

朱熹在《语类》的另一段系于 1191 年的文字也阐述了同样的论点。当被问及开封被围时期李纲的行为时,朱熹回答:"当时不使他,更使谁? 士气至此,消索无余,它人皆不肯向前。惟有渠尚不顾死,且得倚仗之。"在这段文字的其余部分,朱熹响应了具体的关于李纲与姚平仲劫寨事、种师中死事之联系的问题。② 前文已经勾勒了朱熹对这些事件的立场,他此处的响应再次印证了这一点。不过,朱熹的谈话对象无疑地了解李焘对李纲的立场,这些特定问题的出现本身显示,他们在探究朱熹对李纲在中兴历史中作用的重建是否有弱点。现代史家会同意朱熹的主张:李纲对其军事政策的坚守几乎是只身一人,③但这对朱熹还不够。李纲作为天定的上天对人类之"爱"的化身,必须是道德完美的。而李焘和他的《长编》挡在了朱熹与他"改进"的李纲形象之间。

---

① 《朱熹集》,卷 76,页 3972—3975。朱熹《邵武军学丞相陇西李祠记》收录了与这篇后序同样的观点与话语,见《朱熹集》,卷 79,页 4120—4122。叶适(1150—1223)《李丞相纲谥忠定议》在为授予李纲谥号"忠定"(反映了李纲在中兴时期对国家的忠诚,以及努力使人民生活重回稳定)作的文本亦提供了对李纲历史角色的类似分析,虽然他略去了宇宙介入的部分。见《叶适集》(北京:中华书局,1961),卷 26,页 527—528。李纲多次为其政敌所诽谤、压迫的主题,在道学提升其他文化英雄的地位之时是个关键因素。见本书《一个邪恶形象的塑造:秦桧与道学》及 Ellen G. Neskar, "The Cult of Worthies: A Study of Shrines Honoring Local Confucian Worthies in the Sung Dynasty(960—1279)" (Ph. D. dissertation, Columbia University, 1993), pp. 113-132.

② 《朱子语类》,卷 130,页 3131—3132。

③ Haeger, "1126-27: Political Crisis and the Integrity of Culture," pp. 158-159.

《长编》刚告完成,即被认为能够进入中国史学史上的杰作之列,即便现存的《长编》已残缺不全,也未能动摇这一地位。叶适(1150—1223)称《长编》是中国史学上自孔子《春秋》后最重要的著作,就像孔子记载了他自身的当代历史,这本书则完成了宋代历史。除了提到《长编》材料的完整,叶氏还说:"虽然,公终不敢自成书,第使至约出于至详,至简成于至繁,以待后人而已。"①正如笔者希望阐明的,叶适的描述完美地符合了我们在前文对这其中两段进行的检验。此外,李心传直接引用班固对司马迁的褒扬,称赞《钦宗实录》"文直而事核",李焘正是在《钦宗实录》的基础上形成了对北宋覆灭的叙述。②

　　在朱熹看来,洪迈/孙觌事件正可以为其意图服务。朱熹并没有直面《长编》的权威性和学识,但他利用孙觌具有争议的名誉与洪迈对孙觌"没意思"的邀请,作为削弱《长编》在1126年北宋覆灭这一重大议题上的权威性之工具。但是,朱熹的说法并非当时对于此议题的唯一意见。引发朱熹质疑的《长编》段落推测是由周必大提供,而他在1199年为孙觌文集写的序中,对孙觌参与修史一事评价极高。周必大把年迈的孙觌参与编纂《钦宗实录》与公元前213年秦朝焚书之后,九旬老人伏生向汉朝廷传授《书经》相提并论。③ 这类夸饰在宋代文集序言之类的文字中是常用

①《叶适集》,卷12,页210。
②《朝野杂记》,甲集卷4,页110;《汉书》(重印本;北京:中华书局,1962),卷62,页2738。
③《鸿庆居士集》(《四库全书》本),序,页2a。周必大对孙觌之于史馆有贡献一事给予极高评价。他最初写给朱熹的信(此事在《朱子语类》该段的开头部分被提及)并没有因为《长编》的问题而责怪孙觌,而朱熹则自己将两件事联想在一起。

手法,我们可以认为,周必大把孙觌比作伏生,只是要强调他们的年迈和对残缺文献的补充,而不是认为孙觌传承的文献的意义能够与《书经》比拟。

然而朱熹对于这些事件的解释逐渐占据上风。洪迈曾在一篇颇具先见之明的评论中谈到了形势的发展。在 1186 年 8 月刚完成《四朝国史》时,洪迈被允许将此书与之前编的两部《国史》合为一书,称为《九朝国史》。在他最初为这个计划拟定的一套指导方针中,洪迈向皇帝要求了一项不同寻常的特权:鉴于他将会使"是非褒贬皆有据依",洪迈请求对他计划完成的这部著作:"后来史官无或辄将成书擅行删改。"①但即使最粗略地浏览一下《宋史》,我们也可以发现洪迈的这个中国史家的终极梦想,将在他身后的历史中被无情拒绝。

随着十三世纪道学在政治上取得支配地位,朱熹对洪迈、孙觌的批评也被放大至孙觌窜改了整部北宋晚期历史的意义。举例来说,《中兴四朝国史》是 1127—1224 年的官方历史,其中的《艺文志》于十三世纪由日益受道学掌控的修史机构编纂。在关于洪迈《四朝国史》的条目下,《艺文志》重复了朱熹对洪迈及孙觌的批评。此外,《语类》中朱熹的指控,稍作改动后,当作对洪迈的批评进入了洪迈的《宋史》本传中。②

---

① 李心传,《朝野杂记》,甲集卷 10,页 207;王应麟,《玉海》,卷 46,页 50b。

② 《中兴国史·艺文志》由于马端临(1254—?)有所引用,得以部分保存:"《中兴艺文志》:绍兴末始修神、哲、徽三朝《正史》,越三年纪成。乾道初进,时洪迈已出,李焘未入馆,史官迁易无常,莫知谁笔。后又进《钦宗本纪》,诏通为《四朝国史》,乃修诸志,未进而焘去国。淳熙初志成,焘之力为多,召修列传,垂成而焘卒。上命洪迈专典之初,迈以孙觌熟宣靖事,乃奏令撰蔡京、王黼、童贯、蔡攸、梁师成、谭稹、朱勔、(转下页)

道学对传统宋代历史编纂的挑战不仅在于内容，也针对体裁。这两个层面当然是互相联系的，新体裁的发展使操作已有的内容更为容易。这个过程在十二世纪的最后二十五年已开始显现，并在往后七十五年间迅速发展。随着道学获得了社会和政治上的支配地位，道学的追随者们得以在很大程度上控制官方与私人的历史书写。十二世纪末，与道学相关的学者们已能在修史机构立足。陈傅良（1137—1203）于 1190 年代中期在实录院工作。[1]朱熹在 1194 年曾在该处任官数周，这段经历让他形成了对修史机构的组织性的负面评价以及改组修史机构的一些激进想法。其中处理关于同一事件相互冲突的记载的建议特别有趣，朱熹主张："又如一事而记载不同者，须置簿抄出，与众会议，然后去取，庶几存得总底在。"不过，或许是仍受到《长编》的影响，叶适并不

　　（接上页）种师道、何㮚、刘延庆、聂昌、谭世勣等列传，觊颇徇爱憎，迈多采之。迈又奏：'四朝诸臣，有虽显贵而无事迹可书者，用迁、固之刘舍、薛泽、许昌例，不为立传。'逾年书成，为列传八百七十。迈又尝欲合九朝三史为一书，而不及成。"见马端临，《文献通考·经籍考》（上海：华东师范大学出版社，1985），卷 19，页 474—475。赵士炜对这些片段文字有所整理，见赵士炜，《中兴四朝艺文志》，《北平图书馆馆刊》第 6 卷第 4 期，1932 年，页 31。在此《艺文志》中，每个条目的定年都是个复杂的问题。笔者相信"四朝国史"该条目可系在 1225—1250 年之间。见 Piet van der Loon, *Taoist Books in the Libraries of the Sung Period*（London：Ithaca Press，1984），pp. 19-20. 这段插入《中兴四朝艺文志》中的文字，显示了十三世纪中叶道学后继者们在修史机构中的影响力。关于那些未把《中兴艺文志》此段文字插入他们那私人目录学著作中的"四朝国史"条目，见陈振孙，《直斋书录解题》，卷 4，页 105 和王应麟，《玉海》，卷 46，页 49b—51a。关于《宋史》洪迈传记中的孙觌事迹，见《宋史》，卷 373，《洪迈传》，页 11574。
[1]《止斋文集》（《四部丛刊》本），卷 27，页 4b—6a。

赞成这一办法。①

早在 1172 年，朱熹将司马光的《资治通鉴》改写成《资治通鉴纲目》，发明了适合道学式的历史设计的新的史书体裁。② 四年后，与朱熹有往来的袁枢（1131—1205）出版了《通鉴纪事本末》，而朱熹为此书写后序时称赞了这部作品对学生们的帮助。③ 在这两个例子中，作品都承担了帮助学生们阅读卷帙浩繁的《通鉴》一书的使命。不过众所周知，《纲目》并不简单只是《通鉴》的缩略本，笔者将在稍后讨论这点。两部《通鉴》的改编作品，实为道学视角的中兴史确立了体裁。这两部著作不可能包含宋史的内容，因为《通鉴》对中国历史的记述止于 959 年。《语类》透露，朱熹在生前已经以纲目体发展出道学式宋史的广阔视角。愿景的实现，即新体例与新内容的结合，将会被他的门徒们所完成。

道学运动在十三世纪的前半期中拓展了其政治与社会基础，符合朱熹观点的史学重建的影响力也在增加，尤其是在构成道学运动教育基础的地方学校中。就像朱熹自己重写了司马光《通鉴》，他的门徒们继续将李焘《长编》改写成"纲目"体。这一体裁

---

① 《朱子语类》，卷 107，页 2664—2666。关于朱熹曾担任史馆的职位，见王懋竑（1668—1741），《朱子年谱》（1700；重印本，北京：中华书局，1998），卷 4，页 249。

② 因为《资治通鉴纲目》直到朱熹死后才完成，并由于朱熹把此书的编纂工作交给他的学生，朱子学的学者们通常试着让这本说教式的、带有道德寓意的著作与朱熹保持距离。不过，近来有篇文章为朱熹参与编纂《纲目》的行为进行编年，见叶建华，《论朱熹主编〈纲目〉》，《文史》，第 39 辑，1995 年，页 271—276。也可以参考由钱穆写成的较早研究，钱穆，《朱子新学案》（5 卷本；台北：三民书局，1971），卷 5，页 120—150。

③ 《朱文公文集》，卷 81，页 7a—8a。关于更详细的讨论见本书《论〈续资治通鉴长编纪事本末〉与十三世纪前期的史学编纂与出版》。

中,主要的事件会被概括成大字的"纲",而小字的"目"则在各个"纲"下详细叙事。这种新体裁的普及成果之一,就是杨仲良对《长编》的压缩。就像笔者在本书的另一部分中展示的,这部书很可能最初是在 1210 年左右以纲目体编纂。①

　　另一本是由朱熹的追随者陈均(约 1165—1236 年后)于 1229 年完成的《皇朝编年纲目备要》。在陈均的编纂中,姚平仲和种师中的事件都值得用"纲"与详尽的"目"来记载。然而,在这两个例子中,陈均截取并改写了"目"依据的史料原文,以使他的叙述符合朱熹的解释。陈均的"目"结合了《东都事略·种师道传》与李纲的《靖康传信录》,但《东都事略》的材料移除了所有提到李纲与钦宗在军事行动中同谋的部分。反之,陈均增加了一些细节强化了姚氏、种氏家族的冲突,并解释该军事行动完全是出于姚平仲个人希望借此行动摧毁种师道在朝廷的影响力。在一段直接抄自李纲回忆录的段落中,李纲在此事件仅作为军事行动的救星而被提及。与此相近,种师中死事的"目"结合了《东都事略》和李纲的回忆录,但陈均改写了文字以强调种师中组织混乱。陈均忽略了所有关于李纲、许翰对种师中施加压力的记载,并增补了一些关于种师中收到朝廷自相矛盾讯息的短"目",虽然这些文字并不见于其他原始材料之中。②

　　伴随着这些教科书式的宋代史的出现,产生了另一种文类,可以形容为教师的讲义。例如身为教师并曾经担任过史官的吕中

---

① 见本书《论〈续资治通鉴长编纪事本末〉与十三世纪前期的史学编纂与出版》。
② 陈均,《皇朝编年纲目备要》(1229;重印本,北京:中华书局,2006),卷 30,页 777、788—789。

(1247 年进士)撰写了一系列的道德评论以补充新出现的纲目体史书,史书与评论结合,名为《皇朝中兴大事记》。这类结合了道德评论的纲目体史书,借助激烈的道德评论达到教学的效果,在晚宋的道学学校中逐渐流行。而许多著作,亦开始以结合正文、评论于一书的样貌出现。① 在这种气氛下,《通鉴》传统下的伟大作品开始遭遇压力。随着新的节录本越加符合教学评论的需求,对原本《通鉴》、《长编》的需求很少。李焘的伟大作品受到冷落,许多部分散失。即使是司马光的《通鉴》,也变成一本名气大过人气的著作。

李心传活到 1243 年,但他人生最后几年作为朝廷史官的日子却不太愉快。1239 年他编纂了《道命录》,一部关于道学运动的历史著作。在《道命录》的序言中,李心传以批评当时一些士人滥用道学运动来谋求政治利益结尾。1272 年,李心传的学生高斯得(1229 年进士)描述朝廷的修史机构正陷入组织混乱并为内部的分歧所困扰。② 后来,为了令《要录》符合宋史的道学视角,吕中的道德评论不知被何人插入《要录》中,笨拙地破坏了李心传的杰作。《要录》并没有前近代的编辑版本存留,所有现存的版本都是十八世纪根据录在《永乐大典》的材料所重建的。③

---

① 关于这些发展,见本书《一个邪恶形象的塑造:秦桧与道学》。
② 高斯得,《耻堂存稿》(《丛书集成》本),卷 2,页 36。
③ 见本书《一个邪恶形象的塑造:秦桧与道学》。笔者已经在别处论证过李心传关于道学运动的历史著作《道命录》的现存版本,是元朝的朱熹追随者根据原本重新编辑的产物。见 "Biblographic Notes on Sung Historical Works: The Original Record of *the Way and Its Destiny*," *Journal of Sung-Yuan Studies* 30(2000), pp. 1–61. 这篇文章收录了根据《永乐大典》重建原版《道命录》的产物。笔者也分析过李心传于 1239 年为《道命录》所作的序言,以及此书在晚宋史学的地位,见本书《〈道命录〉复原与李心传的道学观》。

正如高斯得在 1272 年的回忆录中证实的,宋代晚期,即使道学家定期向朝廷修史机构补充人员,修订所有国史这一极其艰巨的任务在宋朝最后崩溃的混乱时期中仍然无法完成。像陈均作品这样的通俗教学著作提供了宋史的道学观点,截至宋代晚期,此类著作与官修史书的记载在许多点上都发生了冲突。当蒙古人把宋代档案载往北京以编纂宋代的正史——《宋史》时,他们实继承了远比自己的了解更艰巨的任务。元朝史家由于自身大多数是朱熹知识上的追随者,清楚地意识到此问题,长期主张投入足够的金钱和组织上的支持以完成这项遗留的编纂任务。[①] 但是政治上的考虑长期拖延了编纂计划。当 1343 年编纂命令终于下达时,编纂者们在严峻的压力下,必须在政局再次变换和危及对此工作的支持之前完成。

最终《宋史》完成于 1345 年,被严厉指责为所有二十四部正史中最差的一部。《宋史》的编纂者们或多或少让整部作品染上了道学的色彩,最显著地是以四卷篇幅的《道学传》集中讨论朱熹思想的来源。[②] 但是他们没有足够时间为了前后一致去重写整部《宋史》,所以他们直接从宋代官方编纂的各部《国史》中逐字抄录长篇段落。结果,现存的《宋史》包含了两种理论上互相对抗的宋代历史观点。一种观点,是来自李焘、李心传得自《通鉴》的传统,反映在经他们时不时的监督下由官方编纂的《国史》中;另一种观点,则来自朱熹与其道学门人拥护的《纲目》传统。两种对抗的观点的存在,解释了为何《宋史》对同一件事常呈现出不同的

---

①元代史官袁桷(1267—1327)的记载曾谈到关于完成《宋史》所遭遇的问题,见袁桷,《清容居士集》(《四部丛刊》本),卷 41,页 31a—40b。
②《宋史》,卷 427 至卷 430,《道学传》一至四,页 12709—12793。

说法。

最后再次回到姚平仲和种师中,我们能在《宋史》记载两事件的文本中同时找到李焘与朱熹两种观点的痕迹。朱熹的观点呈现在长达两卷的《李纲传》,主要依据是李纲的《靖康传信录》。①然而,姚氏、种氏家族的传记是得自《东都事略》及李焘的文本传统,详细叙述了李纲在两事件中的同谋。② 现代史家赵铁寒已经从这些矛盾正确地推论出《宋史·李纲传》不可靠。③ 但更重要的经验是,《宋史》的混乱情形保留了大量较原始的未受道学影响的宋代国史文字,例如《宋史》,卷 335 是种氏家族传记,其中的论赞中写道:"李纲、许翰顾以为怯缓逗挠,动失机会,遂至大衄,而国随以败,惜哉!"这一评论,很可能就是 1186 年李焘、洪迈完成的《四朝国史》中的残存。④

结　论

《宋史》事实上是个来自宋代不同时期的史料、文本的巨大万花筒。仔细的文本分析,比较特定文本在李焘、李心传、徐梦莘著作中的对应部分,常能辨认出段落最初的文本来源。原始文本的作者、时段和情境有时也可以复原。我们可以接着用这些原始文

---

① 《宋史》,卷 358、359,《李纲传》上、下,页 11241—11274。特别是页 11244—11245。

② 《宋史》,卷 335,《种师道传》《种师中传》,页 10754—10755;卷 349,《姚古传》,页 11061。

③ 参见赵铁寒,《由〈宋史·李纲传〉论信史之难》。

④ 《宋史》,卷 335,页 10755。

本与十三世纪时期受道学影响的作品中的对应记载比较,以判断这些历史事件的呈现是否被改动,如何被改动。《宋史》的文本演变过程经常能辨认出经过四个不同的阶段:(一)原始史料,如李纲、郑望之的奏议;(二)官方或半官方的过渡阶段,如李焘或李心传所引用的《实录》《国史》的记载,或是像王偁《东都事略》那样根据官方史料编纂而成的私家作品;(三)十三世纪或十四世纪早期的道学式作品的叙述;(四)《宋史》现存文本中由元代史官所写成的部分。想要了解宋代史事,《宋史》是本令人困惑的指南,但对涉及宋人当代史观的研究而言,它是宝贵的资料汇编。

朱熹对孙觌、洪迈的攻击象征着宋代史学的主要分水岭。朱熹对《长编》的不满,明确了宋代历史书写中《通鉴》传统与纲目体传统之间的早期冲突。虽然两种传统都认为历史提供道德教训,但二者对史家应如何达到这一目标有不同观点。核心冲突在于史家应该如何处理现存史料——史家技艺的基本素材。一方面,司马光、李焘、李心传运用材料来彰显道德教训,但他们为读者提供全貌。朱熹强烈反对的注文,正是成熟的《通鉴》传统的必要成分。注文为读者提供了史家编选的正文在其来源中的完整脉络。朱熹准确地观察到,正文和注文配合的形式为史家的判断注入了信心。在《通鉴》传统中,历史教训是从史料的编排中不证自明地出现的。另一方面,《纲目》传统则选择了作为"纲"的事件,以体现预先设定的道德价值观。编者接着抹去构成"目"的文本中提示文本各组成部分的来源的痕迹。在读者可见的范围之外,作者可以随意改动、忽略或编辑他的史料来源以符合道学意识形态的考虑。

某种程度上,这些差异可以用不同读者要求的不同精密程度解释。《通鉴》传统下的作者们是为朝廷以及官方记录写作的专业史家;而纲目体传统下的作者们则大多是为应举学生写作的教育家。然而,朱熹对孙觌、李焘的攻击,开启了两种传统混融的进程,而这种混融,导致了《通鉴》传统这一宋朝对中国史学的主要贡献最终消逝。

道学与历史

论《续资治通鉴长编纪事本末》与
十三世纪前期的史学编纂与出版

前　言

　　李焘(1115—1184)的《续资治通鉴长编》(以下简称《长编》),是最详尽的北宋编年史,也是一手历史文献的重要宝库。但是,李焘巨著的流传百般磨难,占全书三分之一篇幅的徽、钦两朝内容如今已不传。《续资治通鉴长编纪事本末》(以下简称《长编纪事本末》)是《长编》的节选本,编列事件纲目,按年排序。当十三世纪前半叶《长编纪事本末》成书时,原始且完整的《长编》仍存,《长编纪事本末》保存了大量《长编》亡佚部分的材料。许多历史学者将《长编纪事本末》作为北宋最后几年的一手史料使用,因此,这两部著作之间的确切关系,对于这些历史学者来说,实为重要的议题。然而,尽管近年重印了《长编纪事本末》,2006 年还出版了简体标点本,关于这部著作的作者、起源、流传的诸多问题仍尚待研究。①

---

① 杨仲良著,李之亮校点,《皇宋通鉴长编纪事本末》(哈尔滨:黑龙江人民出版社,2006)。

我曾在其他文章提出道学运动——尤其是朱熹（1130—1200）——对宋人本朝史的观念和书写有深远的影响。道学运动改变了对史实的解读，产生了新的史书体裁，供宋代学者撰述、教授本朝史。① 在这一变迁的背景下定位《长编纪事本末》是本文的主要目的。迄今很少被注意的姚勉（1216—1262）序文是为了最初且已然散佚的《长编纪事本末》所作，它将帮助我们了解《长编纪事本末》的早期历史。姚勉序文保存了这部史籍的原始书名，有助于更精确地判定《长编纪事本末》的编纂时间，更提供了重现这部著作原始形态的线索。本文的结论将更清晰地呈现《长编纪事本末》和其他十三世纪初叶受道学影响的史学著作的关系。

《续资治通鉴长编纪事本末》之现行版本

现行《长编纪事本末》以《通鉴长编纪事本末》之名在 1893 年由广东的广雅书局刊印，②除此之外没有更早的刊本传世。广雅本共 150 卷，其中的卷 5—7，卷 8 的前半部，以及卷 114—119 亡佚。《长编》的材料被分为 345 个主题，依年排列，始于卷 1 宋太祖于 960 年"受禅"，终于卷 150 发生在 1127 年的"高宗南渡"。各主题的篇幅有很大的差异，最短不过寥寥数页，最长则占两卷。许多主题被细分，或附加子题。在各主题中，来自《长编》的节录

①见本书《一个邪恶形象的塑造：秦桧与道学》与《无奈的史家：孙觌、朱熹与北宋灭亡的历史》。
②赵铁寒重印此版本（包含序文），收入《宋史资料萃编》第二辑（台北：文海出版社，1967）。

依时序排列。欧阳守道(1209—?,1241 年进士)为 1257 年某个在庐陵刊印的版本写了序文,叙述了该次刊印的缘起,下文将仔细讨论。

广雅本的文本来源未见说明,不过赵铁寒推测广雅书局是根据曾属于藏书家张金吾(1787—1829)的钞本刊刻。① 不知何故,《长编纪事本末》没有得到四库馆臣的注意,未被《四库全书》收录。然而,阮元(1764—1849)在《四库全书》成书之后获得一部《长编纪事本末》的钞本,并撰写了提要。② 阮元将他的《长编纪事本末》钞本连同其他四库未收书上呈清廷,这部钞本最终在 1935 年由故宫博物院影印出版。③ 目录学家周中孚(1768—1831)也写了一段仔细的评介,他依据的《长编纪事本末》钞本可能和张金吾或阮元所持者相同,也有可能是第三种版本。④ 这三位清代学者都将手中《长编纪事本末》钞本的来历追溯到十七世纪学者徐乾学(1631—1694)收藏的一份较早的钞本。由于徐乾学的钞本也缺卷 114—119,我们可以肯定:现行的《长编纪事本

---

① 见《爱日精庐藏书志》(北京:中华书局,1990,《清人书目题跋丛刊》据 1826 年本影印),卷 10,页 4a—5a。1820 年,张金吾也刊印了现代第一版的李焘《长编》,即重新编次为 520 卷的版本。

② 《四库未收书提要》(台北:台湾商务印书馆,1971,据 1822 年本影印),卷 1,页 2—3。

③ 国立北平故宫博物院,《宛委别藏》(上海:商务印书馆,1935)。此《长编纪事本末》钞本较易取得的重印本,见杨仲良,《续资治通鉴长编纪事本末》(北京:北京图书馆出版社,2003)。阮元的手抄本现藏于台北故宫博物院,见《"国立"故宫博物院善本旧籍总目》(台北:"国立"故宫博物院,1983),页 211。

④ 《郑堂读书记》(北京:中华书局,1993,《清人书目题跋丛刊》据商务印书馆 1958 年版缩印),卷 17,页 374—375。

末》版本源自同一系统的钞本,年代可以上追到十七世纪或者更早。①

　　这个钞本系统似乎没有鉴定《长编纪事本末》的编纂者是谁。周中孚考察的钞本,书前只提到欧阳守道是校勘者。② 在十七世纪,徐乾学和黄虞稷(1629—1691)皆误植欧阳守道为《长编纪事本末》的作者。③ 阮元是第一位正确指出作者为杨仲良的清代学者,他引用两条宋代史料支持这个说法。第一,1229 年由朱熹的追随者陈均(1174—1244)刊印的《皇朝编年纲目备要》中,包含一份陈均在编纂过程中的参考书目,其中包括杨仲良的《长编纪事本末》。④ 第二,王应麟(1223—1296)撰写《长编》的词条在结语处提到"杨仲良为《长编纪事本末》一百五十卷"。⑤ 除此之外,清代学者未能找到杨仲良的更多信息。

---

① 今日通行的徐乾学《传是楼书目》并没有《长编纪事本末》的条目,但是三位清人学者皆引用徐乾学的钞本。由于徐乾学的书目著作只提到遗失卷114—119,其他现已不存的几卷也许在十七世纪之后散佚。《长编纪事本末》也可能被两部明代的书目著作提到。1441 年的明朝宫廷图书馆书目记录了《宋九朝纪事本末》,赵铁寒推测此即《长编纪事本末》,可能无误。见杨士奇(1365—1444),《文渊阁书目》(《读画斋丛书》本),卷5,页13b;以及叶盛(1420—1474),《菉竹堂书目》(《粤雅堂丛书》本),卷2,页6a。很不幸,这两部明初的书目文献除了提到此书共 80 册,皆未提供任何细部信息,因此不清楚其为刊本或钞本。

② 见周中孚,《郑堂读书记》,卷17,页374。

③ 黄虞稷,《千顷堂书目》(《适园丛书》本),卷4,页16b。

④ 陈均,《皇朝编年纲目备要》(台北:成文出版社,1966,据日本静嘉堂藏1229 年刊本影印),《凡例》,页13a。

⑤ 王应麟,《玉海》(上海、南京:上海书店、江苏古籍出版社,1988),卷47,页44b。

《续资治通鉴长编纪事本末》之作者

　　1960 年代,王德毅在吴泳(1209 年进士)的一封书信中发现了更多关于杨仲良的消息。吴泳出身于四川潼川,是李焘之子李壂(1161—1238)的毕生知交。在《答郑子辩书》中,吴泳感谢郑子辩致赠一本郑氏编纂的书给他,而吴泳只提到这本书是《要略》。此书应当就是《续通鉴长编要略》。身为道学家且官至宰臣的真德秀(1178—1235)曾为之撰写序文,收录在他的文集里。①书信内容显示吴泳此信大约写于 1220 年,信中以"帙简而纲宏,词约而事尽"之语赞赏郑氏之作。接着,吴泳提及另外三本时代接近且颇类于郑氏之作的书籍:第一,范洁斋(亦为潼川人)所著的《长编举

---

① 《西山真文忠公文集》(《四部丛刊》本),卷 29,页 16a—17b;《全宋文》(上海、合肥:上海辞书出版社、安徽教育出版社,2006),册 313,卷 7170,页 169—170。"子辩"当为字。真德秀的序文提到该书作者为"闽漕郑公",该序文作于 1232 年,当时真德秀知福州。福建方志记载 1230—1232 年之间的转运使为郑如冈[《福建通志》(《四库全书》本),卷 21,页 7b],是处州青田的知名学者、官员郑汝谐之子。然而,徐象梅《两浙名贤录》(《四库全书存目丛书》本),卷 27,页 24b—25a 的简短传记却记载郑如冈字山甫。尽管有此差异,证据指向郑如冈为《续通鉴长编要略》的作者。真德秀序文完全以他和郑如冈的对话组成。开头为郑如冈出示该书定稿,说起自己在父亲的鼓励之下,少时即阅读李焘《长编》,立志"翦繁撮要,以便省阅"。接着郑如冈讲述自己在仕宦的间隙从事著作,终于完成《要略》,将《长编》的篇幅缩减至原先的三分之一,只待将此书付梓以惠学子。真德秀则称此书必有助于后进学子,并建议郑如冈应该也考虑向朝廷进献这部著作,当时廷臣正删节《长编》以供经筵所用。

要》;①第二,李壐约在 1213 年编成的《皇宋十朝纲要》;②第三,
"又有眉山杨明叔者纂成《长编纪事》,流传世间,本末粗为详
备"。③

此处最为重大的意义是发现杨仲良为四川眉山人(我们也在
此获悉他的字是明叔)。眉山不仅是宋代四川刻书业的中心,距
离李焘的家乡丹棱亦只区区十英里。眉山维持着自北宋三苏以
来未曾中断的史学研究传统。在南宋,除了李焘父子以外,王偁
(约逝于 1200 年)与其父王赏(逝于 1149 年),李心传父子和他的
门生高斯得(1229 年进士),牟子才(1223 年进士),杜大珪(逝于
1194 后),俱为眉山人。另外,《太平治迹统类》的编者彭百川亦
为丹棱人。④ 眉山在刻书和历史编纂两个领域的声誉结合在一
起,自然使眉山成为刻印史学著作的重镇。世人所称的"眉山七
史",是一项受政府资助,制作供学校使用的可靠正史版本的成
果。"七史"于绍兴年间(1131—1162)在眉山刊印,书板迭经修
补,不断重印,直到十九世纪初期毁于祝融。⑤

---

① "洁斋"应该是号。我无法进一步说明作者或其著作。
② 这部书仍存,被重印、收录在《宋史资料萃编》第一辑(台北:文海出版
  社,1967)。
③ 吴泳,《鹤林集》(《四库全书》本),卷 32,页 8a—9a;《全宋文》册 316,卷
  7251,页 288—289;王德毅,《李焘父子年谱》(台北:台湾商务印书馆,
  1963),页 234。
④ 邓广铭,《对有关〈太平治迹统类〉诸问题的新考索》,收录在李铮、蒋忠
  新主编,《季羡林教授八十华诞纪念论文集》(南昌:江西人民出版社,
  1991),页 253—272。
⑤ 晁公武,《郡斋读书志》(《四部丛刊》本),卷 2 上,页 5a—5b;叶德辉
  (1864—1927),《书林清话》(台北:世界书局,1988),卷 6,页 147。关于现存
  雕版,见 Ming-sun Poon,"Books and Printing in Sung China(960—1279),"un-
  published PhD dissertation,University of Chicago,1979,pp. 278-283.

杨氏是眉山最有权势的士人家族之一,在1163年到1230年代蒙古入侵四川之间出了六十多位进士。庆元年间(1195—1200)是杨氏的巅峰时期,这段时期眉山产生的十六位进士中,杨氏即占有九位。① 更重要的是,李焘的妻子即出自眉山杨氏,为杨素的孙女。杨素曾在1100年资助黄庭坚,并建立大雅堂以收藏刻有黄庭坚所书杜甫四川诗作的石碑。② 杨氏巅峰时期的十二、十三世纪之交,一位杰出的家族成员杨泰之(1169—1230)在1195年考取进士。根据杰出的四川学者、政治家魏了翁撰写的杨泰之墓志铭,杨泰之拥有藏书超过两万卷的书楼,并编著了一系列可能用于教学的类书。杨泰之的一系列类书是典范历史著作的"类"编本,始于《春秋列国事目》,终于《本朝长编类》。③

　　魏了翁记载了其他四川人士重新编辑李焘《长编》的成果。同样为1195年进士的郭叔谊(1155—1233),终其一生都在四川地方行政机构任职,曾经出任眉州教授,郭叔谊的著作中有20卷《续通鉴长编增添纲目》和30卷《理学语类》。④ 此外,邓广铭证明现存的《太平治迹统类》是由另一位眉州人彭百川在1220年代初期编纂的。彭百川的《太平治迹统类》是《长编》另一部纪事本末体的浓缩本,邓广铭也发现彭百川之作和杨仲良《长编纪事本

---

① 郭庆琳等纂修,《眉山县志》(台北:学生书局,1967),卷7,页10a—16a。
② 李焘的神道碑为周必大(1126—1204)于1202年撰写,见点校本《续资治通鉴长编》(北京:中华书局,1986—1995),册1,页33;黄庭坚,《豫章先生文集》(《四部丛刊》本),卷16,页34b;同书,卷17,页22b—23b。
③ 魏了翁,《鹤山先生大全文集》(《四部丛刊》本),卷81,页20b;《宋史》,卷434,页12901。
④ 《鹤山先生大全文集》,卷83,页6b—9a。魏了翁也提到郭叔谊之母为杨氏,而且郭叔谊也有藏书一万卷的书楼。

末》的密切相似之处。①

宋代史料说明四川地区之外至少还有两个缩编李焘《长编》的尝试。福建的学者李沈（1144—1220）纂辑 38 卷《续通鉴长编分类》，②来自江西的朱熹门人张洽（1161—1237）则有《续通鉴长编事略》。③

依前述的证据可得出几点结论。显然，杨仲良的《长编纪事本末》并非独立产物，应被视为十三世纪前二十五年一连串相关的著作的一部分。它们大部分由四川人士撰成，其中数部和眉山有直接关系。这些著作的名称与篇幅，透露了欲将卷帙浩繁、内容丰富的《长编》改编为更加可读的形式的企图。本文已探讨的书名包含"要略"（郑子辩）、"举要"（范洁斋）、"类"（杨泰之）、"增添纲目"（郭叔谊），四川以外还有"分类"（李沈）、"事略"（张洽）。这些著作的用途是教学，应用于从地方学校到皇帝的各级个人教育系统。可考的作者们与道学有密切联系，他们在地方学校和私人书院讲学。

欧阳守道的序文

如前述，欧阳守道为《长编纪事本末》撰写的序文被刊印在 1893 年广雅本的卷首。④ 这篇序文作于 1257 年，提供了南宋思想

---

①邓广铭，《对有关〈太平治迹统类〉诸问题的新考索》，页 253—256。
②真德秀，《西山真文忠公文集》，卷 42，页 18a；《全宋文》册 314，卷 7191，页 96。
③《宋史》，卷 430，页 12788。
④欧阳守道的序文，亦参见《全宋文》册 346，卷 8010，页 459—460。

学术、出版、教育的复杂关系的惊鸿一瞥。欧阳守道是江西庐陵人，也是属于朱熹一脉的道学导师。1241 年中进士之后，有十年的时间，欧阳守道在许多江西与湖南的私人书院讲学。1250 年代中期，欧阳守道回到庐陵，直到 1262 年获授秘书省正字。①

欧阳守道写道，前任庐陵知州以地方政府的公帑发起刊印《长编纪事本末》，所据底本是该知州私人所藏，在这位知州考满离任后不久的 1253 年出版。不知为何，这个本子不再可得，因此当地书院学生徐琥有意以一己之力重印《长编纪事本末》。鉴于这部著作卷帙浩繁，有人建议徐琥应该要制作"节本"。欧阳守道不赞成这个计划，他指出，以保持叙事连贯和取信读者两个原则来删节史书（尤其是近代史），是相当困难的："史馆遴选尚不敢苟，而私家新学，见史辄节，非予所敢知也。"②

欧阳守道接着说明当时他自己参与了重印计划。他发现稍早的庐陵本有许多舛误，认为问题出在庐陵本刊成前这名知州已然离任。他因而借取"大字蜀本"，寻求数位友人的帮助，以蜀本校对 1253 年的刊本。有疑惑时，欧阳守道也参校《长编》原文。若无根据，他绝不增损、改易。

读者也许在这篇序文的字里行间，发现许多根本地影响《长编纪事本末》钞本系统的课题。对出版方而言，刊印供学校使用的书籍是一项重要的收入来源，因为学生和其他有兴趣的群体是

---

① 《宋史》，卷 411，页 12364—12366；佚名，《南宋馆阁续录》（《四库全书》本），卷 8，页 20a；黄宗羲（1610—1695）、全祖望（1705—1755），《宋元学案》（北京：中华书局，1986），卷 88，页 3944。
② 《全宋文》册 346，卷 8010，页 459—460。

主要的消费者。这种现象到南宋晚期犹然。[①] 欧阳守道清楚地说1253 年的刊本由前任知州发起,文中亦两度称之为"郡本",不过他没有说明他与志同道合者筹备的第二版由谁出版。他在序言末的署名并没有冠上官衔,此时其似乎也没有官职在身。当然,原本的刊本中当会指明刊印者。但是,欧阳守道不厌其烦地复述他如何从徐琥手中取得这个计划的学术主导权,为保证文本的可靠性采取的措施,似乎说明他写作序文的目的是引介一个商业出版品,向潜在的购买者担保这个出版品的文本完整性与可靠性。

既然所有钞本的卷首一致收录欧阳守道的序文,我们可以推测钞本系统以及由钞本系统而生的 1893 年广雅本皆源自上述的1257 年庐陵本。清代目录学家周中孚注意到手中钞本有一个特点(此一特点在广雅本中也能看到),有力地证明这个前后关系:欧阳守道序文与《长编纪事本末》目录之间包含一篇"皇宋年号"表,所录终于"景定万万年"(景定 1260—1264)。这个年表涵盖的时间超过了庐陵本的出版日期 1257 年,可能是钞本传统的第一阶段。换言之,现行的《长编纪事本末》以钞本的形式诞生,于1260 年到 1264 年之间的某个时候抄自 1257 年本。我们从欧阳守道序中得知了蜀本的存在,但 1257 年本并非衍生自原始的蜀本,它可能是一份商业出版品,约在原始版本问世四十年之后,筹备于四川之外的地区。同样令人费解的是,欧阳守道的序文和庐陵本的钞本都没有提及杨仲良是《长编纪事本末》的作者。在下

①Ming-sun Poon, "Books and Printing in Sung China," pp. 95-97, 130-144;贾晋珠(Lucille Chia), *Printing for Profit: The Commercial Publishers of Jianyang, Fujian (11th-17th Centuries)* (Cambridge: Harvard University Asia Center, 2002), pp. 75-79.

文探讨姚勉的《长编纪事本末》序文之后,我们将会发现:庐陵本的编辑者、刊刻者可能大幅改动了杨仲良原著的形式,有意模糊这两个版本的确切关系。

姚勉的序文

虽然姚勉序文与《长编纪事本末》的关系早已为人所知,但该序文于研究《长编纪事本末》文本的重要性则尚未被揭示。[①] 姚勉是江西新昌人,1253 年进士,该年状元。姚勉登第后立刻被授予重要的地方职务,但不久之后他的父亲撒手人寰,姚勉遂丁忧服丧。[②] 他的《本朝长编节要纲目序》即以他生命的这个阶段为始。全文如下:

> 宝祐丙辰十有二月,某祇召入册府,至上饶,因闻时事,感疾,[③]援老泉先生例,上封事,且辞西归。舟经豫章,度除夕。丁巳正月五日,尾府大夫士班祝天子万寿而行。将行,有眉山杨君道传、宋君可传来抵江,干以诗笺。读之,诗皆有

① 王德毅编的《宋人传记资料索引》(台北:鼎文书局,1976,卷 4,页 3166)在杨仲良条目下列出了姚勉所作的序文。

② 姚勉,《宋史》无传,但可以参考陆心源(1834—1894)的《宋史翼》(台北:鼎文书局,1983,新校本《宋史》并附编三种第 18 册),卷 29,页 21a—21b。

③ 姚勉暗指的"时事",即参知政事蔡杭(1193—1259)与太学生反抗"奸相"丁大全(逝于 1263),结果尽遭黜落。见《宋史》,卷 44,页 859;以及姚勉文集的奏议,《雪坡集》(《四库全书》本),卷 1,页 1a—11a。

惊人句,固已起某之畏矣。

　　杨君袖出书二帙,帙题曰《本朝通鉴长编节要纲目》,曰:
"此吾先子柳溪先生之所用力也。旧尝刻摹行于世矣,鹤山
魏先生为之序引。中更兵火,旧梓毁于烬无遗,仅遗此二帙。
所幸先子手泽尚存,道传欲继其志,复刊之。鹤山序已逸,集
亦不载。顾无以冠其篇首,愿得一言,何如?"

　　某观之,盖奇书也,不可以泯不传。独鹤山先生既序于
其前,某于先生无能为役,何敢僭序于后? 再拜谢不敢。杨
君请之力,则告之曰:

　　记事者必题其要,纂言者必钩其玄,此韩退之读书法也。
今观先公之书也,虽李氏之旧,然而辞薥其浮,事举其要,类
总其萃,年系其时,挈提以纲,而纪载以目,经综而纬列,璧合
而珠连。使读之者可以便览观,可以备遗忘,[1]可以识伦类,
可以记岁月,可以旁通而曲畅,[2]可以本具而末举。其有益于
学者大矣!

　　司马《通鉴》一书,有《节本》,有《举要历》,有袁氏《本
末》,有朱夫子《纲目》。今此书之节要,辞薥其浮,即司马
《通鉴》之自节本也。此书之标题,事举其要,即司马《通鉴》
之《举要历》也。类总其萃,年系其时,袁氏之《本末》也。挈
提以纲,纪载以目,即朱夫子之《纲目》也。

　　一书而诸体备焉,用心亦勤矣。此东莱先生所谓"躬为

---

① "备遗忘"之语也出现在 1172 年朱熹撰写的《资治通鉴纲目》序文。见
　《朱熹集》(成都:四川教育出版社,1996),卷 75,页 3948。
② 朱熹的《〈中庸章句〉序》有同样的词句,见《朱熹集》,卷 76,页 3996。

其难,而遗学者以易"也,①用心亦仁矣。父有此书,子不忍没其传,欲复刊摹,以行乎世,用心亦孝矣。杨君其力为之,他日成,愿以一本寄我。②

这篇序文包含常见的修辞俗套与社交场上的客套话,但它所呈现的状况和其他相关著作中的历史、目录分析一致,从目录学的角度来说,我们应该可以认定其主要陈述符合事实。简单地说,姚勉宣称他看到的是一部"奇书",因为这部著作综合了纪事本末体与纲目体的长处。

在这方面,序文中最重要的信息是杨仲良的作品首度刊印时以"本朝通鉴长编节要纲目"为题。这是个坚实的证据,指出了最初的四川版本(可能就是欧阳守道参考的"蜀大字本"),与其后所有版本的书名不相侔,也和之后提到此书时,各家著作所使用的书名不同。倘若这部史书如姚勉所说确实是纪事本末体与纲目体的结合,那么,原始书名着重"纲目"的特色,便强调了此书的道学血统。简要探讨姚勉用来对照杨仲良之作的其他书籍的背景,将可澄清揭明上述的论点。

姚勉费心地建立起一个节选长篇历史著作的传统,并将此传统上溯到司马光本人。众所周知,1084 年进呈宫廷的《资治通鉴》,包含了 30 卷的《目录》,是为辅助阅读整部书制作的某种索引。《目录》实际上是大型史事年表,依循两个坐标向度制作:时

①这段引文来自吕祖谦的《书袁机仲国录通鉴纪事本末后》,见《吕东莱文集》(《丛书集成》本),卷 6,页 155—156。
②姚勉,《雪坡集》,卷 38,页 2b—4a;亦见《雪坡集》(《豫章丛书》本),卷 38,页 2b—3b。这两个版本的文本完全一致。也可以参看《全宋文》册 351,卷 8134,页 461—462。

间为横向,位在书页的上方;历史事件为纵向,位在时间轴之下、书页的旁侧——用司马光自序中言简意赅的语词来说,即"年经而国纬之"。① 年表里的方格中简明摘述该年发生的事件,司马光在序文中称此为"精要"。页面底部提醒读者《资治通鉴》对应的卷数,卷中将有事件记载的全文。司马光《目录》摘要的文本形式乃基于《春秋》,对于后世史家缩编、摘要较为浩繁的史料有显著的影响。

姚勉也特别提到司马光的《举要历》,此书今已不传。宋代的书目将《举要历》形容为《目录》的 80 卷扩充本,而且记载司马光晚年担忧《资治通鉴》的篇幅过于庞大而不易理解,《目录》则不能提供个别事件的始末,叙事不连贯。司马光死时仍未完成《举要历》,不过手稿保存在晁说之(1059—1129)家中。1130 年代初期,《举要历》完成于谢克家(逝于 1134)之手,并进呈朝廷。② 现代学者傅兰克(Otto Franke)相信《举要历》由大量的表格数据组成,其中包含了重要官职及其历任官员的情况。③

据笔者所见,姚勉提到的"司马《通鉴》之自节本",宋代的书目文献只间接提到一次。晁公武(1132 年进士)提到过一本 60 卷

---

① 《资治通鉴目录》(《四部丛刊》本),《序文》,页 1b;亦见《全宋文》册 56,卷 1217,页 117—118。

② 陈振孙(约 1190—1249),《直斋书录解题》(上海:上海古籍出版社,1987),卷 4,页 113;《玉海》,卷 47,页 37a。亦参见朱熹为 1182 年版《举要历》(由司马光后人经手刊刻)所撰写的后序:《朱熹集》,卷 76,页 3976—3978。

③ Otto Franke, "Das Tse Tschi t'ung kien und das T'ung kien kang mu, ihr Wesen, ihr Verhaltnis zueinander und ihr Quellenwert," *Sitzungsberichte der PreuBischen Akademie der Wissenschaften. Phil. – Hist. Klasse* (1930): 113-114.

的《通鉴节文》，据称是司马光自行删节而成；不过，晁公武紧接着质疑了这部著作的可靠性。①

从以上简短的讨论，我们也许可以认为，姚勉对司马光本人制作的《资治通鉴》删节本的理解并非基于史实，而是基于后人对于司马光曾经做过，或司马光应该做过什么的设想或揣度。司马光这位伟大的历史学家确实心念自己的代表作是否易于阅读，而且也曾在《目录》的序文里概述了这个基本的问题。但是，姚勉资以比较杨仲良《长编纪事本末》特色的《举要历》和《节要》，皆非成于司马光之手，这两部著作也都不能代表司马光处理《资治通鉴》易读性问题的解决之道。最重要的是，《目录》至今仍有几部宋版流传（包括《四部丛刊》本），它并非为取代《资治通鉴》全文而设计的独立著作，它是整部《资治通鉴》的阅读指南。

在陈述司马光节选《资治通鉴》的立场时，姚勉所持的观念事实上是来自 1170 年代的道学家。当时，包含朱熹在内的道学家，致力于将历史，尤其是司马光的《通鉴》，朝向道学的目的来塑造。姚勉提到的朱熹与袁枢的著作，都是这一脉络下的主要成果。袁枢和朱熹一样也是闽北建安人，他在严州（位于今浙江）任州教授时编纂了《通鉴纪事本末》。《通鉴纪事本末》共 42 卷，1175 年在当地刊印，由杨万里（1127—1206）作序。② 基于昭示道学史观的

① 引自马端临（1254—?），《文献通考·经籍考》（上海：华东师范大学出版社，1985），卷 20，页 494。《宋史·艺文志》也著录一本司马光的 60 卷《通鉴节要》，见《宋史》，卷 203，页 5092。
② 这部著作在南宋以降非常流行，数个 1175 年的刊本至今仍存。见《北京图书馆古籍善本书目》（北京：书目文献出版社，1989），册 2，页 303—304;《上海图书馆善本书目》（上海：上海图书馆，1957），卷 2，页 5b;《静嘉堂文库宋元版图录》（东京：汲古书院，1992），编号 42。（转下页）

思路,袁枢过滤并重新组织《资治通鉴》中的材料,重新编定《资治通鉴》为 239 个纲目。朱熹在 1176 年为《通鉴纪事本末》撰写跋文,称全书纲目的选择与材料安排皆"曲有微意",朱熹的阐述应和了《春秋》的教育价值。①

如前述,姚勉在《本朝长编节要纲目序》的结论部分引用了吕祖谦为袁枢的《通鉴纪事本末》所作的跋。据吕祖谦所云,《资治通鉴》成书之后的百年间少有读者,而少数真的研习这部书的学者却又皆"不识其纲"。袁枢精选《资治通鉴》的主题,按照时间顺序安排,使学者阅读时可以自行获得"司马公之微旨",诚可谓"躬其难而遗学者以易"。有趣的是,在朱熹的思维中,袁枢的编排为《资治通鉴》赋予"微旨";但在吕祖谦看来,袁枢重新编次之功在于让学者更容易追寻司马光本人已然灌注在《资治通鉴》中的"微旨"。

时人立刻意识到袁枢《通鉴纪事本末》中的说教设想与教育作用。在 1176 年的冬天,朱熹的道学同道、参知政事龚茂良指出袁枢的作品可用来教育太子,随后一份诏旨命令严陵州政府刊印

（接上页）《四部丛刊》重印了较晚的 1257 年本。参见 Ming-sun Poon, "Books and Printing in Sung China," pp. 292-293. 宋代书目文献中的《通鉴纪事本末》条目,见陈振孙,《直斋书录解题》,卷 4,页 118;《玉海》,卷 47,页 37b—38a。

①《朱熹集》,卷 81,页 4171—4172。朱熹与袁枢的往来,见《朱熹集》第 10 册,页 240。在十三世纪,论说袁枢属于道学阵营的验证文章,见真德秀为一份袁枢奏议的复本所作的跋语,《西山真文忠公集》,卷 36,页 11b—12a。亦可参见张维玲,《从南宋中期反近习政争看道学士大夫对"恢复"态度的转变(1163—1207)》(台北:花木兰文化出版社,2010),页 89—90。因此,认为《通鉴纪事本末》符合道学观点应不为过。

《通鉴纪事本末》，取十部上呈朝廷备用。① 宋孝宗对这部书也印象深刻。袁枢得以赴中央任大宗正簿，随即开始将书中的道德教训与时政关联起来。②

姚勉提到的最后一部著作是朱熹的《资治通鉴纲目》。由于四库馆臣认为这本书是朱熹门人合纂，有鉴于此，现代学者在研究作为史学家的朱熹时，通常都与《资治通鉴纲目》保持距离。③但是，钱穆在一项细致的研究中仔细为《资治通鉴纲目》制作编年史，集结了令人信服的证据，证明朱熹本人参与、投入《资治通鉴纲目》的编纂工作。④ 1167 年朱熹开始着手编纂事宜，1172 年撰成现行序文，1175 年完成了第一稿。修订工作很快就展开，1182年已经完成叙事截至东汉灭亡的前 20 卷内容。但是，在朱熹生命的最后二十年，编纂《资治通鉴纲目》的工作陷于停顿。在此期间，朱熹的门人赵师渊（1172 年进士）开始主导编纂工作，不过赵师渊持续与朱熹商议此书，直到朱熹逝世。⑤《资治通鉴纲目》终

---

① 徐松辑，《宋会要辑稿》（北京：中华书局，1966；以下简称《宋会要》），《崇儒》4，页 30b—31a。朱熹与龚茂良的往来，见《朱熹集》，册 10，页 21。

② 《宋史》，卷 389，页 11934—11935。

③ 例如黄俊杰，"Chu Hsi as a Teacher of History," 收录在中兴大学历史系主编，《第二届中西史学史研讨会论文集》（台中：中兴大学历史系，1987），页 307—366；Conrad Schirokauer，"Chu Hsi's Sense of History," in Robert P. Hymes and Conrad Schirokauer, eds. *Ordering the World: Approaches to State and Society in Sung Dynasty China*（Berkeley：University of California Press, 1993），pp. 193–220；又，John W. Haeger in Étienne Balazs and Yves Hervouet, eds. , *A Sung Bibliography*（Hong Kong：The Chinese University Press, 1978），pp. 75–76.

④ 钱穆，《朱子新学案》，册 5，页 120—150。

⑤ 《朱熹集·遗集》，卷 2，页 5659—5660。

于在 1219 年由真德秀刊印于温陵（即泉州），这一初刻本尚有一部藏于台北"中央"图书馆。[①]

朱熹撰于 1172 年的序文和现存的 1219 年温陵本是理解朱熹的《资治通鉴纲目》构想的最佳指引。在序文中，朱熹认为《资治通鉴纲目》实现了司马光本人和胡安国（1074—1138）试图妥善剪裁《资治通鉴》的未竟之志，他也惋惜司马光的《目录》、《举要历》和胡安国的《通鉴举要补遗》皆未能达到详与简的最佳平衡。朱熹又说《资治通鉴纲目》将使用改良后的《举要历》方格系统，在页面上方标明天干地支，即使该年没有事件亦然。文本将分成两个部分。于"纲"，朱熹标举"大书以提要"的原则；于"目"，朱熹则提出"分注以备要"。"目"的叙事连贯，有本有末，也包含司马光、胡安国的评论，以及与朱熹同时代的学者的看法。[②]

1219 年的温陵本忠实实现了朱熹 1172 年序文的宏观构想。卷首重印了 1067 年命司马光撰写《资治通鉴》的诏令，1084 年司马光的进呈表，司马光《目录》的自序，谢克家《举要历》的序文，胡安国《补遗》序，以及朱熹撰于 1172 年的序文。汇集这些文章的作用，在于使《纲目》宛若 1067 年诏令意旨的顶峰。1219 年的

---

① "国立中央"图书馆，《"国立中央"图书馆宋本图录》（台北："国立中央"图书馆，1958），页 117—118。

② 《朱熹集》，卷 75，页 3947—3948。这篇序文的翻译，见 Franke, "Das Tse Tschi t'ung-kien und das T'ung kien kang-mu, ihr Wesen, ihr Verhaltnis zueinander und ihr Quellenwert," Sitzungsberiche der PreuBischen Akademie der Wssenschaften: Philosophisch – Historische Klasse 4 (1930), pp. 124-126. 对这部著作的精要介绍，见李宗翰（Tsong-han Lee），"Making Moral Decisions: Zhu Xi's *Outline and Details of the Comprehensive Mirror for Aid in Government*," *Journal of Song-Yuan Studies* 39 (2009), pp. 43-84.

温陵本在页面上方标注干支,清楚区别大字的"纲"与双行小字的"目"。

宋代学者很快地察觉到朱熹制作的"纲"乃模仿《春秋》,"目"则比照《左传》。① 表面上,朱熹延续了始自司马光的编纂节编本的漫漫长路,不过现代学者大体同意:朱熹"以个人综合的、说教的、意识形态的意图接管了《资治通鉴》,将一部伟大的历史著作转化为政治伦理的教科书,并使原作晦而不彰"。②

"纲"与"目"的区分与二者固定关系的确立,是朱熹在这一过程中的主要手段。以网比喻,纲的主要意义是作为主线,构成较细的网线——目——的支撑结构。在历史作品中延伸出作品中的结构或轮廓的那些"主要原则",即"纲"。朱熹效仿《春秋》的微言大义,视"纲"为研究历史事件的道德体系。他从《诗大序》借用了一个概念,1172 年的序文说明"纲"分为"正例"与"变例"。在序文中,朱熹宣称与合作者以"纲"为"提要",把司马光与胡安国的著作改造为"义例"。换言之,对朱熹而言,节编《资治通鉴》的过程,必须将历史的道德教训提至彰明显著之处,并且也将这些教训组织为有规律的典范。与赵师渊的信件往复中也显示,朱熹直到生命的尽头仍在为选定合宜的"纲"而忧虑。③ "目"的主旨仅是提供"纲"的详细解说。从这点上说,对于双行注文的

---

① 陈振孙,《直斋书录解题》,卷 4,页 118;《玉海》,卷 47,页 42b—43a。
  Franke 非常坦率地陈述这个问题:"Tschu Hi wollte ein zweiter Konfuzius sein und ein neues *Tsch'un-ts'iu* shaffen"(op. cit. ,p. 126)。
② John W. Haeger in Balazs and Hervouet, *A Sung Bibliography*, p. 75; Franke,p. 126. 朱熹对司马光的评论甚多,这些评论的汇集,见钱穆,《朱子新学案》,册 5,页 129—138。
③《朱熹集》,卷 2,页 5660。

作用,朱熹的认知与李焘完全不同——对李焘来说,注文是探讨不同说法与表示保留意见的空间。[1]

笔者曾提出,考察朱熹的历史意识需要注意以下两点,即朱熹青年时代处在权相秦桧控制之下的经历,以及朱熹致力于将早期道学运动塑造为对秦桧之政的对抗。[2] 朱熹于《纲目》一书中表达的主要历史关怀也有可能基于相似的背景。由钱穆搜罗的《纲目》相关资料说明朱熹采择"纲"的两个重点关怀是:一、建立一个明确的、统一的正统王朝更迭系谱,这意味着同一个时间只能有一个合法的皇帝。二、清楚界定王朝的衰亡要由权臣及其党羽们负责。[3] 前者使宋朝政治与文化较北方辽、金优越的声明获得强化,后者则令道学运动参与者的道德在国内政敌之上的宣言愈形巩固。

其他受道学启迪的著作像是前述陈均的《皇朝编年纲目备要》和杨仲良的《长编纪事本末》,同样专注于上述的两点。虽然完整分析杨仲良大作的纲目分类超越了本文所能处理的范围,不过书中数例可说明它们如何依循上述两项道学家史著的规划。

---

①关于朱熹抨击李焘的注释做法,见黎靖德编,《朱子语类》(北京:中华书局,1986),卷 130,页 3132—3133;见本书《无奈的史家:孙觌、朱熹与北宋灭亡的历史》

②见本书《一个邪恶形象的塑造:秦桧与道学》。

③钱穆,《朱子新学案》,册 5,页 131、145;《朱熹集·遗集》,卷 2,页 5660。宋代的《资治通鉴纲目》读者也间接提到这个特质。十三世纪的书目学家赵希弁曾提到朱熹的《资治通鉴纲目》有很多材料来自胡寅(1098—1156)的《读史管见》,而《读史管见》是胡寅因反对秦桧而被监禁之时所作。在这部著作中,胡寅借着巧妙地比较秦桧与较早期的权臣,以批评秦桧。见晁公武,《郡斋读书志》,卷 5 上,页 23b。关于胡寅与他的《读史管见》,见本书《一个邪恶形象的塑造:秦桧与道学》。

宋初征服偏远的南方与西方地区被描述为"收复",镇压"变"与"叛"则极为详细。更重要的是,杨仲良的北宋政治史纲目采用道德主义解读,如卷64《王安石专用小人》反对王安石,将其依附者称为"小人",并支持元祐党人;卷62整卷为《苏轼诗狱》,卷101—102《逐元祐党》、卷121—124《禁元祐党》则对元祐党人所受到的政治迫害做了详尽的描写,很可能是在响应庆元时代(1195—1200)的道学禁令。

正当朱熹的影响力在南宋的剩余年祚中得到扩张,许多《纲目》的版本随之问世。朝廷在1237年依据原始的1219年温陵本出版了"监本",监本比照温陵本的版式,清楚地区分"纲"与"目"。然而,陈振孙描述庐陵本《纲目》云"庐陵所刊,则纲目并列,不复别也",对《纲目》研究极具重要意义。① 赵希弁提到他获得一个来自四川夔州的《纲目》,刻印此本使用了4200块刻板,不过他手上的庐陵本却只使用2800块刻板。由此或可推想,庐陵本"缩水"了许多,可能是节本,或是比较便宜、小型的本子。赵希弁另外提到一部名为《资治通鉴纲目提要》的著作,这部书也在庐陵刊印。《资治通鉴纲目提要》的体例仿照《春秋》,只印出《资治通鉴纲目》的"纲"而没有"目"。②

现在,姚勉《本朝长编节要纲目序》的道学性质应该显而易见了。姚勉不仅接受了从1067年的诏令到1219年《资治通鉴纲目》之间一连串逐级演变的观念,甚至引用了朱熹与吕祖谦为《资治通鉴纲目》和《资治通鉴纪事本末》所写的序文,但是,姚勉只是

---

① 《直斋书录解题》,卷4,页118;转引自 Ming-sun Poon,"Books and Printing in Sung China,"pp. 417–418.
② 《郡斋读书志》,卷5上,页18a—18b。

在恰如其分地回应这部他已细读的著作和杨道传提供的信息。姚勉强调魏了翁为原始的《长编纪事本末》作序,凸显杨仲良分门编类的道学倾向,也为确定《长编纪事本末》的年代提供了信息。魏了翁与真德秀都是十三世纪初期最著名的道学大臣,四川人魏了翁更被称誉将道学传入了家乡。魏了翁1199年考取进士,先后在朝廷太学、馆阁担任各种职务,直到1206年回四川任官。此后十六年他在四川各地政府任职,并在1209—1211年间任眉州知州。1222年魏了翁被召回朝廷,从此再也没有回到四川。① 前面讨论过的吴泳《答郑子辩书》提及《长编纪事本末》已经“流传世间”,间接指出此书比起其他两部近作来得早。吴泳的信件大约作于1220年。显然,魏了翁作序的时间当在担任眉州知州时,约为1210年;同一时间,《长编纪事本末》可能在眉山首度付梓。

我们也应该相信姚勉称原始的蜀本综合“纲目”与“纪事本末”两种体裁是符合事实的。将这两种体裁熔于一炉并非难以想象。杨仲良之作的整体结构如同“纪事本末”依照主题划分,同时在每一个标题里采用纲目体,主题使用大字,下方则为双行小字的注文。② 姚勉以“经综而纬列”来比喻纲目体的网格特征(这一比喻可以追溯到司马光《目录》的序文),强烈支持上述假设。如果真是这样,杨仲良的《本朝长编节要纲目》早于真德秀在温陵出版的朱熹《资治通鉴纲目》约十年。而杨仲良在书名中使用“纲

---

① 《宋史》,卷437,页12966—12971。关于魏了翁,参见 James T. C. Liu, "Wei Liao-weng's Thwarted Statecraft," in Hymes and Schirokauer, eds., *Ordering the World*, pp. 336-348.

② 有些《长编纪事本末》的片段使用大字标题和详述细节的结构,使人想到“纲目”的形式。见本书《无奈的史家:孙觌、朱熹与北宋灭亡的历史》。

目"一词,在 1219 年朱熹《纲目》出版并在主流道学学者中普及之后,可能就被视为是有问题的。此外,陈均《皇朝编年纲目备要》——由权威的道学大师编纂的北宋纲目体编年史书——在 1229 年的出版,也许促使陈均本人和其他学者把杨仲良结合纲目与纪事本末体的著作归为一般的纪事本末。

战争与经济因素共同导致杨仲良原始著作的散失。姚勉记载原始的书板毁于"兵火",当与蒙古入侵四川有关。蒙古入侵四川始于 1234 年,造成四川士大夫大规模东迁。如李心传和他的门生牟子才、高斯得、吴泳等在 1230 年代晚期徙居湖州,这使他们丧失了大量藏书——这些藏书是自宋初起在四川日渐累积的成果。1253 年蒙古征服大理,对四川造成更大的压力。1258 年成都陷落,昔日朝气蓬勃的四川文化就此画上句点。[1] 在 1257 年身处隆兴府河港、紧握着先父手稿的杨道传,想必也是这股蜀士东流潮的一分子。姚勉使用这个意象结构序文,是理解全文情感的关键。

也许,1253 年庐陵本《长编纪事本末》的问世,或是 1257 年徐琥、欧阳守道准备在庐陵重新编排《长编纪事本末》的消息,激起了杨道传依据蜀本着手重印其父著作的行动。沿着赣江,相距逾一百六十公里的隆兴府与庐陵皆是江西地区的出版中心。[2] 但是,我们已经看到,庐陵本的《资治通鉴纲目》或是删去目,或是纲目并行不加区分。现行广雅本《长编纪事本末》可追溯到 1257 年

---

[1]《宋史》,卷 412,页 12376。关于李心传离开四川、徙居东南,见来可泓,《李心传事迹著作编年》(成都:巴蜀书社,1990),页 201—202。蒙古入侵四川说明现存宋代四川出版品的相对稀少,见潘美月,《两宋蜀刻的特色》,《"国立中央"图书馆馆刊》第 9 卷第 2 期,1976 年,页 45。

[2]Ming-sun Poon, "Books and Printing in Sung China," p. 471.

的庐陵本,有力显示了庐陵的出版商简化了原始的蜀本。这解释了姚勉的序文为何强调原始蜀本特别的样式与体裁,同样可以说明两篇序文为何有不同的语调。姚勉的序文保守、动情,并急切地建立《长编纪事本末》的来源谱系,且认为保存杨仲良身为编纂者达成的成就相当重要。欧阳守道的序文则实用倾向明显,且具商业气息,关心的只是让读者信服文本的可靠,甚至没有提到编纂者姓名。这难免让人想象庐陵的出版商是趁四川出版业遭受破坏的机会从中牟利:为此前在四川出版而如今无法取得的书籍,生产较便宜的、商业化的版本。可惜没有证据说明杨道传曾在豫章实现刊行《长编纪事本末》原本的雄心壮志。

陈均的《纲目》:十三世纪历史教材中的出版与政治

导　言

本文探讨三部十三世纪的纲目体宋代史书的编纂与初期刊印的历史。这三部史书最初是独立著作。现存的善本以及书录中的条目,显示晚宋出版商将三书合刻为"三部曲",使用统一的体裁呈现960—1224年的宋代历史。这个计划是出版连贯的赵宋当代史的首度尝试,也展现了十三世纪的历史、出版、政治的相互交织。

整个系列的第一部著作是陈均(1174—1244)在1229年左右完成的《皇朝编年纲目备要》,涵盖了宋代自960年赵匡胤即位至1127年开封陷落的历史。第二部是陈均此后完成的《中兴两朝编年纲目》,涵盖1127年"中兴"到1189年的高、孝两朝史事。第三是佚名作者所著的《续编两朝纲目备要》,涵盖1190年到1224年的光宗、宁宗朝史事。

虽然现代学者把上述著作视为三部独立典籍,不过大藏书家张金吾(1787—1829)早已注意到这三部著作的现存刊本有着共同的印刷史。本文希望从张金吾的这一洞见出发,最终得出全貌。[1] 三部曲的编者与刊印者的目标兼有政治与教育的考虑,而刊印出版对达成这两项目标都十分重要。在政治方面,这三部曲流露了独特的宋史观点。这个观点在十二世纪后半叶开始浮现时,与福建地区的道学运动关系密切,尔后在1209—1233年间独相史弥远当政时代又定调为反对时局的声浪。这个特殊的宋史观点也珍视北宋元祐朝的政策与人物。史弥远死后,持有这个想法的政治家在随后的端平年间(1234—1236)短暂当权,号称"小元祐",彰显了他们的政治信念和谱系。

在教学方面,该书采用朱熹设计于1170年代的"纲目体",旨在使以下特殊的观点晓畅易懂,便于地位日渐提高的道学学生和支持道学政治蓝图的官员了解——对这些读者来说,陈均的纲目体三部曲呈现了浓缩的、政治上聚焦的、平易近人的宋史叙述,强调道学在历史中发挥的作用,也提倡道学在宋代的政治历程中应占有更高的地位。

然而,刊刻纲目体宋史三部曲以及其他十三世纪类似著作,使这类史著广泛传播,却也导致了其他十二世纪的宋史编著黯然失色。这些十二世纪的宋史著作提供更加详尽但缺乏集中焦点,因而更少政治相关性的宋代历史。李焘(1115—1184)的《续资治通鉴长编》(1140年代至1183年之间成书)和李心传(1167—1244)的《建炎以来系年要录》(约完成于1208年)都是编年体史书的巨制,也俱为宋代四川史学学派的代表作,评断、校正宋朝官方记载是他们的共同追求。这两部巨著虽然是陈均的主要原始

---

①张金吾,《爱日经庐藏书志》(北京:中华书局,1990),卷9,页13a—17b。

资料,但陈均的纲目体三部曲因其篇幅较短、关切政治,流行于当世,掩盖了较早问世的巨部史书的光芒,或可作为南宋史学从"记录型史学"往"教学型史学"的变迁的实例。

史学态度的转变

仔细讨论陈均的纲目体三部曲之前,宜先宏观讨论史学态度的转变,这一转变为陈均与其著作的问世铺平了道路。首先我们应该要牢记,无论《续资治通鉴长编》或《建炎以来系年要录》皆非以原来的形式流传至今。虽然大部分的宋史学者相信这两部巨著成书不久后就出现了完整的刊本,却罕有证据支持此说。这两部巨著的早期出版史依然朦胧不清,也不清楚它们是否曾完整地出版。今本《续资治通鉴长编》和《建炎以来系年要录》来自十八世纪四库馆臣的重新编排,他们辑录 1407 年《永乐大典》引录的《续资治通鉴长编》与《建炎以来系年要录》。

因此,问题也许该这样提出:为什么这两部宋代史学的丰碑逐渐乏人问津,若非尚存于《永乐大典》几乎消失,同时,不具同等宏伟性的陈均纲目体三部曲却被编纂、刊印,甚至完好无缺地流传到现在? 答案有三个因素,它们彼此相互牵连:一是道学兴起;二是随着道学的兴起,对史学功能的看法从资料性转为教学性;三是 1230 年代蒙古入侵四川。

从 1183 年李焘完成《续资治通鉴长编》到 1229 年陈均的首部宋朝史著脱稿的时段内,道学从地方学者与摇摆不定的政治支持力量的松散结合,发展为基础广泛而在政府的最高层级中拥有代表的全国性运动。此转变的结果之一,是教授道学课程的私人书院的普及。另外,倾向道学阵营的官员数量逐渐增加,他们负责辖地内的官学机构。① 准备科举考试的内容与方法连同其他许多因素,共同改变、影响了历史教育和科举参考书的刊印。②

历史知识——尤其是宋史知识——对于通过科举的策论是极为重要的。虽然百科全书之俦如 1145 年成书的《皇朝事实类苑》也许提供了一些帮助,不过在道学兴起前,官方编纂的《实录》和《国史》的钞本是唯一详尽的宋史叙事。③ 这些编年史作品最终被缩编为正史中的"本纪",它们源于王朝的档案摘编,最初亦被设计为一种档案摘要。然而,这类编年史过大的涵盖范围和篇幅令其不适宜用于教学。司马光出自神宗的授意以及个人议政用途编辑《资治通鉴》,他也意识到《资治通鉴》难以运用,故而编制了索引,甚至可能制作了《资治通鉴》的缩编本。④

李焘和李心传皆以《资治通鉴》为典范,采用编年体裁。这一体裁中,各个事件严格依照时序排列,不在相关事件之间做联系。

---

①见 Linda Walton, *Academies and Society* (Honolulu: University of Hawaii Press, 1999)。

②见魏希德(Hilde de Weerdt), *Competition over Content: Negotiating Standards for the Civil Service Examinations in Imperial China* (1127—1276) (Cambridge, MA: Harvard University Asia Center, 2007), 页 130—150、270—297。

③宫廷藏书中的国史与相关材料,只有某些朝官才能接触。如同下文将会指出的,这些朝官和他们的子孙经常受益于这类的接触。刊印、抄写国史的禁令仅偶尔实行。见 Hilde de Weerdt, "Byways in the Imperial Chinese Information Order: The Dissemination and Commercial Publication of State Documents," *Harvard Journal of Asiatic Studies* 66. 1(June 2006), 页 145—188。

④见本书《论〈续资治通鉴长编纪事本末〉与十三世纪前期的史学编纂与出版》。

李焘和李心传作《续资治通鉴长编》与《建炎以来系年要录》，是为了纠正国家档案中已被察觉到的矛盾和缺漏。李焘针对实录，而李心传致力于日历。他们的成果也都上呈朝廷。和司马光相仿，这两位四川史学家依据一手材料编写正文。在他们看来，这些材料最能反映确实发生过的事件。但是，当材料出现冲突或异说时，他们也借由小注保留了其他原始文献。这些史学家不会否认历史的道德价值，但他们抱持的态度是：通过公平、公开的评断史料，历史的道德教训将不证自明地浮现。①

朱熹虽然在批评司马光时颇为克制，但他感到编年体不适于他的教育方案。朱熹认为，对相互冲突的史料做不得要领的判断有碍迅速领会历史传达的道德信息。他对《续资治通鉴长编》相当失望，终其一生皆热切地倡议修改、删节、补充李焘的作品。②早在 1167 年，朱熹即设计了新的史著体裁，命名为"纲目体"，开启了以纲目体重组《资治通鉴》的计划。朱熹直至 1200 年一直参与这一计划。《资治通鉴纲目》最终在 1219 年完稿并出版。③

朱熹创造纲目体，意欲综合《春秋》简练的优点和《左传》等早期叙事史的详尽细节。传统上认为孔子以"书法"将对特定事件的褒贬嵌入《春秋》经文之中。朱熹认为司马光的《资治通鉴》

①见本书《一个邪恶形象的塑造：秦桧与道学》。
②见本书《无奈的史家：孙觌、朱熹与北宋灭亡的历史》。
③细节参见本书《论〈续资治通鉴长编纪事本末〉与十三世纪前期的史学编纂与出版》。第一版《资治通鉴纲目》，见"国立中央"图书馆主编，《"国立中央"图书馆宋本图录》（台北："国立中央"图书馆，1958），页117—118；其他宋朝版本可参 Ming‐sun Poon, "Books and Printing in Sung China（960—1279）," (PhD dissertation, University of Chicago, 1979), p. 418.

正是缺少这种道德精确性。因此，朱熹模仿《春秋》的用语设计义例，运用这个语言符码编写"纲"。在1219年的版本中，"纲"的文本用"大书"印行，是寓含道德褒贬的标题。这些大字标题依照时序排列，成为历史的"纲"，亦即主体结构。每一"纲"之下以双行印于行间的注释即是"目"。"目"详尽阐述了"纲"中显示的事件。各条"纲"之下双行印行的"目"不同于以编年顺序的"纲"，乃是自由地选择、综合来自不同时期的文本，组成一段因果关系的叙事，阐述大字的"纲"中所蕴含的道德讯息（见图1）。在朱熹看来，纲目体解决了《资治通鉴》的两大问题：1. 避免《资治通鉴》模糊的道德认知。对学者们来说，"纲"突出了历史的具体道德讯息。2. 避免《资治通鉴》编年纪事的呆板。"目"将发生在不同时间的事件联系起来，糅合《资治通鉴》中个别的条目列于规模宏大的叙述，以阐释特定行动的道德后果。

　　编年体与纲目体的个中差异，在于正文、注释的来源和功能截然不同。我选择用"记录型史学"和"教学型史学"解读其差异。这些术语是我个人的用法，仅作为此处讨论框架中理论上抽象的两极。对司马光和其四川的后继者来说，他们的正文，是对一手材料慎重的加工，反映了他们对那些材料的评断；批注则展示了支持其评断的资料和意见。由于《续资治通鉴长编》和《建炎以来系年要录》依据档案、文件史料，意在形成对这些材料史学上权威的解释，它们可被视为"记录型史学"。对朱熹以及其道学追随者来说，纲目体著作的正文汇集了他们依照一定原则编撰的标签，通常和一手史料没有直接关系。而批注则集结了一手史料（常常没有标明出处）和之前道学家的案语，用以支持正文的道德评判。由于它们的目的是道德教育和举业准备，这类著作可说是

"教学型史学"。①

　　需要强调,区别"记录型史学"与"教学型史学",并不意味着我忽略了司马光的《资治通鉴》作为皇帝经筵的教材读物所具有的作用。即使是卷帙浩繁的李焘《续资治通鉴长编》,至少在理论上也是为了用于经筵而设计的。然而,在实际的运作中,皇帝的保傅准备每次经筵的读物时,必须小心翼翼地从这些冗长的编年体史书摘录撮要。简单地说,皇帝的保傅们为了唯一的听众,从大部头的汇编集成中精挑细选道德、政治教训。朱熹的纲目体以及之后脱胎自纲目体的历史著作,预先地完成了这种挑选道德、政治教训的工作,听众则是数量较多的道学家门徒与学者。原先,学生必须有老师引领才能通贯焦点散漫的历史材料,但是纲目体史书免除了这样的需求。

　　鉴于十三世纪道学书院的激增,社会接受道学运动的程度日渐提高,加以参加进士科考试人数的不断增加,"教学型史学"著作击败"记录型史学"史书应当不令人意外。陈均宣称他的纲目体史书全都是李焘与李心传作品的重组。删节本和产生这些删节本的意识形态广受欢迎,使原作相较之下沦为赘物。原作的黯然失色,也有其他因素推波助澜。蒙古从 1231 年开始入侵四川,五年之内毁灭了四川大多数地方,破坏了四川的出版业,也毁坏了襄助李焘和李心传纂述事业甚力的藏书和档案资料。李心传

① 我在此处的讨论避开了今本《资治通鉴纲目》实际上蕴含多少"纲"的道德案语的问题。这个问题很复杂,牵涉朱熹个人参与《资治通鉴纲目》的程度,和他的门生在朱熹生前、死后对《资治通鉴纲目》之贡献的问题。学界对这两点有各种意见。李宗翰有详细的研究,参见 Lee Tsong-han, "Different Mirrors of the Past: Southern Song Historiography," (PhD dissertation, Harvard University, 2008), pp. 74-130.

和他的同志加入蜀士东流的浪潮。1230 年代标志四川作为宋代出版业中心和"记录型史学"重镇的终结。① 虽然李焘和李心传曾担任朝廷史官,但是朝廷史馆中的政治局势令其难于持续的史书编著。他们的重要著作都编撰于都城之外,泰半在四川完成。

　　四川出版业遭受破坏,为其他地区的出版商制造可乘之机。尽管福建地区的出版业在南宋中叶已经欣欣向荣,道学的兴起(尤其是朱熹的福建道学学派与相关的书院之勃兴)和福建出版商(特别是建阳地区)在晚宋、元代的快速崛起仍有非常密切的关系。不仅朱熹本人投入出版业,建阳三大出版商家族中就有两个家族(刘家与熊家)成员是活跃的道学学者与作家。② 我们可以这样说:福建理学家和福建出版商之间的家族纽带,使朱熹和追随者们更能理解和运用出版业的力量,传播他们对学说正统的主张令其领先于永嘉和其他出版业规模逊于福建地区的竞争者。换言之,福建出版商的活跃是一种地方资源,从本质上讲则是技术优势。朱熹和追随者们本然地理解这一点,并敏锐地利用这项优势。福建的学者和出版商之间显然互惠互利,他们协同合作,最

---

① 参见本书《〈道命录〉复原与李心传的道学观》;周绍明(Joseph P. McDermott),*A Social History of the Chinese Book*(Hong Kong:Hong Kong University Press,2006),pp. 55-57.

② 朱熹身为一个出版者,参见方彦寿,《朱熹刻书事迹考》,《福建学刊》1995 年第 1 期,页 75—79。亦见 Wing-tsit Chan,*Chu Hsi:New Studies*(Honolulu:University of Hawaii Press,1989),pp. 77-81. Lucille Chia 广泛提到福建出版者和道学的关系。三大建阳出版家族中,有两支的家族成员——刘熵、刘子翚,熊节、熊刚大——是道学的有力支持者。见 Lucille Chia,*Printing for Profit:The Commercial Publishers of Jianyang,Fujian*(11*th*-17 *Centuries*)(Cambridge,MA:Harvard University Asia Center,2002),pp. 79-99.

终造就朱熹学说的主宰局面。

陈均的生平与著作

陈均大约完成于 1229 年的《皇朝编年纲目备要》,是宋史纲目体三部曲的第一部,也最适合从这部著作展开对此纲目体三部曲的研究。理由有四。第一,现存至少两部 1229 年初刻版《皇朝编年纲目备要》。二者经由知名的清代善本收藏家之手而传世,因而产生许多出自中国最好的目录学家之笔的跋识语。第二,不像纲目体三部曲的另外两部著作,公开传世的《皇朝编年纲目备要》有四篇序文,其中一篇为陈均自序,另外三篇则由十三世纪早期重要的思想和政治人物执笔。综合起来看,这些序文提供了《皇朝编年纲目备要》的源起、接受度和刊行的详情。① 第三,《皇朝编年纲目备要》的卷首包含《凡例》和《引用诸书》,使我们得以洞悉作者的编纂原则和史源。第四,由于陈均系出福建望族,他的生平资料相当丰富。这些资料足资重建陈均编纂《皇朝编年纲目备要》的思想、社会、政治背景。②

---

①这些序文,依照它们在早期善本的顺序,分别由真德秀、郑性之、林岊所作。

②今有许沛藻等人点校的《皇朝编年纲目备要》(北京:中华书局,2006)。不过许沛藻为点校本撰写的序文题为 1984 年,所以 2006 年出版的点校本《皇朝编年纲目备要》反映的是 1980 年代的编校成果。也可以参考许沛藻的《〈皇朝编年纲目备要〉考略》,收录在邓广铭与徐规主编,《宋史研究论文集》(杭州:浙江人民出版社,1987),页 450—469。该文也收录在 2006 年出版的点校本《皇朝编年纲目备要》中。

陈均是福建沿海的兴化军莆田县人。[①] 叔祖陈俊卿(1113—
1186)是十二世纪的宋廷政要,在 1168—1170 年官居宰相,而且
和史学家李焘交情甚笃。陈俊卿也是朱熹的有力支持者,曾三度
推荐朱熹任官。1182 年陈俊卿致仕莆田,八岁的从孙陈均日夕居
于其右。1186 年,年迈的陈俊卿与世长辞,朱熹至莆田吊祭,年少
的陈均因而结识了这位伟大的道学家。两年后,朱熹进呈孝宗一
篇言论急切的奏札,再过一个月,朱熹完成了篇幅甚长的陈俊卿
行状。其中,陈俊卿仕宦生涯中任相的时期,被朱熹视为一场企
图将久已存在的政策建言付诸实行但终究失败的努力,这一建议
正是朱熹在稍早的奏札中提出的。[②] 不用说,少年的陈均肯定注
意到了这个历史与现实政治主张的交会点。

　　真德秀的《皇朝编年纲目备要》序文记述,陈均随侍叔祖陈俊
卿时(因此可断定在 1182—1186 年之间),首度观览“国朝史录诸
书”与李焘的《续资治通鉴长编》。真德秀提到当时陈均已有志将
这些史籍“删烦撮要”。[③] 现代学者许沛藻和虞云国质疑这样一位

① 陈均生平的主要史料是赵汝腾(逝于 1261 年)在 1248 年撰写的陈均墓
　志铭。见赵汝腾,《庸斋集》(《四库全书》本),卷 6,页 14a—17a;以及
　《全宋文》册 337,卷 7771,页 360—362。也可以参考虞云国仔细的传记
　研究。虞云国,《南宋编年史家陈均事迹考》,《上海师范大学学报》
　1984 年第 4 期,页 87—92。
② 郭齐、尹波点校,《朱熹集》(成都:四川教育出版社,1996),卷 96,页
　4903—4947;亦见《宋史》,卷 383,页 11783—11790。朱熹执笔的行状中,
　唯有张浚行状篇幅可与陈俊卿行状相提并论。见《朱熹集》,卷 95,页
　4798—4902。关于朱熹 1188 年奏疏的重要性,见 Conrad R. Schirokauer,
　“The Political Thought and Behavior of Chu Hsi,”(PhD dissertation, Stan-
　ford University,1960),pp. 171–193.
③ 真德秀,《西山先生真文忠公文集》(《四部丛刊》本),卷 27,页 1a—3b;《全
　宋文》册 312,卷 7169,页 140—142;《皇朝编年纲目备要》,卷首,页 2—4。

未过总角的少年能怀有如此雄心壮志。尽管如此，由于 1182 年之后陈俊卿定居莆田，真德秀的说法有力地证明陈俊卿的私人藏书必定包括"国朝史录诸书"与《续资治通鉴长编》。当时李焘已完成《续资治通鉴长编》，并在 1183 年 3 月进呈朝廷。

陈俊卿死后，他的藏书遗留给四子陈宓。陈宓与数位兄长早先已成为朱熹的正式门人。[1] 父祖仅为福建地方小官的陈均，似乎在求学期间和叔伯们一起住在莆田。陈均因而和不过长他三岁的叔父陈宓相当亲近。陈俊卿诸子中，陈宓在政治领域最活跃。1214 年陈宓入首都任监进奏院，并在 1216 年的一次轮对中猛烈抨击宰相史弥远。当时四十二岁的陈均佐理陈宓草拟这篇上疏。陈宓被逐出临安后，陈均进入太学，接下来十年都在临安度过。

在临安的那些年，陈均开始搜集未见于叔祖藏书的史料。真德秀在序文里就提到陈均"出入当世名流之门"，因而获得接触十几种的私家史籍的机缘。也有证据说明，共同生活超过三十年的陈宓陈均叔侄可能协力完成了最后成为《皇朝编年纲目备要》的书稿。《宋史·陈宓传》胪列陈宓"藏于家"的著作中，即有"续通鉴纲目"。[2] 因此，陈均与叔父陈宓通力合作完成《皇朝编年纲目备要》初稿的可能性很高。

据真德秀所述，1226 年五十二岁的陈均结束十年太学生生涯，辞谢任官机会，回到家乡莆田，"不惮千百里"并且"囊其书"向学者请教。1229 年之前，陈均完成《皇朝编年纲目备要》，并请

①束景南，《朱熹年谱长编》（上海：华东师范大学出版社，2001），页 780—781。关于陈宓，见《宋史》，卷 408，页 12310—12312。
②《宋史》，卷 408，页 12312。现行《宋史》作"读通鉴纲目"。我认为后世史家订正为"续通鉴纲目"是正确的。参见黄宗羲，《宋元学案》（台北：新化图书有限公司，1987），卷 69，页 2278。

托三篇序文。此后不久,该书应已刊印于福建。1234 年,两篇《皇朝编年纲目备要》序文的作者郑性之、真德秀,成为端平新政体系的成员。这个体系乃随着 1233 年史弥远之死而成形。当时郑性之建议兴化州有司传抄陈均之作,进呈朝廷。朝廷即于次年下诏,并在 1235 年 3 月补陈均为迪功郎,以资奖励。[1] 不过陈均拒绝递送《皇朝编年纲目备要》给州官,他自行携带书稿至州衙,亲自督视《皇朝编年纲目备要》的抄写与进呈。陈均拒绝接受迪功郎的任命,坚持保留太学生的身份。1244 年,杨栋新任兴化州官,欲起用陈均为学官,仍遭陈均拒绝。同年陈均逝世,享年七十岁。

概言之,《皇朝编年纲目备要》的编纂者来自一个福建望族,但由于科举不第,使他只能在政治领域更为成功且关系良好的亲友庇荫下生存。这些关系为他提供了接触史籍的机会与从事著述的闲暇。他的家族与朱熹及其门生有着密切的知识和社会联系,这些联系可以追溯到 1160 年代陈俊卿与朱熹的交谊。陈均仕途、科举的失败,以及参与 1216 年陈宓措辞激烈的奏疏,1226年离开太学,必须从陈氏与同起同道反对权臣史弥远其人其政的角度来理解。简单地说,《皇朝编年纲目备要》是史弥远主政时期的产物:成书于作者在政治上反对当朝政府的漫长时期。1235 年郑性之要求立即呈送《皇朝编年纲目备要》进入宫廷,表明执笔该书序文的郑性之与真德秀皆认识到《皇朝编年纲目备要》对备受期待的端平新政有潜在的用处。[2]

---

[1]《宋史》,卷 42,页 807。

[2] 十三世纪中叶的著名书目学者陈振孙的《皇朝编年纲目备要》条目(撰文时间不会晚于 1250 年),即直接提到这层关系。见陈振孙,《直斋书录解题》(上海:上海古籍出版社,1987),卷 4,页 121。

至此,评介四篇《皇朝编年纲目备要》的序文或对理解该书有帮助。陈均的自序未署日期,泰半由虚构的对话组成。其中,陈均回应了不知名的"友人"对《皇朝编年纲目备要》提出的疑虑。首先,他们主张陈均身为一位私家撰述者而摘撮官方史书,篡夺了史官的权力。陈均(心里可能想着李焘)回应,权威的国史与伟大的私家史书"并行于世"已久。仿佛是1172年朱熹的《资治通鉴纲目》序文的回声,陈均宣称他的著作只试图增进对官方史书的理解,他并没有打算让自己的著作取代或与其他史著竞争。其次,陈均的批评者指责他的删节将削弱官方文献的完整。陈均回复,虽然他的著作确实比早期著作短,但他只是删除冗词赘语,没有更动"旧事"的数目。无论如何,陈均答复他的书将不会贬低任何现存著作,读者仍可以自由参较它们。最后一项指责:面对官方史书中的许多矛盾,陈均的删节将不可避免地出现错误。对此,陈均写道:

> 若夫舛,诚有之,无所逃罪。抑今所记,或原其始,或要其终,或以附见,或以类从。举宏撮要,主于事实,而不敢必以日月为断,亦信其可信,阙其可疑云尔。如欲质其疑,求其详,则有太史氏及诸书在。[1]

陈均自序中高度辩护的论调,显示十三世纪的官方史书与私家修史之间仍存在着紧张关系。国史理应秘不示人,但实际上却流传颇广,因此读者可以毫无拘束地反复思索国史的内容——虽然这理当是宫廷史官独当的责任。陈均强调,他无意废除史官的权

---

[1]《皇朝编年纲目备要》,卷首,页1。

威,他的著作也并非以任何形式篡改国史,它仅是它们的辅助。

　　真德秀的序文题款 1229 年 3 月 23 日,当时他在家乡闽北浦城县过着半退休的生活。他的序文分成三个部分。首先以陈均向真德秀细说《皇朝编年纲目备要》的源起与宗旨为开篇,占据了较长篇幅。陈均一再强调他的著作是浓缩原文而不是加以取代。陈均宣称他的“纲”以李焘作品为根据,“目”则使用了其他原始材料的文字。他认同以朱熹的《通鉴纲目》为模范,但声称自己与朱熹的方法有很大的不同。由于《通鉴纲目》是“前代之史”,朱熹得以“寓褒贬于其间”。然而,陈均的著作处理当代史,因之“惟据事实而已,不敢尽同文公之法也”。开篇对话以陈均请求真德秀为《皇朝编年纲目备要》撰写简介作结。在序文的第二部分,真德秀应允陈均之请,执笔作序,遂提出一段有关北宋史的长篇概论,以正(儒家准则与宋代开国之君的举措)、邪(王安石的佛说诡论)的对抗概括北宋史。在结论处,真德秀认为陈均之作不只对学者有益,也应该进呈朝廷备经筵之用,并作为帝国施政决策的指南。接着,真德秀写道:

　　　　君逮事正献公,得其家学。既又出从贤士大夫游,以博
　　其见闻。故于是书,斟酌损益,皆有条理。非安危所系,则略
　　而弗书。其志固将有补于世,非徒区区事记览而已。[1]

在其他结论性言论中,真德秀提到陈均正着手续编,以包罗 1127年以来的“中兴”时代。

　　在三篇序文中,真德秀序文的构思最为严谨、巧妙。真德秀

---

[1]《皇朝编年纲目备要》,卷首,页 3。

否认陈均如朱熹那样恪守《春秋》义例,进而"寓褒贬"于"纲"的行文。在真德秀看来,陈均的《皇朝编年纲目备要》包含一个精心设计、条理分明的北宋史观点。真德秀认为这个观点足堪为眼下政治革新的方案。当时的政治革新力图摈斥王安石之政,返归"圣祖神孙之功德"、"元臣故老之事业"。真德秀意识到,陈均之作非以《春秋》式的"寓褒贬",而是通过对书中处理论题的"斟酌损益"来传达这一信息。真德秀断言这种"斟酌损益"需要道德权威,陈均借由与前宰陈俊卿的家族纽带、与"贤士大夫"的交往获得此等道德权威。总之,真德秀的序文暗示,充满原始史料的国史或李焘之作,道德模糊又无立场,而陈均的"斟酌损益"聚焦且目标明确,提供了一个在道德、政治方面皆令人信服的北宋史论述。

郑性之的序文作于 1229 年 8 月,当时他在家乡福州长乐县居妻丧。在序文中,郑性之首先提到,与陈均相识以来的二十年间,陈均"足不出书室,口不及世事"。接着,序文进入一段直白的论述,此段论述以陈均自陈其撰述目的为先导。陈均的说法和其自序、真德秀的序文相同。不过,在对话中,陈均谈到他写作《皇朝编年纲目备要》是为自身"私便诵记",并不愿意出示他人。这段对话显然发生在 1229 年之前几年。郑性之接着说:

> 积年而书成,余与二三同志先得观之,传示浸广,人各欲得其书,而力不能录,遂相与锓木,愿朋友共之,非平甫志也。[1]

---

①《皇朝编年纲目备要》,卷首,页 5;《全宋文》册 306,卷 6977,页 31—32。

然后,郑性之措辞强烈地指出《皇朝编年纲目备要》精心表达的宋朝祖宗之"纪纲",构成了在本质上可"与典谟并行"的宋代经典。为了更广大的读者群而刊印《皇朝编年纲目备要》,且置于君臣之手,则陈均之作将能促成政治复兴。因此,《皇朝编年纲目备要》值得广泛流传,不能只是"书生记诵之具"。

最后一篇序文是林岊于 1229 年 11 月所作。林岊是福州古田人,时任漳州知州。林岊论调保守,仅是重述前两篇序文的基本观点(他自称读过真德秀与郑性之的序文)。①

现存的《皇朝编年纲目备要》版本

有三个已知的陈均《皇朝编年纲目备要》宋元时代的善本传世,分别藏于日本静嘉堂文库、上海图书馆、北京的中国国家图书馆。② 在一些重要的细节上三者各不相同,因此它们是《皇朝编年纲目备要》的三个独立版本。现存版本的数量与多样,证明陈均《皇朝编年纲目备要》在当时广受欢迎。静嘉堂本包含三十卷,卷首依次为陈均、真德秀、郑性之、林岊的序文,每一篇序文皆用作

①《皇朝编年纲目备要》,卷首,页 6;《全宋文》册 304,卷 6941,页 130—131。林岊是一位在朝廷、地方学术机构皆有丰富经验的士大夫,有趣的是,他在序文里宣称,他曾闻李焘《续资治通鉴长编》有数种删节本,但未曾见过任何一种。

②除了这几个善本,《中国古籍善本书目》还列有十七种清代钞本、一种明钞本(藏于武汉大学图书馆)。见《中国古籍善本书目·史部》(上海:上海古籍出版社,1991),页 146—148。在这些重要的清代钞本中,有一个"清影宋抄本",上有钱大昕作于 1791 年的跋文。美国国会图书馆收集的北平图书馆善本书胶片中有这部善本。

者书迹刊印,有可能是他们的亲笔书写。① 然而这个本子只有卷首与前二十卷是宋本,卷 21 至 30 是仿宋钞本。② 刻印部分每半叶的大小是 18.6×11.7cm,四周单边。每半叶十六行,每行可有十六字的"纲"(大字),二十四字的"目"(小字注文,见图 2)。不过,卷 21 至 30 的钞本部分,每行小字注文只有二十三字,而且是四周双边(见图 3)。③

除每行注文字数不同外,静嘉堂本的刊本部分与钞本部分之间的一个主要差异是其中各处所题的书名有很大差异,几乎可说是混乱。在刊本部分,每一卷的开头和结尾处,"引用诸书"的开头处(页 61),以及目录的开头和结尾处(页 65、81),题名行都写着"皇朝编年纲目备要"(见图 2)。不过,《凡例》的开头处则写着"皇朝编年备要"(页 39)。在钞本的部分,卷 21 至 25 的题名行写作"皇朝编年   备要",有特殊的空白处,两字大小(见图 3)。④ 此

---

① 静嘉堂本已影印出版,即《宋本皇朝编年纲目备要》(东京:静嘉堂文库,1936)。这个影印本后来重印为两册(台北:成文出版社,1966),流通广泛。为求便利,本文全文皆使用 1966 年本每个半叶左下方的西式页码。

② 静嘉堂本补上的卷 21 至卷 30,可追溯到十九世纪初期。1803 年,拥有该书的黄丕烈描述该本为二十卷的宋刊残本。黄丕烈宣称自己打算从袁廷梼手上的另一个宋刊本补上遗漏的十卷。该本现藏于上海图书馆。见黄丕烈,《百宋一廛书录》(《适园丛书》本),页 15a。

③ 书上的藏书印记录了一连串拥有者。从十八世纪的严蔚开始,到著名的书目学者黄丕烈,和陆心源家族,最后则由静嘉堂收藏。见静嘉堂文库主编,《静嘉堂文库宋元版图录》(东京:汲古书院,1992),第 1 册,页 24—25。

④ 参见页 931、984—985、1028—1029、1075—1076、1124。这中间(卷 21 至卷 25)有两处例外。卷 23 末尾的题名行写着"皇朝编年",其下有四字大小的空白;卷 25 开头的题名行则写作"皇朝编年备要",没有空白处。见页 1074、1125。

外,卷 26 至 30 的所有题名行写着"九朝编年备要"。最后,目录止于卷 25,此卷涵盖宋哲宗的最后三年(1098—1110),后方有一行"已后五卷见成出售"(页 81)。我理解这指"以下五卷准备妥当,可以出售"(见图 4)。

上海图书馆所藏的《皇朝编年纲目备要》,最近出版了复制本。① 这个本子的序文和卷首的其他部分,除了几处题名行,几乎与静嘉堂本完全相同。不过上图本的半叶尺寸为 19.7×12.7cm,略大于静嘉堂本,且四周双边。整部上图本每半叶有十六行,每行的"纲"(大字)十六字,"目"(小字)二十三字(见图 5)。② 目录也一样从卷 1 到卷 25 是一致的。然而,上图本的目录另有两页"补刊编年备要五卷目录",列出卷 26 到卷 30 的目录(徽、钦两朝,1101—1127 年)。两插入页的字体较粗,且字体明显异于卷 1 至卷 25 的目录(见图 6)。

上图本的题名形式,与静嘉堂本的钞本部分的题名一致。卷 1 至卷 25 的首、尾,以及"引用诸书"的开头处,皆写着"皇朝编年备要",有两字大小的空白。和静嘉堂本一样也有例外之处。在卷 23 末尾,"皇朝编年"之后为四字大小的空白;卷 25 的开头则写着"皇朝编年备要"。"补刊"的卷 26 至卷 30,题名行皆是"九朝编年备要"。《凡例》的题名行,目录的开头处,以及补刊目

①属于 2006 年北京图书馆出版的《中华再造善本》。

②最早的藏书印是袁廷梼的。此后,和静嘉堂本一样,后也成为黄丕烈的收藏品。上图本有清代伟大的史学家、书目学家钱大昕手书的两则识语。第一则包含林岊的生平资料,写在林岊序文末尾。第二则的位置在卷末,篇幅较长,内容较概括。钱大昕在 1795 年撰写第二则识语,当时该本仍在袁廷梼手中。

录的末尾,都写着"皇朝编年备要"。①

总结这些细节,静嘉堂本和上图本是源自福建不同的宋刊本。它们也许在陈均完成书稿的 1229 年之后不久问世。静嘉堂本增补的十卷,乃是在十九世纪抄录自上图本,因此没有校勘和目录学价值。国图收藏的《皇朝编年纲目备要》是宋刻元修本,其宋代原版可能和上图本相同。

陈均和书目学家

静嘉堂本和上图本之间的差异以及两个本子的题名行不寻常的两字大小空白,导致了清代书目学家激烈辩论,燃及今日。不过,提出这些课题之前,我们应该先回顾十三世纪中叶的藏书家陈振孙与赵希弁撰写的相关条目。这两位学者与陈均同时代,而且几乎可以确定陈振孙认识陈均本人。职此之故,两人所写的条目,是理解现存各种《皇朝编年纲目备要》善本的起源和相互关系的起点。

陈振孙在同一条目下记述了四种许多学者认为是不同著作的书名:1. 三十卷的《皇朝编年举要》;2. 三十卷的《皇朝编年备要》;3. 十四卷的《中兴编年举要》;4. 十四卷的《中兴编年备

①北京国家图书馆所藏为残本,未曾出版。《北京图书馆古籍善本书录·史部》条列此本,书名为"九朝编年纲目备要",三十卷本,但仅存卷 1 至卷 9、卷 28 至卷 30。书录并述其版本为"宋绍定刻元修本",三册,八行十六字,小字双行二十三字,黑口,四周单边。参见北京图书馆编,《北京图书馆古籍善本书录·史部》(北京:书目文献出版社,1989),页 283。

要》。陈振孙认为这四部书皆陈均所作,并在该条目里特别提到陈均是陈俊卿的子孙,以及 1234 年宋廷诏令"取其书"上呈朝廷。陈振孙还补述这部(或这些)著作"大抵依仿朱氏《通鉴纲目》。'举要'者,纲也;'备要'者,目也。然去取无法,详略失中,未为善书"。① 在进一步深论前,在此先针对这段条目的用语,提出两点其他学者没有注意到的细微处:1. 朝廷要求上呈的"其书",似乎可以指向这四部著作的其中之一或是全部;2. 陈振孙的最后一句话评论陈均的著作"未为善书",暗示他相信这些著作还有改善的空间。这两点将在下文讨论。

赵希弁撰写的条目则呈现了相当不同的面貌,他只录二书,评论如下:

> 《皇朝编年备要》二十九卷
> 《中兴编年备要》十卷
> 右壶山陈均所编也。其书用《国史》、《实录》等书,为编年体例。起于建隆,迄于淳熙。书法盖微仿纲目之例,而加斟酌焉。真德秀、郑性之、林岊皆为之序。②

相对于陈振孙所写的条目,赵希弁并没有提到两部以"举要"为名

---

①陈振孙,《直斋书录解题》,卷 4,页 121:"《皇朝编年举要》三十卷,《备要》三十卷。《中兴编年举要》十四卷,《备要》十四卷。太学生莆田陈均平甫撰。均,丞相俊卿之从孙。端平初有言于朝者,下福州取其书,由是得初品官。大抵依仿朱氏《通鉴纲目》。举要者,纲也。备要者,目也。然去取无法,详略失中,未为善书。"
②晁公武著,赵希弁补,孙猛校证,《郡斋读书志校证》(上海:上海古籍出版社,1990),页 1111。

的著作,而且他确定他所提到的陈均史著,涵盖宋朝开国直到1189 年之间的史事。

　　暂且撇开南宋的史料,只专注其中的北宋内容,其中有压倒性的同时代证据表明陈均撰写过以"举要"、"备要"为名的两部书稿。除了陈振孙的记述之外,郑性之的序文和赵汝腾的传记资料都清楚说明这两部著作的存在。[1] 因此,四库馆臣推论,由于传世的陈均北宋史著以"备要"为名,与它相随的"举要"肯定亡佚了。陆心源(1834—1894)和许沛藻则反对这个意见。两人注意到,现行陈均的北宋史著虽以"备要"为名,但兼含"纲"与"目"。他们关注赵希弁所写的条目,做出现行的《皇朝编年纲目备要》包含原来的"举要"与"备要"的结论。[2]

　　后世学者意见不同,肇因于两位宋代书目学者冲突的记载。然而,钱大昕示意陈振孙所描述的或许是该书的早期书稿。这透露了这个问题的可能解决之道。[3] 钱氏的看法大抵无误。陈振孙在 1226 年至约 1228 年任兴化军通判。期间,陈振孙在四个莆田最大的私人藏书楼抄录的书籍超过五万卷;[4]在公务上,陈振孙曾和陈宓一起修建该地堤防。[5] 因此,陈振孙在莆田时,正可获得当时陈均的宋朝史著的钞本。1226 年陈振孙宦游莆田之初,陈均已

①晚近时代,四库馆臣、钱大昕和瞿镛(1794—1875)强调"举要"和"备要"的手稿曾独立存在。

②陆心源,《仪顾堂题跋》(台北:广文书局,1968),卷 3,页 7a—8b。

③见 1791 年钱大昕为北平图书馆的《皇朝编年备要》钞本撰写的跋文。另见《潜研堂文集》(《国学基本丛书》本),卷 27,页 437。

④《福建通志》(《四库全书》本),卷 23,页 3b—4a;周密,《齐东野语》(上海:华东师范大学出版社,1987),卷 12,页 239;McDermott,*Social History of the Chinese Book*, pp. 51, 215n. 33.

⑤陆心源,《宋史翼》(1906 年本),卷 29,页 17b—18b。

离开临安,带着大部分的手稿回到莆田。1229 年陈均开始请托序文,《皇朝编年纲目备要》并可能是在郑性之的促成下首次付梓,陈振孙已经离开莆田,返京担任他职。尽管陈振孙撰写陈均著作的条目明显是在 1235 年陈均诸书进呈宫廷之后,但他描述的却是他在 1226 年至 1228 年之间于莆田所见或抄录的书稿。

以上推测调解了陈振孙与赵希弁所写条目乍观之下的冲突,也使我们得以从他们的记录萃取更多讯息。陈均的刊印前的手稿分成四个部分:北宋史的"举要"与"备要","中兴"时期的"举要"与"备要"。由于今本《中兴编年备要》有十八卷,与陈振孙所述十四卷不同,倘若陈振孙所记卷数是正确的,可能他看到的南宋史部分的稿本并非完帙。我们也该注意到,陈振孙宣称"举要"与"备要"的卷数皆一致,这使人很难想象"举要"是另外独自成立的"纲"。然而,真德秀的序文坚论陈均的著作仿效司马光《资治通鉴》的《目录》和《举要》的删节原则,更达到了这一传统的巅峰。"目录"和"举要"实为表格式的缩简,作为《资治通鉴》全文的索引和节本。司马光自行完成《目录》,《举要》则是谢克家于1130 年代早期编纂的。

一部 1084 年的初刻本《资治通鉴目录》流传至今。初刻本《资治通鉴目录》展示了日历般的网状方格,表格上方是水平的时间轴,其下的方格里写着"事"的简明摘要。南宋史家认为这种精简的条列形式与《春秋》类似,且是南宋史家发明的"纲"的发端(见图 7)。[①] 编纂"举要"以作为篇幅较长的著作的简明指南,在南宋逐渐流行。例如,李焘为《续资治通鉴长编》编纂了六十八卷

[①]详见本书《论〈续资治通鉴长编纪事本末〉与十三世纪前期的史学编纂与出版》。《四部丛刊》收录了北宋本《资治通鉴目录》。

的索引表格,名为《续资治通鉴长编举要》。1183年,李焘将其和《长编》全稿一起上呈朝廷。至少在晚明,《续资治通鉴长编举要》仍以单行本的形态在市面上流通。① 也有可靠资料证明,在陈均致力于撰述时,朱熹《资治通鉴纲目》的表格式"举要"版,已单独印行、流通。② 据此,陈均的"举要"也是表格形式的"纲",上面可能有精简过的"目"。所以,"举要"中的所有材料也包括在"备要"里,但是表格式的"举要"未曾被刊印。

---

① 关于李焘的《举要》,见陈振孙,《直斋书录解题》,卷4,页119。该书持续流传至晚明,见陈第,《世善堂藏书目录》(《丛书集成》本),卷1,页18。

② 朱熹除了有五十九卷的《资治通鉴纲目》,赵希弁还记录了一部同样是五十九卷的《资治通鉴纲目提要》。见《郡斋读书志》,页1110。《宋史·艺文志》(卷203,页5092)录有这两部著作。它们至少到明初仍存。见叶盛,《菉竹堂书目》(《丛书集成》本),卷2,页34。许沛藻根据这条史料,指出后有人摘录陈均著作里的"纲",另成一书并出版,以此说明陈振孙的条目同时有"举要"、"备要"。然而如同我在前所论,陈振孙于1226—1228年之间任官莆田,强而有力地说明他的条目实根据陈均的手稿,而不是某个较晚出版的本子。真德秀序文的开头也说明存在两份相互关联的手稿。静嘉堂本和上图本载录的真德秀序文,首云"莆田陈君均以其所辑皇朝编年举要与备要之书合若干卷"。陆心源和许沛藻皆认为这句话证明陈均写的是一部著作(而不是两部)。但是,我认为"举要"、"备要"之间的"与",说明有两部互有关联的手稿,它们合计有"若干卷"。由于真德秀的序文撰于1229年3月,在陈均之书付梓前,"若干"二字保留了增补的空间,直到实际付印才能确定最终卷数。但因为序文的刊印乃是依照作者的书稿字体雕刻书板,没有破坏作者的原始字体也无法改易序文正文。后来收录在真德秀文集里的这篇序文,最后作"合四十八卷",这个数字肯定是1229年和真德秀于1235年逝世而文集出版之间的某个时候补上的,以取代原有的"若干"。下文我将会提出一个观点,解释收录在真德秀文集里的这篇序文何以补上"四十八卷"。

因此,陈振孙所见为陈均史著的未完成手稿,遂做出"未为善书"的结语。倘若陈振孙实际上看到的只是完成于 1228 年之前的一份书稿,也就可以解释为什么他没有像赵希弁那样提到诸篇序文。既然如此,陈振孙的条目很可能根据陈均的四部手稿撰写,赵希弁则是依据两部已刊作品。[①] 两位宋代书目学家誊录的书名均为《皇朝编年备要》和《中兴编年备要》,接下来的问题是:为什么静嘉堂本的书名是《皇朝编年纲目备要》? 上图本题名行的谜般的空白("皇朝编年   备要")有何含义?

钱大昕首先提出这个问题。他在 1791 年做出两点推测:1. 宋廷于 1235 年征求该书时要求改易书名;2. 上图本两字大小的空白,或许和此次改变书名有关。钱大昕又指出,缺的两字应该是"举要",这就符合林岊序文提到的书名《皇朝编年举要备要》。然而,同时拥有静嘉堂本与上图本的黄丕烈则提出上图本所缺二字应该是"纲目",以切合静嘉堂本的书名(《皇朝编年纲目备要》)和《宋史》关于 1235 年进呈该书的简短记载。[②]

针对两字空白,陆心源曾持有上图本的景钞本和静嘉堂本,发展出最完整全面的看法。他认为,首次刊印(1229 年?)的原始书名是《皇朝编年纲目备要》。两字空白产生于 1235 年陈均之书准备进呈朝廷时,原来的"纲目"二字被挖去,插入较小的活字"举

---

① 两人所作的条目的另一个不同处,也支持这个看法。陈振孙提到作者陈均是太学生。陈均获称太学生,乃由于他于 1220 年代入太学。赵希弁则仅称"壶山陈均",此与现存善本中的题名用法一致(例如静嘉堂本的页 65、81)。

② 参见钱大昕作于 1791 年的题跋,以及黄丕烈,《百宋一廛书录》,页 14ab。

要"以代之,因而有《皇朝编年举要备要》之名。这个过程也切合序文里的书名。随着时间流逝,替换用的小型活字从书板脱落,留下上图本的两字空白。陆心源更认为陈均身为一个"乡曲老儒",未意识到将自己的著作命名得像是朱熹《资治通鉴纲目》的续作是不得体的。1235年,在朝为官的真德秀与郑性之最终说服陈均更改书名。① 许沛藻同意陆心源关于两字空白的看法,但觉得陆心源弄错方向。许沛藻认为,原始书名是《皇朝编年举要备要》,空白处则由于为了1235年进呈朝廷所准备的"纲目"活字脱落了。②

然而,这些假说都不能完全解释两字空白的出现,因为它们没有解决传世两种宋本间关系的问题。如果陆心源是对的,那么静嘉堂本应当早于上图本;如果许沛藻是对的,则两者顺序互换。可是,前文已论及,如"举要"为表格式目录,那么陆心源的理论就不可能正确,没有理由为了凸显未曾刊印的表格目录而更改书名。

暂且不论两字空白的问题,两版本自身提供的证据说明静嘉堂本是比较早的本子。静嘉堂本的目录缺少卷26至卷30的部分,上图本则有"补刊"的卷26至卷30目录。另外,虽然两个本子的尺寸和版式类似,但它们确实是两种不同的版本。如果上图本确实是为了上供朝廷而特别刊刻,那么,不管书名为何,在书板制作时没有随即刻上适当书名都令人费解。

①陆心源,《仪顾堂题跋》,卷3,页7a—8b。
②许沛藻,《〈皇朝编年纲目备要〉考略》,页458—459。

端平年间的政局

陈均在 1235 年提交给朝廷的是一部手稿,而不是刊本。赵汝腾撰写的陈均墓志铭,详细记载朝廷下令征求该书、陈均亲自呈送到兴化军官署,以及兴化军将该书“录以进”之事。[①] 可是,静嘉堂本、上图本以及各本题名行的空白的存在无疑反映了当时对何为适当书名,存在着不同意见。对此,更仔细地审视 1235 年的朝廷命令以及郑性之与陈均之间的关系,或能发现新的线索。

大部分学者仅借由《宋史》本纪的寥寥数语说明宋廷征求陈均著作之事。然而,有三条不同的相关史料存在,它们各自涉及征求过程的特定阶段。郑性之倡议征求陈均著作时的官职为签书枢密院事,他在 1234 年 6 月就任此职。[②] 虽然郑性之提出建议的确切时间已不可知,但可确定中书省呈送他的议案给皇帝是在 1235 年 2 月 27 日。[③] 五天后,朝廷颁布征求陈均著作、授陈均官职的正式命令。[④] 该年年底(约十个月后),陈均的文稿即抵达临安。[⑤]

以上三条记载将陈均的书稿皆概括描述作“长编纲目”,鉴于

---

① 《全宋文》册 337,卷 7781,页 361。
② 《宋史》,卷 214,页 5613。也可以参看刘克庄(1187—1269)的郑性之神道碑所详载的仕宦履历。《全宋文》册 331,卷 7619,页 145—155。
③ 《宋史全文》(哈尔滨:黑龙江人民出版社,2003),卷 32,页 2203。这个日期即是西元 1235 年 3 月 17 日。
④ 《宋史》,卷 42,页 807。
⑤ 《宋季三朝政要》(北京:中华书局,2010),卷 1,页 91。

宋朝各级公文常彼此征引的特性,这一概括极有可能来自郑性之最初提议的奏疏。我们很难确定,记载中的"长编纲目"是应理解为确切的书名,还是应视为对内容的综合描述。但自钱大昕开始的大部分中国学者,皆视"长编纲目"为书名,至少是该书名称的一部分。这个推测可以从1616年书目文献学者陈第撰写的条目寻得有力证据,其中著录有"宋朝通鉴长编纲目"。许沛藻认为这指陈均的著作,我赞同这一意见。①

赵汝腾撰写的墓志铭强调郑性之与陈均之间的亲密关系:郑性之是1208年状元,赞助仕途不显的老同学陈均的研究、著述事业"凡三十年"。不过,郑性之为陈均所写的序文,很多方面和其他几篇有所不同。第一,不像真德秀和林岊的序文,郑性之没有提到陈均著作的具体书名。第二,郑性之的序文,以郑性之和陈均对书的不同期待以及陈均不情愿付梓己作为中心。陈均早先已表明希望自己的著作"私便诵记,不敢外示"。但是郑性之在1229年撰写的序文说明,众人已开始同心协力地刊印该书,而且郑性之似乎也亟欲记录陈均接受这些努力。如果缺少最后五卷而四十个题名行(宋本部分卷1至卷20的起始与末尾)皆明确写着"皇朝编年纲目备要"的静嘉堂本早于上图本的话(我在前面已如此提议),那么静嘉堂本可能就是郑性之仓促出版陈均著作的产物。1235年郑性之提议以"纲目"为书名,以及各级公文皆以"纲目"为名,这两点都可以支持这个假设。

据此来看,福建最早的总括性方志《八闽通志》(1491年成书)中的郑性之小传,其中对郑性之与陈均共同完成《宋编年备

①陈第,《世善堂藏书目录》,卷1,页18。

要》的记载便显得相当重要。① 就我所见,这个说法未见于任何宋代史料。然而,这一记载暗示郑性之深入参与了陈均著作的出版计划,而他是合著者的传统说法在地方上持续流传到明代。

在1229—1235年之间,陈均的四部书稿似乎在郑性之的实际主导下,转变为得到朝廷支持的《资治通鉴纲目》的续作。为此,郑性之放弃"举要"的表格,在"备要"书稿的题名插入"纲目"。郑性之显然有立场和地位力促此事。而且,可能因为陈均原始书稿的这些改变,造成了郑性之为合著者的传统说法。1213—1224年间,郑性之于秘书省任职,参与了《孝宗宝训》等编纂计划。② 同为福建籍官员、道学支持者的真德秀极有可能支持郑性之加工、修改陈均著作的努力。再者,真德秀本人对朱熹著作的拥护,为最终的书板提供了总体设计。1219年,真德秀在知泉州任上曾主持朱熹《资治通鉴纲目》的首次刊印。如前所述,这个版本仍存,而且它可能在十年后的1229年成为陈均作品的静嘉堂本、上图本版式的原型(见图1)。

1219年朱熹《资治通鉴纲目》付梓,正处在陈均开始着手到完成其著作的期间。陈均和三篇序文的作者对朱熹《资治通鉴纲目》的态度分成两面。一方面所有人都同意陈均受到朱熹纲目体的启发,而且确实部分地仿效这个体裁。另一方面,陈均在自序辩白,不敢将自己的著作比拟朱熹《资治通鉴纲目》。而且无论是1229年的序文或同时代的陈振孙、赵希弁撰写的书目条目都没有提到"纲目"一词。凡此皆说明,陈均本人并不愿自己的著作被视

---

① 黄仲昭,《八闽通志》(1491;福州:福州人民出版社,1989),卷62,页447—448。

② 《全宋文》册331,卷7619,页145—150。

为朱熹《资治通鉴纲目》的续作。如陆心源之见，陈均的不情愿可能来自自身真诚的谦卑或不安全感，又或二者皆有。陈均也有可能畏惧己作广泛传播的政治后果。简言之，陈均担忧，由于据说朱熹在"纲"嵌入政治评论，倘若陈均的著作依纲目体设计，且宣传为朱熹《资治通鉴纲目》的续作，读者将在陈均的"纲"之中找寻相似的政治批判观点。因为陈均的著作涵盖宋史，任何能被察觉的评论都将是针对当朝的评论，乃至被渲染为欺君犯上，更不消说是出自陈均这样的非官方学者了。因此，面对真德秀，陈均坚称：

> 然文公所述，前代之史，故其书法或寓褒贬于其间。均今所书，则惟据事实录而已，不敢尽同文公之法也。

如前文所示，权相史弥远威权日盛，自 1209 年掌政直至 1233 年去世方罢，是陈均著作的编纂、刊印，以及 1235 年朝廷下诏求书的政治背景。所有参与著作出版的士大夫在政治上都反对史弥远。完成于 1220 年代末叶的陈均书稿，被郑性之和真德秀视为挑战史弥远、重建元祐体制的潜在实用手册。郑性之稍早在朝廷学术机构的经验，使他深刻体会经筵与决策的关系。1229 年，当陈均未完成的书稿违背他个人的意愿而刊行时，史弥远仍然牢牢把持着权力。身为 1234 年"端平更化"的核心人物，郑性之征求《长编纲目》，更为直接的联结该书与朱熹的关系，从而提高陈均之作的声誉，增加其政治作用。然而，陈均选择谨慎小心被证明是正确的。1237 年，端平体制失败了，真德秀逝世，郑性之回到福建，再也没有回朝。1238 年初，史弥远之侄史嵩之掌控政府，在陈均有生之年稳固不坠。陈均小心翼翼，不愿推广自己的著作，与其著作南宋部分的内容和结构有关。下文将就此问题以及现存宋本中特别的删改进行讨论。

宋朝的书籍审查与陈均的明哲保身

除了题名的空白,上图本还有《皇朝编年备要》另一个非比寻常的特征。从卷 29 开始,部分文句偶尔会出现刻意的脱漏,长度在两字至于数百字不等。而在卷 30,十二个长篇段落似是被故意从书板中削去,或根本未曾刻入。根据其他材料中的对应段落,有时可以复原这些被删去的部分。重构所有段落将有可能厘清揭露去取原则,然需另辟专文研究,非此处所能涵盖。不论如何,上图本不寻常的脱漏实为宋代书籍审查罕见的同时代证据。

例如,某"目"叙述 1125 年 12 月宋徽宗阅读了包围汴京的金朝军队统帅的侮辱性书简之后的反应:徽宗于次日宣布退位。该"目"中括号内的九字被删去:

大臣遂于宣和殿以檄书进,上(果涕下无语,但曰休休)。即下诏罪己求言。[1]

叙述 1119 年 9 月徽宗赐宴宰相蔡京一家的长篇段落情况相似,而更能显示其意味(见图 8)。这个事件最引人注意的部分,

<hr/>

[1]见许沛藻点校,《皇朝编年纲目备要》,卷 29,页 762;《皇朝编年纲目备要》(静嘉堂本),页 1386。原始文句见杨仲良,《续资治通鉴纪事本末》(台北:文海出版社,1967),卷 146,页 4a。

是徽宗同意了蔡京请见其爱妃的要求,这无疑是超乎寻常的荣幸。这个部分出于一段据说由蔡京本人撰写的记事,保存在十二世纪后半叶王明清(1127—?)所撰的《挥麈录》中:

> 须臾,中使召臣至玉华阁,上手持诗曰:"因卿有诗,况姻家,自当见。"臣曰:"顷缘葭莩,已得拜望,故敢以诗请。"上大笑。(妃素妆,无珠玉饰,绰约若仙子。)臣前进,再拜叙谢,妃答拜。臣又拜,妃命左右掖起。上手持大觥酌酒,命(妃曰:"可")劝太师。……上曰(:"不醉无归。")更劝,迭进酒行无算。①

卷 30 的脱漏,愈往卷末则频率、长度愈增,而且最常出现在金人围汴与北宋国祚最后几天的记事。该本中的这些删剪现象始于 1127 年 1 月 10 日以"上如青城"为"纲"的"目"。该"目"记述宋钦宗和随从被迫移驾到汴京城南的金国军营(见图 9)。② 根据时间和事件发生的相关情境,以及现存史料的可能对应段落,这些被删除的部分,反映了两组牵涉广泛的敏感议题。第一类是蔑视皇室成员和帝室。被删除的部分详述皇后和太后出宫前往青城,和金人侵夺钦宗后宫、掠夺宋廷府库,以及玉玺下落不明诸事。元祐太后寝宫被焚,遂"徒步"前往相国寺避难,该本的"徒步"二字即遭删去。其他删除部分,抹掉了一位在 1124 年元宵节斥责

---

① 见许沛藻点校,《皇朝编年纲目备要》,卷 29,页 729;《皇朝编年纲目备要》(静嘉堂本),页 1330。原始文句见王明清,《挥麈录》(北京:中华书局,1964),页 277—278。

② 见《皇朝编年纲目备要》[2006 年中华再造善本(上图本)],卷 30,页 39a;《皇朝编年纲目备要》(静嘉堂本),页 1471。

徽宗的疯狂卜士,和一位诅咒皇室并在金军围汴期间被金人强迫征敛民脂民膏的官员。数个或长或短的删除部分,则试图掩盖女真人俘虏徽钦二帝撤回北方的事实。[1]

第二类被删除的段落触及极为敏感的议题:王朝的合法性与钦宗、高宗的帝位转移。被删除的部分描述钦宗面对压力,为是否承认女真人的统治犹豫不决。若干长段落删去了官僚组织默认宋朝正朔正式传承于张邦昌的细节。张邦昌是女真人扶持的傀儡皇帝,在 1127 年 3 月钦宗黜落帝位和 1127 年 5 月高宗"中兴"宋朝之间的一个多月之中统治开封。有些删剪似乎兼有多种目的。卷 30 倒数第二个被删除的部分,删去 1127 年 4 月 15 日"元祐太后告天下手书"——这是关乎宋高宗权威合法性的重要文件——全文的前半段,因为该段文字称张邦昌为"旧弼",并叙述女真俘虏了徽钦二宗。[2]

从现代观点来看,这些删除无甚意义。被删剪的段落源自《续资治通鉴长编》、《建炎以来系年要录》、《三朝北盟会编》,都是十三世纪的学者可以看到的著作,事实上也全列在陈均的《引用诸书》里。然而,删剪段落的特征表明,1235 年朝廷征求书籍的时间点也许是导致书籍审查的原因。如前所述,陈均在 1220 年代晚期完成北宋史的著述,朝廷颁布正式征求的诏令于 1235 年 2 月,仅在宋廷趁金朝 1234 年 2 月灭亡而企图收复汴京之举遭遇挫败后六个月。失败的北伐使人想起北宋旧都那些令人忧伤的记事。汴京在 1232—1233 年间还遭受蒙古军围城长达年余。1234

---

①参见《皇朝编年纲目备要》(静嘉堂本),页 1366、1473、1475、1478、1481、1485—1486。

②《皇朝编年纲目备要》(静嘉堂本),页 1478—1480、1488。

年6月至8月宋廷没有收复和控制河南以抗衡蒙古军,弱化了端平体制的政治地位,抑制了光复失土的热情,并导致端平体制的快速瓦解。陈均史著被删剪的部分,流露出关于皇室的神圣与权威问题与日俱增的敏感程度,也反映了转变中的政治氛围。[1]

陈均的南宋史著述

研究纲目体三部曲的第二部,即陈均《中兴编年备要》的相关问题,首先要指出2006年北京国家图书馆藏宋本《中兴两朝编年纲目》的出版证明这部著作确实传世。北京国图本的版式体现了上图本《皇朝编年纲目备要》的形式(见图10)。[2] 由于四库馆臣忽略了这部著作,仅收录陈均的《皇朝编年纲目备要》,宋史学者

---

[1]关于宋朝远征汴京与洛阳,参见周密,《齐东野语》,卷5,页84—88。
[2]北京国图宋本包含卷1—7与卷12—14,略超过原卷数的一半。剩下的部分则是用后世的钞本补上。参见陈均,《中兴两朝编年纲目》(北京:北京图书馆出版社,2006,"中华再造善本")与《北京图书馆古籍善本书目·史部》(页287)。另有一个张蓉镜(1802—?)于1837年抄写的钞本,颇为完整。张蓉镜的跋文宣称,他持有一部明代的影宋钞本的三分之一(也许是卷1—6),然后从张金吾的藏书借来另一个完整的影宋本,完成抄录工作。张蓉镜的钞本原先是早期北平图书馆的藏书,后来在二战期间被移至美国保存。今天这个钞本藏于台北故宫,另有便于阅览的微卷。见王重民,《中国善本书提要》(上海:上海古籍出版社,1983),页106。关于微卷参见美国国会图书馆收集的北平图书馆善本书胶片,第66号、36卷。张蓉镜的钞本与2006年出版的仿宋再造善本,实为另行编制现代点校本《中兴两朝编年纲目》的坚实基础。

历来认为《中兴编年备要》已经亡佚。^① 事实上,《中兴编年备要》不仅流传至今,且提供一独特的案例,记录了十三世纪的人们逐渐形成的对十二世纪历史的认识。因此,对宋史学者而言,陈均的《中兴两朝编年纲目》某种程度上和流通更广的《皇朝编年纲目备要》一样重要。《中兴两朝编年纲目》也为破译陈均与郑性之的复杂关系以及陈均三部曲的编辑和出版史提供了信息。

前文详细引介《皇朝编年纲目备要》的序以及宋代书目中的记载,确认陈均为《中兴编年备要》的作者。明初国家藏书目录和叶盛的私人书目也提到了陈均的"中兴"史籍,值得注意的是,两种书目记录了两种书名:《宋中兴编年备要》和《宋中兴编年纲目》。^② 此外,《皇朝编年纲目备要》卷首的《引用诸书》包含四部南宋史的重要著作,这显示陈均编纂参考书目时至少计划涵盖"中兴"之后的历史。^③

王义山(1214—1287)的文章也直接证明陈均确实编写了《中兴两朝编年纲目》。大约在王义山 1262 年及第时,他在给刘克庄的信以及《〈宋史提纲〉序》中批评了陈均的著作,并表露改编陈均之作的计划:改写全书的"纲",以反映更鲜明的道德原则。王义

---

① 虞云国在《南宋编年史家陈均事迹考》中即推定该书已佚(页 92)。许沛藻《皇朝编年纲目备要考略》肯定陈均是该书作者,但没有论及该书的传世(页 459—461)。

② 杨士奇,《文渊阁书目》(《读画斋丛书》本),卷 5,页 14a;叶盛,《菉竹堂书录》,页 34—35。

③ 这四部著作是李心传的《建炎以来系年要录》,熊克(1111—1190)的《中兴小历》,徐梦莘(1126—1207)的《三朝北盟会编》,以及不著撰人,仅知为学士院进呈朝廷的《中兴纪事本末》。参见《皇朝编年纲目备要》,卷首,页 15—16。

山称自己用这个方式改写了三百多条"纲"。王义山也胪列了几个例子，其中有一个是 1161 年发生的事件。显而易见，王义山和刘克庄认为陈均编写了一部南宋史著作。王义山写于元代的《宋史提纲》自序指称陈均之作为《宋朝长编备要》。①

　　《中兴两朝编年纲目》的行文进一步证明陈均为作者。一方面，该书引用了很多未见于今本《建炎以来系年要录》和其他现存孝宗朝史料的材料，谨慎仔细地记载陈俊卿的履历与政治活动。②书中也详细叙述陈俊卿坚定支持张浚及其主战政策，以及反对孝宗身边的"佞幸"。③另一方面，该书几乎未谈及史弥远之父史浩的生平事迹。例如，书中无一词及于 1162 年 9 月史浩"除参知政事"。在 1163 年 2 月史浩晋升宰辅前，书中仅有 1162 年 11 月史浩建议并合中书省与枢密院的一小段记载与其有关。再者，1178年 5 月史浩重回执政之列，书中亦仅在"纲"提及，而未以"目"详述。然而，在 1178 年 10 月史浩罢相的记载之前书中有一段长篇的"目"，详述陈俊卿与朱熹摒除孝宗"佞幸"的贡献。这些段落

①王义山，《稼村类稿》(《四库全书》本)，卷 4，页 12a—13a；卷 12，页 4b—7a。亦参见李修生主编，《全元文》册 3，卷 76，页 25—27；卷 80，页 109—110。刘克庄和陈均同是福建莆田人。王义山引用了系年于 1161 年 11 月的"纲"的片段，指出陈均作"金兵弑其主亮于瓜洲"。王义山根据《孟子》而反对这个用法，认为人不能"弑"有道之君，因此重新编写为"金兵诛逆亮于瓜洲"。刘克庄鉴于王义山的改编，径言"陈平甫《备要》，壁角里文字耳"。

②北京国图所藏宋本《中兴两朝编年备要》的钞本部分和 1837 年的张蓉镜钞本都没有页码。因此我引用该书内文时皆以年、月标示。比方说，不见于《建炎以来系年要录》的陈俊卿的史料，例见《中兴两朝编年备要》1157 年 7 月、1160 年 11 月、1161 年 4 月的记事。

③参见 1161 年 5 月、1163 年 2 月、1165 年 3 月、1166 年 12 月、1167 年 7 月、1178 年 9 月的记事。

累计起来的作用,即是将主张政治改革、支持道学和主战政策的陈俊卿和作为独裁政治、用人惟亲、屈服女真政策的支持者的史浩做对比。简单地说,陈均的中兴史将十二世纪的历史理解为以福建士人为代表的力量对史氏长期主政的反抗。

记载 1190—1224 年间史事的续作

与二部前作不同,纲目体三部曲的第三部著作《续编两朝纲目备要》为现代学者熟知,因为它是少有的记载 1190—1224 年间历史的材料。近来已有点校本问世,含有相当全面的导论;梁太济也对《续编两朝纲目备要》的史源做了权威的研究。① 梁太济指出,《续编两朝纲目备要》大部分文字一字不差地引自李心传的史著(尤其是《建炎以来朝野杂记》),以及不著撰人的《庆元党禁》和一部早期的朱熹年谱。《续编两朝纲目备要》非常详细地记述发生在四川的事件,梁太济认为其史源为李心传已经散佚的四川史著作。另外,《续编两朝纲目备要》有近百分之十的内容是在大段引用真德秀的奏疏,梁太济据此认为作者可能是无权利用秘书省资料的低阶官员,且是真德秀的学生。逝世于 1244 年的陈均似非《续编两朝纲目备要》的作者。《续编两朝纲目备要》仅为材

---

① 梁太济,《〈两朝纲目备要〉史源浅探》,《文史》,第 32 辑,1990 年,页153—171。标点本《续编两朝纲目备要》(北京:中华书局,1995)由汝企和点校。在北京国家图书馆藏有前五卷的版式与上图本《皇朝编年备要》以及宋本《中兴两朝编年纲目》相同的一个版本。此外,北京国家图书馆也有一个完整的版本。见《北京图书馆古籍善本书目·史部》,页 287。

料上套上了一层纲目体的外壳,在这方面甚至比陈均更心不在焉。例如,卷1的开章广泛概述光宗即位前的生平事迹,一字不差地摘自李心传的史著,且未以纲目体编排。①

1737年成书的《福建通志》称陈均之作所涵涉的时间至1224年,大部分学者径认为不足为信,②但也很容易理解这一错误为何发生。所有今存纲目体三部曲的第二部、第三部的刊本或钞本,无一包含书前页或是任何形式的作者题款。我怀疑三部曲的头两部在1250年前一同出版,赵希弁撰写的条目因而把它们写在一起。如《引用诸书》的内容所示,书前的设计明显意在同时应用于两部书。此后,或在1260年左右,《续编两朝纲目备要》被收为纲目体三部曲的最后一部,而且用同样的版式刊印。如果北京国家图书馆的目录对纲目体三部曲俱为"宋刻元修本"的概括无误,后世读者自然很容易推测这三部书都出自陈均编撰了。

结　论

宋史纲目体三部曲的现存刊本、钞本,表现为宋代史学从"记录型史学"向"教学型史学"演变的一个显著实例。这个演变与十三世纪各层面——国家、地方与个人——的政治史紧密相连。史料说明纲目体三部曲的出版过程至少有三个阶段。首先,郑性之大约在1229年筹划了一次合作,出资发行陈均北宋史书稿的"备

①《续编两朝纲目备要》,卷1,页1—9;《建炎以来朝野杂记》,乙集卷2,页515—525。
②《福建通志》,卷51,页30;亦见黄宗羲等,《宋元学案》,卷49,页1597。

要"部分,但陈均不预此事。郑性之不顾陈均的反对,在书名中加入"纲目"二字,并完成了前二十五卷的书板。与陈均在工作最终抱负上的差异,加上最后五卷内容的敏感性,延迟了著作的完整刊印。现存的静嘉堂本体现了第一阶段。

第二阶段大约在稍后的 1234—1235 年左右。卷 26 到卷 30 付梓,整部著作也重新雕版。在以上图本推定的原始版本中,题名行有"纲目"二字,而且包含完整的三十卷,可能反映了出版完整的《皇朝编年纲目备要》的第二次尝试。我们可以想象:郑性之为了要完成进呈《皇朝编年纲目备要》于朝廷的目标,在他 1234 年离开临安前安排了这个完整版的重刻。但是,现存上图本题名行的空白以及第 30 卷的删削无疑反映了书名与内容的紧张关系。在郑性之离开临安后,陈均重新掌握《皇朝编年纲目备要》的主导权,为了保有自己原定的书名《皇朝编年备要》,要求刻工挖掉"纲目"二字。①

卷 26 到卷 30 的题名《九朝编年备要》,"九朝"当然指的是北宋,似乎也透露陈均有意运用南宋史料以出版"中兴"史,以延续这个系列。赵希弁撰写的条目证明此书完成于 1250 年。此事或许也体现在真德秀的《皇朝编年纲目备要》序文中的用语的变化:《皇朝编年纲目备要》,卷首收录的该篇序文指称"若干"卷,真德秀文集里的该序文则云"合四十八卷"。这个数字无意间透露了

———————————

① 上图本中其他没有空白处的题名行也显示陈均对不以"纲目"二字为书名是有所坚持的。第二十六卷到三十卷的"新"书名是"九朝编年备要"。再者,补刊目录的末尾的题名行亦作"皇朝编年备要",而且也没有空白处。《永乐大典》的传世部分有三处引用了陈均的史著,俱作"宋编年备要"。见《永乐大典》,卷 2949,页 23a;卷 19781,页 1a;卷 20487,页 25b—26a。

陈均已刊的"备要"总卷数为四十八（三十卷是北宋部分，十八卷是南宋）。

《续编两朝纲目备要》，可能被同一间书坊以同于两部前作的版式在 1260 年后不久刊印，增入这一系列。这标志着纲目体三部曲之发展的最后阶段。《续编两朝纲目备要》的书板到了元代持续被使用并修补。陈均逝世于 1244 年，郑性之则是 1255 年辞世，考虑到郑性之比陈均晚十一年逝世，以及梁太济认为《续编两朝纲目备要》的编者是真德秀的学生，"纲目"二字出现在宋元时代纲目体三部曲的最终版本的题名，并不令人意外。

据此，明初《文渊阁书目》关于纲目体三部曲的第二部的两种书名——《宋中兴编年备要》与《宋中兴编年纲目》——有力地指出纲目体三部曲的前二部有两种命名传统："备要"与"纲目"。我们或许会回想到关于 1235 年朝廷征求陈均著作的所有文件俱有"长编纲目"之语，而该书以"宋朝通鉴长编纲目"为名的版本完善地流传到明代。这些现象源自郑性之坚持陈均的史著是朱熹《通鉴纲目》的续作，而在政治方面有其重要性。因此产生了两种不同的书名传统："备要"来自陈均的原始概念，"纲目"则源自郑性之对陈均之作的期许。此后，这两种书名传统混杂而产生众多的排列组合，困惑了书目学家，也让他们热切地穷究，至今犹然。

纲目体三部曲的内涵，于宋代政治史独特的反对立场，是福建政治传统的产物。此传统与朱熹的道学相关，从陈俊卿在 1160 年代担任宰执的时期延续至一百年后真德秀的某个学生所作的最后贡献。名义上是陈均之著述，而实际上成于众人之手的纲目体三部曲，其编纂历程映照出整个世纪福建道学的境遇。陈均，也许还有陈宓，他们构建和组织其著作的宗旨，是对史弥远政策所做的私人挑战。郑性之和真德秀则将陈均的著作重构为朱熹《资治通鉴纲目》的续作,并且将修正版宣传为"端平更化"的公共手册。1235 年 12 月陈均之书送达朝廷,无疑就被视为朱熹《资治通鉴纲目》的续作。1237 年 2 月,朝廷令《资治通鉴纲目》"下国子监,并进经筵"。①

前已论及,《皇朝编年纲目备要》末尾几个部分的删减,与宋廷在 1234 年 6 月到 8 月间收复失地的军事行动遭遇挫败有关。这次军事失败的政治与财政代价注定"端平更化"与"小元祐"失败的命运。史弥远的批评者执政后既不能回归北宋政治,也不能收复北方失地,他们立足的根基即告动摇。1234 年后,与蒙古的对峙日益升级,郑性之在 1230 年代初期刊印的陈均著作,一定不怎么像是一部复兴北宋荣光的借鉴,而更像是即将重蹈北宋灭亡覆辙的糟糕预告。

这些敏感的问题以及陈均之作被"进经筵"的可能,解释了何以陈均坚持亲自管理著作的抄录,供 1235 年进呈朝廷。上图本的删减,实因陈均希望已刊本能与进呈朝廷的钞本一致。鉴于政治环境依然转变,陈均的谨慎显然有必要。直书徽宗的个人过错与北宋灭亡的惨痛经历,对于不再锐意收复失地的皇帝和政府而言,并无道德激励的价值。1238 年初史嵩之重掌大权之后,陈均史著的反史氏立场使它们必然在朝中被遗忘。陈均之作暗地里将蔡京家族与史弥远家族相比,整个徽宗朝的历史因而被蒙上一层有问题的色彩。这在 1233 年之前或许是直言切谏,但在 1238 年之后却极近谤讪之罪。

史嵩之在 1241 年公开宣布朱熹的道学是国家的正统学说,

---

① 《宋史》,卷 42,页 813。

是一个巧妙且别有用心的策略,这将他政敌的史学与道德基础收编为己用。官方对道学的制裁,在很多方面加速了史学从"记录型史学"到"教学型史学"的演变。第一,始于朱熹的整个纲目体传统直接与"记录型史学"的史学著作对立。第二,虽然这些著作因为陈均的反史氏立场及与失败的端平改革运动的密切关系而不容于朝廷,但它们盛行于福建的地方书院,在 1256 年史嵩之去世与 1260 年前后完整的纲目体三部曲问世后更是如此。元代重刊纲目体三部曲证明这种"教学型史学"的宋代史著受欢迎的程度日渐增长。当元朝史官(他们之中的关键人物多是坚定的道学学者)在 1345 年编纂《宋史》时,他们将陈均的史著用作便利的道学手册,据以梳理 1275 年临安陷落时所取得的大量宋朝档案。讽刺的是,一个八岁孩童眼见浩繁的宋代文献而立志编纂便利的学习手册,而他的志向最终在这些档案被编纂为官方正史的转变中体现出来,而《宋史》至今仍是宋史学者基本的参考文献。

附　图

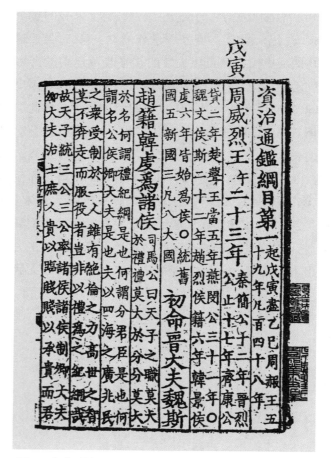

图 1　朱熹,《资治通鉴纲目》,1219 年温陵版,卷 1,页 1a。
引自陈坚、马文大,《宋元版刻图释》,北京:学苑出版社,
2001 年,第一辑,页 131。

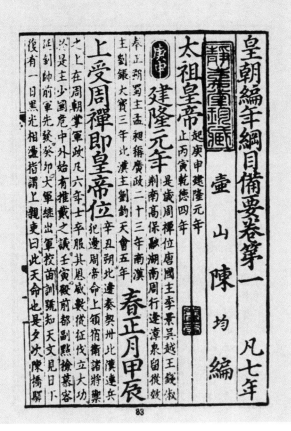

图 2 《皇朝编年纲目备要》,卷 1,页 1a。
静嘉堂文库。台北成文出版社 1966 年影印本,页 83。

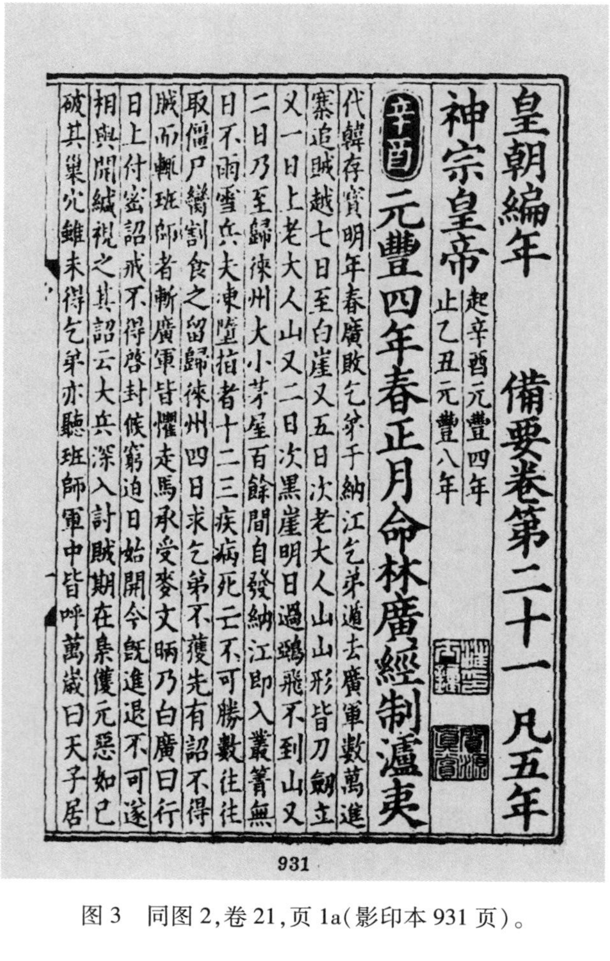

皇朝編年　備要卷第二十一　凡五年

神宗皇帝　起辛酉元豐四年　止乙丑元豐八年

辛酉　元豐四年春正月命林廣經制瀘夷

代韓存寶明年春廣敗乞降于納江乞茅道去廣軍數萬進
寨追賊越七日至白崖又五日次老大人山山形皆刀劍立
又一日上老大人山又二日次黑崖明日過鸚飛不到山又
二日乃至歸徐州大小茅屋百餘間自發納江即入叢菁無
日不雨雪方夫凍墮指者十二三疾病死亡不可勝數往往
取僵尸藷割食之留歸徐州四日求乞弟不獲先有詔不得
賊而輒班師者斬廣軍皆懼走馬承受麥文晒乃白廣日行
日上付密詔戒不得啓封候窮迫旦始開今既進退不可遂
相與開緘視之其詔云大兵深入討賊期在泉隻元惡如已
破其巢穴雖未得乞弟亦聽班師軍中皆呼萬歲曰天子居

931

图3　同图2，卷21，页1a(影印本931页)。

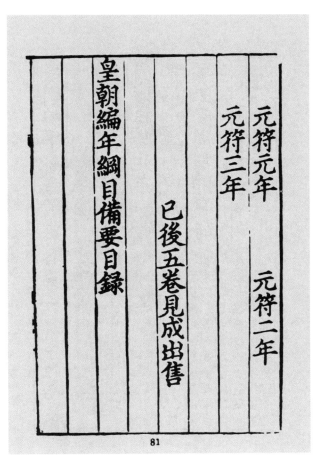

元符元年

元符三年 元符二年

已後五卷見成出售

皇朝編年綱目備要目録

81

图 4　同图 2、图 3,目录,页 9a(影印本页 81)。

图5 《皇朝编年　　备要》,卷1,页1a,中华再造善本,
　　北京图书馆出版社 2004 年据上图本影印。

| 历史的严妆:解读道学阴影下的南宋史学

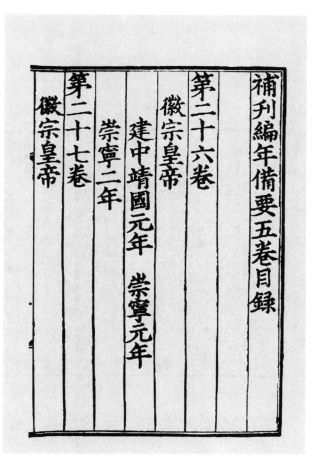

图 6　同图 5 刻本,《补刊编年备要五卷目录》,页 1a。
显示了上图本目录中两卷内容不在图 2 至图 4 所示的静嘉堂本中,
类似内容共有五卷。

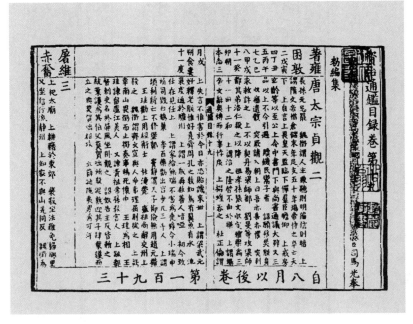

图 7　司马光,《资治通鉴目录》,卷 19,页 1a—b,
《四部丛刊》据 1084 年本影印。

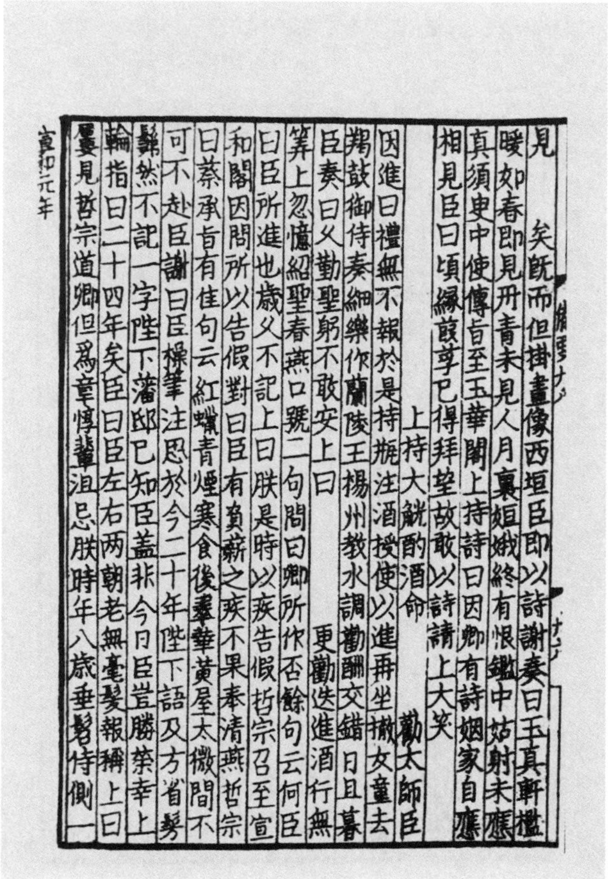

見　矣既而但掛畫像西垣臣即以詩謝奏曰玉真軒檻
暖如春即見丹青未見人月裏姮娥終有恨鑑中姑射未應
真須臾中使傳旨至玉華閣上持詩曰因卿有詩姻家自應
相見臣曰頃緣葭莩已得拜望故敢以詩請上大笑
上持大觥酌酒命　勸太師臣
因進曰禮無不報於是持巵注酒授使以進再坐撤女童去
羯鼓御侍奏細樂作蘭陵王楊州教水調勸酬交錯日且暮
臣奏曰久勤聖躬不敢安上曰　更勸迭進酒行無
算上忽憶紹聖春讌口號二句問曰卿所作否餘句云何臣
曰臣所進也歲久不記上曰朕是時以疾告假哲宗召至宣
和閣因問所以告假對曰臣有負薪之疾不果奉清燕哲宗
曰蔡承旨有佳句云紅蠟青煙寒食後輦華黃屋太微間不
可不赴臣謝曰臣操筆注恩於今二十年陛下語及方省髣
髴然不記一字陛下藩邸已知臣蓋非今日臣豈勝榮幸上
輪指曰二十四年矣臣曰臣左右兩朝老無毫髮報稱上曰
屢夢見哲宗道卿但為章惇輩沮忌朕時年八歲垂髫侍側一

宣和元年

图 8　《皇朝编年备要》，卷 28，页 26b。中华再造善本，北京图书馆出版社 2004 年据上图本影印。

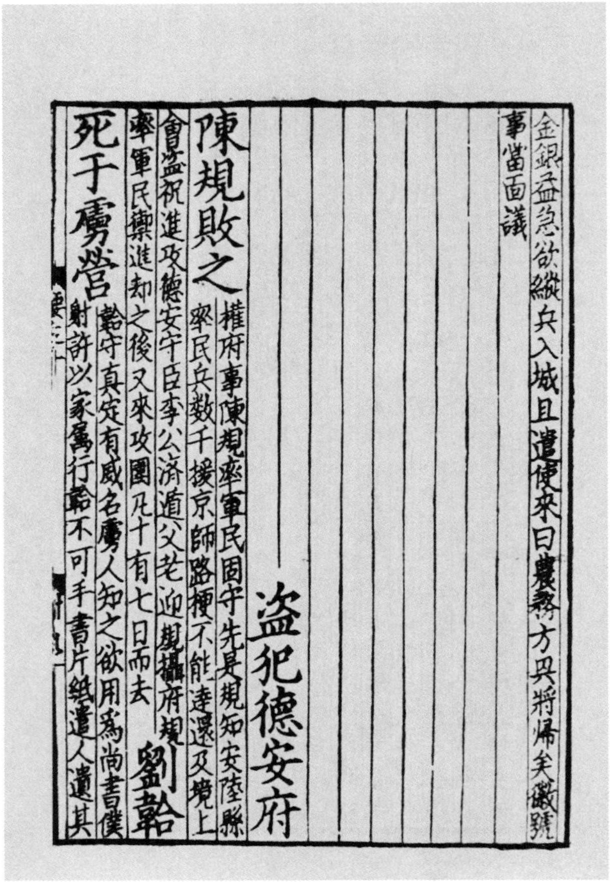

金銀益急欲縱兵入城且遣使來曰農務方興將歸矣徽號
事當面議

盜犯德安府
權府事陳規率軍民固守先是規知安陸縣
陳規敗之 率民兵數千援京師路梗不能達還及境上
會盜祝進攻德安守臣李公濟遁父老迎規攝府規
率軍民禦進却之後又來攻圍凡十有七日而去

劉韐
死于虜營 韐守真定有威名虜人知之欲用為尚書僕
射許以家屬行韐不可手書片紙遣人遺其

图 9　同图 8，卷 30，页 39a。

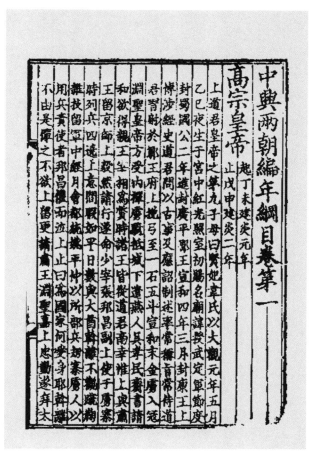

图 10 《中兴两朝编年纲目》，卷 1，页 1a。中华再造善本，
北京图书馆出版社 2006 年据国图本影印。

《道命录》复原与李心传的道学观

导　言

　　李心传（1167—1244）的《道命录》，依其自序成书于 1239 年，汇集了八十五份记录着"道学"运动从其在北宋的发轫到十三世纪早期的政治际遇的原始文献。李心传在汇集文献之外，也为许多文件撰写了详尽的评注，他的阐释和观点显著提升了这部史料汇编的重要性。李心传称得上南宋最伟大的当代史家，而道学运动则是同一时期思想界影响最为深远的发展。因此，对现代宋史学者来说，《道命录》也是认识道学史以及李心传本人对这个运动的态度的标准参考书。

　　李心传曾经的等身著作目前仅存四部，《道命录》是其中之一。[①] 在四部传世著作中，《道命录》成书最晚，也是唯一在南宋朝廷逐渐认可道学为官方正统学说的 1220 年代至 1241 年间编纂的著作。然而李心传在传世本《道命录》显示出的对道学的全心拥护，与他在早期著作中对道学运动秉持的刻意矜持与学术超然明显不一致。现代宋史学者给出了两种意见。首先，资深李心传研究权威来可泓认为李心传毕生皆是程朱道学的拥护者。为弭平李心传早期著作和《道命录》之间的差距，来可泓梳理了李心传早期著作中关于道学运动的正面评论，并追索了李心传平生与已知道学人物的往来。来可泓认为，《道命录》代表李心传对道学运动的最终认可。① 来可泓的努力本质上是回溯，以据信是支持道学但晚出的《道命录》来解释李心传的早期著作。

　　另一方面，贾志扬（John W. Chaffee）发展出一个更为审慎、细致的观点。他接受李心传的早期著作与《道命录》之间的差异，将这一差异解释为李心传愈到晚年愈认同道学思想的表现。贾志扬强调李心传基本上是一位制度、政治史家而非思想家，推想李心传对道学阵营在 1220 年代与 1230 年代未能将政治上的被接受

（接上页）证误》原来有 15 卷，今仅存 4 卷。这些著作的书目性介绍，参见 Etienne Balazs and Yves Hervouet（吴德明），eds.，*A Sung Bibliography*（Hong Kong：The Chinese University Press，1978），pp. 81，107 - 108，179-180. 李心传的生平、著作的英文述叙，参见 John W. Chaffee，"*Sung Biographies*，Supplementary Biography No. 2：Li Hsin - ch'üan（1167—1244），"*Journal of Sung-Yuan Studies* 24（1994）：pp. 205-215. 李心传生平最重要的中文研究论著，是王德毅的《李秀岩先生年谱》，收录在《建炎以来系年要录》（台北：文海出版社，1968），《附录》，页 6695—6769；以及来可泓，《李心传事迹著作编年》（成都：巴蜀书社，1990）。

①来可泓，《试论李心传的道学思想》，收录在杨渭生主编，《徐规教授从事教学科研工作五十周年纪念文集》（杭州：杭州大学出版社，1995），页 352—363。

转化为切实的制度改革而感到非常困扰。贾志扬因此认为《道命录》是在警示朝廷不应当虚矫地利用道学妆点门面以掩饰日渐衰败的现况,也吁请根据纯粹道学原则进行政治改革。① 基本上,贾志扬的努力采取了相反的方向,运用李心传的早期著作来解释《道命录》。

我们也可用其他的方式来概括这两种对《道命录》的不同解读。李心传是相信道学运动的道德优越性并必将取得政治上的最终胜利,而以道学拥护者的姿态编纂《道命录》? 或者,李心传认为道学只是塑造南宋命运的另一种力量,而以怀疑论史家的姿态编纂《道命录》? 换言之:李心传最后为程朱学派的道德决定论所折服,还是终究坚持其早期著作的分析式悲观主义? 我将在这篇文章的结尾回答这些问题,因为这些问题的最终解决,就在宁宗、理宗时期道学确切的定义、本质、历史中。理宗时代对所谓理学发展至最终主宰此后的帝制时代而言正是关键时期。

本文采用不同的方式来处理李心传与他的《道命录》。两百多年前的中国学者已对传世本《道命录》文本的完整性和真伪提出了质疑。尽管《道命录》对现代宋史学者来说相当重要,但这些问题并未得到严谨的处理。本文重新检讨《道命录》的目录学与文本史后,得出以下四点结论。第一,传世本《道命录》体现了元人对李心传原著的大幅改编、扩充。第二,借由文本比较分析,可以移除元人的层累,恢复李心传原著的大部分设计与文本。第

---

① John W. Chaffee, "The Historian as Critic: Li Hsin-ch'uan and the Dilemmas of Statecraft in Southern Sung China," in Robert P. Hymes and Conrad Schirokauer, eds. , *Ordering the World: Approaches to State and Society in Sung Dynasty China* (Berkeley: University of California Press, 1993), pp. 310-335.

三,经此重建的原本《道命录》所传达的道学观,与李心传其他传世著作的观点一致。第四,原本《道命录》蕴含的李心传的道学观,相当有助于理解理宗时代为建构与道学在政治上新近被认可相适应的道学史所产生的冲突。

传世本《道命录》

所有《道命录》的现代刊本都源自 1814 年鲍廷博(1728—1814)的《知不足斋丛书》本。这个版本包含 85 份文件,它们不平均地分布在 10 卷。卷 5 只有两份文件,卷 7 分为两部分,总共收录了 17 份文件。卷 10 则有 16 份文件,不过其中系于 1241 年的 5 份文件标为"续增",而另外 1319 年到 1361 年之间的 6 份文件则标为"新增"。这些标注清楚地说明:后来的编辑者或刊印者在李心传的原稿后增补了这 11 份文件。如同下文所示,确凿的证据也指出后来的编辑者添加了其他文件录入李心传的原稿,而原稿实际上是以传世本的第 70 号文件作结。这 70 份文件的年代分布在 1085 年到 1224 年之间,由各种宋朝的公文政令组成,包含了奏疏、荐札、制词、劾状。它们或关乎一般性的道学学说,或关乎特定人物。其中也有一些文件是道学家(主要是程颐与朱熹)所作。这些文件基本上依照时序排列,不过有时也出现错置。本文的附录是传世本《道命录》前面 70 份文件的表格,删去了后来窜入的 15 份文件。为便于查询,本文为这些文件编了序号,通篇都以这些序号指代。

卷 1 到卷 7 的所有文件之后俱有注,卷 8 到卷 10 则大多没有。不同文件中注文的篇幅、风格与质量极不相同。注文最短只有一行,最长则超过 1400 字,多数关注文件当时的历史背景,并对其进行政治分析。在适当的情况下,注文则将焦点放在驱使文件作者撰文的个人意图,以及作者仕宦履历的细节。一些注中包括逸闻趣事,并不全都与文件有关。卷 8 中 60、62、63 三篇的注文与众不同,完整收录了文件在相关机构间流转时产生的牒文。一些评注显是精心构思而成,注意编年的准确和官衔称谓的恰当;另有一些则有系年不明、记载含糊之失。《道命录》注文的一项关键特征,是各条目的注文常被圆形分隔符分为两段,这通常标志文中的重要分界,4、6、12、28、30、34、40、42、50、52 这十篇的注具备此特征。在这之中,分隔符之后的材料,通常包含来自程朱及二人门生的大段引文。这些引文以论战与辩护为主,且仅与前注和原文略微沾边。

　　虽然鲍廷博未作说明,但《知不足斋丛书》本《道命录》极有可能是以 1496 年的一部明代徽州新安刊本为底本。好在这一明刊本为前北平图书馆收藏,如今存于台湾。两个版本在各方面几乎完全相同,甚至是印刷错误之类也都一致。然而,明刊本重印了程荣秀(1263—1333)为 1333 年元刊本撰写的序文,这篇关键的序文将在下文展开讨论。明刊本收录的汪祚(1457—1496)撰于 1496 年 11 月的后序,也提供了明刊本及其历史的重要信息。《知不足斋丛书》本《道命录》中没有这两篇序文。① 后序作者汪

----

① 台湾收藏的明刊本,参见美国国会图书馆收集的北平图书馆善本书胶片,第 239 号、139 卷;"国立中央"图书馆特藏组编辑,《"国立中央"图书馆善本书目》(台北:"国立中央"图书馆,1986),页 194。北京国家图书馆的另一个善本,参见北京图书馆编,《北京图书馆古籍善本书目·史部》(北京:书目文献出版社,1989),页 413。北图所藏的善本已影印出版,收录在《四库全书存目丛书·史部》[济南:齐鲁书（转下页）

祚是新安的青年学者,曾与前辈学者和官员程敏政(1445—1499)共同编纂不朽之作《新安文献志》,惜乎未竟全功即英年早逝,年仅 39 岁。[1]

汪祚将 1496 年刊印《道命录》之功归诸新安卫千户于明。汪祚称,《道命录》记录了宋代正人君子蒙受的不公不义,激励于明资助刊印、流通此书,期许当代名士能比前人更受礼遇。汪祚还提及,于明为筹备重印,得到了两部《道命录》的早期版本。其一是在元代学者朱升(1299—1370)后人家中寻得的 5 卷"旧"本,[2]于 1251 年由时任江州知州朱申(1195 年进士)刊行。朱申增入了五份文件,标为"续增"。此本书板毁于宋末战事。由于朱申刊印的《道命录》书况不佳,不足以用作重印的底本,于明因而从程敏政的书阁取得了另一部 10 卷的"善本"。此 10 卷本实际是经程荣秀"新增"了元代文书的 1333 年本。此本书板也毁于元末战争,故汪祚云《道命录》不为他的同时代人所知。汪祚也提到程荣秀为程颐后裔,朱申亦"与晦庵先生同所生"。

汪祚在 1496 年版《道命录》后序记录的这些细节,与其他史

_____

(接上页)社,1996],册 82。不过这个版本没有汪祚的序。《续修四库全书·史部》(上海:上海古籍出版社,1995),册 517 重印了一部据说是影抄元刻本的清代钞本,该钞本现藏于北京大学图书馆,但没有程荣秀的序文。此本成为最近杨世文校点《道命录》的底本,收入《儒藏》(成都:四川大学出版社,2008),册 146、147。关于现存《道命录》版本的书目介绍,参见杜泽逊,《四库存目标注》(上海:上海古籍出版社,2007),册 2,页 749—751。

①参见程敏政文集中的汪祚墓志铭:《篁墩文集》(《四库全书》本),卷 46,页 33a—34b。

②关于朱升,参见程敏政辑,《新安文献志》(《四库全书》本),卷 76,页 1a—6a;(弘治)《徽州府志》(台北:学生书局,1965),卷 7,页 24b—25a。

料中记载的《道命录》在明代之前的历史一致。《宋史·李心传传》与成文于 1268 年的该传记底稿,均记载《道命录》为 5 卷。①更重要的是,唯一提到《道命录》的宋代书目,《郡斋读书志》(由赵希弁作《读书附志》补注后于 1250 年印行)也著录《道命录》为 5 卷。② 由于汪祚后序清楚说明 1251 年的朱申版本是《道命录》首度付梓,可知赵希弁著录的必定是一部钞本,年代介于 1239 年李心传"成书"与 1250 年《郡斋读书志》刊印之间。后文将再讨论赵希弁的《道命录》书目词条。

1496 年及此后的各《道命录》版本,卷首在李心传自序之后,还有朱申撰的识语,解释其为何刊印《道命录》。但这段话在《新安文献志》中被著录为"书《道命录》后",则提示其原本是跋。③朱申论述《道命录》之名取典于《论语》和《孟子》。《论语》《孟子》中的原文旨在思索"斯文"与变幻莫测的天命间的关系,从而确认并延续了李心传在自序所开展的对话。朱申也称因期望与友人讨论这些问题,而在"九江郡斋"刊行《道命录》。朱申题跋文"新安后学",时为江州知州。此外,除了知道朱申是徽州休宁县人朱权(1155—1232)之侄,以及与一些朱学脉络下颇乏味的经典注疏有关,我们对朱申所知甚少。④

---

① 脱脱(1314—1355),《宋史》(北京:中华书局,1977),卷 438,页 12986;黄震(1213—1280),《戊辰修史传》(《四明丛书》本),页 40b。
② 晁公武著,赵希弁补,孙猛校证,《郡斋读书志校证》(上海:上海古籍出版社,1990),页 1136。
③ 《新安文献志》,卷 22,页 21a。
④ 《新安文献志·先贤事略》,卷上,页 19b;(弘治)《徽州府志》,卷 7,页 56a—56b;王梓材、冯云濠,《宋元学案补遗》(台北:世界书局,1974;据《四明丛书》本影印),卷 49,页 183a。

在传世本《道命录》的发展过程中，1333年程荣秀的修订显然是最重大的事件，使《道命录》从5卷扩充为10卷。程荣秀是新安人，以编辑、教师为职业，并曾任元代江浙儒学提举。他的生父程志学是程颐直系六世孙；养父程圁，族系也可以溯及程颐，是休宁人程全的六世孙。在北宋末年女真入侵战争期间，驻守池州的程全庇护程颐二子，此后两支程氏遂通谱，承认共同的祖先。程全之孙程永奇（1151—1221）是朱熹的重要门生。程荣秀因此得以此完美的道学世系而自豪，并以满腔热忱投身于程朱学派，强化了这一世系。陈祖仁（1314—1368）撰写的程荣秀墓志铭即言荣秀"非程朱之书，盖不之好也"，亦云荣秀担任建康明道书院山长期间，于闲暇时"整濂洛之书，正讹、补缺"。程荣秀的仕途终于江浙儒学提举，他的《道命录》序文即署此衔。①

程荣秀在序文中写道，他曾取得1251年版《道命录》，但怀疑此本只是"初稿"，因此"僭因原本，略加厘正，汇次为十卷"。他还提到一些人鉴于《道命录》收录许多"吠尧毁孔"（此处的"尧"与"孔"显然是程颐和朱熹的委婉说法）的文字而反对加以流传，认为应当禁止这样的著作。程荣秀辩称《道命录》的文件记录"小人"们"岂徒以蔽时君世主，且将以欺天下后世"的"组织谗诬"。禁毁这些文献形同帮助"小人"遮掩其在历史上的丑行，但若予以出版，"小人"们的罪行将昭然后世。程荣秀希望出版《道命录》能够阻止后世小人做出类似行为。为此，江浙省臣下令龟山书院

---

① 此处所述程荣秀的世系、生平，皆采录陈祖仁撰写的程荣秀墓志铭。参见《新安文献志》，卷71，页5a—8a。

刻印经过程荣秀厘正、汇次的《道命录》。①

　　这篇序文不能只当作儒家道德主义的常规运用而不予重视。众所皆知,图帖睦尔(元文宗,1304—1332 年,1328—1332 年在位)于 1328 年即位以及 1329—1332 的复位,标志了儒家文化开始在元廷成为一股重要政治力量。② 1330 年闰 7 月,元廷加封孔子父母、许多门生以及二程爵位,即为这个政治趋势的一部分。③ 元廷加封二程兄弟的相关文书亦构成传世本《道命录》的第 81 号至 84 号条目。蔑儿吉氏伯颜(1340 年逝世)反对元朝政治的儒化,他在 1333 年拜相,随之激起蒙古本位主义的反动力量,并与延续中的汉化、儒化对抗。而命程荣秀刊印《道命录》的江浙省臣几乎可以确定是 1328—1332 年间在任的著名儒学奇才朵儿只

_____

① 在元代的江浙行省,有两个名为龟山书院的机构。其一在江苏常州附近,其二在福建将乐县。位于将乐的龟山书院似乎规模比较大,且地近福建的出版中心建阳,更可能是文中所指的龟山书院。元代书院刻印的其他著作,参见叶德辉(1864—1927),《书林清话》(台北:世界书局,1988),卷 4,页 94—97。清宫天禄琳琅书阁收藏一部 1333 年版《道命录》,乾隆帝曾在 1744 年撰写题辞,于敏中(1714—1780)等人编纂的《钦定天禄琳琅书目》(台北:广文书局,1968)也著录此本(卷 6,页 8b—10a)。《钦定天禄琳琅书目》称赞此本印刷品质精良,可与宋版书相侔。此本在 1797 年天禄琳琅书阁的火灾中付之一炬。

② 这个发展参见 Herbert Franke and Denis Twitchett, eds. , *The Cambridge History of China. Volume 6. Alien Regimes and Border States* (Cambridge: Cambridge University Press,1994),pp. 553 以后各页,以及 John W. Dardess,*Conquerors and Confucians: Aspects of Political Change in Late Yüan China* (New York:Columbia University Press,1973)。

③ 宋濂(1310—1381)、王祎(1321—1372)等纂修,翁独健(1906—1986)等点校、整理,《元史》(北京:中华书局,1976),卷 34,页 763。

（1304—1355）。①

朵儿只出身蒙古札剌儿氏贵族，他的祖先是成吉思汗的亲密伙伴，也是蒙古人中较早的中原文化支持者。② 朵儿只在 18 岁的时候被任命为集贤学士，他的学识受到邓文原（1259—1328）等资深学士的赞赏。③《元史·朵儿只传》记载他"不屑屑事章句，于古君臣行事忠君爱民之道，多所究心"，可见其无疑有道学倾向。邓文原也和江浙行省与江浙士人有着多重关系。从 1310 年到 1312 年，邓文原担任江浙儒学提举（即程荣秀刻印《道命录》时所居之职）；1319 年至 1320 年间，邓文原则以地方监察官之职举荐程荣秀为明道书院山长。④ 邓文原因而同时是年轻的蒙古贵族朵儿只与年长的程颐后裔、道学教师程荣秀的襄助者。两人不仅都获得邓文原的赞助，也都支持儒家事业，反对伯颜与其党的蒙古本位主义。不难想象，程荣秀的序文与这一斗争有关，他警示"小人"可能复炽，即针对伯颜及其党羽。他的警示确有先见之明，伯颜随后废黜了儒家科举考试，截至 1330 年代晚期，实施了打压朵儿只与汉法派的一系列行动，这些动作自然使时人想起宋代的道

---

①关于朵儿只，参见《元史》，卷 139，页 3353—3355。他被拔擢为江浙行省官员，是 1328 年文宗即位的一连串政治安排的一部分（《元史》，卷 34，页 710）。朵儿只在江浙行省任职到 1332 年。参见吴廷燮，《元行省丞相平章政事年表》（景社堂本），页 17a—17b。

②举例来说，数位朵儿只的祖先在忽必烈朝翻译司马光的《资治通鉴》为蒙古文。参见罗意果（Igor de Rachewiltz）et al. , eds. , *In the Service of the Khan：Eminent Personalities of the Early Mongol-Yüan Period*（1200—1300）（Wiesbaden：Harrassowitz Verlag，1993），p. 9.

③《元史》，卷 139，页 3353。关于邓文原，见《元史》，卷 172，页 4023—4025。

④《新安文献志》，卷 71，页 6a。

学之禁。①

　　进一步详论之前，在此先总结前文与传世本《道命录》相关的细节。鉴于《道命录》前 7 卷的文件皆有评注，且评注相当重要，而之后评注的出现频率及重要性降低，程荣秀认为 1251 年付梓的《道命录》仅是"初稿"的意见应当给予重视，若将这一点纳入考虑，则李心传虽然在 1239 年撰写了自序，但《道命录》可能未曾完稿。我将在本文的结论重新讨论这个可能性。1251 年首度付梓的刻本创立了三个支配着此后《道命录》出版史的倾向。第一，明代以前的《道命录》编纂者与出版者不脱朱熹和程颐的门徒、后裔。第二，《道命录》的刊印者(包含 1496 年的明版)都来自徽州，那里是朱熹的故乡，也是程氏家族成员的聚居地。第三，朱申以增加补充材料开启修订《道命录》的历程，这些增补集中于国家对二程与朱熹的褒崇。程荣秀是徽州人、程颐直系后裔，也是一位道学教育家，以编纂、处理文本著作而享有盛名。他在 1333 年大幅扩充了《道命录》，且据其自述，大幅变动、增补了李心传的原稿。②

《永乐大典》本《道命录》

　　好在我们仍有条件判定程荣秀改编《道命录》的程度。明代

①关于伯颜攻击朵儿只，参见 Dardess, *Conquerors and Confucians*, pp. 69-70,72. 朵儿只随后在儒治再度抬头的政局晋位宰职，参见 Dardess, *Conquerors and Confucians*, pp. 86,204n. 58.

②徽州程颐、朱熹后人参与《道命录》的编辑与出版的详细研究，参见金生杨，《程朱家族与〈道命录〉》，《地方文化研究辑刊》2010 年第 3 辑，页 271—280。

百科全书《永乐大典》（1407年成书）现存残卷中，包括两卷（卷8164—8165）关于程颐的史料，被分类在"庚"韵目的"程"字韵。这两卷的头一卷包含二十一个来自《道命录》的条目（文件及评注）。① 这二十一个条目遍及传世本《道命录》的前六卷，即从第1号到第34号文件。因此传世本《道命录》前三十四个条目有十三个不见于《永乐大典》。比较同见于两个版本的条目，可以发现：虽然文件大同小异，评注却颇具差异。差别之处小至措辞之异，大至同一评注整段出现在不同的条目。

十八世纪的四库馆臣最早记录了《永乐大典》中的平行材料，并与传世本《道命录》做了比对。馆臣注意到《道命录》早先为5卷而后来为10卷这一差异，也注意到传世本《道命录》第34号条目之前有二十八段文字未见于《永乐大典》，《永乐大典》所收录的《道命录》条目有八段文字不见于传世本《道命录》。见及两者林林总总的差异，四库馆臣把焦点放在程荣秀改编5卷本《道命录》所发挥的作用。他们断言《永乐大典》卷8164的材料相当于李心传的"原本"。四库馆臣批评程荣秀，声称"荣秀大有所增删。并所记朱子诸条，亦疑为荣秀所附益。则所谓'略加厘正'者，特讳不自居于改窜耳"。最后，四库馆臣判定程荣秀抱持"门户之见"，刻意提高程颐与朱熹在李心传原本《道命录》当中的地位。② 现代学者对馆臣的意见，或者直接忽略，或者立即以为无根据而摒弃。如来可泓既不考虑四库馆臣的结论，也没有在《道命录》文

---

①《永乐大典》（台北：世界书局，1962），卷8164，页1a—23a。

②纪昀等，《四库全书总目提要》（台北：台湾商务印书馆，1971），页1313。清代的书目学家周中孚（1768—1831）为《知不足斋丛书》收录的《道命录》所撰写的条目引用了四库馆臣之语，并采用了他们的意见。参见《郑堂读书记》（《国学基本丛书》本），卷22，页452。

本流传史的讨论中提到《永乐大典》的材料。①

　　更值得关注的是,既然众所周知编纂《四库全书》始于从《永乐大典》中辑出佚书的动议,为什么四库馆臣未将《道命录》列于《四库全书》之中?② 理由主要有二:第一,乾隆皇帝基于哲学与政治的理由,反对李心传对宋代宗派的描述。清代对宋代学者的朋党倾向的谴责,也使得四库馆臣经常批评宋代学术。③ 而《道命录》正是对党争的经典记载。乾隆帝即曾亲自评论《道命录》的政治与行文问题。在所著《〈道命录〉识语》与《题〈道命录〉》诗并序中,乾隆帝驳斥李心传《道命录》自序所论述的"道"与"命"之间的关系。④ 第二,由于《永乐大典》并未提供任何传世本《道命录》卷6之后的平行材料,全面重建原本《道命录》被认为过于困难且材料不足。⑤

　　有充足的证据支持四库馆臣认为《永乐大典》的材料比传世本《道命录》更贴近李心传原作的看法。第一,汪祚撰于1496年的后序证明1251年版《道命录》完整流传到明代。第二,《永乐大典》的编者们大量取材明文渊阁的藏书,《道命录》也著录在《文

①参见来可泓,《关于〈道命录〉的卷数及有关内容》,《古籍整理研究学刊》1985年第4期,页35—36;《李心传事迹著作编年》,页204—205。
②盖博坚(R. Kent Guy),*The Emperor's Four Treasuries : Scholars and the State in the Late Ch'ing-lung Era*(Cambridge:Council on East Asian Studies and Harvard University Press,1987),pp. 60-62.
③*The Emperor's Four Treasuries*, p. 133. Guy还提到清人不满四库馆臣未能从《永乐大典》挽救更多著作。
④《御制文二集》,卷19,页3b—4a;《御制诗四集》,卷13,页23a—25a。
⑤参见乾隆文集编者在《〈道命录〉识语》之后所写的评论,见《皇朝通志》(《四库全书》本),卷105,页12a—14a。

渊阁书目》中。① 再者,南宋宫廷藏书的大部分经由元朝而进入明初文渊阁,实为析入《永乐大典》的宋代文献的直接来源。② 因此,《永乐大典》的编者们很有可能使用了一部曾经收藏在南宋宫廷的《道命录》。而且此本定是 5 卷本,或是 1251 年刊本,更可能是李心传原稿的钞本。李心传在 1238 年被任命为秘书监,管理秘阁藏书,他在 1239 年的《道命录》序文即题此官衔。③

　　细读《永乐大典》的《道命录》文本,并以之与传世本《道命录》对比,将进一步证实上述文献学证据。稍后会探讨传世本《道命录》前 34 个文件中十三个增补的条目,目下关注《永乐大典》与传世本《道命录》间的差异,这些差异影响了李心传的评注。第一,在记日上,《永乐大典》的记日始终较传世本《道命录》精确。《永乐大典》中体现的李心传记日的方法,是为官员各种行动,如任职、上奏,都提供完整而精确至日的记录。他的记日方法是有层次的,比较大的时间单位如年和月只会在首次出现时写明,直到进入次年或次月。这一记日方法在《道命录》中运作良好,因为《道命录》的基本编排原则即是编年顺序,而且李心传身为史官得以接触到的《日历》,就是此种精确记日的来源。这一方法在宋代官方史书中的规范,也见用于宋代史料中,例如李心传参与编辑的《宋会要》以及他所撰的《建炎以来系年要录》。《永乐大典》的文本严谨遵循了这一方法,仔细记录历次年月的变动,也提供每一事件的完整日期。而传世本《道命录》却经常删

---

① 杨士奇(1365—1444)等,《文渊阁书目》(《丛书集成》本),卷 4,页 51。
② 顾力仁,《〈永乐大典〉及其辑佚书研究》(台北:文史哲出版社,1985),页 6—13。
③ 陈骙(1128—1203)等编,《南宋馆阁录·续录》(北京:中华书局,1998),卷 7,页 248。

除月、日,有时甚至连年份都不注明。这不仅导致传世本《道命录》的文本不仅缺乏历史精确性,且一些事件之间的先后关系也混淆不清。①

记日的不同即足以确认《永乐大典》的文本早于 1333 年的程荣秀改编本《道命录》。由于宋代的《日历》并未流传到明代,如果《永乐大典》的编者以 1333 年的 10 卷本《道命录》为材料来源,则不可能将其中经删节的日期复原为完整精确的形式。极有可能如四库馆臣所断言,《永乐大典》相关条目呈现的是《道命录》的"原本",而"原本"的日期已经被程荣秀删节或简化了。

第二,将目光腾挪到较高的层次——篇章结构,《永乐大典》的《道命录》评注文字更连贯。第 11 号条目是一个好的例子。该文件题为《言者论伊川先生聚徒传授乞禁绝》,1103 年 11 月 4 日由某位言官所上。《永乐大典》和传世本《道命录》俱收此文件,但传世本《道命录》中仅保留了《永乐大典》第 11 号文件的注文的一小部分,其大部分被移作不见于《永乐大典》的第 12、13 号文件的注文,而李心传原注末的评论完全被删除。显而易见,更完整的《永乐大典》本 11 号文件注文较经删节的传世本《道命录》评注更具条理。

第三,《永乐大典》本《道命录》的注文也更显示出所解读文件的历史意义。那些注文并非在道德、哲学意义上主张道学学说至高无上的辩论文字。它们致力于细致地构筑对象文件的历史脉络,以解释文件的政治起源、目的与结果。《永乐大典》的二十

---

① 可以比较《永乐大典》与传世本《道命录》第 1、17、27、30、34 号文件的评注。

一条注文中有十二条包含近似"故此疏遂上"的措辞。① 这些措辞构成了连接所讨论文件与其历史背景的关键点。传世本《道命录》第 34 号条目之前的十三个未见于《永乐大典》的条目几乎都没有这样的表述。一个值得注意的例外出现在第 13 号文件——1126 年的《罢元祐学术政事及党禁指挥》,传世本的注文的确包含"遂有此命"之语。不过,仅仅一行的第 13 号文件与同样简短的注文,都是改编《永乐大典》的第 11 号文件的一段注文而成。传世本《道命录》的编者(可能是程荣秀)增加"遂有此命"四字,罕见地试图模仿这一李心传风格的重要特征。《永乐大典》没有"遂有此命"四字,因为《永乐大典》未收这四个字所指涉的第 13 号文件。② 经常以类似措辞连接注与文件,也是李心传《建炎以来系年要录》写作的特色。

第四,《永乐大典》本《道命录》注文的总体结构与原则,亦与李心传于《建炎以来系年要录》(以下简称《要录》)的做法相同。典型的"条目"具有三个部分:1. 官方文件。2. 李心传呈现的历

---

① 例如"同上此奏"(《永乐大典》页 1b 行 2)、"遂有是命"(《永乐大典》页 6b 行 6)、"遂有此请"(《永乐大典》页 8a 行 1)、"因上此疏"(《永乐大典》页 10b 行 5、22b 行 4)、"遂上此奏"(《永乐大典》页 11a 行 4、14a 行 4、17a 行 8、17b 行 6、20b 行 2)、"首上此奏"(《永乐大典》页 11b 行 7、16a 行 5)。

② 此处所论的传世本《道命录》第 13 号文件,来自《永乐大典》第 11 号文件的评注(页 8a,行 5—6),原作:"靖康元年正月,金人犯阙。二月壬寅,诏元祐学术及元祐党籍指挥,更不施行。时先生(按:程颐)之卒二十年矣"。传世本《道命录》的编者遂转化这段文字为一份"文件"与另一段"评注",分别写作"二月壬寅,三省同奉圣旨,元祐学术及元祐党籍指挥,更不施行"、"靖康元年正月,金人犯阙。二月壬寅,遂有此命。时伊川先生卒二十年矣"。

史背景,其中或引用其他相关文件。3. 李心传的评论,关乎无把握处、问题亟待研究处。有时李心传使用“今按”或类似表述分隔第三部分。① 李心传构筑第二与第三部分的常见做法是:不指明出处地引用或自由改编官方史料,但总是原文照录私家著述并给出文献或其作者。换言之,他运用、改编源自官方文献的文字,但总是指名引用私人撰著。

这一习惯无疑来自李心传此前《要录》的编纂。李心传在《要录》中尝试运用私家著述来平衡南宋高宗之后诸朝加诸《日历》的偏见与歪曲。为此目的,《要录》在 1208 年上呈史馆。② 南宋史馆虽然存有《日历》,但收藏同时代的私人著作的数量有限。因此,李心传引用私人著作比《日历》更为严谨。③ 这一习惯为《永乐大典》版《道命录》仔细继承,这是甄别传世本《道命录》之后几卷中原有与续增条目的利器。

最后,《永乐大典》本《道命录》条目的注文并没有传世本《道命录》注文中的分隔符。更重要的是,传世本《道命录》分隔符之

<hr>

① 可参较《道命录》的第 3、9、11 号条目,见《永乐大典》页 4b 行 5、6b 行 8、8a 行 6。

② 见本书《一个邪恶形象的塑造:秦桧与道学》,亦可参见邹志勇,《正史与说部之互证:李心传考据史学辨析》,《山西师范大学学报(社会科学版)》2003 年第 30 卷第 4 期,页 21—25。李心传此一惯例也许和李焘有关。李焘编纂国史,坚持所有补入《实录》的非官方史料,亦即“添处”,一定要加以注明,这些史料的内容也一定要经过查核。参见李焘 1183 年 7 月的奏章,见引于:高斯得,《耻堂存稿》(《丛书集成》本),卷 2,页 34—35。

③ 杨家骆重印、汇集了南宋朝廷各个书阁重新编定的书录,相当便利。见杨家骆编,《〈宋史·艺文志〉广编》(台北:世界书局,1963),页 295—536。

后的文本材料全都不见于《永乐大典》。这些分隔符之后的段落占四库馆臣记录的二十八条传世本《道命录》增添部分的七条。它们都引自朱熹的著作或道学家的语录，不过泰半没有注明出处。

重建原本《道命录》

因此，根据《永乐大典》的材料，能够发展一套准则，用以甄别传世本《道命录》余下的第 35 到 74 号条目。前面的讨论已发展出五项准则：1. 完整一致的记日，是证明是否来自原本的明确要素；2. 对文件作完整而有条理地说明的注，比支离破碎、勉强相关的注，更可能是原本；3. 注文与文件的相关性以及是否使用"故此疏遂上"之类的语词，可用以判断其来自原本与否；4. 明确具有三段结构，尤其是有细节、技术性的评论，可证明出自李心传的手笔；5. 任何圆圈分隔符之后的材料都是可疑的。

这些准则必须以灵活而细致的方式，整组应用于传世本《道命录》的其余部分，没有单一准则本身足以确定文本之真伪。因本文的一个重要观点是 1251 年版《道命录》印行的是未完稿，在其中追求"傻瓜式"的一致性无异水中捞月。无法论定的案例将仍存在，尤其是靠近传世本《道命录》末尾的部分多半没有注。重建原本《道命录》着实是个困难的工程，或许四库馆臣因此避开了这项工作。尽管如此，最终仍有可能呈现出一个暂定的，却又合理且具有语文依据的 5 卷本李心传原本《道命录》。

进入这一工程前，有必要先思考两个关乎整部《道命录》的概括性问题，以及另一个只和后半部条目相关的问题。首先，笔者检视支持程荣秀认为 1251 年版为"初稿"的证据。吕祖泰(1163—1211)所作的第 47 号文件《论不当立伪学之禁》,旨在上疏皇帝抗议伪学禁令。此文件的评注云:"今史丞相得政,下钦、婺州求祖泰所在。会祖泰自归,诏补上州文学。"史弥远(1164—1233)任参知政事在 1208 年 6 月,吕祖泰则在稍后的 1208 年 7 月 4 日膺命。[①] 史弥远从 1208 年进入中书,到 1233 年辞世,在宋代为最久。因此,李心传一定是在 1233 年之前撰写这段评注,而且之后并未加以修订,所以没有删去不切合时宜的"今史丞相得政"。

类似的案例出现在第 16 号文件,评注包括程颐门生的名录,录至 1130 年代,篇幅很长。名录下的各分段中,有以"今"为开端,提及名录中人物在名录撰写时所任官职。在第二个以"今"开头的分段中,可以断定列出的四位程颐门人只在 1135 年 11 月才同时有各自在名录中被委任的官衔。此评注的语境让我们相信,李心传直接抄录了某份 1135 年末到 1136 年的文件,文件最初的目的可能是开列真正的程颐门生以晋升他们的官职。根据《要录》与《建炎以来朝野杂记》审慎的编辑标准,倘若这个段落经过李心传最终的编辑,那些当时的印记应该会被移除。

最后的案例出现在第 60、62、63 号文件的评注,不过情况不同。前两份文件是魏了翁(1178—1237)请朝廷议周敦颐、二程、张载谥号的奏章,它们直接送到尚书都省,都省批送礼部,礼部又接着行下太常寺审议。这两份文件的评注是礼部和太常寺送回都省的报告,其中摘录了太常寺的讨论结果。第 63 号文件的评注则与之相似,是更具启发性的案例。该文件是周敦颐的谥议,

---

① 《宋史》,卷 213,页 5597;徐松辑,《宋会要辑稿》(北京:中华书局,1966;以下简称《宋会要》),《职官》62,页 16a—16b。

由太常丞臧格撰于 1219 年。评注以太常博士高文善的报告开头,他要求"议定"此事之前召集官员在朝堂、都省广泛讨论。紧接高文善的报告之后,是一段或由李心传所撰的按语,解释高文善撰文的时间与情境。这条材料肯定是来自 5 卷本《道命录》。这类往来公文可能附在已经归档的魏了翁原始奏疏之后,是李心传评注的原始档案。身为朝廷史官,李心传可以接触这些详细的第二级文件,但元代的编者就不然了。第 60、62 号文件的评注逐字收录这些材料,意味着李心传尚未来得及加工这些文献并将之与其他文献结合撰成他通常的风格。这一情况或可与现代学者相比:为了撰写初稿,在笔记的活页夹里收入一手史料的复印件。第 63 号文件的评注则显示李心传似乎处于改稿过程的开始阶段,他以来自另一份史料的信息增加了一段评注以解释高文善的举动。无论何者,与《永乐大典》的原始《道命录》和传世本《道命录》较前部分润色完成的评注相比,这三段评注的风格是未经加工且不成熟的。

第二个概括性的问题与《道命录》中李心传的整体历史书写风格有关。前已论及,李心传引用官方史料与私家著述的方式有所区别,下文则会进一步指出原始《道命录》评注显示李心传如何按照这些史料精心制作他的历史叙事。换句话说,笔者相信李心传有意让同代读者将其评注视为对当时所存史料的评论。如果想以同样的方式理解《道命录》,那么其所讨论的原始史料必须传世,现代读者也必须意识到原始史料与李心传的文本之间的文本间性(intertextuality)。这一观点的重要性在下文对《道命录》评注的程颐与朱熹传记的讨论中将着重提及。

李心传如何用主要史料来精心制作其历史叙事的经典案例,见于第 21 号文件的评注。该文件是尹焞(1071—1142)作于 1137

年 4 月的辞免状,辞谢经筵官任命。李心传在评注中仔细记述朝廷亟欲尹焞入经筵。此例中,显著的文本关系显示李心传的主要史料是尹焞门人吕稽中为尹焞所撰的墓志。[①] 以墓志为基础比对《永乐大典》之中的李心传原注,再以比较结果与传世本《道命录》已经改动的注文相对照,则出现了相同事件的三种视角:1. 最初尹焞门人相当门户之见的记载;2. 李心传为此记载增补细节、提供平允记载的尝试;3. 程荣秀随后对李心传叙事中与元人心目中尹焞为程颐高足且名列《宋史·道学传》的圣贤形象的冲突之处作了删节。

吕稽中叙述恩师简短的政治生涯时,从未指名道姓地提到尹焞在朝廷的支持者,只在许多文句使用笼统字眼"上"或"大臣"指代朝廷对尹焞的礼遇。吕稽中的缄默,也许与墓志撰写时的1140 年代早期秦桧实施的支配性统治有关。[②] 然而,李心传提供尹焞被举荐的具体日期,并给出每位举荐者的姓名,一直可追溯至北宋末期。他说明尹焞的际遇与 1130 年代宰相张浚、赵鼎间的政争相关,指出范冲力请为尹焞从四川到京城提供交通支持,这样的细节仅见于李心传笔下。他还引用了四川地方官员的奏报,描述尹焞极为勉强方才启程的情况。李心传另外引用了尹焞在这段时间进呈的诸多辞免状中的一份,上于 1137 年 9 月。尹焞最终接受经筵官后,秦桧曾想给予晋升,为尹焞拒绝,后于 1139

① 尹焞的墓志铭收录在:《尹和靖集》(《丛书集成》本),页 24—27;《全宋文》册 174,卷 3817,页 423—427。
② 事实上,吕稽中所写的墓志铭坦率地承认尹焞感激秦桧的支持,而且引用了尹焞在 1138 年 12 月之语:"虽主上贤我,大臣安我,吾何功德以当之。"此语也许意在反讽,但仍可确认吕稽中的尹焞墓铭没有尹焞敌视秦桧的露骨文字。

年 2 月以祠禄官离开临安。李心传以此为结语。李心传记载中的具体性创造了尹焞有着自身道德与政治议程的常人形象,在李心传提供的这一复杂的历史叙述中与多方都有互动。

程荣秀的传世文本则企图减弱这样的具体性,并试着保有吕稽中的尹焞墓志中的某种圣贤论调。程荣秀省略了日期,移除数段尹焞辞免官职的记载与 1137 年 9 月的辞免状的引文。接着,程荣秀笨拙地删节了四川官员的上奏,产生了一段难以理解的文字。最后,他清除了李心传提及秦桧支持尹焞的结尾,代之以较晚成书的尹焞年谱中强调尹焞反对秦桧政策及两人日益不和的段落。[1] 程荣秀接着结合《年谱》的这段文字与第 23 号文件的李心传原注,然后将拼凑来的段落作为他添加的第 22 号文件的注文。这份文件是 1139 年尹焞辞谢秦桧晋升其官的札子,此札子随后成为尹焞最为人知的作品,也是尹焞著作中唯一有敌视秦桧迹象的文字。[2]

总括上述对第 21 号文件的讨论,可知李心传广泛取材以加工可用的材料。墓志对尹焞极力称颂,但作者吕稽中畏惧秦桧的文字狱,促使他缩减细节并模糊尹焞与秦桧的关系。因此李心传没有大量引用吕稽中的文字,而是制造了新的叙述,仍旧使用尹焞墓志的框架,但嵌入了遗漏的详情。李心传早先所编的《建炎

---

[1] 黄士毅,《和靖先生年谱》(成都:巴蜀书社,1995),页 155。黄士毅为福建人,在 1190 年代晚期进入朱熹门下,并且在朱熹逝世后着手编辑朱熹的著作。

[2] 这篇札子置为《丛书集成》本的尹焞文集的卷首,《宋史》的尹焞本传也加以引用(《宋史》,卷 428,页 12737)。

以来系年要录》提供了诸多必需的档案。① 在关于秦桧与尹焞关系的问题上,李心传的叙述秉持中立。这一中立的意义在于,李心传撰写这个评注时,黄士毅的尹焞年谱已行于世,相比之下后者在尹焞和秦桧的关系问题上更极端地秉持道学立场。如果李心传相信该年谱的真实性,他当然会予以采用。最重要的是,关于尹焞的政治生涯,李心传拒斥了两份偏袒的材料——分别撰于1142年和1200年之后,而撰写他自己的叙述。但是,他的叙述对程荣秀而言显然不可接受,程荣秀编辑李心传的原注而制造的叙事,比较接近《宋史·尹焞传》体现的元代道学观点。

最后一个要探讨的概括性问题为传世本《道命录》的后半部分与其他十三世纪的历史著作的关联。此一关联对重构《道命录》第34号条目之后的部分来说格外重要,因为这部分没有《永乐大典》的参照。《庆元党禁》与《续编两朝纲目备要》这两部传世的十三世纪史著,含有大量与第36号至54号文件的评注有比对价值的史料。二者皆不著撰人。《庆元党禁》详细记述庆元时期的政治清洗,其所述者始于1194年,直至1202年,书中最后提到的日期则是1241年,序文题于1245年。《续编两朝纲目备要》是光宗、宁宗两朝史事的纲目体史书,学界认定其成书年代为理宗末期,即1260年前后。所幸这两部史著的文本内容保存良好。《庆元党禁》在明初被析入《永乐大典》,而且可见于《永乐大典》的传世残卷中。《续编两朝纲目备要》的主要部分不仅同样保存在《永乐大典》的传世残卷,宋本前5卷的残本和源自宋本

---

① 《要录》中同于《道命录》第21号条目的材料,见该书的卷90,页1505;卷111,页1802;卷113,页1830;卷116,页1869。

的数个完整钞本亦皆传世。① 综上所述，可以确定这三部著作的成书顺序是：1.《道命录》，1239 年以前；2.《庆元党禁》，1245 年以前；3.《续编两朝纲目备要》，约 1260 年。

相比于《道命录》，《庆元党禁》与《续编两朝纲目备要》缺乏原创性，而且声名不显，满足于抄录、重排已有的文本材料，而非创造新的叙事。此种照抄原文的偏好有力地说明那些被《庆元党禁》与《续编两朝纲目备要》引用的《道命录》评注的段落为原本，抄录与重排之举也为理解《庆元党禁》与《续编两朝纲目备要》和《道命录》的关联及二书匿名编者的观点，提供了有价值的线索。

---

① 《庆元党禁》的内容，见《永乐大典》，卷 11887。《续编两朝纲目备要》有汝企和点校的现代版本（北京：中华书局，1995），该本导言的页 16—18 讨论了《续编两朝纲目备要》各个现存版本的情况。这两部史著都有作者身份难以确知的问题，也有观点立场纷纭的问题，在此不能一一处理。总的来说，1245 年《庆元党禁》的序文题署的"沧洲樵川樵叟"，指向一位朱熹学派的门生，也是该书的编者。在十三世纪前半叶，朱熹门人渐渐使用"沧洲"——与退出政坛有关的传统词汇——这个称号来提高朱熹的道德声望，强调其与庆元党禁的关系。见陈荣捷，《朱子新探索》（台北：学生书局，1988），页 471—477。虽然相关证据非常烦琐而不能在此一一胪列，我相信有一个重要史料可以说明牟子才（1223 进士）是《庆元党禁》的作者。牟子才初为李心传的门生，也是李心传许多国史编纂计划的助手。但是牟子才也从学于李方子（1214 进士），李方子正是朱熹的重要门人，亦是第一部朱熹年谱的作者。可以确定，牟子才是李心传的门生中最倾向朱熹之学的。关于《续编两朝纲目备要》，见梁太济的详细研究：《〈两朝纲目备要〉史源浅探》，《文史》，第 32 辑，1990 年，页 153—171。梁太济强调这部史著从李心传的著作获益良多，并计算出百分之一的《续编两朝纲目备要》内容引自《道命录》。事实上，数量还要更大些，《续编两朝纲目备要》极受道学影响，梁太济即猜测其作者为四川人、真德秀（1178—1235）的门生。参见本书《陈均的〈纲目〉：十三世纪历史教学中的出版与政治》。

这三部史著文本之间的关联，有简单的，也有高度复杂的。简易的例子如《道命录》第 43 号《论廷省魁两优释褐皆伪徒不可轻召》，《庆元党禁》与《续编两朝纲目备要》引录了同样的文件摘要，并继之以同样的评注选段。推测是《庆元党禁》抄录并压缩《道命录》原文，《续编两朝纲目备要》直接抄自《庆元党禁》，最终造成这样的结果。在其他案例里，这三部史著的关联较为细微，难以断言。不过，借由比较三者文本所得到的基本法则是：最完整的历史叙述更可能最早也最完整，无论这样的叙述出现在哪部著作。换句话说，节选已有的文献比在已有的叙事中增入新材料容易多了。

这个法则的最佳例子是《道命录》第 51 号文件《论习伪之徒唱为攻伪之说乞禁止》的评注。该文件作于 1202 年 1 月 17 日，是一位不知名言官的奏章，请求弛"伪学"之禁。这个条目是《道命录》整个历史叙述的关键点，而且如下文所示，它可能构成原本《道命录》卷 4 的结论。照例，不完整的日期与粗枝大叶的编辑损伤了传世本《道命录》的此条评注，并产生了一段时序混淆与逻辑破碎的文本。但是，即便这只是原本评注残缺的骨架，仍呈现了与《永乐大典》收录的第 34 号文件之前的李心传原评注相同的基本要素。再者，就此例而言，李心传原来的措辞与细节可以从《庆元党禁》与《续编两朝纲目备要》的对应段落找回。

《道命录》第 51 号文件的评注阐释了致使"伪学"禁令松动的政治环境和 1202 年请求弛禁的具体起因与后续动作。评注大致上可以分为三个部分。第一部分作为概括的引言，说明"伪学"禁令由何澹（1166 年进士）、京镗（1138—1200）、刘德秀（1208 年逝世）、胡纮（1163 年进士）四位官员执行，他们代表韩侂胄实施思想整肃。第二部分叙述四位官员相继离开朝廷，以 1199 年的胡纮与刘德秀为始。其后 1200 年京镗死于任上，仅剩何澹在朝。

虽然仅余何澹一人，但 1201 年 2 月言官仍然上疏警示"伪学之徒"仍有"余孽"，李心传在评注里引用该奏章的简短摘要："伪学之徒，余孽未能尽革，愿于用人听言之际，防微杜渐。"接着，李心传述云：到了 1201 年 7 月，随着何澹罢职，韩侂胄追悔前事而且有意"开边"攻击女真，平反了"伪学之徒"中支持其主战政策者，"故此疏遂上"。借由一个极具个人特色的提法，李心传接着指出两位当时（1202 年 1 月）的首要言官，暗示其中一人为第 51 号文件的作者。第三部分则关于一系列对被选中的"伪学之徒"的晋升与嘉奖，并包括一份因此升官的十四位官员的名单。整段以叙述 1202 年 10 月恢复朱熹赠官和晋升尚在人世的周必大（1126—1204）、留正（1129—1206）的致仕官衔结束。

《庆元党禁》与《续编两朝纲目备要》的对应段落具有许多必须是原本《道命录》才有的特征。首先，两部史著中的对应段落记有每个事件的精确日期，而《庆元党禁》尤然。将这些日期复原到残缺传世本《道命录》后，能令读者更好地体察前文概述的第 51 号评注的结构。此外，还有一重要线索说明《庆元党禁》抄录了《道命录》：这几部史著都包括上述 1201 年 2 月的言官奏疏的概括，22 字完全相同。由于这不像是李心传和《庆元党禁》的编者各自做出无纤毫之差的概括，《庆元党禁》的编者肯定从《道命录》抄来这段摘录以及精确日期——"嘉泰元年辛酉春二月己亥"。日期必然是原本《道命录》的一部分，因为正是传世本《道命录》对这一日期的弃置，去除了从庆元六年（1200）进入嘉泰元年（1201）的标识，进而混淆了余下文本的纪年。第二，《庆元党禁》与《续编两朝纲目备要》俱包含四位庆元党禁主事者的传记，聚焦在仕宦履历、政治同盟、行为动机，是典型的李心传式传记。《庆元党禁》把这些传记放在一起，紧接在传世本《道命录》第 51 号评注开篇的概述之后。这无疑是它们在原本《道命录》中的位置。《续编两朝纲目备要》因是严格的编年体史书,则将四人的传记散于各人离开朝廷的时间,这些时间也和《庆元党禁》所载完全一致。

最后,除了这四篇传记,《庆元党禁》与《续编两朝纲目备要》还包含一段传世本《道命录》删去的重要段落。这两部史著在"侂胄亦厌前事"之后还有"欲稍示更改,以消释中外意。时亦有劝其开党禁,以杜他日报复之祸者,侂胄以为然"。因此可知,李心传之后的某位编者——应即程荣秀——移除李心传编写的四位庆元党禁主事者的传记,可能是因为不愿突出在元代已被视为朱熹与道学的迫害者的人物。同样地,程荣秀删去关于韩侂胄终止党禁的动机的段落,因为这些文字显示韩侂胄重视公议、共识政治,这在后世韩侂胄的专制独裁者形象中是不能存在的。再次强调原本的观点:即使成书的时间顺序是《道命录》、《庆元党禁》、《续编两朝纲目备要》,后两者抄录的更完整和准确的文本保存了被传世本《道命录》删去的材料。

然而,这三部传世著作之间的关系,因为朱熹弟子李方子所著的《紫阳年谱》这部散佚的著作而变得复杂、模糊。该书是关于朱熹生平最早的编年资料,其与黄榦(1152—1221)于1217年所撰极富盛名的朱熹行状,在朱熹逝世后关键的第一个世代中,对构建朱熹生平与成就的公共形象发挥了重要作用。① 完

---

① 关于这些朱熹传记著作,见陈荣捷,《朱子新探索》,页 1—8,62—79。亦参见该书的英文版 Chu Hsi: New Studies (Honolulu: University of Hawaii Press, 1989), pp. 1 - 11. 李方子的传记资料见:《宋史》,卷 430,页 12790—12791;《宋会要》选举 2,页 32a;《宋会要》职官 73,页 55a;李清馥,《闽中理学渊源考》,卷 27,页 20a;陈荣捷,《朱子门人》(台北:学生书局,1982),页 113—114。

整的《紫阳年谱》在今天已不可见，不过这部著作至少流传到明初，而且是现存最早的朱熹年谱——由明人叶公回于 1431 年完成之《朱子年谱》——的基础。虽然在中国已然亡佚，但有 1666 年的和刻本存世，已重印于日本、台湾地区。[1] 朱熹研究者认为叶公回的《朱子年谱》"忠实反映了最早由李方子编纂的《紫阳年谱》"。[2] 事实上，叶公回的《朱子年谱》与《道命录》、《庆元党禁》、《续编两朝纲目备要》诸书关于朱熹的部分存在着相当程度的文本间性。他们之间共有的词句意味着：踪迹大量见于现存叶公回《朱子年谱》文本中的这部已经散佚的《紫阳年谱》，成书时间要早于《道命录》与《庆元党禁》、《续编两朝纲目备要》，应是在十三世纪早期。

　　由于文本间性的存在，查明《紫阳年谱》的成书时间与早期出版史对本文相当重要。魏了翁文集收录了魏了翁所作的该谱序文，虽然很可惜该文没有题日期，而且多在歌颂朱熹品德，但仍提到魏了翁撰序的版本，是"今高安洪史君友成"所印行。[3] 在宋代，高安是江南西路的筠州州治，等级是望县。1225 年，筠州因避理宗讳改名瑞州。[4] 方志记载洪友成在 1230 年至 1231 年间任瑞州知州，因此魏了翁为之撰序的《紫阳年谱》当是在此期间刊印的。[5]

---

[1] 叶公回，《朱子年谱》（台北：广文书局，1972；《和刻影印近世汉籍丛刊》据 1666 年和刻本影印）。《紫阳年谱》之流传至明代，见《文渊阁书目》，卷 4，页 52。

[2] Wing-tsit Chan, *Chu Hsi：New Studies*, p. 7.

[3] 《鹤山先生大全文集》，卷 54，页 10a。

[4] Hope Wright, *Alphabetical List of Geograpical Names in Sung China*（Paris：École pratique des hautes études, 1956）, p. 192.

[5] （正德）《瑞州府志》，卷 5，页 7a。

1230 年代晚期,《紫阳年谱》亦作为一部早期的百卷本朱熹文集的附录而被刊印。① 另外,赵希弁著录了随后在 1240 年代的江南西路刊印的两种单行本。② 虽然难以根据上述资料做出结论,不过笔者倾向于认定魏了翁撰序的对象是《紫阳年谱》的初刊本,该本刊印于 1230 年至 1231 年的瑞州。此后,《紫阳年谱》被收录进朱熹文集并在 1240 年代随之多次印行,这证明其流通广泛、深受欢迎。

下文将仔细探讨李心传在朱熹传记形成过程中所扮演的角色。此处只须说明,黄榦的朱熹行状与李方子的《紫阳年谱》的材料为何出现在《永乐大典》的《道命录》第 34 号条目之前和传世本《道命录》第 35 号条目之后的部分这样鲜明的差异。在《永乐大典》里,从第 30 号文件(1183 年 6 月 5 日陆贾上疏请求朝廷正式否定道学)开始的一连串文件的评注,显然曾包含完整的朱熹传记,这一情况正和程颐的传记贯穿着此前文件的评注类似。在第 30 号文件的评注中,李心传为朱熹写的传记,仅有记述朱熹 1183 年之前履历的部分见于《永乐大典》(页 19a 行 7 至 20b 行 5)。李心传清楚知道黄榦朱熹行状与李方子《紫阳年谱》的存在,但他只在一处直接引用了这两种材料。与其他《永乐大典》条目一样,李

---

① 陈振孙(约 1190—1249 之后),《直斋书录解题》(上海:上海古籍出版社,1987),卷 18,页 543;亦参见郭齐、尹波所编《朱熹集》(成都:四川教育出版社,1996)关于朱熹文集版本的讨论(页 5865—5866)。
② 赵希弁记录了 1244 年至 1247 年的瑞州知州卢壮父印行于该地的三册本,似乎再版了稍早洪友成的刊印本。赵希弁另外提到淳祐年间(1241—1252)的知南康军倪灼印行于该地的单行本。见《郡斋读书志》,页 1138;(正德)《瑞州府志》,卷 5,页 7a;(正德)《南康府志》,卷 6,页 12b。

心传撰写的朱熹传记的前半部分详细,时序精当,且文本独立于先前的材料;然而,散见于传世本《道命录》(例如第 35、37、50、52 号条目)的 1183 年之后的部分,则通常残缺不全,且常常原文照录李方子的《年谱》。

总之,李心传了解朱熹门人精心建构朱熹传记的努力,而且笔者推测李心传曾通过其弟李道传(1170—1217)与李方子的交往,得到了未付梓的《紫阳年谱》稿本。[①] 但是,《紫阳年谱》流传广泛是自 1230 年、1231 年为始,形成了朱熹公共的圣贤形象,李心传撰写《道命录》时尚在此前。此后在 1245 年完稿的《庆元党禁》即大篇幅引用《紫阳年谱》,且清晰反映了《紫阳年谱》为朱熹建立的圣贤形象。因此,《道命录》其他条目(例如第 40 至 42 号条目)对《紫阳年谱》的原文引用,极有可能是程荣秀后来才增补的。

原始五卷本《道命录》

《郡斋读书志》的赵希弁补正本于 1250 年付梓,其中著录了一部早于朱申 1251 年初刊本的《道命录》钞本。赵希弁为这个稿本撰写了一个条目,全文如下:

> 《道命录》五卷。
> 右秀岩李心传所编也。自司马公、吕申公、韩康公《荐伊

[①]李方子在李道传担任太学学官之时(1208—1211)游学太学。参见《宋史》,卷 430,页 12790—12791。

川先生札子》,至于《嘉定录用伊川先生后人诏旨》,中间朝臣之奏疏,儒宗之谥议,纤悉备载。道学兴废,具见于此。①

简言之,赵希弁点出了原本《道命录》的第一个和最后一个文件的名称。他所用的文字与传世本《道命录》第 1 号与第 70 号文件的标题基本相同。

前已指出,对《道命录》第 34 号条目之前的所有内容,《永乐大典》的文本权威无可置疑。将《永乐大典》文本与传世本《道命录》对比,李心传之后的编者——几乎肯定是程荣秀——处理原本《道命录》的模式即呼之欲出。传世本《道命录》第 34 号条目之前的部分,有十三个条目不见于《永乐大典》,应是被添入传世本《道命录》的。这十三个条目可分成四个定义明确的类别,以便分析。第一组是四篇道学家所撰的状、表、札文,两篇为程颐所作(第 4、7 号),另两篇的作者则分别是尹焞(第 22 号)与朱熹(第 29 号),程荣秀将它们作为文件添入原本《道命录》。在每一例中,程荣秀都将见于《永乐大典》其他文件下的李心传原本评注转移至新添的文件下形成伪评注。在第 7、22 号两例中,程荣秀自行增补材料以补充李心传原注。

第二组是四篇颂扬程颐或其后人的文字(第 2、6、8、15 号)。其中,前两份文件的注文也是挪移其他文件的李心传原评注而成,第 6 号文件《伊川先生涪州编管指挥》的注文包含了其他增补的资料,以道学史的后见之明用将其列入受迫害的元祐党人的方式来称颂程颐。第 8、15 号条目都与程颐家族有关。笔者推测这两条文件与注文是由程荣秀摘取当时所存的程氏族谱资料而成。

---

① 《郡斋读书志校证》,页 1136。

虽然没有任何元代的程氏族谱传世,不过第15号文件可见于《程氏贻范集》,此书为程敏政所编纂的大型程氏家族资料汇编,1482年完稿。① 程敏政在自序里说明《程氏贻范集》是他历经二十年,孜孜求访和编辑此类史料的成果。

第三组是第12、13号条目,俱与元祐党争和著名的党籍碑(立于1104年)有关。出人意料,原本《道命录》似乎既无记录309位被迫害的官员名氏的元祐党籍碑,也无传世本《道命录》第48号条目所列的59位庆元党禁受害者的名单。原本《道命录》缺载这些名录,关系着《道命录》的性质与编纂目的,这将在下文详细讨论。传世本《道命录》第12号文件《元祐党籍碑》的注文乃挪用原本《道命录》第11号文件的评注而成。挪用时,程荣秀删去了原文关于程颐在1109年3月"出籍"的圣旨节文,刻意让人以为直到1126年2月撤销党籍碑为止程颐一直在党籍之列。程荣秀也从朱熹所撰的程颐年谱增添了关于程颐"寝疾"与传授其学于几位门人的史料。这些史料与党籍碑无关,但并列于此则使人感到政治迫害加速了程颐的死亡。第13号文件与注文也是改写原本《道命录》第11号文件的评注而来。这些改动造成了一种错觉:元祐党禁主要针对奉行道学的程颐及其弟子。

第四组即第31至33号文件,则难解不明。一方面,这些文件与注文,虽只言片语亦不见于《永乐大典》。我们也许会认为,如果这些条目曾经是原本《道命录》的一部分,那么负责将《道命录》中关于程颐的材料录于"程"字韵下的《永乐大典》编者,可能

---

① 程敏政,《程氏贻范集·甲集》(美国国会图书馆收集北平图书馆善本书胶片,第1003号、465—466卷),卷3,页9a—9b。

会因为这些材料是关于朱熹而非程颐遂不予收入。若此,这几个条目有可能是原本《道命录》的一部分。但是,《永乐大典》"程"字韵的《道命录》条目,有些只和程颐稍稍有关,第 32 号条目则确实提到了程颐。这样,第 31、32、33 号条目为原本《道命录》的一部分,但因其内容与程颐无关而不为《永乐大典》所收的观点就难令人信服了。另一方面,第 32、33 号文件分别是 1188 年林栗弹劾朱熹与叶适驳斥其说的奏疏。两人的交锋是道学史上的重要事件,李心传已在《朝野杂记》做了细致得多的讨论。① 倘若这两份文件确实是原本《道命录》的一部分,我们当可期待李心传水平更高的评注,一如早先已收录在《要录》中的第 17、18、23 号文件的评注。然而,第 32、33 号文件的评注相当敷衍,而且读之使人回想起先前指出的程荣秀编写的注(例如第 4 号文件)。第 31 至 33 号文件的评注可能曾是李心传所写的朱熹传记的一部分。比如涉及朱熹 1183 年至 1188 年活动的第 31 号文件注文,与李心传早年在《朝野杂记》所写的朱熹传记②有相同的字句。总体而言,笔者认为第 31、32、33 号条目未见于《永乐大典》,表明程荣秀依照我们现已确认的模式,将这三份文件添入原本《道命录》,并挪用、剪裁《道命录》中节选的李心传所作的朱熹传记的文句,以制造伪评注。朱熹传记的文句连续出现于《道命录》第 34 号条目之后,很可能是第 37 号文件的评注。

由于缺少《永乐大典》的对照材料,重构原本《道命录》第 34 号条目之后的部分更加困难。然而,如前所论,大量出现在《庆元党禁》《续编两朝纲目备要》与叶公回《朱子年谱》的平行文本,

① 《建炎以来朝野杂记》(北京:中华书局,2000),乙集卷 7,页 617—619。
② 《建炎以来朝野杂记》,乙集卷 7,页 632—637。

以及探讨《道命录》第 34 号条目之前的部分所得到的整体运用模式，为开始重构提供了坚实的基础。这几部著作平行文本间的关联不一，有的是简单明显的直接引用（《道命录》第 43 号条目），有的则复杂到需以专文详述所有问题与细微差异（《道命录》第 37、39、47、48、50 号条目）。不过，总的来说：注文中包含分隔符的条目都不可信，而分隔符之后的文本基本确定是后加的；若文件作者是朱熹或者为朱熹而作的条目都不可信；注文中有《庆元党禁》、《续编两朝纲目备要》平行文本的条目，可能是原本；注文直接引用叶公回《朱子年谱》的条目，即便所引文字亦见于《庆元党禁》与《续编两朝纲目备要》，仍不可信；直接以"故此疏遂上"这类文字连接文件与评注的条目当出自原本。

将这些准则用于《道命录》第 35 至 51 号条目，结果颇为一致。有十二个条目无疑出自原本（第 36 至 39 号，43 至 47 号，49 至 51 号），尽管其中数条评注存在拙劣而专横的编辑的证据（第 37、38、51 号），而且第 50 号条目的注显然经过了大幅的编辑、增补。第 40、41、42 号文件肯定是后来添加的，其注文全然出自程荣秀之手。第 35、48 号文件可能也是后来添加的，但它们的注反映了一些出自原本但经过大量加工的材料。

第 40、41、42 号条目的注文均有其出自后人之手的证据。第 40 号文件是恶名昭彰的《劾晦庵先生疏》，由沈继祖（1169 年进士）上于 1196 年 12 月 26 日。其下注文，开头直接引用了三段来自叶公回《朱子年谱》的文字。注文接着引述叶绍翁《四朝闻见录》中一段著名故事：胡纮（1163 年进士）因在拜访朱熹时仅得一条茄子为食而受到冒犯。[1]《四朝闻见录》的内容基本不可能是李

---

[1] 叶绍翁，《四朝闻见录》（北京：中华书局，1989），页 17。

心传原注。虽然白乐日（Etienne Balazs）认为叶绍翁的生卒年约在1175年至1230年间，并认为《四朝闻见录》成书约在1225年，但另有证据显示叶绍翁其人其书的年代必须往后挪二十五年。①另外，胡纮之事置于第39号文件的评注中更为合适，该文件正是胡纮于1196年8月所作抨击"伪学"之徒的奏疏。胡纮之事置于此处，是因注文前引《年谱》提到沈继祖的奏疏传言实为胡纮所作，《四朝闻见录》的文本提供了胡纮敌视朱熹的根本原因。有趣的是，《四朝闻见录》在别处也提到同一流言，注云出自一"文公年谱"，并全文摘录沈继祖的奏疏。② 这段注文确实使用"遂上此奏"一词，不过《朱子年谱》的原文是"遂奏"，"遂上此奏"显然是程荣秀简单扩充以模仿李心传的措辞。

评注分隔符之后，有两段文字分毫不差地见于《朱子年谱》。第一段为朱熹门人董铢（1152—1214）之语，说前人攻击"伪学"，"始犹未敢诵言姓名"，但沈继祖的奏章"无所忌惮"地直接抨击朱熹。即使如此，"先生之学之行，卓然在世，果何伤于日月乎"。第二段与另一位朱熹门人蔡元定（1135—1198）有关。蔡元定在庆元党禁期间被流放，于途中逝世。这段文字汇集了朱熹在多篇书信中哀悼元定的文字。总之，程荣秀看来为了凸显庆元党禁期

---

①Balazs and Hervouet, eds., *A Sung Bibliography*, p. 108. 今本《四朝闻见录》有一处述及淳祐年间（1241—1252）史事（页106），书中尚有一处提到庆元年间（1195—1200）之事，而作者叶绍翁称其为"儿时"见闻（页198）。综合起来看，这两段记载指出叶绍翁的生卒年大约在1185年至1250年之间。倘若《四朝闻见录》直到淳祐年间才成书，李心传不可能采用。十三世纪中叶的书目文献大家陈振孙与赵希弁都没有提到《四朝闻见录》，说明《四朝闻见录》在1250年后才完成。
②叶绍翁，《四朝闻见录》，页143。

间对朱熹及其门生的迫害，往原本《道命录》中增入了沈继祖弹劾朱熹的奏章。他从《四朝闻见录》摘出沈继祖的奏章，加上李方子《紫阳年谱》中的几段文字，构成了整段文本。分隔符之后的段落特别指出庆元党禁主要针对朱熹与其门生。参考邻近的原始《道命录》条目，这显然不是李心传的观点。

第41号条目延续了这一脉络。文件为朱熹作于1197年1月的《落职罢祠谢表》，亦见引于《四朝闻见录》，紧接在构成第40号条目之基础的沈继祖《劾晦庵先生疏》之后。第41号文件简短的伪评注逐字再现了叶公回《朱子年谱》的对应段落。《朱子年谱》在此段落中引用了朱熹《落职罢祠谢表》的结语，朱熹陈述个人"补过"、"修身"之意，即使年老，"然在家而忧国，未忘葵藿之初心"。毫无疑问，李方子选择强调这篇毫不起眼的《谢表》之结语，是为驳斥胡纮、沈继祖对朱熹不忠于君主的指控提供证据，而程荣秀也采用了相同的策略。

第42号文件为朱熹在同时期所作的另一份谢表。注文分隔符前的部分，为《庆元党禁》和《续编两朝纲目备要》引用。注文开头描述趋炎附势者得势，他们迫害"伪学"之徒以为晋身之阶。结尾部分亦见于黄榦的朱熹行状，记述许多朱熹门生迫于政治压力而纷纷变节，他们在党禁期间"更名他师，过门不入"，"甚至变易衣冠，狎游市肆，以自别其非党"。虽然很多人建议朱熹停止收授学生，朱熹依旧教授没有离开的学生，婉谢这样的关心。鉴于《庆元党禁》、《续编两朝纲目备要》和黄榦的朱熹行状存在平行文本，分隔符之前的整段注文很可能原属于李方子《紫阳年谱》，后被叶公回《朱子年谱》基于教学立场予以删除。分隔符之后的注文是朱熹给祝禹圭书信的全文，朱熹在其中辩护自己何以在党禁中仍拒绝停止教学。① 收录这封书信,足以说明此篇注文看来不会是李心传的作品。朱熹致祝禹圭的书信仅在百卷本朱熹《别集》中刊行,而《别集》直到 1265 年才出版。② 尽管李心传并非不可能见到该信的钞本,但更有可能是程荣秀从宋末元初衍生的长篇集成版朱熹文集中,径行抄录了书信。③

第 48 号文件是著名的《伪学逆党籍》,胪列了五十九位在庆元党禁期间遭受迫害的官员。其注文中的一处引用,显露了其为后出的迹象,令人怀疑整个条目的真实性。不过,在进入对注文的讨论之前,《伪学逆党籍》的文本中已有迹象令人怀疑其并不见于原本《道命录》。众所周知,《伪学逆党籍》最早见于李心传在 1202 年脱稿的《建炎以来朝野杂记·甲集》,④《续编两朝纲目备要》也有收录。⑤ 两部著作所录的"党籍"几乎完全一致。然而,在传世本《道命录》中以非李心传的方式删节了每位官员的官衔。这意味着《续编两朝纲目备要》直接抄录《朝野杂记》,而传世本《道命录》中的《伪学逆党籍》则是后来增补的。另外,李心传在《朝野杂记》的《伪学逆党籍》之后附有一段简短评注,而这段评注部分地见于《道命录》第 46 号文件的评注。

第 48 号文件的注文可分为两个部分,俱是《伪学逆党籍》的"附注"。第一部分关于官员柴中行。1197 年 9 月,朝廷要求转运

①该信作于 1197 年春。见陈来,《朱子书信编年考证》(上海:上海人民出版社,1989),页 448。
②《朱熹集·别集》,卷 2,页 5360—5361。《别集》成编的时间,见《朱熹集》,页 5876 关于朱熹文集的版本的讨论。
③《朱熹集》,页 5877。
④《建炎以来朝野杂记》,甲集卷 6,页 139—140。
⑤《续编两朝纲目备要》,卷 5,页 83。

司在审议升迁之列的官员家状时注明"委不是伪学"。柴中行可能是要参与乡试评判，也被要求出具相应证明。他承认自己已学习程颐的《易传》，主动提出如果这样应被归类为"伪学"，请直接撤销他的参与资格。他的不屈服在当时博得了声誉。《庆元党禁》与《续编两朝纲目备要》中，这则逸事出现在对一则朝廷政令做更广阔而整体的讨论的语境下，《道命录》第 43 号文件的评注引用了相关段落的起始部分。这说明程荣秀将柴中行之逸事从原来所在的第 43 号文件评注挪到第 48 号文件的注中，作为"党籍中不见其名"的正直官员的案例。

第二位"党籍中不见其名"的官员是程洵（1135—1196），他是徽州人，朱熹的门生、姻亲。第 48 号文件的注文第二部分记述程洵担任吉州知录时与新任知州不和，随之被控"伪学之流"而罢。程洵致书朱熹，为有辱师门而感到惭愧，但朱熹回答"今日方见吾弟行止分明"。不过，这封书信并未收录在朱熹文集里，朱熹文集的现代点校本则在《遗集》里收录了这一片段。[①]片段源自与程荣秀同时的徽州人汪幼凤撰写的程洵传记。传中不仅包含上述朱熹书信残篇，也包括《道命录》中关于程洵的整段文字。[②]

一方面，我们可以简单假设，汪幼凤逐字摘录了刚刚经过程荣秀改编出版的《道命录》中关于程洵的资料，作为他的程洵传的一部分。但是，程洵于 1196 年逝世时，朱熹为之撰写的祭文提到程洵的书信作于 1196 年 9 月 6 日，而朱熹一直到同年 11 月才收

---

① 《朱熹集·遗集》，卷 2，页 5651。
② 参见《新安文献志》，卷 69，页 14a。

到该信,这就说明程洵在朱熹能够回信之前已经逝世。① 另一方面,考虑到《道命录》此条目的其他疑义,程荣秀引用了同乡汪幼凤刚刚完成的程洵传,以将其祖先的道德地位与名列党籍的著名官员并列,也不无可能。这个手法类似程荣秀因程颐位列党籍,即增入元祐党籍碑,借此创作了一段提高程颐身后声誉的伪评注。程荣秀无法篡改历史,因此不能增添任何程氏族人于党籍之列,他的做法是,利用增补党籍碑之便,将汪幼凤或出于杜撰的记载添入自己改编的《道命录》。经此,程荣秀将先祖列入简短的党籍"附注"名单,包含那些遭逢伪学之禁的迫害、应与党籍者有相同的道德声望却不幸湮没不闻的人们。

然而,注入48号条目的这一道德论调,需象征性地修改党籍名单来认证的正直形象,是史学的虚构,不可能出自李心传之手。柴中行与程洵在庆元时代都只是小人物,即使以修辞来主张他们应列入党籍,也是李心传所规避的史学夸饰。李心传的原本《道命录》很可能将柴中行事恰当置于第43号文件的评注,但最终被轻率地挪到了传世本《道命录》第48号文件的注中。

第57至70号文件多数没有注且缺乏平行文本,因而不可能一一确认其真实性。尽管如此,笔者认为它们泰半属于原本《道命录》,因为赵希弁在1250年撰写的识语特别提到"儒宗之谥议"是《道命录》的重要组成部分。第55号文件是李心传之弟李道传作于1211年12月的奏疏,其评注细致回顾了自1137年胡安国上

---

① 《朱熹集》,卷87,页4496—4497。程洵作于1196年6月的书信已亡佚,而朱熹为程洵所作的祭文也引用了该信所云"滥得美名,恐为师门之辱",汪幼凤所作的程洵传与《道命录》论及程洵致予朱熹的书信亦始于此句。

书请求从祀邵雍等人以来的孔庙从祀议题,无疑是李心传的原作。评注对问题的处理及其风格,都是典型的"李心传式"。如前所论,与之类似的还有第 60、62、63、69 号条目。

与《道命录》的这部分相关的唯一值得注意的平行材料是第 70 号文件的评注的一段引文,见于明代的《程氏贻范集》。① 这段评注简短记录了程颐的嫡系子孙,止于程颐四世孙程源。程源是 1224 年朝廷褒崇程颐后裔时的主要受益者。然而,在《程氏贻范集》中,这段文字的开头一小段记载,为传世本《道命录》所删除。这段记载关于程颐二子程端中、程端彦,云程端彦为侧室所生,而程端彦即为程洵、程荣秀的直系祖先。程荣秀可能因此删去了这个段落。

接受大部分第三组条目出自原本《道命录》的另一个理由是:其文件不仅关注朱熹、二程、周敦颐、张载的谥号,也关注张栻与吕祖谦这两位思想学术异于朱熹且被后世道统传承系谱排除在外的学者。与他们相关的文件被收入其中,呈现了比较开阔的道学视野。这一视野尤为十三世纪前半叶的特征,也为李心传所秉持。

至此,已经不难推想前面确认过的原本条目在 5 卷的原本《道命录》中如何分布。李心传的《道命录》自序以蔡京、秦桧、韩侂胄迫害道学的三段时期来划分道学史。因此,与自序一致,可以划分北宋时期的条目为卷 1,绍兴时期的条目为卷 2,庆元时期的条目构成卷 3、卷 4,谥议为卷 5。这样的安排,鉴于卷 5 的大部分文件没有注,每卷篇幅也仿佛。去掉增入的内容,10 卷通行本与重构的 5 卷本《道命录》也大体相仿(参见下表)。

① 《程氏贻范集·甲集》,卷 3,页 11b—12a。

可信条目在原本《道命录》(5 卷本)中的假想位置

卷 1	卷 2	卷 3	卷 4	卷 5
Ⅰ:1,3,5	Ⅲ:18—21	Ⅴ:30	ⅦB:43—51	Ⅷ:［52?］,53—59
Ⅱ:9,10,11	Ⅳ:23—28	Ⅵ:［31—33?］,34		Ⅸ:60—69
Ⅲ:14,16—17		ⅦA:36—39		Ⅹ:70

注:罗马数字为十卷的传世本《道命录》卷数,阿拉伯数字则是附录《道命录》表格各条目编号。

第 17、28、51 文件的评注中也有证据显示它们曾经是原本《道命录》的三个主题的结论。李心传的自序提到,自从 1085 年程颐"被荐而入经筵"(第 1 号文件)直到 1224 年程源被宋廷录用(第 70 号文件),其间已历一百四十年。这种计算岁月的倾向也出现在要求重申禁止程学的第 17 号文件(1136 年 5 月陈公辅《论伊川之学惑乱天下乞屏绝》)的评注,其结论云:"自崇宁后,伊川之学为世大禁者,二十有五年。靖康初,乃罢之。至是仅十年而复禁。"与此相似,第 28 号文件(1156 年 6 月叶谦亨《论程学不当一切摈弃》)的评注的结论则作"自桧专国柄,程学为世大禁者,凡十有二年。至是始解"。请求终止伪学之禁的第 51 号文件(1202 年 1 月《论习伪之徒唱为攻伪之说乞禁止》)的评注虽不含有程学遭禁的年数,但末尾也提到"自是,学禁稍稍解矣"。

如果说李心传关切卷数、时期的划分而特别注意各卷结尾,程荣秀则关注各卷的开头。浏览附录可知,程荣秀改编后的 10 卷本《道命录》有 8 卷以朱熹、程颐之作或有关他们的文件为始(第 1、7、14、29、31、35、52、70 号),其中五份文件是程荣秀增补的(第 7、29、31、35、52 号)。卷 4 始于程颐重要门生尹焞的辞免状,亦为程荣秀所增补的文件(第 22 号)。这种模式反映了程荣秀改编《道命录》的整体构思。程荣秀对文本的改编是为将《道命录》全书的焦点集中在先祖程颐与朱熹,并且迫使李心传十三世纪的宋代道学史料契合元代中叶对道学的理解,即将道学视为可以构成儒家政治正统之思想基础的意识形态。

李心传的仕宦生涯与《道命录》

接下来,将检视重建的《道命录》与李心传的经历和其他著作的关系,及其揭示的李心传对道学运动的态度。前已说明原本《道命录》的最后一个条目可能是 1224 年录用程颐后人的诏令(第 70 号文件),也提到文本证据显示《道命录》在 1233 年之后鲜有修改。1224 年到 1233 年的间隔精确地符合李心传初次供职史馆的时期。1225 年 5 月,李心传应 1224 年 8 月理宗即位诏举遗才而被荐,[1] 至 1226 年 1 月,被任命为秘阁校勘。到临安报到后,李心传受命校补 1127 年以后的《国史》。[2] 他在 1229 年改官,随后于 1231 年理宗母七十五大寿百官进秩之时"特赐同进士出身",以国史院编修官"专修中兴四朝帝纪"。[3]

1232 年 2 月,李心传遭言官弹劾,修史的工作于焉中止。回到四川后,李心传于 1234 年 1 月得四川制置司辟用,"踵修十三

---

[1] 魏了翁,《鹤山先生大全文集》,卷 77,页 4a。
[2] 佚名,《南宋馆阁续录》,卷 9,页 355;《宋史》,卷 41,页 788。亦见王德毅,《李秀岩先生年谱》,页 6738;来可泓,《李心传事迹著作编年》,页 162—163。
[3] 《宋史》,卷 41,页 794;卷 438,页 12984。王德毅,《李秀岩先生年谱》,页 6745。

朝《会要》",并选用地方后进高斯得(1229 年进士)、牟子才为助手,两年后(1236 年)即告完成。不久,1238 年 3 月李心传重回临安,以秘书少监兼史馆修撰之职"专一修纂四朝《国史》、《实录》",高斯得、牟子才和至少四位其他学者也参与其中。同年 10 月李心传晋升为秘书监,而于次年 5 月撰写了《道命录》自序,当时他还在修纂国史、实录。① 在 1240 年冬天,《国史》、《实录》尚未完成,李心传却再度遭到弹劾,随之离开朝廷,但仍得到优待而享有祠禄,居于湖州新宅。然而,第二年李心传的祠禄反复遭到朝廷剥夺、重赐、剥夺。失去祠禄后,李心传终于在 1243 年致仕,1244 年逝世,享年七十八。

充实上述李心传生平的编年概要,再使其较少被注意的事迹履历与当时的政治、思想学术的大议题结合,这两项工作虽然不易,但也不是不可能。② 李心传编纂《道命录》所进行的前期工作,无疑与他初次供职史馆期间的活动有关,那时他正着手编次、补正 1127 年以后的政府档案。1233 年 2 月李心传遭罢职,编纂《道命录》的工作戛然中止。相关史料虽然没有明言李心传被弹劾的罪状,但仍透露了李心传去职的可能原因。《宋史·李燔传》提

---

① 佚名,《南宋馆阁续录》,卷 7,页 254;卷 8,页 301、318。王德毅,《李秀岩先生年谱》,页 6749—6758。

② 李心传的文集原有一百卷,几乎已经完全散佚。傅增湘的《宋代蜀文辑存》(北京:北京图书馆出版社,2005)辑录了剩余部分,参见该书的卷 77,页 1a—15b。尽管可能有完整的李心传文集可供参考,《宋史·李心传传》是糟糕的拼凑文章,因此让后世学者格外费解。传记成于元末,以理学家黄震(1213—1280)在 1268 年担任史官时撰写的草稿为基础。该文仍存,见黄震,《戊辰修史传》(《四明丛书》本),页 46a—47a。不幸的是,如果《戊辰修史传》所收确实为黄震原稿,其例行公事的程度只稍低于《宋史·李心传传》。

到,在1232年的某次朝会,宋理宗要求李心传举荐屡次拒绝朝廷征辟的"高士",李心传推荐朱熹高弟李燔,认为李燔的学行仅次于黄榦。由于黄榦已于1221年逝世,李心传认为李燔是当时最卓越的道学学者,建议理宗任命李燔为经筵官。理宗虽然同意李心传的意见,却始终没有征召李燔,李燔亦于次年病逝。[①]事实上,李心传举荐李燔,在当时的政治背景下,还含有强烈反对史弥远的政治含义。李燔历宦地方,政绩卓著,但由于不满史弥远掌控朝政及在1224年操纵帝位继承,于1220年代中期起拒绝出仕。1232年的史弥远依然掌权,李心传举荐李燔,可能被解读为暗中攻击史弥远。李燔没有任职经筵与李心传遭到言官弹劾,应视为当权者对李心传的回应。

史弥远是最具争议性的宋代主要政治人物之一,其争议性并非因为理解史弥远或他的时代有任何内在困难,而是来自后世史家刻画的史弥远形象所表现出的矛盾性。[②]最根本的矛盾是:虽然史弥远被列入宋代权相,却也正是在他漫长的专政期间,在他与他提携的郑清之(1176—1251)、乔行简(1156—1241)、侄子史嵩之(1256年逝世)的主导下,道学从"伪学"摇身一变成为国家正统学术。这几位在1230年代和1240年代位居宰执的政治领袖,除曾在吕祖谦门下的乔行简之外,未曾亲身投入道学,推崇道学只是出于政治考虑的权宜之计,同时与名副其实的道学中人如魏了翁、真德秀(1178—1235)时而联合,时而争执。李心传在政治上

①《宋史》,卷430,页12784—12785。
②参见戴仁柱(Richard L. Davis),"Evolution of an Historical Stereotype for the Southern Sung:the Case against Shih Mi-yüan,"见衣川强主编,《刘子健博士颂寿纪念宋史研究论集》(东京:同朋舍,1989),页357—385。

无疑站在自己最早的荐主魏了翁和其他四川士人集团的阵营。

自 1231 年蒙古军队侵入四川,四川士人集团遭逢严苛的压迫。1236 年末,李心传与两位助手甫编成《会要》,蒙古军队即攻破成都,席卷各地,仅余四州为宋室所有。四川的人口因战争而大量减少,并成为经济、文化的落后地区,直到十八世纪才恢复到宋代的繁荣程度。① 从宋初就开始安然积累的四川出版业与藏书皆付之一炬,四川的宋代文化被彻底破坏。黄震编撰的李心传传记暗指,朝廷为了解救李心传脱离四川的动荡而在 1236 年征召他。1237 年的李心传无疑大多在路途中度过。李心传兄弟搭上蜀士东流的浪潮,在太湖南边的湖州建立新居。然而,李氏以及其他四川家族如高氏、牟氏的书阁曾经积聚的大量宋代原始史料,并未能幸存。②

李心传在 1238 年 3 月重回史馆任职时,带来了高斯得、牟子才这两位四川籍的助手。李心传再任史官,又得以在临安聚集四川修史时的团队的核心成员,其推动力可能来自崔与之(1158—1239)。崔与之很早就是李心传的支持者,他自 1236 年起屡屡接获宰执任命,但一直坚辞不赴。前已述及这个时候的李心传负责修纂"四朝《国史》、《实录》",而高斯得则受命"分修光、宁二帝纪",是计划中时间最近也因之政治上最敏感的部分。厌恶正以军事胜利博得理宗信赖的史嵩之的专权野心,似乎是李心传团队最一致的特性。1238 年 10 月,为防止史嵩之继踵史弥远,高斯得

---

① 史乐民(Paul J. Smith),"Family,Landsmann,and Status-Group Affinity in Refugee Mobility Strategies:The Mongol Invasions and the Diaspora of Sichuanese Elites,1230-1330," *HJAS* 52. 2,pp. 665-708,esp. pp. 668-672.

② 关于这些家族藏书的散佚,见周密(1239—1298),《齐东野语》(上海:华东师范大学出版社,1987),卷 12,页 239。

上书理宗，建议"择才并相"，任以不同的职权。[1] 然而，史嵩之在1239 年 1 月成为宰相，高斯得的努力只换来了史嵩之的敌意。一直以其影响力支持着李心传等人的崔与之在 1239 年 6 月致仕，随即于该年年底逝世。下一年中，史嵩之成为独相，直到 1244 年底。

现存唯一一份李心传的奏章可以追溯到 1240 年 7 月，见于《宋史·李心传传》。1240 年夏，一场因北方边境连年对金对蒙战争而加剧的饥荒致使临安人口大减，甚至出现人相食的惨况。李心传将饥荒归咎于政府未能安排好医治战后创伤。李心传认为，政府囤积粮食、难民涌入且未蠲免赋税，导致民怨四起，至有民变之虞。腐败的地方官员则放任发战争财、盗匪横行的情况持续蔓延。皇帝与大臣没有制定前后一贯的政策，没有克制朝廷的奢侈浮靡，更没有接受逆耳忠言，则进一步加深了民怨。李心传建议理宗黜退心牟私利的大臣，开言路、纳忠言，以遏止饥荒之祸。[2]

---

[1]《宋史》，卷 409，页 12322—12323。关于史嵩之，参见 Richard L. Davis, *Court and Family in Sung China*, 960-1279: *Bureaucratic Success and Kinship Fortunes for the Shih of Ming-chou*(Durham: Duke University Press, 1986), pp. 142-157.

[2]《宋史》，卷 438，页 12984—12985；亦见傅增湘，《宋代蜀文辑存》，卷77，页 1a—1b。《宋史·李心传传》的行文误导了《宋代蜀文辑存》，使后者认为此奏章作于 1236 年。来可泓已正此误，见《李心传事迹著作编年》，页 210—211。关于这一篇奏章的梗概，参见 Chaffee, "The Historian as Critic," pp. 328-329. 与其他人在同一时间的奏陈相比，李心传批评宋朝政府的言论实属节制，不过也传达了许多相同的论点。参见杜范(1182—1245)的奏章：《宋史》，卷 407，页 12283—12285；英译见Davis, *Court and Family in Sung China*, pp. 131-132.

对七十三岁高龄的李心传来说,四川的家园遭毁,丧失高层的政治支持,史嵩之日益把持朝政,以及临安令人厌恶的生活条件,都在提醒李心传:担任史官的时日已然无多。不久,他再度遭到言官弹劾,但仍被准许以祠禄官回到湖州。1240 年闰 12 月,史嵩之独相。一个月之后,1241 年 1 月,宋廷下诏认可道学宣称的直挑孟子的学术系谱,升周敦颐、张载、二程、朱熹入祀孔庙,并且移走原在从祀之列的王安石牌位。

尽快完成并提交四朝《国史》的本纪部分似乎被史嵩之视为当务之急。1241 年 2 月,史嵩之任命高斯得之叔高定子(1202 年进士)完成这项工作,同年 8 月的另一份诏旨则限期当年底之前必须修纂完成。① 《宋史·高斯得传》提到,在 1242 年 1 月四朝帝纪正式进呈前,史嵩之私自改动了高斯得草拟的《宁宗纪》末卷,讳言他与史弥远共谋废黜本应即位的济王,代之以日后的理宗。高斯得、杜范以及其他史官提出抗议,但改动过的四朝帝纪已然进呈。《宋史·高斯得传》说李心传保留了高斯得的原稿,只能"题其末曰'前史官高某撰'",以记录高斯得反对史嵩之的篡改。② 高定子显得与针锋相对的双方皆关系良好,遂上书请求"召收李心传卒成四朝志、传",但似乎没有任何作用。③ 李心传反而被剥夺祠禄,于次年致仕。

---

① 李之亮校点,《宋史全文续资治通鉴》(哈尔滨:黑龙江人民出版社,2003),卷 33,页 2241—2242。
② 《宋史》,卷 409,页 12323。清儒毕沅找到现存宋代史著中的相关段落,认为这些段落已是史嵩之窜改后的产物。参见毕沅,《续资治通鉴》(北京:中华书局,1957),卷 170,页 4637。
③ 《宋史》,卷 409,页 12321。

李心传的《道命录》自序

李心传的《道命录》自序的悲观论调,正好切合前述李心传的生平遭遇,而且反映了他撰文时的心境以及对政治、学术生活的看法。不仅如此,序文更是理解李心传对道学的理解与他编纂《道命录》的动机和期许的关键。李心传适得其所而巧妙地引用《论语》《孟子》,以强化、发挥主题,运用这样的学术方法,缜密地构建了全文。现引全文如下:

嘉定十有七年月正元日,皇帝御大庆殿,朝百官,诏尚书都省曰:"朕惟伊川先生绍明道学,为宋儒宗。虽屡被褒荣,而世禄弗及,未称崇奖儒先之意。可访求其后,特与录用。"德音传播,天下诵之。

盖自伊川之被荐而入经筵,逮今百四十年矣!愚不佞,盖尝网罗中天以来放失旧闻,编年著录,次第送官,因得窃考道学之废兴,乃天下安危、国家隆替之所关系,未尝不叹息痛恨于惇、京、桧、侂之际也。

程子曰:"周公殁,圣人之道不行;孟轲死,圣人之学不传。"[1]夫道即学,学即道。而程子异言之,何也?盖"行义以

---

[1] 此段引文来自程颐为兄长程颢所作的墓表,参见《二程集·文集》(北京:中华书局,1981),卷11,页640。该墓表的英译与详细讨论,参见包弼德(Peter K. Bol), *"This Culture of Ours": Intellectual Transitions in T'ang and Sung China*(Stanford:Stanford University Press,1992),p. 302.

达其道"者,圣贤在上者之事也。① "学以致其道"者,圣贤在下者之事也。② 舍道则非学,舍学则非道。故"学道爱人",圣师以为训;"倡明道学",先贤以自任。③ 未尝歧为二焉。

自数十年,不幸恓邪谀谄之小人立为道学之目,以废君子。而号为君子之徒者,亦未尝深知所谓道、所谓学也,则往往从而自讳之。可不叹哉! 子曰:"道之将行也与? 命也;道之将废也与? 命也。"④故今参取百四十年之间道学废兴之故,萃为一书,谓之《道命录》。

盖以为天下安危、国家隆替之所关系者,天实为之,而非惇、京、桧、侂之徒所能与也。虽然,抑又有感者。元祐道学之兴废,系乎司马文正之存亡;绍兴道学之兴废,系乎赵忠简之用舍;庆元道学之兴废,系乎赵忠定之去留。

彼一时也,圣贤之道学,其为厄已甚矣! 而义理之在人心者,讫不可得而泯也。孟子曰:"圣人之于天道也,命也。

---

① 引文出自《论语·季氏第十六》第十一章,孔子曰:"隐居以求其志,行义以达其道,吾闻其语矣,未见其人也。"
② 引文出自《论语·子张第十九》第七章,子夏曰:"百工居肆以成其事,君子学以致其道。"
③ 第一段引文出自《论语·阳货第十七》第四章,"闻诸夫子曰:'君子学道则爱人,小人学道则易使也。'"第二段引文来自程颐吊唁李之纯的祭文,参见《二程集·文集》,卷11,页643;Peter K. Bol, "*This Culture of Ours*", p. 303.
④ 引文出自《论语·宪问第十四》第三十八章,全文相当重要,引录如下:"公伯寮愬子路于季孙。子服景伯以告,曰:'夫子固有惑志于公伯寮,吾力犹能肆诸市朝。'子曰:'道之行也与? 命也。道之废也与? 命也。公伯寮其如命何?'"

有性焉,君子不谓命也。"①故由孔子之言,则有天下国家者可以知所戒;由孟子之言,则修身守道者可以知所任。

至若近世诸公,或先附后畔,或始疑终信。视其所以,则先附后畔皆出于一时利害之私。而始疑终信,则由夫"动心忍性,增益其所不能"而致此也。② 又有或出或入之士,义利交战于中,而卒之依违俯仰以求媚于世。盖所谓"焉能为有,焉能为亡"者必也。③ 见善明,用心刚,而卓然不惑于生死祸福之际,于道学也,其庶几乎。

毋庸置疑,李心传的序文展现了他对道学的竭诚投入,同时也揭示他对道学运动的本质与历史的概念是高度个性化的——与所有人都不同,也是高度个体化的——基于个人经历而非传自他人。李心传将道学解析为两个等同但又有所区别的组成要素:道与学。接着,李心传坚称两者相互依赖、相互一致,超越了这一两

---

① 引文出自《孟子·尽心下》第二十四章,引录如下:"孟子曰:'口之于味也,目之于色也,耳之于声也,鼻之于臭也,四肢之于安佚也,性也,有命焉,君子不谓性也。仁之于父子也,义之于君臣也,礼之于宾主也,知之于贤者也,圣人之于天道也,命也,有性焉,君子不谓命也。'"

② 引文出自《孟子·告子下》第十五章,全文意义深远,引录如下:"孟子曰:'舜发于畎亩之中,傅说举于版筑之间,胶鬲举于鱼盐之中,管夷吾举于士,孙叔敖举于海,百里奚举于市。故天将降大任于是人也,必先苦其心志,劳其筋骨,饿其体肤,空乏其身,行拂乱其所为;所以动心忍性,曾益其所不能。人恒过,然后能改。困于心,衡于虑,而后作;征于色,发于声,而后喻。入则无法家拂士,出则无敌国外患者,国恒亡。然后知生于忧患,而死于安乐也。'"

③ 引文出自《论语·子张第十九》第二章:"子张曰:'执德不弘,信道不笃,焉能为有? 焉能为亡?'"

分法。在关键的第三段,李心传引用《论语》,说明他将"道"等同于公共政治领域的成就,将"学"等同于个人自我涵养的实践。这两者是相互依赖的:"学"是为了培养担任政事的人才,担纲政事而无"学"则不能有所成。从个人的仕宦生涯来理解,"在下"是内省学习并做好准备之时;"在上"之时则要表现所学的智慧与政治作为。当然,这样的思想不是李心传的新见,实为传统经典如《易经》《大学》的基础。但是,李心传用当时的语言重新表述了这些古典思想,用于理解道学运动和宋代历史。

同样毋庸置疑的是,李心传理论性的阐释意在强调他认为道学是宋代的一股重要政治力量的观点。在第二段,李心传列举他在1226年至1233年而不是1238年至1240年间担任史官的作为,仔细地确立他史家的可信度。下文我将仔细检视复原的《道命录》中李心传的道学史观。仅就自序而言,李心传强调程颐是宋代道学的开山祖师,以录用程颐后人的诏令开篇。在第三段,李心传巧妙地将程颐的语录和《论语》中的句子对举,将孔子与程颐视为地位仿佛的创始人,这显示出程颐在李心传道学观中占据的核心地位。在同样的脉络中,却完全没有论及朱熹,着实令人震惊。下文将再讨论这一点。

以这篇序文为背景,1232年李心传荐举李燔为经筵官之事显露了另一层意义。序文认定理想的道学门人应于"道"与"学"俱有所成。根据李心传的看法,李燔在"道"方面直至1224年的政治生涯都相当成功,在"学"方面是当世最杰出的道学学者。而且当时的李燔已经家居十年,这段隐居生活被序文认为是一段塑造性格的逆境,相当于古代政治典范中"动心忍性,增益其所不能"。正是这样的个人内在力量削夺了独裁者的支配权力,他们的迫害只让真正的道学追随者经历了这一必要的淬炼。

李心传对其同时代人的批评,大部分隐匿在所引用经典所在的完整语境中。需要澄清的是,李心传直接的批评也足够激烈。第四段所谓"自数十年",即指史弥远及其继承者的统治体制。"立为道学之目,以废君子"的只能是史弥远等人。换言之,在大张旗鼓地推崇道学时,他们事实上正在压制真正的道学追随者。李心传此论可说恰当描述了史弥远与道学家如魏了翁、真德秀的关系。①

然而,接下来"而号为君子之徒者,亦未尝深知所谓道、所谓学也"和序文的最后一段指向更为严峻的议题:道学运动本身的变节者。李心传写道,许多跟随道学大师学习的士人其实对道学领会极少,还设法自外于道学运动。虽不知此处确切所指,但似乎与李心传在最后一段所指斥的那些为了干求仕进而依附道学、随后又背弃道学的士人是同一批人。在这一语境下,第四段中李心传引用《论语·宪问第十四》第三十八章关于"命"与孔子之道的关系的内容,尤其意味深远。在主君面前诋毁孔子门人子路的公伯寮,在周代文献中仅见于《论语·宪问第十四》第三十八章。但是据《史记》,公伯寮亦为孔子之徒,尽管后世的注家拒绝接受此人为孔子门人所代表的骇人含义。② 可是在李心传序文的更大的语境里,正是这些含义构筑了最后一段所要传达的讯息:"命"

①参见 James T. C. Liu, "Wei Liao-weng's Thwarted Statecraft," in Hymes and Schirokauer eds. , *Ordering the World: Approaches to State and Society in Sung Dynasty China*, pp. 336-348;朱荣贵(Ron-Guey Chu), "Chen Te-hsiu and the Classic on Governance:The Coming of Age of Neo-Confucian Statecraft" (unpublished Ph. D. dissertation, Columbia University, 1988), pp. 32-102.
②《史记》(北京:中华书局,1959),卷67,页2213—2214。

或"天意"不仅使道学运动遭受独裁者桎梏的外在困境,亦使道学运动承受内部的诋毁者和投机者的变节。

有证据表明,李心传将道学运动中的变节者视为重要的历史问题,选取《道命录》的几个条目进行刻画。例如第 19 号文件——吕祉(1092—1137)的《论君子小人之〈中庸〉》,在历史上不太重要,仅是 1136 年请求重新禁止程学的许多奏章之一。吕祉指控程学不过是炒《中庸》的冷饭。但是,他将对程学的攻击限于那些只为了仕进而宣扬、推崇程学之人,其中点名批评了杨时。除此,吕祉还指这些人利用自己对程颐的解读巩固同列、排除异己:"其恶直丑正,欲肆挤排则为之说曰:此王氏之学,非吾徒也。"在奏章之末,吕祉再以李处廉为例。这位贪腐的县令印行大量程颐作品,传布于众朝臣之间,而朝臣们颂扬李处廉的行止不愧程学之徒。但不久后,李处廉被控贪污受贿,他和那些朝臣都遭到普遍的嘲笑、奚落。李心传在评注中证实了早期程学之徒的贪污受贿,但这个部分毫无意外是在程荣秀删略的文本之列。

李心传很有可能在此处以古讽今,这是中国史家典型的修辞技巧。尽管批评李处廉之语来自反程学的官员,但这些批评的要旨也同样适用于李心传在序中点出的"小人"。第 20 号条目延续了这个主题,相似的批评来自道学传统内部。1137 年胡安国上书请求赐邵雍、张载与二程封爵并列于从祀,奏章首先概要叙述了道学运动的历史,是现存最早的此类记载。胡安国称 1110 年代的禁令导致程颐门人各自独立的传授学问,程学遂告分裂。待禁令解除时,自称程学真正继承者的人数不胜数,但许多自售者对程学的了解极微,以至于"纷然淆乱,莫能别其真伪,河洛之学几绝矣"。胡安国接着报告 1132 年一位叫作仲并(1132 年进士)的学官向他称颂程学兴盛的情况,胡安国纠正仲并,坚持门人多不等于程学兴盛。胡安国以喻樗为例。喻樗（？—1180）伪称自己是程颐门人，朝廷授官的制词对其程学造诣的盛赞，即使加诸程颐真正的入室弟子都显过分。胡安国警示，根据出于伪造和偏袒宣称的学派纯正度决定官员升迁，将会掀起朋党政治。这与吕祉的关切颇为相似。

　　李心传对 20 号文件的评注在很多方面都发人深省。首先，李心传在早年编纂的《要录》节选了胡安国的奏章，将焦点集中于北宋道学诸子的贡献，删去胡安国对日后道学走向恶化的负面评述。[1] 编纂《道命录》时，李心传决定全文收录胡安国的奏章，并提供了深思熟虑而鞭辟入里的评注，这显示李心传觉得胡安国奏章的关切在编纂《道命录》的 1230 年代时，比起二十五年前编纂《要录》时，更加深刻地切合现实情况。其次，李心传的评注以独特的仲并小传作结尾，强调了上述论点。小传提到的仲并其实是胡安国之徒，并引用了仲并致胡安国的书信中对许多人冒称程学门人而获授官职的痛惜。李心传直指仲并言论的虚伪造作，补述仲并因"与倡女违逾"获罪，而且罕见地使用个人评语作结："此学者所以贵于力行也。"[2]同属意料之中，李心传的仲并小传全文遭到程荣秀删去，不见于传世本《道命录》。

　　至于序文的结尾，李心传重新提请注意《论语·宪问第十四》第三十八章与《孟子·尽心下》第二十四章的两段重要引文。他

[1]《建炎以来系年要录》，卷 108，页 1755—1756。

[2]引文的最后一词"力行"虽然只是普通词汇，但常见于传统经典，而且传统经典的使用方式近似李心传的用法，也补强了李心传的用意。《孟子·滕文公上》第三章云："《诗》云：'周虽旧邦，其命维新。'文王之谓也。子力行之，亦以新子之国。"《史记》（卷 121，页 3121—3122）："为治者不在多言，顾力行何如耳。"

宣称,前者或为对在位者的警示,后者理应视为士大夫的责任所在。这样的劝告再度使人注意这些引文,而且带领读者用另一种方式来理解它们。《论语·宪问第十四》第三十八章的在位者为鲁国季氏,其人已为公伯寮诋毁子路之语所欺瞒。李心传所要传达给南宋君主的信息看来相当明显:不要被伪称道学之徒的中伤所误导。根据标准的道学解释,《孟子·尽心下》第二十四章的要旨是告诫门人成就艰深的儒家美德不能完全依靠"命",以此引导门人远离对易得的感官满足的追求。① 换言之,道学的命运终究系于司马光、赵鼎、赵汝愚这些领导者们的"力行",他们是道学运动政治上的坚定支持者。李心传的序文所要传达的最后信息是:只有当道学真正的门徒脱离政治时,道学的对手——过去(也暗指当前)的权臣——才能伤害到道学运动。天命眷顾善者,但如果善者无所作为,天命也会允许邪恶占优。

原本《道命录》与李心传的道学史观

李心传的《道命录》自序与复原而得的 5 卷本《道命录》清楚显现了李心传的道学史观。李心传在自序中列出"圣贤"(司马光、赵鼎、赵汝愚)与奸臣(章惇、蔡京、秦桧、韩侂胄),加上原本《道命录》可能的结构,显示李心传划分道学史为三个阶段,每个阶段各以一位权臣进行有系统的迫害为标志。李心传构思的三个阶段如下:第一阶段始于 1085 年对程颐的任命,其后,经过蔡京在 1110 年代指斥道学为异端与 1130 年代程学再度崛起,以

①《四书章句集注·孟子》,北京,中华书局,2001 年,页 369—370。

1136 年再遭禁止结束。第二阶段从 1136 年持续到 1156 年,几乎与秦桧专政时代相终始,也是程学禁令续行于南宋的时期。第三阶段始于 1183 年陈贾上书谴责道学,接着经历庆元党禁,以 1202 年党禁解除告终。

本文附录显示,三个阶段各条目在原本《道命录》与传世本《道命录》中的文本差异程度不同。与第一和第三阶段相比,属于第二阶段的条目中原本《道命录》与传世本《道命录》的文本差异要小得多。如前所论,属于第二阶段的条目中,除了第 19、20 号条目的批注经过删节,以及为了添加第 22 号条目而挪用原文,《永乐大典》与传世本《道命录》的第 18 号至 28 号条目的文本基本对应。这一趋同性表示比起第一和第三阶段,程荣秀更为满意李心传对第二阶段的构思。这无疑是基于早已形成而且屹立不摇的秦桧形象及其在道学史的定位:秦桧是最严厉的道学迫害者,他的迫害限制了当时道学的传播与学理的发展。第一、第三阶段的情况复杂得多,是本文的焦点。

李心传将 1085 年司马光荐举程颐作为《道命录》之始,意义重大。司马光在北宋道学先驱中的地位,降及南宋已被广泛接受,尽管这似乎从未有扎实的表述。例如,非常早的在 1159 年至 1179 年间成书的道学选集《诸儒鸣道集》,即将司马光的《迁书》置于第二卷,仅次于周敦颐,而且在张载之前。① 朱熹门生熊节编纂的《性理群书》曾被李心传在第 69 号文件的评注引用,其中也

---

① 对《诸儒鸣道集》的综述,参见陈来,《略论〈诸儒鸣道集〉》,《北京大学学报》1981 年第 1 期,页 30—38。《迁书》是司马光早年的语录体著作(语录体是后世道学家善用的文体),内容包含了许多道学学说的主题思想。该书见于《温国文正司马公文集》(《四部丛刊》本),卷 74,页 7a—18a。

收录周敦颐、二程、张载、邵雍、司马光、朱熹的绘像。诸绘像之旁为各人的"传道支派"图表，但司马光的绘像却是例外，旁侧只有一段题词："上无所传，下无所授；天资粹美，暗合道妙。"[1]这段题词巧妙地不仅确保了司马光享有道学先驱的地位，又避免了为他建立可能与其他道学宗师冲突的"传道支派"。司马光被纳入这些南宋选集（特别是《性理群书》），强调了十三世纪人们对于道学政治性的看法，也为李心传的《道命录》享有。

李心传肯定将程颐视为道学传统最重要的源头。原本《道命录》第一卷的九个原始条目中，有七个与程颐直接相关，而且卷2有许多条目详述了十二世纪前半叶对程学的攻击，因而不难理解为什么纂修《永乐大典》的史臣们要在"程"字韵收录这些条目。李心传在卷1诸条目的评注实际上可串联组成程颐的传记，提供了他对程颐生平许多具体事件的详细见解。如前所论，理解李心传的评注最好的方式是将它们视为李心传针对现存而可以取得的史料所作的批判。就此来说，李心传的程颐传记有数处显示对朱熹《伊川先生年谱》的修正。[2] 朱熹的《伊川先生年谱》是年谱中古怪的一例，它并不致力于发挥年谱记载连贯、逐年平衡的特点，而是集中于程颐在朝中活跃的 1085 年至 1087 年。朱熹引用

---

[1] 熊节，《新编音点性理群书集解》（元刊本，美国国会图书馆北平图书馆善本书胶片，第 1319 号、566 卷），卷 1，页 3a。四库馆臣在《四库全书总目》提到《新编音点性理群书集解》将司马光列为道学奠基者之一，并引经据典说明朱熹本人也抱持着这个立场，朱熹在竹林精舍行释菜礼时，司马光即在从祀之列。见纪昀等编，《四库全书总目提要》，页 1918—1919。

[2] 《伊川先生年谱》最初被朱熹收录在 1173 年完成的《伊洛渊源录》，参见《伊洛渊源录》（《丛书集成》本），卷 4，页 29—36。本文所引是《朱熹集》收录的版本，参见该书卷 98，页 5032—5045。

较早史料为小字批注，字句与原文多有出入，这也是《伊川先生年谱》的特色之一。但是，与其说《伊川先生年谱》是程颐的生平史料系统的排列，不如说是"洗刷"那些史料中因程颐简短、非正统、紊乱的政治生涯而产生的负面形象的尝试。李心传的回应正是为反对《伊川先生年谱》的这一特征而作。

本质上，李心传精心建构了他对程颐政治生涯的叙事。倘若李心传认同朱熹的见解，即予以采纳；若不同意，则予以摒弃。例如1086年3月，宣仁太后"面谕"程颐并授经筵官，程颐当面婉拒。御史中丞刘挚随后上奏反对此次任命，并批评程颐过于频繁地辞谢官职。针对收录在刘挚文集里的这篇奏章，朱熹在小字批注里只是一笔带过，而且反驳刘挚，认为奏章是对程颐纯粹动机的误解。李心传则引用刘挚奏章的相关段落，作为时人对程颐的批评。① 李心传另一试图修正朱熹《伊川先生年谱》之处，则是一则程颐的著名故事：年轻的宋哲宗"戏折"春日柳枝，程颐批评此一行为，招致哲宗和司马光的不悦。李心传认为此事只有可能发生在1087年的春天，但当时司马光已经病逝，因而质疑这个逸事的来源。②

《道命录》第5号文件是1094年范祖禹（1041—1098）上书请求再召程颐任经筵官的奏章。这份奏章对于后世程颐的形象关系重大，因为该奏章驳斥之前对程颐的"毁谤"，建立了程颐身为一位单纯贤明处士的形象。正因如此，朱熹在《伊川先生年谱》大

---

① 《朱熹集》，卷98，页5035；《永乐大典》，卷8164，页2a行1至行2。刘挚的奏章，参见李焘，《续资治通鉴长编》（北京：中华书局，1979—1995），卷373，页9031—9033。

② 《朱熹集》，卷98，页5038；《永乐大典》，卷8164，页4b行3至行8。

段引用了范祖禹的奏章。李心传也将范祖禹奏章全文用作第 5 号文件,但在评注中尖锐地强调,范祖禹上奏本质上是孤注一掷而徒具象征意义的——范祖禹其实是在元祐体制的最后一天上呈此奏,当时他本人将要离朝赴地方任职,而章惇已经准备独居相位。简单地说,这份奏章完全不可能被批准。在一段被程荣秀删除的原本《道命录》的重要文字中,李心传讲述:在 1086 年至 1087 年程颐任经筵官期间,他对时任言官的两位门生朱光庭与贾易的控制,导致了台谏中的不和,也招来其他言官的交章指责。李心传还述及宣仁太后反对程颐的指导,并且认为程颐对皇帝不敬。程荣秀删除这两段记述的原因十分明显,两则记载都指出程颐远离元祐体制的主流。宣仁太后持续支撑元祐体制,日后又遭到反元祐势力的毁谤,这让她成为后世道学式历史中的英雄。宣仁太后不满程颐,遂格外凸显程颐不为其他元祐诸贤所容,这不是程荣秀想要传达的图景。①

　　第 3 号文件是 1087 年 8 月孔文仲(1037—1087)弹劾程颐的奏章,其评注为《道命录》中篇幅最长、内容也最复杂的评注之一。该评注的大部分内容涉及程颐与苏轼(1037—1101)的紧张关系。② 两人的宿怨使人不由得严重质疑程颐的人品,当时的文献逸事对此也绘声绘色。这也是李心传与朱熹记载迥异之处。朱熹厌恶苏轼素为人所共知,厌恶之情部分源自朱熹削弱苏轼与其同道对道学奠基人的抨击的需要。朱熹与李心传的叙述都将两

---

①《朱熹集》,卷 98,页 5040;被删除的段落见于:《永乐大典》,卷 8164,页 5b 行 7 至行 8。

②关于两人争端的出色概括研究,参见艾朗诺(Ronald C. Egan),*Word, Image, and Deed in the Life of Su Shi*(Harvard University Press, 1994), pp. 93-98.

人之争归因于程颐企图拓展经筵传统上限于对经典做颇为乏味的解释的做法,加入经筵官向皇帝提供对政策的具体评论。至此,朱熹断论"由是同朝之士有以文章名世者,疾之如仇,与其党类巧为谤讪"。所谓"以文章名世者"无疑指苏轼。李心传在《道命录》沿用朱熹之语直到"疾之如仇",但删去了最后一句"与其党类巧为谤讪",代之以"而先生始不安矣"。[①] 李心传此番改动表明了对朱熹界定攻击程颐即为"谤讪"的不满,宣称个人所述是比较持平的解读。

李心传的持平立场,在他描述程颐、苏轼在司马光丧礼与神宗忌日馔食上的著名冲突时,立即显现出来。朱熹对这些事件的记载主要根据程颐门人杨时的《龟山语录》,李心传则依据各种可用的史料。[②] 李心传也提供了程颐上书建议改动朝仪而朝廷"皆不纳"的记载,这一事实无关痛痒,但朱熹并未提及。李心传针对朱熹《伊川先生年谱》所做的多处修正,构成了非常有价值的"考异",如程敏政即"附著"李心传的修正于《伊川先生年谱》,并推荐给《程氏贻范集》的读者。[③]

《道命录》还包含了重要证据,证明程学在南宋早期的传播远比后世程朱理学认为的更广泛和多元。我们知道,朱熹致力于消除这一时期学说、政治都不受欢迎的道学门徒,创造一个有序而纯净的从程颐至朱熹本人的传承系谱。[④]《道命录》第 16 号条目收录一份很长的二程门人名录,前已指出这份名录可能源自 1130

---

① 《朱熹集》,卷 98,页 5039;《永乐大典》,卷 8164,页 2a 行 2 至行 3。
② 这些文献参见孔凡礼,《苏轼年谱》(北京:中华书局,1998),卷 25,页 734—736。
③ 《程氏贻范集·乙集》,卷 6,页 16a—17b。
④ 关于朱熹所为,见本书《一个邪恶形象的塑造:秦桧与道学》。

年代的时人文献,因此早于日后调整学术系谱的努力。这份名录与李心传完成于 1202 年的《朝野杂记·甲集》第 6 卷《道学兴废》中的名录极为相似,但《道命录》的人名多出许多,[1]包含不入元祐党籍与在北宋晚期反道学氛围中仍官运亨通的人物。其中也有很多人物未见于程朱学派的学术史著作,像是朱熹的《伊洛渊源录》、晚宋朱熹外孙李幼武编纂的多种言行录。[2] 相反,大部分《道命录》胪列的二程门生可见于熊节在十三世纪早期完成的《性理群书》的传承系谱,该书定然为李心传所知。[3] 为确定二者间的变化如何反映了编者于道学学说和历史的关切,需要对两份名单进行全面的研究。然而,毋须怀疑:李心传《道命录》第 16 号文件评注中的名录,反映出他对程学早期传承采用广阔而包容的观点。这种观点根植于李心传对程学与南宋初期的复杂政局相互作用的历史理解,也和其他十三世纪早期学者的观点(如熊节)一致。

总结李心传对程颐与早期道学史所持的看法,则李心传完全接受二程为道学运动的思想奠基者。然而,李心传也承认程颐的政治野心和政治无能。尽管程颐有司马光襄助,却未能跻身元祐体制;程颐在章惇、蔡京主政时期所受的迫害,比起如苏轼等其他人也轻得多。程学在北宋末年虽然传播快速,却也杂乱无章。至 1130 年代早期,许多人自诩为程学门人,但他们之间对程学缺乏共识,也没有凝聚力。这种冷静而历史学的观点,并不适合程荣秀用来纪念他的烜赫先祖。程荣秀通过一步步的编辑,力图使李心传的叙述更加贴合自朱熹以来程朱学脉中发展的程颐形象。

---

[1]《建炎以来朝野杂记》,甲集卷 6,页 137—138。
[2] 关于这些著作,见 Balazs and Hervouet, *A Sung Bibliography*, p. 127.
[3]《新编音点性理群书集解》,卷 1,页 1b—2a。

如前所述,程荣秀新增文件,删节或增添李心传原注。改编后的《道命录》软化了李心传的看法,并且扶植了程颐对元祐体制不可或缺、朝廷的迫害主要针对道学门人的看法。诚然,李心传在《道命录》自序同样认为元祐党人遭到迫害是道学早期发展的核心事件;但是,对程颐在事件中的地位,李心传的记载是本着专业史家的态度,基于仔细的史料检讨而得出的。朱熹的记载则出自圣贤传记作者的立场,他突出那些利于他的构想的文献,贬低没有这种作用的史料。

以上已较为详细地讨论了李心传道学史观的第一阶段,以及程荣秀如何设法改变那种见解。接下来本文只简短谈及《道命录》的第三阶段即庆元时期的观点,因为程荣秀操作这部分材料的范围与技巧,和他对第一阶段的尝试相仿。本文附录显示,除了尚有疑问的第 30、31、32 号文件,程荣秀至少增添了六份文件(第 29、35、40、41、42、48 号)。所有增补的文件(第 48 号文件除外)或为朱熹所作,或与朱熹有关。前文亦已论及程荣秀如何重排原始评注、增加新史料以形成新增文件的伪评注。这些改动最终极大地增强了朱熹在叙述中作为参与者的印象,也使朱熹的经历在道学发展史的第三阶段更加醒目。

另一个与庆元时期的材料有关的议题是李心传对韩侂胄作用的分析。李心传《道命录》自序里的韩侂胄,是最后一位镇压道学的权臣。然而,在前文对《道命录》第 51 号条目的讨论中,我们看到程荣秀删除了原评注将废弛伪学禁令归功于韩侂胄的段落。第 49 号文件是 1199 年的一份奏章,请求为已悔改的伪学之徒恢复名誉,其评注也显示李心传以其一贯的风格对韩侂胄的作用做了既精微又颇具史识的评估。李心传说明,随着佐理韩侂胄主导禁斥伪学的大臣离朝,他"稍厌前事",转而"建极用中",作为他中意的伪学之徒回朝任职的理由。这模仿了建中靖国年间（1101—1102）曾布主政时的类似政策，是为了终止第一阶段的元祐党禁，追求政治上的缓和与中间路线。根据这两份文件的评注（第 49、51 号），我们也许可以认定：李心传认为韩侂胄应该为他开启伪学禁令而受谴责，但不认为他实际施行迫害；韩侂胄效仿北宋前例中止了伪学禁令。①

李心传与朱熹传记

　　传世本《道命录》后半部包含了连缀不断的朱熹传记，其性质及讨论范围和前半部的程颐传记相仿。程颐与朱熹是《道命录》慨然给予传记式关注的唯二人物，这个特征无疑反映李心传是以两人为道学史的核心人物。朱熹传记散见于《道命录》第 29、30、31、32、33、35、37、50、52 号条目的评注。即使排除经过增添、改动的条目（第 29、31、32、33、35 号，52 号也有可能），仍有足够的原始条目（第 30、37、50 号）提供了由评注串联构成的长篇朱熹传记。我们也会注意到，这三个文件都在更广阔的国家议题背景中谈论朱熹。前已述及，与朱熹有关的续增文件狭隘地聚焦于朱熹经历的细节，不过是程荣秀用来搭载他真正关切的伪批注的工具。这三条目标文档的性质则完全不是这样。

---

①由《道命录》第 49 号条目的评注所引发的问题的讨论，参见谢康伦（Conrad Schirokauer），"Neo-Confucians under Attack：The Condemnation of Wei-hsüeh,"in John Winthrop Haeger, ed. ,*Crisis and Prosperity in Sung China*（Tuscon：University of Arizona Press，1975），pp. 181-182.

非常幸运,《道命录》中朱熹传记的第一个部分出现在第29号条目,能见于《永乐大典》。比较《永乐大典》此条朱熹传记的史料与传世本《道命录》的朱熹史料,也显示了前文论及的差异:《永乐大典》提供了更优的文本,记日精确而有序,对官职一丝不苟的关注。《永乐大典》这段文本涵盖的朱熹传记截至1183年,是评判不见于《永乐大典》的其他朱熹传记文本的关键。

李心传在《道命录》呈现的朱熹传记,应与他更早完成的《建炎以来朝野杂记·乙集》中的朱熹传记一并讨论。[①]《朝野杂记》的朱熹传记篇,文章大约作于1211年或1212年,早于黄榦的《朱熹行状》与李方子《紫阳年谱》,是现存最早的朱熹传记。朱熹的传记作者大多忽略了李心传所作的两份朱熹传记。[②] 这是一个令人扼腕的疏漏,因为李心传《朝野杂记》与《道命录》中的朱熹传记,不仅是理解李心传对朱熹的看法的关键,更如下文将会指出的,对理解十三世纪朱熹传记的形成也极其重要。完整研究李心传的两篇朱熹传记、黄榦的《朱熹行状》和李方子的《紫阳年谱》非本文力所能及,在此仅简要介绍这一问题,并检讨初步的结论。

李心传较早的《朝野杂记》朱熹传记,以全文首句题为《晦庵先生非素隐》。典出《中庸》:"子曰:'素隐行怪,后世有述焉,吾弗为之矣。'"朱熹则作出了新的解读。[③] 李心传的传记以"晦庵先生非素隐者也,欲行道而未得其方也"开篇。结尾则是李心传自述撰写朱熹传记的目的在于使"后有学者,因得以求先生之

①《建炎以来朝野杂记》,乙集卷8,页62—637。
②Conrad M. Schirokauer 的博士论文"The Political Thought and Behavior of Chu Hsi"(unpublished Ph. D. dissertation, Stanford University, 1960)是一个罕见的例外,该文使用了《建炎以来朝野杂记》的朱熹传记。
③《四书章句集注·中庸》,页6b。

志"。整体来说,李心传的第一篇朱熹传记不是对朱熹生平事迹的大力支持。开篇似乎直指那些将朱熹经常辞免官职解读为隐世倾向之人。李心传竭力坚持并非如此,事实上朱熹和孔子一样,希望自身的学问能成为政治现实,只是从未得偿所愿。李心传的结论则显得语焉不详,留待后人评定朱熹的全貌。

《道命录》的朱熹传记晚于《朱熹行状》和《紫阳年谱》,虽然受到后两者的影响,但对于朱熹生平的基本观点却与前一篇传记无甚差别。《道命录》的朱熹传记专注朱熹的仕宦生涯。李心传从朱熹行状、年谱撷取他认为有用的部分,再将之与自己的旧作结合。《永乐大典》中这篇传记的起始部分展现了比其他早期朱熹传记更加具体的记日,说明李心传在 1226 年抵达临安后持续在官方档案中检阅与朱熹仕宦生涯有关的文件。

大体上,李心传的朱熹传记披露了较多朱熹得到的有力政治奥援,以及朱熹政治上的错估乃至失败。这和朱熹行状、年谱中的缄默、含糊其词形成尖锐的对比。比较这四种朱熹传记与《宋史·朱熹传》,会发现这部官方正史依从的是李心传而非行状、年谱。陈荣捷曾断然宣称黄榦的《朱熹行状》是《宋史·朱熹传》的基础。[1] 然而,仔细比对上述文献,将揭示十三世纪早期的朱熹传记存在两种不同的书写传统,并显示《宋史·朱熹传》代表着融合两种传统的尝试。为求方便讨论,本文考虑了这两种传统各自的撰述取向,分别称为"史学传统"与"圣贤传记传统"。一般认为,《宋史》的编纂团队倾向于支持道学。即便如此,《宋史·朱熹传》仍保有李心传书写传统中的许多内容。《宋史·朱熹传》的许多语言要追溯到早期李心传撰写的两篇朱熹传记,而非圣贤传记

---

[1] Wing-tsit Chan, *Chu Hsi: New Studies*, p. 1.

传统的文本。两个来自《永乐大典》的《道命录》条目的案例足以说明这个现象。

1163 年 3 月,朱熹受召赴阙。朱熹起初一度辞谢,最终还是前往临安。辞谢为《永乐大典》的《道命录》记载,程荣秀则删去此事。1163 年 11 月,朱熹入殿朝见,进呈了数道关于教育、外交政策的奏章。然而朱熹的议论未被接受,仅被任命为武学博士,他并未就职。朱熹行状与年谱都长篇引用了朱熹所上奏章,却无一词及于朱熹的助力与阻力的来源。唯有《道命录》的朱熹传记记载朱熹之受召赴阙实蒙当时的独相陈康伯(1097—1165)推荐;也唯有《朝野杂记》的朱熹传记记载阻力来自汤思退,他自 1163 年 7 月任宰相,于 1164 年去世。[1] 换言之,圣贤传记式的书写传统满足于将朱熹奏章的引文单独用作朱熹思想的表达。从李心传所撰则能意识到:朱熹被召入阙实为陈康伯代表的主战派与汤思退代表的主和派间更为重大的政治斗争的一部分。陈康伯担任独相时邀朱熹赴阙,但朱熹抵京时汤思退亦已任相,领导着阻挠陈康伯企图授予朱熹重要职务的反对力量。

与 1163 年朱熹赴阙之事类似,所有史料都记载朱熹在 1167 年被荐为枢密院编修官,但只有李心传的朱熹传记和《宋史·朱熹传》提到推荐朱熹的大臣是参知政事陈俊卿(1113—1186)与刘珙(1122—1178)。同样的,《道命录》与《建炎以来朝野杂记》皆记载 1170 年 12 月胡铨举荐朱熹与王庭珪为官,但朱熹因在母丧

---

[1]《永乐大典》,卷 8164,页 19b 行 6 至行 7;《建炎以来朝野杂记》,乙集卷 8,页 633。本文使用的《朱熹行状》版本,见《朱熹集》,页 5784—5785;叶公回,《朱子年谱》,页 81—85。汤思退的阻挠亦见于《宋史》,卷 429,页 12753。这些奏章的概览,参见 Schirokauer, "The Political Thought and Behavior of Chu Hsi," pp. 86–90。

中而推辞。此次被荐不见于圣贤传记传统的朱熹传记,倒是出现在《宋史·朱熹传》中。[1] 胡铨支持朱熹提供了重要的背景信息——它突出了朱熹与主战派的政治联系以及对前相秦桧的主和政策的反对。[2]

史学传统与圣贤传记传统间的这些看似无关紧要的细节差异和删略,数目之多足以汇集成编。不过,笔者相信以上案例足以说明这两种书写传统的基本差异。黄榦著名的朱熹行状跋语驳斥了行状草稿遭受的许多批评,并阐述了撰写过程的艰辛。批评包含认为行状不需要包含详尽的日期,以及不须记载朱熹屡次辞官。[3] 黄榦在跋语里为自己的朱熹行状定稿反驳这两点及其他批评。但是,传世的朱熹行状反映圣贤传记传统对形象正确的关注超过了史家传统对细节的重视。李心传在看过朱熹行状(可能也看过《紫阳年谱》)之后,感到有必要在《道命录》里重新编著朱熹生平的详细记载,正显示出李心传对行状的不满。

黄榦的朱熹行状期望为朱熹做到朱熹在《伊川先生年谱》中对程颐所做的:清除不必要的政治包袱,赋予其古典圣人的气质,以内在的完美抵抗宋代政治生活的无常。身为一名出色的史学家,李心传可不这么认为,手中的材料告诉他朱熹事实上"非素隐者也"。朱熹就像许多古代圣人一样积极地参与当时政治,只是他彻底失败了——至少1239年时李心传看来是这样。李心传的

---

①《永乐大典》,卷8164,页19b行7至行8;《建炎以来朝野杂记》,乙集卷8,页633;《宋史》,卷429,页12753。

②关于胡铨与他作为秦桧政敌所发挥的作用,参见本书《一个邪恶形象的塑造:秦桧与道学》。

③《朱熹集》,页5817。

两篇朱熹传记与《宋史·朱熹传》之间的许多文本关联指出了前者对后者的影响。考虑到李心传与他的助手们在南宋晚期修纂的宋朝国史和 1345 年纂成的《宋史》之间的延续性,这并不出人意料。圣贤传记传统与这种史学传统的对抗,清楚表现在朱熹学脉中朱熹行状所受的奉承乃至尊崇上,同时也体现在《宋史·朱熹传》的边缘化上。

李心传与福建的道学学派

在《宋史·朱熹传》中交融合会的"圣贤传记传统"与"史学传统",正好和十二世纪晚期、十三世纪早期两个区域性史学编纂传统有着紧密相关。由朱熹与其及门弟子引领的福建道学学派发展出一种史学编纂类型,此类史著及体裁是专为阐述和拥护道学的道德训诫而设计的。这类新史学与当时业已存在的四川学派在原则和实践上都迥然不同。四川史学学派的起源先于道学之兴,李心传即从属这一阵营。笔者已在本书其他文章中详细阐述:福建学派创造的精简史学体裁,如纲目体、纪事本末体,促成关注于推广道学道德价值的删节本史书的产生。结果,充满四川史学学派特色的史料汇编巨制如李焘在 1183 年完成的《续资治通鉴长编》、李心传的《建炎以来系年要录》转趋失势而不受欢迎,因为它们的冗长、翔实遮盖了福建史家试图传达的道德信息。①

----

① 见本书《无奈的史家:孙觌、朱熹与北宋灭亡的历史》《论〈续资治通鉴长编纪事本末〉与十三世纪前期的史学编纂与出版》《陈均的〈纲目〉:十三世纪历史教材中的出版与政治》。使用地理词汇"福建"(转下页)

两种史学书写取向的冲突,也许令李心传的仕途变得复杂。李心传的传世著作及亡佚著作的标题显示他未曾采用福建学派的精简体裁。[①] 有证据指出李心传和崔与之在政治上关系紧密,李心传首次受荐为史官即得力于崔与之。后来在 1236 年 9 月,崔与之继踵郑清之被任命为宰相。郑清之在 1233 年 10 月接替史弥远的相位。一如许多宋代宰执,郑清之在秘书省、史馆有丰富的任职经验。1225 年至 1228 年间,郑清之在这两个机构供职,正好与李心传首度在两处任职的时间重叠。郑清之少时从学楼昉,担任宰相之后曾上书慨叹"国史浩繁难披阅",并云:"臣之师臣昉尝纂《十朝撮要》,颇精核。"宋理宗遂下令抄录该书送交朝廷。[②] 崔、郑二人的紧张关系则可追溯至 1234 年,当时郑清之将许多心向道学的官僚士夫招入朝廷,开创"小元祐"之治,崔与之却坚辞不仕。李心传没有在"小元祐"时期被召回朝廷,直到 1236 年郑

（接上页）与"四川"虽然能说明这两个学派的起源地,但不能认为这意味着所有采用福建学派的史著体裁的史家都来自福建。删节李焘的《续资治通鉴长编》而纂成《续资治通鉴长编纪事本末》的杨仲良来自李焘在四川的家乡,甚至有可能是李焘的姻亲。情况可能是各种删节本体裁源自福建而传播到四川等南宋国土的其他地区。

①所有已知李心传著作(无论传世或亡佚)的书目,参见王德毅,《李心传著述考》,收录在《建炎以来系年要录·附录》,页 6771—6788。

②刘克庄,《后村先生大全集》,卷 170《丞相忠定郑公行状》,页 14b;《全宋文》册 331,卷 7611,页 27。这个事件发生在郑清之二度为相的 1247 年至 1251 年之间,刘克庄引用这个故事以说明郑清之对恩师的尽心尽力。然而,这个事件也说明了郑清之偏好删节本史著。关于郑清之大力支持与参与另一部重要的纲目体史书,参见本书《陈均的〈纲目〉:十三世纪历史教材中的出版与政治》。楼昉的《十朝撮要》并未传世。关于他对道学史的其他贡献,参见本书《一个邪恶形象的塑造:秦桧与道学》。

清之去位,李心传才从四川被召入阙。① 李心传拒绝接受流行于道学学者之间的删节本史著体裁,可能是郑清之敌视李心传的一个因素。

虽然李心传坚持四川学派的史学体裁,但他自很早开始就持续接触道学学说。他接触的道学学说相当广泛,但特别关注以朱熹为代表的福建一脉。然而李心传并不是朱熹的被动追随者。他在史学之外的研究撰述皆说明其为学之深厚广博、兼容并蓄。1216年《建炎以来朝野杂记·乙集》完成之后,李心传开始集中精力投入一系列经典注疏的编纂,同年冬天首先完成了赓续其父之作的《学易编》著述。他承认程朱对《易》学的莫大贡献,但也坚持自家《易》学的独立传统。② 两年后李心传注释《诗经》的著作《诵诗训》竣工。高斯得为李心传这两部经学著作撰写跋文,声称它们纠正了汉唐注释家的谬误,而且"折中张、程、吕、朱之说,经切得当"。③ 李心传经学注释特色的种种线索,将他纳入宋代学术主流之中。他娴熟道学诸公之作,没有专从于福建学派。

学者对区分李心传和同样曾供职秘书省的诸弟李道传(1170—1217)、李性传(1174—1254)对福建学派的看法显得力不从心。李道传和李性传在学术思想方面力主朱熹,与朱熹门人往来密切,尤其是黄榦。黄榦是朱熹指定的继承人,也是朱熹在福建学术遗产的管理人。李道传在1184年即开始研读程颐之作,

---

① 刘克庄,《后村先生大全集》,卷170,页5a;《宋史》,卷414,页12420。
② 傅增湘,《宋代蜀文辑存》,卷77,页5b—6a。
③ 《耻堂存稿》(《丛书集成》本),卷3,页62。李心传经学著作的书目文献式注释,参见王德毅,《李心传著述考》,页6771—6774。

虽然未曾亲炙,但私淑朱熹之学。① 然而,黄榦与这两位来自四川的朱学热切追随者对于保存、推广朱熹之学的最佳做法却存有重要分歧。他们的不同部分源自两地学术传统的差异。坐拥大量宋史藏书的李氏家族,是蒙古入侵之前四川史学传统的末代巨匠。这些四川学者遭遇在十二世纪末日益普及的道学时,将其固有的历史分析技巧应用于道学。《道命录》即是这种取向的产物之一。

　　另一部展示了四川学派取向的文献是《朱子语类》——著名的朱熹与门人对答记录的汇编。众所周知,今日通行的《朱子语类》源自1270年版的明代重印本,这个宋本兼容、合成了几个更早的十三世纪版本。第一位朱熹谈话记录的收集者,正是李心传之弟李道传,他在1215年于池州刊印《朱子语录》。黄榦为书撰序,对李道传寻访朱熹门人、取得他们的记录与回忆的勤勉颇表钦佩,但也对整个计划持保留态度,认为"记录之语未必尽得其本旨,而更相传写,又多失其本真"。②

　　1238年,李性传刊印了李道传作品的补编《朱子语续录》,他的《朱子语续录后序》主要针对黄榦的保留态度,捍卫李道传、李心传的贡献。当时黄榦已在十七年前(1221年)去世。李性传云,《朱子语录》问世后,黄榦致书李道传,直言"不可以随时应答之语,易平生著述之书"。对此,李性传指出,除了《四书章句集注》,朱熹重要的经学注疏多数作于1170年代与1180年代,但朱

① 王德毅,《李秀岩先生年谱》,页6711,6714。黄榦曾为李道传撰写墓志铭与祭文,参见《勉斋集》(《四库全书》本),卷38,页24b—33a;卷39,卷16b—18b。
② 《勉斋集》,卷22《书晦庵先生语录》,页6a—7a。

熹并没有把这些著作当成定论,朱熹与门人的对话显示他不断进行修改、发展新的诠释,直至去世。因此,晚于出版著作的对话,地位却较重要。李性传还精明地利用程颐和朱熹来驳斥黄榦的反对。他指出,虽然程颐生前对于辑录自己的对答颇为反感,但朱熹则为此举辩护:"伊川在,何必观? 伊川亡,则不可以不观矣。"李性传也进一步说明倘若没有语录,就无从追索朱熹政治思想的形成轨迹了。最后,李性传承认尚有十卷《语录》因多涉政治机密而"未敢传",后不慎毁于 1231 年临安城中的大火。[1]

李心传与黄榦曾鱼雁往返,讨论朱熹的语录与已刊著作之间的合宜关系,今日仍可见到此番往来书信之中的一篇。在 1219 年,李心传致书黄榦,谈到自己的易学研究使他注意到朱熹语录流露的易学见解在许多情况下与完成于 1185 年的《周易本义》有出入。李心传唯恐这种情况困惑后生学子,遂研拟一部新版《周易本义》:一方面添加语录的资料作为小注,一方面附加"今案"以解决特别困难的问题。黄榦同意《周易本义》确实"有文义未甚安帖处",也认同李心传提出的版式"不为无补"。[2] 两人 1219 年的书信往返确实是语录与已刊稿之间的关系的一次重要讨论。若参及 1238 年李性传的序文提出《周易本义》是朱熹已刊稿中问题最多的一部,就更加明显了。没有资料说明李心传将新版构思付诸行动。这一空白,加上晚至 1238 年李性传仍感到有必要维护家族成员对朱熹《语录》的处理,意味着福建学派对以注释和史学

---

[1]傅增湘,《宋代蜀文辑存》,卷 77,页 19a—20a。
[2]傅增湘,《宋代蜀文辑存》,卷 77,页 10a—10b;王德毅,《李秀岩先生年谱》,页 6733—6734。

方式运用朱熹《语录》的反对,可能比黄榦的回信更为根深蒂固。①

通过 1238 年李性传的《朱子语续录》自序和更明显的 1219 年李心传致黄榦的书信,我们不难看出四川史家将朱熹的语录视为历史文献,并且计划将之像其他史料那样保存、运用。然而,圣贤传记作者黄榦在同一时期正奋力在朱熹行状里呈现朱熹不容

---

① 黄榦文集里有两封书信论及他对朱熹语录和朱熹已刊稿之间关系的看法。第一封是给李道传的回信,另一封则是致叶味道(1220 年进士)。叶味道是朱熹的重要门人,与李道传密切合作印行《朱子语录》的初版。参见《勉斋集》,卷 8,页 11a—13a;卷 16,页 1a—3a。这两封书信都在 1214 年或 1215 年写成,亦即《朱子语录》印行前不久。如 1238 年李性传《朱子语续录》自序所述,黄榦在 1215 年版的《朱子语录》刻板后,对编辑、印行语录的计划提出反对,致使他和李氏家族关系紧张。黄榦在致叶味道的信中就责备他删去《语录》与朱熹《四书集注》刊本冲突的数处文字。黄榦认为这些段落具有注释价值,期望叶味道保留原稿,让已经删掉的部分有机会补回日后印行的《朱子语录》。在致李道传的信中,黄榦提到原先他和李道传都担心过度删削《朱子语录》的手稿钞本,但如今这个问题已没那么重要,因为叶味道已经修整了付梓前的定稿。黄榦接着说,原则上他觉得《语录》文稿“宁过于详”,否则没有印出的材料将有消失不传之虞。然而黄榦相当质疑李道传《朱子语录》诸多贡献者的学术水平,他倾向印出当时存在的所有朱熹对话记录,但是资料来源的品质必须有所管控。这两封书信的最后一点可谈之处是黄榦的语气显著不同。黄榦致李道传的书信有礼但疏远,显示两人少有交游;给叶味道的信则直言不讳,表明这两位朱熹门人交谊匪浅。

由于没有李道传与叶味道的往来书信,很难了解两人关于这些问题的想法,也不容易知悉两人印行《朱子语录》的工作关系。另外,李性传 1238 年刊印的《朱子语续录》,很大程度上是以 1215 年李道传编辑《朱子语录》删去的资料为基础。有鉴于此,我们也应该推想:在李氏兄弟中与福建学派关系最近的李道传,比其弟李性传更偏好为朱熹形象量身定做的语录。

置疑的形象。黄榦畏惧朱熹语录的惊人数量与多样性,将导致精心构建的朱熹形象不可避免地遭到削弱。

结　论

　　正如《知不足斋丛书》中的传世本《道命录》反映了其元代编者程荣秀的政治世界与思想志向,复原的原本《道命录》则映射出编纂者李心传的社会背景。因此,原本《道命录》透露了同时代十三世纪道学运动的信息,也告诉我们李心传其人其事。

　　原本《道命录》成书于1224年至1239年,来自程朱学派尚未在政治、思想学术领域取得胜利的时期,也是见证道学在此前宋代历史的地位尚持续不断的被讨论的时期。在一定程度上,《道命录》可视为李心传对这一讨论的参与。虽然他认同程朱学派的中心地位,但李心传坚持将这种中心地位置于史学视角。原本《道命录》广泛研究程颐与其门生,详细考证朱熹的政治生涯,尤其是收录吕祖谦与张栻的谥议,都指向李心传对道学思想和历史的"宽泛认定"。① 然而,李心传的观点并不流行于1241年与其后。简言之,《道命录》在出版前就过时了。1251年《道命录》初次付梓即开启改编与操作的历程,以符合正统程朱学派的胃口。但是,程荣秀的作品粗制滥造,他割裂李心传的文本,却又不能完

----

① 吕祖谦与张栻的谥议,见《道命录》,卷8,页10a—18b。《宋史·理宗本纪一》(卷41,页788)录此事于1226年1月,同月李心传首度被召入阙,而张九成、吕祖谦、张栻、陆九渊的后人也被进用为官,一如1224年程颐后人所得到的待遇。这些举措显示,正当李心传在1220年代中期开始着手编纂《道命录》之时,"宽泛认定"的道学正流行于朝廷。

全掩蔽《道命录》的原始特征。程荣秀的失败解释了《道命录》何以在理学的全盛期——明代与清初——反趋销声匿迹。

所有李心传的传世著作都自称是对各类官修史著的补正,而李心传正是在他的仕宦生涯中专职"校勘"官方档案时期着手编纂《道命录》。《道命录》无疑也与这一目的有关。正如李心传在《道命录》自序所述,编纂该书的宗旨是编成道学对宋代政治与统治的有益作用的文件记录。他的主要论点是道学在宋代史上发挥着抵制权臣独裁倾向的作用。鉴于这些权臣对官方档案的不断清洗,这一观点不太可能出现在李心传看到的宋朝官方档案中。因此,情况很有可能是:李心传在 1220 年代中期即预期《道命录》可作为他个人或日后同僚、继承者所用的蓝图与参照,用以引导道学最终在宋朝国史中的书写。

然而,李心传原稿的未完成状态以及自序内容和题署日期的年代不一致,说明李心传对《道命录》的原有前提失去信心。1220 年代与 1230 年代之际,史弥远体系的专制特性和李心传对此的反弹皆日趋强烈,至 1233 年二者的紧张关系以李心传罢职离朝达到顶点。此后,受史氏门生郑清之上台的影响,在虚伪的"小元祐"时期,大臣的专权趋势几无变动。李心传心中的根本矛盾是:道学的政治际遇在这段时间却持续上升。李心传在《道命录》中推测道学与独裁不能相容,但 1230 年代的诸多事件不仅未能验证他的推测,看来恰恰相反:专制者攫取的权力越大,就越支持道学。这两个向量在 1241 年交汇了——道学在独相史嵩之的主导下获得政府的认可。《道命录》突然在 1239 年 5 月"完稿",最宜理解为李心传针对 1239 年 1 月史嵩之位居宰相而做出的回应。《道命录》自序反复强调"惇、京、桧、侂"相继执政造成的危害,正是要诱使读者将这个序列延展到史嵩之,得出不可避免的结论。

而且,序文强调道学运动的反叛者,意在突出李心传的信念:尽管
1230年代道学的政治前景看似光明,但真正的道学学者与专制权
臣不可能结成同盟。《道命录》隐含了与专擅权臣相结的道学学
者即不忠于道学运动的讯息,无怪乎这部著作注定在后世遭遇修
改与埋没。

道学在1241年得到官方认可是福建学派的胜利,因为宋朝
政府接受朱熹重构的十一世纪的道学系谱,并承认那些学说单线
传承至朱熹本人。在《道命录》中,李心传谨慎地避免批评朱熹或
福建学派。然而,他小心但坚定而专业地试图修正朱熹的圣贤传
记,他的家人致力于纂辑《朱子语录》的长期而具争议性的经历,
以及他拒绝接受福建学派的史学编纂,皆表明李心传对于当时道
学运动发展动向的日益不满。

最终,正是道学——这场卓越史家李心传曾努力记录、理解
的运动——的日渐普及,将李心传逼入了难以为继的位置:尽管
他以不同程度的热忱接受道学的基本思想和政治立场,但他明确
拒绝道学式的史学书写,这种书写方式违背了他的天性,也不容
于他本地的学术传统。原本《道命录》必须被看作这些彼此冲突
的力量的共同产物。李心传以对道学史核心文件谨慎小心的注
释,试图保存并修正朱熹和朱熹门人为了福建学派的利益而已然
开始歪曲、塑造的记载。李心传《道命录》自序里的沮丧语调,不
仅显示他对道学理想被政治操弄感到失望,也表露了李心传对于
其自身的历史编纂传统正由于道学理想的拥护者而逼近消亡的
绝望之情。

附　录

说　明

　　以下表格是我阅读现存各版本《道命录》并参照各平行文本（正文已经详细讨论）的结果。第一栏提供的信息：每一个条目的连续编号，它们在《知不足斋丛书》本的位置（页码），文件的作者、题名与日期。日期摘自文件本身，以"年/月/日"的形式表示；但是请注意：原文件中以中国古代纪年法表示的"年"已转换为相应的公元纪年。有些文件缺乏完整日期或日期的月、日，则使用其他资料提供的完整日期或月、日，置于方括号中。特别说明：编号前方如有"＊"，表示该条目在本文正文多有详细讨论；如果有"#"，则表示该条目包含了"故此疏遂上"之类的文字；如果有"○"，则代表该条目包括一个圆形分隔符号。文件1—34的表格的第二栏，指出该文件和该文件的评注是否保存在《永乐大典》。第三栏呈现我对于今本《道命录》——也就是《知不足斋丛书》本——的文件和评注的情况的意见。文件35—51的表格的第二栏，指出各文件与评注在叶公回《朱子年谱》、《庆元党禁》、《续编两朝纲目备要》的对应段落。

编号	《道命录》各文件信息（知不足斋丛书本）					《永乐大典》收录的情况		知不足斋丛书本删改的情况		备注
	卷，页	作者	题名	内容概要	日期（年/月/日）	文件	批注	文件	批注	
#1	卷1，页1a—2a	司马光	荐伊川先生札子	举荐程颐	1085/9	有，页1a，行1—3	有，页1a行3—页1b行2	维持原本	维持原本	
2	卷1，页2a—3b	王震	授西京国子监教授制词	任命程颐担任西京教授	1085/11/26	无	有，页1b行3—页2a行3	经增补	维持原本	知不足斋丛书本在李心传对《荐伊川先生札子》（第1号文件）的评注插入了一份支持程颐的文件。
*3	卷1，页3b—10b	孔文仲	劾伊川先生疏	言官弹劾程颐	1087/8	有，页2a行3—页3a行3	有，页3行3—页5a行3	维持原本	维持原本	知不足斋丛书本删去了《永乐大典》本页5a行2—3的一段按语。

编号	《道命录》各文件信息（知不足斋丛书本）					《永乐大典》收录的情况		知不足斋丛书本删改的情况		备注
	卷、页	作者	题名	内容概要	日期（年/月/日）	文件	批注	文件	批注	
°4	卷1，页11a—12a	程颐	乞归田里奏状	程颐请求辞官归乡	[1087/11—12]	无	有，页4a行8	经增补	维持原本	知不足斋丛书本增录了程颐乞归田里的两篇状词（《二程集》，页553—554），并摘取李心传对《劾伊川先生疏》（第3号文件）的一段评注，作为这两份增录的状词的评注。
*5	卷1，页12a—14a	范祖禹	乞还伊川先生经筵札子	请求召还程颐担任经筵官	[1094/3—4]	有，页5a行3—页5b行6	有，页5b行6—页6a行3	维持原本	维持原本	知不足斋丛书本删去了《永乐大典》本页5b行7—8批评程颐的一段话。

《道命录》各文件信息（知不足斋丛书本）						《永乐大典》收录的情况		知不足斋丛书本删改的情况		备注
编号	卷、页	作者	题名	内容概要	日期（年/月/日）	文件	批注	文件	批注	
6°	卷1，页14b—15b	不著撰人	伊川先生谪放程颐于涪州编管指挥	涪州监管的公文	1097/11	无	部分，页6b行2—3	经增补	部分维持原本	此文件的评注，知不足斋丛书本的卷1，行6—页15a行1与《永乐大典》本的页6b行2—3相同，其实抄录自《永乐大典》本序列之第9号（在其序列之第9号）的原本评注。剩下的评注（卷1，页15a行1—7），在圆圈圈分隔符号之前的部分可能源自《二程语录》（参照《朱熹集》，卷98，页5041，《伊川年谱》）；圆圈分隔符号之后则摘自吕德元所撰的尹焞墓志铭（参照《尹和靖集》，《丛书集成》本，页24）。

编号	《道命录》各文件信息（知不足斋丛书本）					《永乐大典》收录的情况		知不足斋丛书本删改的情况		备注
	卷 页	作者	题名	内容概要	日期（年/月/日）	文件	批注	文件	批注	
7	卷2，页1a—1b	程颐	谢复官表	恢复原职的谢表	[1100/12]	无	部分，页6b 行3—5	经增补	部分维持原本	此处情况与文件6相似。知不足斋丛书本的卷2，页1b行2—5与《永乐大典》本的页6b行3—5相同，也是抄录自《永乐大典》本文件9的原文评注（知不足斋丛书本的卷2，页1b行6—9）则与收录在《伊川年谱》（《朱熹集》，卷98，页5042）的程颐与尹焞的对话一致。
8	卷2，页2a—2b	方笛 [熙宁6年（1073）进士]	请给还先年所夺伊川先生田土	请求归还先前朝廷所夺取程颐田产	1100/2	无	无	经增补	疑为伪作	关于方笛，参见刘克庄，《刘后村先生大全集》（《四部丛刊》本），卷104，页15a—16a。今本《永乐大典》没有这份文件与评注的蛛丝马迹。

编号	《道命录》各文件信息（知不足斋丛书本）					《永乐大典》收录的情况		知不足斋丛书本删改的情况		备注
	卷，页	作者	题名	内容概要	日期（年/月/日）	文件	批注	文件	批注	
#9	卷2，页3a—4b	范致明[元符3年(1100)进士]	论伊川先生入山著书乞觉察	要求检查程颐在流放期间的撰述	1103/4	有，页6a行3—页6b行2	有，页6b行2—8	维持原本	维持原本	知不足斋丛书本只保留《永乐大典》本评注的页6b行5—8的剩余部分，被腾挪那知不足斋丛书本增补的文件6，文件7的评注，分别对应《永乐大典》本的页6b行2—3，页6b行3—5。
10	卷2，页4b—5a	不著撰人	元祐学术政事不许教授指挥	禁止传授元祐学术、政事的政令	1103/7/13	有，页6b行8—页7a行3	有，页7a行3—4	维持原本	维持原本	参照《宋会要》刑法2，页43a—43b。

《道命录》各文件信息（知不足斋丛书本）						《永乐大典》收录的情况		知不足斋丛书本删改的情况		备注
编号	卷、页	作者	题名	内容概要	日期（年/月/日）	文件	批注	文件	批注	
*#11	卷2，页5a—7a	不著撰人	言者论伊川先生聚徒传授乞禁绝	要求禁止程颐之学的流传	1103/11/4	有，页7a行8—页7b行8	有，页7b行8—页8a行7	维持原本	维持原本	知不足斋丛书本只保留《永乐大典》本页7b行8—页8a行11的评注。《永乐大典》本评注的剩余部分，被腾挪为知不足斋丛书本增补的文件12，文件13的评注，它们分别对应《永乐大典》本的页8a行2—5，页8a行5—6。知不足斋丛书本完全删去了《永乐大典》本文件11评注最后批评程颐的一段话（页8a，行6—7）。

编号	《道命录》各文件信息（知不足斋丛书本）					《永乐大典》收录的情况		知不足斋丛书本删改的情况		备注
	卷、页	作者	题名	内容概要	日期（年/月/日）	文件	批注	文件	批注	
*○12	卷2，页7a—14a	不著撰人	元祐党籍碑	309位元祐党人的碑录与蔡京的序文	1104/6	无	部分，页8a行2—5	经增补	部分维持原本	知不足斋丛书本为原本，从原本增补了三段从的评注：《伊川年谱》、《朱熹集》卷98，页5043—5044）录的程颐和门人的对话。
*#13	卷2，页14a—14b	不著撰人	罢元祐学术政事及党禁指挥	撤销元祐党禁	1126/2/6	无（参见备注）	无（参见备注）	维持原本，但移自他处	维持原本，但移自他处	知不足斋丛书本的文件13，乃重制自《永乐大典》本文件11的两行评注（页8a行5—6），从而创造了一份用于增人的评注，借以文件与简短的评注，借以宣示元祐学术禁出的解除。

编号	《道命录》各文件信息（知不足斋丛书本）					《永乐大典》收录的情况		知不足斋丛书本删改的情况		备注
	卷、页	作者	题名	内容概要	日期（年/月/日）	文件	批注	文件	批注	
14	卷3，页1a—2a	御敕	绍兴褒赠伊川先生制词	追赠程颐阁职	1131/8/24	有，页8a行7—页8b行4	有，页8b行4—7	维持原本	维持原本	收录在《建炎以来系年要录》的同篇诏令也赠张舜民、任伯雨官。知不足斋丛书本裁减了原诏，任伯雨官。知不足斋丛书本裁减了原诏，尽管丛书本的原始评注用于三人，移除述及张、任之处，知不足斋心传的原始诏令今用于李一人。知不足斋丛书本也删去了李心传述及秦桧的部分《永乐大典》本，页8b行5—6）。
15	卷3，页2a—3a	不著撰人	录用伊川先生子孙敕黄	授子程颐孙程昭将仕郎	1140/4/29	无	无	经增补	经增补	此文件未收录在《要录》，亦不按编年次序。可能是从程氏家族史料汇编增入知不足斋丛书本。参见《程氏贻范集·甲集》，卷3，页9a—9b。

编号	《道命录》各文件信息（知不足斋丛书本）					《永乐大典》收录的情况		知不足斋丛书本删改的情况		备注
	卷，页	作者	题名	内容概要	日期（年/月/日）	文件	批注	文件	批注	
*16	卷3，页3a—5a	朱震（1072—1138）	论孔孟之学传于二程	请求补谢良佐之子谢克念官	1136/5/24	有，页8b行7—页9a行5	有，页9a行5—页9b行5	维持原本	维持原本	此文件见于《要录》卷101，页1660—1661。评注的部分包含一份名录，记述程颐的门徒与他们的亲朋师友，还有在1130年代以来的政治履历。《建炎以来朝野杂记》（甲集卷6，页79）收录了相似的名录。
#17	卷3，页5a—7b	陈公辅（1077—1142）	论伊川之学惑乱天下乞屏绝	要求禁绝欺瞒、动乱天下的程颐之学	1136/12/26	有，页9b行6—页10b行1	有，页10b行1—页10b行7	维持原本	维持原本	此文件的文本与评注的许多讯息，见《要录》卷107，页1747—1748。
#18	卷3，页8a—9a	周秘	劾董令升阻挠诏令	弹劾董芊阻挠诏令	1137/1/7	有，页10b行7—页11a行3	有，页11a行3—5	维持原本	维持原本	此文件的文本与评注的大部分讯息，见《要录》卷108，页1754。

编号	《道命录》各文件信息（知不足斋丛书本）					《永乐大典》收录的情况		知不足斋丛书本删改的情况		备注
	卷、页	作者	题名	内容概要	日期（年/月/日）	文件	批注	文件	批注	
*#19	卷3，页9a—10b	吕祉（1092—1137）	论君子小人之中庸	讨论中庸之道	1137/1/[23]	有，页11a行5—页11b行6	有，页11b行7—8	维持原本	维持原本	此文件见于《要录》，卷108，页1759—1760。知不足斋丛书本删去了文颐著作的刊印者被判附略罪的段落（《永乐大典》本，页11b行7）。
*#20	卷3，页10b—16a	胡安国（1074—1138）	乞封爵部维张载、二程先生并列于孔庙从祀	请求封赠部维、张载、二程，并列于孔庙从祀之列	1137/1（?）	有，页11b行3—页13b行3	有，页13b行3—页14b行2	维持原本	维持原本	此文件的摘录，见《要录》，卷108，页1755—1756。知不足斋丛书本删去黄此文件的两篇贴黄（《永乐大典》本，页13b行1—3），并剪裁诏令，移去秦桧有关的部分（《永乐大典》本，页13b行6）；而目段章截录本文件末尾的一段注记（《永乐大典》本，页14a行8—页14b行2），并虚造作胡安国弟子仲并虚造的记述（《永乐大典》本，页14a行8—页14b行2）。

编号	《道命录》各文件信息(知不足斋丛书本)					《永乐大典》收录的情况		知不足斋丛书本删改的情况		备注
	卷、页	作者	题名	内容概要	日期(年/月/日)	文件	批注	文件	批注	
*21	卷3，页16a—18a	尹焞(1171—1142)	以师程学之久辞经筵	辞去经筵之任	1137/4	有，页14b行2—6	有，页14b行6—页15b行3	维持原本	维持原本	此处评注包含了尹焞的传记。知不足斋丛书本做了三项主要删略(《永乐大典》本，页15a行2—3，页15a行8，页15b行2—3)，其中最后一项页15b行2—3的文字移托为增入的文件22的评注的基础。
22	卷4，页1a—3a	尹焞	辞免待制侍讲札子	辞去待制、侍讲之任	[1139](原误作1131)	无	无	经增补	部分维持原本	此处文件的部分分文本，见于《要录》，卷126，页2048，是尹焞最有名的著作(参见《宋史》，《尹焞传》)。伪托的评注则分成两部分分组成：知不足斋丛书本，卷4，页2a行2—7，抄录自《永乐大典》本，页15b行8—(转下页)

编号	卷，页	作者	题名	内容概要	日期（年/月/日）	《永乐大典》收录的情况		知不足斋丛书本删改的情况		备注
						文件	批注	文件	批注	
										（接上页）页 16a 行 2 的文件 23 的原本评注；卷 4，页 2a 行 7—页 3a 行 4，阐释了《永乐大典》本页 15b 行 2—3 的文字，并综合了黄士毅对《和靖先生年谱》页 155 的行文。
#23	卷 4，页 3a—5a	汪勃	乞戒科场主司专去专官门邪说	请求告诫科举考官拒斥程学	1144/8/24	有，页 15b 行 3—8	有，页 15b 行 8—页 16b 行 1	维持原本	维持原本	此处文件的部分文本，见于《要录》，卷 152，页 2448。此处评注尤其是一份刻画秦桧对程颐之学的立场转变的完善著记述。
24	卷 4，页 5a—6b	何若	乞申诫师儒黜伊川之学	请求学官在考选时黜落学习程颐学说的士子	1144/10/17	有，页 16b 行 1—页 17a 行 1	有，页 17a 行 1—4	维持原本	维持原本	此处文件的部分文本，见于《要录》，卷 152，页 2453。

编号	《道命录》各文件信息（知不足斋丛书本）					《永乐大典》收录的情况		知不足斋丛书本删改的情况		备注
	卷、页	作者	题名	内容概要	日期（年/月/日）	文件	批注	文件	批注	
#25	卷4，页6b—7b	曹筠	论考官取专门之学者令御史弹劾	请求言官弹劾选拔倾向程学的考生的地方科举考官	1150/9/12	有，页17a行4—6	有，页17a行6—8	维持原本	维持原本	此处文件的完整文本，见于《要录》，卷161，页2622。
#26	卷4，页7b—8b	郑仲熊（绍兴2年进士）	论赵鼎立专门之学可为国家患	请求解除胡襄、杨迥的职位	1153/11/9	有，页17a行8—页17b行5	有，页17b行5—18a行1	维持原本	维持原本	此处文件的完整文本，见于《要录》，卷165，页2704。杨迥为杨安国之子，胡襄为胡寅之子。两人皆被指责运用"专门"之说"重建已被流放的宰相赵鼎的政治派系。
27	卷4，页8b—9b	张震	乞申敕天下学校禁专门之学	请求诏旨禁绝学校教授程学	1155/10/1	有，页18a行1—4	有，页18a行4—8	维持原本	维持原本	此处文件的缩节本，见于《要录》，卷169，页2766。

编号	《道命录》各文件信息（知不足斋丛书本）					《永乐大典》收录的情况		知不足斋丛书本删改的情况		备注
	卷、页	作者	题名	内容概要	日期（年/月/日）	文件	批注	文件	批注	
28	卷4，页10a—11a	叶谦亨	论程学不当一切摈弃	请求诏旨保持程学与王学之间的平衡	1156[6/15]	有，页18a行8—页18b行3	有，页18b，行3—5	维持原本	部分维持原本	此处文件的完整文本，见于《要录》，卷173，页2847。圆圈分隔符号之前的评注，与《永乐大典》本的页18b行3—5完全相同。圆圈分隔符号之后的伪作评注（知不足斋丛书本，卷4，页10b行5—页91，页11a行3），参见《朱熹集》，卷91，页4620——虽然两份文本相当不同。
29	卷5，页1a—4b	朱熹	辞免进职状	推辞贴职晋升	1182	无	有，页19a行7—页20b行1	经增补	维持原本	知不足斋丛书本移置《永乐大典》本文件30的评注的起始部分，伪托为增入的文件29的评注。此处朱熹的辞状，见《朱熹集》，卷29，页918。

编号	《道命录》各文件信息（知不足斋丛书本）					《永乐大典》收录的情况		知不足斋高氏本删改的情况		备注
	卷、页	作者	题名	内容概要	日期（年/月/日）	文件	批注	文件	批注	
*# 30	卷5，页4b—7a	陈贾	论道学欺世盗名乞摈斥	请求正式驳斥道学欺世盗名	[1183/6/5]（原误作1188）	有，页18b行5—页19a行7	有，页19a行7—页20b行5	维持原本	经摘要、重构、增补	此处《永乐大典》本的评注，始自朱熹的生平传记。知不足斋丛书本的评注，在圆圈分隔标记之前的部分，重制了《永乐大典》本页20b行1—3的材料。圆圈圈分隔标记之后的部分（卷5，页6b行3—页7a行9），增补了朱熹致吕祖谦的两封书信，朱熹在里面辩解他不情愿地接受他职。见《朱熹集》，卷33，页1433。

编号	《道命录》各文件信息（知不足斋丛书本）						《永乐大典》收录的情况		知不足斋丛书本删改的情况		备注
	卷、页	作者	题名	内容概要	日期（年/月/日）		文件	批注	文件	批注	
*31	卷6，页1a—1b	陈居仁（1129—1197）	晦庵先生除江西提刑诰词	任命朱熹为江西提刑	1187/7		无	无	疑经增朴	可能维持原本	此处知不足斋丛书本的评注继续记录朱熹生平的1183年到1188年提到的部分，并没有提到朱熹生平的内容。和知不足斋丛书本文件32、35、37、50的评注一样，文件31的评注可能构成李心传记续编所作的朱熹传记续编的部分内容。

编号	《道命录》各文件信息（知不足斋丛书本）				日期（年/月/日）	《永乐大典》收录的情况		知不足斋丛书本删改的情况		备注
	卷、页	作者	题名	内容概要		文件	批注	文件	批注	
*32	卷6，页1b—3a	林栗	劾晦庵先生奏状	弹劾朱熹	1188[6/11]	无	无	疑经增补	可能维持原本	见文件31的备注。《建炎以来朝野杂记》（乙集）（卷7，页432—434）完整收录了林栗的奏疏，与叶适下面的奏疏回应（参见文件33）的部分文本，还有许多构成文件32的评注的材料。
*33	卷6，页3a—8b	叶适	为晦庵先生辩诬封事	驳斥林栗	1188	无	无	疑经增补	可能维持原本	见文件32的备注。李心传在《建炎以来朝野杂记》对此处的文件与注的选取方式，以及这两条条文本不见于《永乐大典》，似乎可以认为它们不在原始《道命录》当中。

编号	《道命录》各文件信息（知不足斋丛书本）					《永乐大典》收录的情况		知不足斋丛书本删改的情况		备注
	卷、页	作者	题名	内容概要	日期（年/月/日）	文件	批注	文件	批注	
#⁰ 34	卷6，页8b—15b	刘光祖	论道学非程氏私言	力争道学并非二程的私学	1190/2/27	有，页20b行5—页22a行7	有，页22a行8—页23a行3	维持原本	部分维持原本	圆圈分隔符号之前的评注（知不足斋丛书本，卷6，页12b行8—页14a行8），与《永乐大典》页22a行8—页23a行3完全相同。之后的部分，则是增入了1186年朱熹致其门人詹体仁（1143—1206）的一封书信，里面谈论朱熹的著作出版之后必然带来的政治风险。见《朱熹集》，卷27，页1157—1160。

《道命录》各文件信息（知不足斋丛书本）						对应文本			知不足斋丛书本删改的情况		备注
编号	卷、页	作者	题名	内容概要	日期（年/月/日）	朱子年谱	庆元党禁	续编两朝纲目备要	文件	批注	
35	卷7上，页1a—2b	黄由	晦庵先生除焕章阁待制侍讲诰词	任命朱熹担任待制侍讲	1194/8	页202	页2a行8—页2b行2	卷3，页40	经增补		对应文本的内容只是着重知不足是此处评注仍是朱熹生平1188年—1194年10月5日的部分，1194年10月5日也是朱熹最终接受待制侍讲一职之时。然而，评注的朱熹生平已经重新编写，移除了具体有提到具体文件35的内容。
#36	卷7上，页2b—6b	何澹（1166年进士）	论专门之学短拙奸详宜录真去伪	攻击程学	1195/7/14			卷4，页64	维持原本	维持原本	评注以何澹的仕宦履历为中心，快速浏览了1189—1195年的重大（转下页）

编号	《道命录》各文件信息（知不足斋高书本）					对应文本			知不足斋丛书本删改的情况		备注
	卷、页	作者	题名	内容概要	日期（年/月/日）	朱子年谱	庆元党禁	续编两朝纲目备要	文件	批注	
											（接上页）政治事件。此处只顺带提到朱熹，亦非朱熹传记的一部分。《续编两朝纲目备要》（卷4，页64）只简短引录了此处的文件。
37	卷7上，页6b—9b	傅伯寿（1163年进士）	晦庵先生罢宫观制仍旧官语词	罢朱熹贴职，待讲，保留祠禄	1195/12		页3b 行1—8	卷4，页51、67	维持原本	维持原本	评注仍是朱熹生平传记。《庆元党禁》与《续编两朝纲目备要》包含了大量对应文本，无疑是以此处评注为主要材料。不过，二者皆写了李心传的原文。李心传《朱子年谱》当中几乎无迹可寻。

编号	《道命录》各文件信息（知不足斋丛书本）					对应文本			知不足斋丛书本删改的情况		备注
	卷、页	作者	题名	内容概要	日期（年/月/日）	朱子年谱	庆元党禁	续编两朝纲目备要	文件	批注	
#38	卷7上，页9b—13b	刘德秀（1163年进士）	论留丞相引伪学之徒用以危害社稷	攻击留正任用依附道学者，危害国家	1196/1/24		页6b行6—7	卷4，页68—69	维持原本	维持原本	此处评注是关于留正在1194年8月罢相之后遭到的攻击。评注清楚显示了文字代表的攻击，与年代错乱，使人感到这是粗陋的编辑。其史源见《续编两朝纲目备要》，卷4，页68—69。
#39	卷7上，页13b—17a	胡纮（1163年进士）	论伪学徒擿图为不轨邕言可答并进	指控道学之徒密谋不法情事，反对他们仕进	1196/8/9		页7a行7—页7b行1	卷4，页63，71—72	经增补	伪作	此处篇幅颇长关于的评注，详载许多关于赵汝愚罢相、逝世之事。有些段落来自李心传的《建炎以来朝野杂记》（甲集卷6，页81—82）而予以简化。

| | 《道命录》各文件信息（知不足斋丛书本） | | | | | 对应文本 | | | 知不足斋高高丛书本删改的情况 | | 备注 |
编号	卷、页	作者	题名	内容概要	日期（年/月/日）	朱子年谱	庆元党禁	续编两朝纲目备要	文件	批注	
*#⁰ 40	卷7上，页17a—23a	沈继祖	幼眇庵先生疏	弹劾朱熹	1196/12/26	页228—230—232，235—237	页7b行1—页8a行6	卷4，页73—75	经增补	伪作	评注在年代时间方面颇为模糊，叙事衔人失载官衔。评注全文抄录自李方子的《朱子年谱》，圆圈分隔符号之后的两个段落也来自同一部《朱子年谱》。
*41	卷7下，页1a—2b	朱熹	落职罢祠谢表	朱熹失去祠禄官的谢表	[1197/1]	页235			经增补	伪作	评注全文一字不差地录自《朱子年谱》。文件则参见《朱熹集》，卷85，页4401—4402。

《道命录》各文件信息(知不足斋高书本)						对应文本			知不足斋丛书本删改的情况		备注
编号	卷、页	作者	题名	内容概要	日期(年/月/日)	朱子年谱	庆元党禁	续编两朝纲目备要	文件	批注	
*42	卷7下，页2b—4b	朱熹	落秘阁修撰依前官撰表的谢表	朱熹罢职秘阁修撰的谢表	[1197/1(?)]		页11a行3—6		维持原本	维持原本	圆圈分隔符号之前的评注,可以在《庆元党禁》、黄辚为朱熹撰写的行状找到精确的对应文本。整段可能保存在原始的李子方《朱子年谱》之中。圆圈分隔符号之后的评注,重印了朱熹写给祝禹圭的书信,该书信只附录在1265年刊印的朱熹文集(参见《朱熹集·别集》,卷9,页5360)。文件42的文本,参见《朱熹集》,卷85,页4402—4403。

编号	《道命录》各文件信息（知不足斋丛书本）					对应文本			知不足斋丛书本删改的情况		备注
	卷、页	作者	题名	内容概要	日期（年/月/日）	朱子年谱	庆元党禁	续编两朝纲目备要	文件	批注	
*#43	卷7下，页4b—5b	不著撰人	论廷省魁两优释褐皆伪徒不可轻名	请求通过科举的进士如果为道学之徒，不应注授官职	1197/6/1		页8a行6，页8b行1—2	卷5，页81—82	维持原本	维持原本	《庆元党禁》与《续编两朝纲目备要》皆在相同的部分引用了此处的文件与评注的末尾。
#44	卷7下，页5b—7a	刘三杰	论伪党变为逆党之不可防之不至	宣称道学之徒将酿成叛乱，定要禁止	1197/闰6/6		页8a一页8b行1	卷5，页81	维持原本	维持原本	此处的短篇评注是刘三杰生平履历的细节。
#45	卷7下，页7a—10a	姚愈	论奸伪之徒欺世盗名乞定国是	请求明诏正式禁止道学	1198/4/22		页8b行5—6	卷5，页85	维持原本	维持原本	此处长篇而叙事明确的评注，探究了此处攻击伪学之徒的文件所使用的用语和提及的事件的细节。评注并征引陈以陈历历述姚愈做出的仕宦履历的细节。对应文献只简短载录了此处的文件。

	《道命录》各文件信息(知不足斋丛书本)					对应文本			知不足斋丛书本删改的情况		备注
编号	卷，页	作者	题名	内容概要	日期(年/月/日)	朱子年谱	庆元党禁	续编两朝纲目备要	文件	批注	
#46	卷7下，页10a—11b	高文虎	谕告伪邪之徒改视回听诏书	正式禁止道学的诏令	1198/5/13		页8b 行6—页9a 行3	卷5，页85	维持原本	维持原本	此处评注回顾了先于此份诏令的事件，以刘三杰的奏疏为始。对应文献长篇摘录了这份诏旨。亦可参见《建炎以来朝野杂记》，甲集卷6，页81。
#47	卷7下，页11b—14a	吕祖泰(1163—1211)	论不当立伪学之禁	上书宁宗反对道学禁令	[1200/9/11(?)]		页9a 行3—4，页9b 行2—3，页9b 行4—页10a 行5	卷5，页86、90；卷6，页104—105	维持原本	维持原本	此处的评注相当重要，细述道学禁令之弛，分析吕祖泰此书简的背景与细节。职官参见《宋会要》，页62，16a—16b。

| 编号 | 《道命录》各文件信息（知不足斋丛书本） | | | | | 对应文本 | | | 知不足斋丛书本删改的情况 | | 备注 |
	卷页	作者	题名	内容概要	日期（年/月/日）	朱子年谱	庆元党禁	续编两朝纲目备要	文件	批注	
*48	卷7下，页14a—16a	不著撰人	伪学逆党籍	被禁锢的59名道学之徒的名录	无考		页8b 行2—3	卷5，页82	经增补	部分维持原本	此处名单可以与《建炎以来朝野杂记》（甲集卷6，页80—81）相参照。评注详论丁两位的重要士人：1.柴中行，其相关材料乃维持原本，可见于对应文献43、46的原始评注；2.程洵（1135—1196），朱熹门人，可能是程荣秀增补的。

编号	《道命录》各文件信息(知不足斋丛书本)					对应文本			知不足斋丛书本删改的情况		备注
	卷、页	作者	题名	内容概要	日期(年/月/日)	朱子年谱	庆元党禁	续编两朝纲目备要	文件	批注	
*49	卷7下,页16a—18b	不著撰人	乞虚伪之徒祜与外祠使宿道向方	请求恢复梅改的道学之徒的名誉	1199/12/13				维持原本	维持原本	评注的内容未见于《庆元党禁》与《续编两朝纲目备要》。评注将道学之祀归于韩侂胄,并包含了李心传对"皇极"的详细阐释,因此相当重要。
#⁰50	卷7下,页19a—24a	不著撰人,或为施康年	论伪徒送伪师某之葬乞严行禁约	请求限制与朱熹丧礼有关的活动	1200/11/23	页239—242、243—244	页10b行5—页11a行1;页11a行7—8	卷6,页100、108	维持原本	部分维持原本,但大幅编重、删节	圆圈分隔符号之前的评注,增入了四则来自《朱子年谱》的段落(页239—241),可能是朱熹心传所作的末熹传记的部分内容[其中一则对应文字,见于《庆元党禁》,(转下页)

续表

编号	《道命录》各文件信息（知不足斋丛书本）						对应文本			知不足斋丛书本删改的情况		备注
	卷、页	作者	题名	内容概要	日期（年/月/日）		朱子年谱	庆元党禁	续编两朝纲目备要	文件	批注	
												（接上页）页11a行7—8；《续编两朝纲目备要》，卷6，页108]。之后的两段颁扬文字来自《朱子年谱》。此处朱熹的行状，与朱文件的摘要，见《庆元党禁》，页10b行5—页11a行1；《续编两朝纲目备要》卷6，页100。
*#51	卷7下，页24a—27a	不著撰人	论习伪之徒唱为攻伪之说乞禁止	请求终止道学禁令	1202/1/17			页11a行8—页12a行3	卷7，页124	维持原本	部分维持原本，但大幅重编，增补	大量对应文献的相关段落包含京镗、刘德秀、何澹、胡纮的长篇传记资料，显示程朱秀心篇传记资料李心传的原文，删去反道学的主要借道学者的传记细节。

编号	《道命录》各文件信息（知不足斋丛书本）					知不足斋高本删改的情况		备注
	卷、页	作者	题名	内容摘要	日期（年/月/日）	文件	批注	
°52	卷8，页1a—2a	不著撰人	晦庵先生朱文公赐谥指挥	赐予朱熹谥号	1208/10/29	疑经增补	疑维持原本	分隔符之前的评注，也许是总结李心传的朱熹传记，但也是对《朱子年谱》的回应。圆圈分隔符定功郎的部分是赠蔡元定迪功郎的制词，是隔符之后的部分从书本所有隔符之前所有知本所有——见日于《庆元党禁》（页16a行6—页16b行1）和《续编两朝纲目备要》（卷12，页221）的一条。
53	卷8，页2a—4b	章栎	晦庵先生朱文公谥议	朱熹谥号的审议	1209	维持原本	无	
54	卷8，页4b—6a	刘弥正	晦庵先生朱文公覆谥议	朱熹谥号的二度审议	[1209]	维持原本	无	参见《续编两朝纲目备要》（卷11，页210—211）的长篇引用。

编号	《道命录》各文件信息（知不足斋丛书本）					知不足斋高丛书本删改的情况			备注
	卷、页	作者	题名	内容概要	日期（年/月/日）	文件	批注		
*55	卷8，页6b—10a	李道传	乞下除学禁之诏颁朱先生四书与从祀周郡二程程张五先生从祀	请求颁降朱熹的四书与从祀周郡二程张子孔庙	1211/12	维持原本	维持原本	评注简短回顾了始于1137年胡安国上书的从祀议题。
56	卷8，页10a—13a	孔炜	南轩先生张宣公谥议	张栻谥号的审议	无考	维持原本	维持原本	简短的评注只是记录审议张栻谥号是1214年8月卫泾奏求的结果。
57	卷8，页13a—14b	杨汝明	南轩先生张宣公覆谥议	张栻谥号的二度审议	1215	维持原本	无	
58	卷8，页15a—17b	孔炜	东莱先生吕成公谥议	吕祖谦谥号的审议	无考	维持原本	维持原本	简短的评注和文件56的评注很相似，宣称审议吕祖谦谥号乃由于1214年6月丘寿隽的请求。

编号	《道命录》各文件信息（知不足斋丛书本）					知不足斋高丛书本删改的情况		备注
	卷，页	作者	题名	内容概要	日期（年/月/日）	文件	批注	
59	卷8，页17b—18b	丁端祖	东莱先生吕成公覆谥议	吕祖谦的谥号的二度审议	无考	维持原本	无	文件56—59构成一个显而易见的组合：上书奏求谥号曾在1214年，完成审议则在1215年。
*60	卷9，页1a—3b	魏了翁	为濂溪先生请谥奏	周敦颐谥号的审议	1216	维持原本	维持原本	此处文件参见魏了翁，《鹤山先生大全文集》（《四部丛刊》本），卷15，页1a—2b。此处类似评注，仅以大文件62.63的类似评注，以及中书省逐中书省中省略的牒奏等呈递中书省的原始文件组成。
61	卷9，页3b—5a	任希夷	为二程先生请谥奏	请求赐予二程谥号	无考	维持原本	无	
*62	卷9，页5a—7b	魏了翁	为周二程张四先生请谥奏	请求赐予周敦颐，二程，张载谥号	[1217/1/29]	维持原本	维持原本	参见文件60的备注。此处备注，参见《鹤山先生大全文集》（《四部丛刊》本），卷15，页5b—7b。

编号	《道命录》各文件信息（知不足斋高书本）					知不足斋高书本删改的情况		备注
	卷、页	作者	题名	内容概要	日期（年/月/日）	文件	批注	
*63	卷9，页7b—10b	臧格	濂溪先生周元公谥议	周敦颐谥号的审议	1219	维持原本	维持原本	此处评注出现了高文善（稍后为太常博士）的牒文，已经李心传最初的修改。
64	卷9，页10b—12b	臧格	明道先生程纯公谥议	程颢谥号的审议	1219	维持原本	无	
65	卷9，页12b—14b	臧格	伊川先生程正公谥议	程颐谥号的审议	1219	维持原本	无	文件63的评注，皆适用于文件63—65。
66	卷9，页14b—15b	楼观	濂溪先生周元公覆谥议	周敦颐谥号的二度审议	1220/1/13	维持原本	无	
67	卷9，页16a—16b	楼观	明道先生程纯公覆谥议	程颢谥号的二度审议	1220/1/16	维持原本	无	

续表

编号	《道命录》各文件信息（知不足斋丛书本）					知不足斋丛书本删改的情况		备注
	卷、页	作者	题名	内容概要	日期（年/月/日）	文件	批注	
68	卷9，页16b—17a	楼钥	伊川先生程正公覆谥议	程颐谥号的二度审议	1220/1/16	维持原本	维持原本	文件66—68的日期、作者、形式皆一致。
69	卷9，页17a—19a	魏了翁	再为横渠先生请谥状	请求赠予张载谥号	1121	维持原本	维持原本	评注叙述了张载谥号的论辩与迟疑。评注也包含各门小注（唯见于知不足斋丛书本），详注张载谥号的后不同史源记录的不一致。
*70	卷10，页1a—1b	不著撰人	嘉定录用伊川先生后人诏旨	登用程颐后人的诏旨	1224/1/1	维持原本	维持原本	此处文件被知不足斋丛书本的序文全文引用。评注则已被删节，参见《程氏贻范集·甲集》，卷3，页11b—12a。

参考文献

西　文

Balazs, étienne and Hervouet, Yves. *A Sung Bibliography*. Hong Kong: The Chinese University Press, 1978.

Bol, Peter. *Neo - Confucianism in History*. Cambridge and London: Harvard University Asia Center, 2008.

——. "On the Problem of Contextualizing Ideas: Reflections on Yu Yingshi's Approach to the Study of Song Daoxue," *Journal of Song-Yuan Studies* 34 (2004): 59-79.

——. "*This Culture of Ours" Intellectual Transitions in T'ang and Sung China*. Stanford: Stanford University Press, 1991.

Chaffee, John W. "Chao Ju-yü, Spurious Learning, and Southern Sung Political Culture," *Journal of Song-Yuan Studies* 22 (1990-92): 23-61.

——. "The Historian as Critic: Li Hsin-ch'uan and the Dilemmas of Statecraft in Southern Sung China." In Robert P. Hymes and Conrad Schirokauer,eds. ,*Ordering the World*: *Approaches to State and Society in Sung Dynasty China*,pp. 310−335. Berkeley: University of California Press,1993.

——. "*Sung Biographies*, Supplementary Biography No. 2: Li Hsin-ch'üan（1167 − 1244）," *Journal of Sung − Yuan Studies* 24（1994）: 205−215.

——. *The Thorny Gates of Learning in Sung China.* 2nd edition. Albany: State University of New York Press,1995.

Chan,Hok − lam. *Control of Publishing in China*,*Past and Present.* Canberra: The Australian National University,1983.

——. *The Historiography of the Chin Dynasty*: *Three Studies.* Wiesbaden: Franz Steiner,1970.

Chan,Wing−tsit. *Chu Hsi. New Studies.* Honolulu: University of Hawaii Press,1982.

——. "The New *Tao−t'ung*" in *Chu Hsi. New Studies*, pp. 320−335. Honolulu: University of Hawaii Press,1982.

Chao,Samuel H. "The Day Northern Song Fell," 中原學報 8（Dec. 1979）: 144−157.

Chia,Lucille. *Printing for Profit*: *the Commercial Publishers of Jian-yang*,*Fujian*（11*th*−17*th Centuries*）. Cambridge: Harvard University Asia Center,2002.

Chu, Ping − tzu. "Tradition Building and Cultural Competition in Southern Song China（1160−1220）: The Way,the Learning,and the Texts. "PhD dissertation,Harvard University,1998.

Chu,Ron−Guey. "Chen Te−hsiu and the Classic on Governance:The Coming of Age of Neo−Confucian Statecraft. " Ph. D. dissertation,

Columbia University, 1988.

Dardess, John W. *Conquerors and Confucians: Aspects of Political Change in Late Yüan China*. New York: Columbia University Press, 1973.

Davis, Richard L. *Court and Family in Sung China, 960 – 1279: Bureaucratic Success and Kinship Fortunes for the Shih of Ming-chou*. Durham: Duke University Press, 1986.

——. "Evolution of an Historical Stereotype for the Southern Sung: the Case against Shih Mi-yüan." 收录在衣川强主编：《刘子健博士颂寿纪念宋史研究论集》，东京：同朋舍，1989。

de Bary, Wm. Theodore. *Neo-Confucian Orthodoxy and the Learning of the Mind-and-Heart*. New York: Columbia University Press, 1981.

——. "The Uses of Neo-Confucianism: a Response to Professor Tillman," *Philosophy East and West* 43. 3 (July 1993): 541–555.

de Bary, Wm. Theodore and Bloom, Irene. *Sources of Chinese Tradition*. 2nd ed. New York: Columbia University Press, 1999.

Degkwitz, Jochen. *Yue Fei und sein Mythos: die Entwicklung der Yue-Fei Saga bis zum "Shuo Yue quan zhuan."* Bochum: Studienverlag Brockmeyer, 1983.

de Rachewiltz, Igor et al. , eds. *In the Service of the Khan: Eminent Personalities of the Early Mongol-Yüan Period (1200 – 1300)*. Wiesbaden: Harrassowitz Verlag, 1993.

De Weerdt, Hilde. "Byways in the Imperial Chinese Information Order: The Dissemination and Commercial Publication of State Documents," *Harvard Journal of Asiatic Studies* 66. 1 (2006): 145 –

188.

———. *Competition over Content: Negotiating Standards for the Civil Service Examinations in Imperial China (1127 – 1279)*. Cambridge: Harvard University Asia Center, 2007.

Egan, Ronald C. *The Literary Works of Ou – yang Hsiu*. Cambridge: Cambridge University Press. 1984.

———. *Word, Image, and Deed in the Life of Su Shi*. Cambridge: Harvard University Press, 1994.

Franke, Herbert. "Chia Ssu – tao (1213 – 1275): A ' Bad Last Minister ' ?" In Arthur F. Wright and Denis Twitchett. eds. , *Confucian Personalities*, pp. 217–234. Stanford: Stanford University Press, 1962.

Franke, Herbert. *Sung Biographies*. Wiesbaden: Franz Steiner Verlag, 1976.

———. "Treaties between Sung and Chin. " In Françoise Aubin, ed. , *Études Song, in memorian Étienne Balazs*. Serie I. Histoire et institutions, pp. 55–84. Paris: Mouton & Co, 1970.

Franke, Herbert and Twitchett, Denis, eds. *The Cambridge History of China*. Volume 6. *Alien Regimes and Border States*. Cambridge: Cambridge University Press, 1994.

Franke, Otto. "Das *Tse tschi t'ung kien* und das *T'ung kien kang mu*, ihr Wesen, ihr Verhaltnis zueinander und ihr Quellenwert, " *Sitzungsberichte der PreuBischen Akademie der Wissenschaften. Phil. – Hist. Klasse* (1930): 103–144.

Gong, Wei Ai. "The Usurpation of Power by Ch'in Kuei Through the Censorial Organ (1138 – 1155 A. D.), " *Chinese Culture* 15. 34 (September 1974): 25–42.

Graham, A. C. *Two Chinese Philosophers*. London: Lund Humphries, 1958.

Guy, R. Kent. *The Emperor's Four Treasuries: Scholars and the State in the Late Ch'ing-lung Era*. Cambridge: Council on East Asian Studies and Harvard University Press, 1987.

Haeger, John Winthrop. "1126-27: Political Crisis and the Integrity of Culture." In Haeger, ed., *Crisis and Prosperity in Sung China*, pp. 143-161. Tuscon, Arizona: The University of Arizona Press, 1975.

———. "Li Kang and the Loss of K'aifeng: the Concept and Practice of Political Dissent in Mid-Sung," *Journal of Asian History* 12.1 (1978): 31-57.

———. "Sung Government at Mid-Season: Translation of Commentary on the *Ching-k'ang ch'uan-hsin lu*." Ph. D. dissertation, University of California, Berkeley, 1971.

Hartman, Charles. "The Inquisition against Su Shih: His Sentence as an Example of Sung Legal Practice," *Journal of the American Oriental Society* 113.2 (1993): 228-243.

———. "The Misfortunes of Poetry: Literary Inquisitions under Ch'in Kuei (1090-1155)," *Chinese Literature: Essays, Articles, Reviews* 25 (2003): 25-57.

———. "Poetry and Politics in 1079: the Crow Terrace Poetry Case of Su Shih," *Chinese Literature: Essays, Articles, Reviews* 12 (1990): 15-44.

Huang Chün-chieh 黄俊杰, "Chu Hsi as a Teacher of History," 收录在中兴大学历史系主编:《第二届中西史学史研讨会论文集》,台中:中兴大学历史系,1987。

Ihara Hiroshi 伊原弘 et al. , "Bibliography of Song History Studies in Japan(1982-2000), *Journal of Song-Yuan Studies* 31 (2001): 157-313.

Hung, William. *Tu Fu. China's Greatest Poet.* Cambridge: Harvard University Press,1952.

Kaplan, Edward Harold. "Yüeh Fei and the Founding of the Southern Sung. " Ph. D. dissertation, University of Iowa,1970.

Lee, Hui-shu. "Art and Imperial Images at the Late Southern Sung Court. " In *Arts of the Sung and Yüan*, eds. Maxwell K. Hearn and Judith G. Smith, pp. 249-269. New York:The Metropolitan Museum of Art,1996.

Lee, Thomas H. C. *Government Education and Examinations in Sung China.* Hong Kong:The Chinese University Press,1985.

Lee, Tsong-han, "Different Mirrors of the Past:Southern Song Historiography, "PhD dissertation, Harvard University,2008.

——. "Making Moral Decisions:Zhu Xi's Outline and Details of the Comprehensive Mirror for Aid in Government, " *Journal of Song-Yuan* Studies 39 (2009), pp. 43-84.

Levine, Ari. *Divided by a Common Language. Factional Conflict in Late Northern Song China.* Honolulu: University of Hawaii Press, 2008.

——. "A House in Darkness:The Politics of History and the Language of Politics in the Late Northern Song, 1068 - 1104. " Ph. D. dissertation, Columbia University,2002.

Liu, James T. C. *China Turning Inward: Intellectual-Political Chan-*

ges in the Early Twelfth Century. Cambridge: Council on East Asian Studies, Harvard University, 1988.

——. "An Early Sung Reformer: Fan Chung – yen." In John K. Fairbank, ed. , *Chinese Thought and Institutions*, pp. 127–130. Chicago: University of Chicago Press, 1957.

——. "Eleventh–Century Chinese Bureaucrats: Some Historical Classification and Behavioral Types," *Administrative Science Quarterly* 4. 3 (December 1959): 207–226.

——. "How Did a Neo–Confucian School Become the State Orthodoxy?" *Philosophy East and West* 23 (1973): 483–505.

——. *Ou–yang Hsiu. An Eleventh – Century Neo – Confucianist.* Stanford: Stanford University Press, 1967.

——. "Wei Liao–weng's Thwarted Statecraft. " in Robert P. Hymes and Conrad Schirokauer eds. , *Ordering the World: Approaches to State and Society in Sung Dynasty China*, pp. 336–348. Berkeley: University of California Press, 1993.

——. "Yüeh Fei (1103–41) and China's Heritage of Loyalty," *Journal of Asian Studies* 31. 2 (February 1972): 291–297.

Lo, Winston W. *An Introduction to the Civil Service of Sung China.* Honolulu: University of Hawaii Press, 1987.

Makeham, John. *Lost Soul. "Confucianism" in Contemporary Chinese Academic Discourse.* Cambridge and London: Harvard University Asia Center, 2008.

McDermott, Joseph P. *A Social History of the Chinese Book.* Hong Kong: Hong Kong University Press, 2006.

Murray, Julia A. "The Hangzhou Portraits of Confucius and Seventy–

two Disciples(Sheng xian tu): Art in the Service of Politics," *The Art Bulletin* 74. 1 (March 1992):7-18.

Neskar, Ellen G. "The Cult of Worthies: A Study of Shrines Honoring Local Confucian Worthies in the Sung Dynasty." PhD dissertation, Columbia University, 1993.

Poon, Ming-sun. "Books and Printing in Sung China." Ph. D. diss. , University of Chicago, 1979.

Schirokauer, Conrad R. "Chu Hsi's Political Career." In Arthur F. Wright and Denis Twitchett, eds. , *Confucian Personalities*, pp. 177-179. Stanford: Stanford University Press, 1962.

——. "Chu Hsi's Sense of History." In Robert P. Hymes and Conrad Schirokauer, eds. , *Ordering the World: Approaches to State and Society in Sung Dynasty China*, pp. 193-220. Berkeley: University of California Press, 1993.

——. "Neo-Confucians under Attack: The Condemnation of Wei-hsüeh." In John Winthrop Haeger, ed. , *Crisis and Prosperity in Sung China*. Tuscon: University of Arizona Press, 1975.

——. "The Political Thought and Behavior of Chu Hsi." Ph. D. diss. , Stanford University, 1960.

Smith, Paul J. "Family, Landsmann, and Status-Group Affinity in Refugee Mobility Strategies: The Mongol Invasions and the Diaspora of Sichuanese Elites, 1230-1330," *Harvard Journal of Asiatic Studies* 52. 2 (December 1992):665-708.

Tao, Jing-shen. "The Personality of Sung Kao-tsung (r. 1127-1162)." 收录在衣川强主编:《刘子健博士颂寿纪念宋史研究论集》,东京:同朋舍,1989。

Tillman, Hoyt Cleveland. *Confucian Discourse and Chu Hsi's Ascendancy*. Honolulu: University of Hawaii Press, 1992.

———. "A New Direction in Confucian Scholarship: Approaches to Examining the Differences between Neo-Confucianism and *Tao-hsüeh*," *Philosophy East and West* 42. 3 (July 1992): 455–474

———. *Utilitarian Confucianism. Ch'en Liang's Challenge to Chu Hsi*. Cambridge: Council on East Asian Studies, 1982.

———. "Zhu Xi's Prayers to the Spirit of Confucius and Claim to the Transmission of the Way," *Philosophy East and West* 54. 4 (October 2004): 489–513.

Trauzettel, Rolf. "Sung Patriotism as a First Step Toward Chinese Nationalism. " In John Winthrop Haeger, ed. , *Crisis and Prosperity in Sung China*, pp. 199 – 213. Tucson: The University of Arizona Press, 1975.

———. *Ts'ai Ching (1046–1126) als Typus des illegitimen Ministers*. Bamberg: K. Urlaub, 1964.

Twitchett, Denis. *The Writing of Official History Under the T'ang*. Cambridge: Cambridge University Press, 1992.

Twitchett, Denis. and Smith, Paul. eds. *The Cambridge History of China*. Volume 5, Part One: *The Sung Dynasty and Its Precursors*, 907–1279. Cambridge: Cambridge University Press, 2009.

van der Loon, Piet. *Taoist Books in the Libraries of the Sung Period*. London: Ithaca Press, 1984.

van Ess, Hans. "The Compilation of the Works of the Ch'eng Brothers and Its Significance for the Learning of the Right Way of the Southern Sung Period, " *T'oung Pao* 90 (2004): 264–298.

———. *Von Ch'eng I zu Chu Hsi. Die Lehre vom Rechtem Weg in der Überlieferung der Familie Hu*. Wiesbaden: Harrassowitz, 2003.

Walton, Linda. *Academies and Society in Southern Sung China*. Honolulu: University of Hawaii Press, 1999.

Werner, Sabine. *Die Belagerung von K'ai-feng im Winter 1126/27*. Stuttgart: Franz Steiner, 1992.

Wilhelm, Helmut. "From Myth to Myth: The Case of Yüeh Fei's Biography." In Arthur F. Wright and Denis Twitchett, eds., *Confucian Personalities*, pp. 146 – 161. Stanford: Stanford University Press, 1962.

Wilson, Thomas A. *Genealogy of the Way: The Construction and Uses of the Confucian Tradition in Late Imperial China*. Stanford: Stanford University Press, 1995.

Winkelman, John H. *The Imperial Library in Southern Sung China, 1127 – 1279*. Philadelphia: The American Philosophical Society, 1974.

Wood, Alan T. *Limits to Autocracy: From Sung Neo-Confucianism to a Doctrine of Political Rights*. Honolulu: University of Hawaii, 1995.

Wright, Hope. *Alphabetical List of Geograpical Names in Sung China*. Paris: École pratique des hautes études, 1956.

Yang, Lien-sheng. "The Organization of Chinese Official Historiography: Principles and Methods of the Standard Histories from the T'ang through the Ming Dynasty." In W. G. Beasley and E. G. Pulleyblank, eds., *Historians of China and Japan*, pp. 44–59. London: Oxford University Press, 1961.

中文、日文

史　料

［汉］班固：《汉书》，北京：中华书局，1962 年。

［汉］司马迁：《史记》，北京：中华书局，1959 年。

［汉］许慎：《说文解字》，《四部丛刊》本。

［魏］何晏集解，［梁］皇侃义疏：《论语集解义疏》，《景印文渊阁四库全书》本，台北：台湾商务印书馆，1986 年。

［晋］李轨注：《扬子法言》，《四部丛刊》本。

［南朝宋］范晔：《后汉书》，北京：中华书局，1965 年。

［唐］孔颖达：《周易正义》，《景印文渊阁四库全书》本，台北：台湾商务印书馆，1986 年。

［宋］晁补之：《济北先生鸡肋集》，《四部丛刊》本。

［宋］晁公武著，赵希弁补，孙猛校证：《郡斋读书志校证》，上海：上海古籍出版社，1990 年。

［宋］陈傅良：《止斋文集》，《四部丛刊》本。

［宋］陈均：《皇朝编年纲目备要》，台北：成文出版社，1967 年。

［宋］陈均：《皇朝编年纲目备要》，中华再造善本。

［宋］陈均：《宋本皇朝编年纲目备要》，东京：静嘉堂文库，1936 年。

［宋］陈均著，许沛藻等点校：《皇朝编年纲目备要》，北京：中华书局，2006 年。

［宋］陈骙、佚名著，张富祥点校：《南宋馆阁录·续录》，北京：中华书局，1988 年。

［宋］陈祥道:《论语全解》,《景印文渊阁四库全书》本,台北:台湾
　　商务印书馆,1986 年。

［宋］陈振孙:《直斋书录解题》,上海:上海古籍出版社,1987 年。

［宋］程颢、程颐著,王孝鱼点校,《二程集》,北京:中华书局,
　　1981 年。

［宋］程俱:《北山小集》,《四部丛刊》本。

［宋］丁特起:《靖康纪闻》,《丛书集成》本。

［宋］杜大珪编:《琬琰集删存附引得》,哈佛大学燕京学社特刊第
　　12 辑,北京:哈佛燕京学社,1938 年。

［宋］方勺:《泊宅编》,北京:中华书局,1983 年。

［宋］高斯得:《耻堂存稿》,《丛书集成》本。

［宋］洪迈:《容斋随笔》,上海:上海古籍出版社,1978 年。

［宋］洪适:《盘洲文集》,《景印文渊阁四库全书》本,台北:台湾商
　　务印书馆,1986 年。

［宋］胡安国:《春秋胡氏传》,《四部丛刊》本。

［宋］胡寅著,容肇祖点校:《崇正辩·斐然集》,北京:中华书局,
　　1993 年。

［宋］黄榦:《勉斋集》,《景印文渊阁四库全书》本,台北:台湾商务
　　印书馆,1986 年。

［宋］黄裳著,黄玠编:《演山集》,《景印文渊阁四库全书》本,台
　　北:台湾商务印书馆,1986 年。

［宋］黄士毅:《和靖先生年谱》,成都:巴蜀书社,1995 年。

［宋］黄庭坚:《豫章先生文集》,《四部丛刊》本。

［宋］黄震:《戊辰修史传》,《四明丛书》本。

［宋］江少虞:《宋朝事实类苑》,上海:上海古籍出版社,1981 年。

［宋］乐史:《太平寰宇记》,《景印文渊阁四库全书》本,台北:台湾

商务印书馆,1986 年。

［宋］黎靖德编,王星贤点校:《朱子语类》,北京:中华书局,
1986 年。

［宋］李埴:《皇宋十朝纲要》,《宋史资料萃编》第一辑,台北:文海
出版社,1967 年。

［宋］李焘:《宋板续资治通鉴长编》,《中国公共图书馆古籍文献
珍本汇刊》,北京:全国图书馆文献缩微复制中心,1995 年。

［宋］李焘:《续资治通鉴长编》,北京:中华书局,1986—1995 年。

［宋］李昉等编:《文苑英华》,《景印文渊阁四库全书》本,台北:台
湾商务印书馆,1986 年。

［宋］李纲:《靖康传信录》,《丛书集成》本。

［宋］李光:《庄简集》,《景印文渊阁四库全书》本,台北:台湾商务
印书馆,1986 年。

［宋］李流谦:《澹斋集》,《景印文渊阁四库全书》本,台北:台湾商
务印书馆,1986 年。

［宋］李若水:《忠愍集》,《景印文渊阁四库全书》本,台北:台湾商
务印书馆,1986 年。

［宋］李心传:《建炎以来系年要录》,北京:中华书局,1988 年。

［宋］李心传著,徐规点校:《建炎以来朝野杂记》,北京:中华书
局,2000 年。

［宋］林駧、黄履翁:《古今源流至论》,《景印文渊阁四库全书》本,
台北:台湾商务印书馆,1986 年。

［宋］林岊:《毛诗讲义》,《景印文渊阁四库全书》本,台北:台湾商
务印书馆,1986 年。

［宋］刘才邵:《檆溪居士集》,《景印文渊阁四库全书》本,台北:台
湾商务印书馆,1986 年。

[宋]刘昌诗:《芦蒲笔记》,北京:中华书局,1986 年。

[宋]刘克庄:《后村先生大全集》,《四部丛刊》本。

[宋]刘时举:《续宋编年资治通鉴》,《丛书集成》本。

[宋]楼钥:《攻媿集》,《景印文渊阁四库全书》本,台北:台湾商务
　　印书馆,1986 年。

[宋]陆游:《老学庵笔记》,台北:广文书局,1972 年。

[宋]陆游:《渭南文集》,《四部丛刊》本。

[宋]吕中:《皇朝大事记》,明蓝格钞本,清黄虞稷手跋,美国国会
　　图书馆摄制北平图书馆善本书胶片,581 号。

[宋]吕祖谦:《吕东莱文集》,《丛书集成》本。

[宋]罗大经:《鹤林玉露》,北京:中华书局,1983 年。

[宋]罗浚、方万里:《宝庆四明志》,《宋元地方志丛书》,台北:大
　　化书局,1990 年。

[宋]罗愿:《新安志》,《景印文渊阁四库全书》本,台北:台湾商务
　　印书馆,1986 年。

[宋]欧阳修著,李逸安点校:《欧阳修全集》,北京:中华书局,
　　2001 年。

[宋]潜说友:《咸淳临安志》,《宋元地方志丛书》,台北:大化书
　　局,1990 年。

[宋]樵川樵叟:《庆元党禁》,《丛书集成》本。

[宋]邵伯温著,李剑雄、刘德权点校:《邵氏闻见录》,北京:中华
　　书局,1983 年。

[宋]苏轼:《东坡易传》,《景印文渊阁四库全书》本,台北:台湾商
　　务印书馆,1986 年。

[宋]苏轼著,孔凡礼点校:《苏轼文集》,北京:中华书局,1988 年。

[宋]孙觌:《鸿庆居士集》,《常州先贤遗书》本。

［宋］孙觌：《鸿庆居士集》，《景印文渊阁四库全书》本，台北：台湾
　　商务印书馆，1986 年。

［宋］孙觌：《南兰陵孙尚书大全集》，《宋集珍本丛刊》本，北京：线
　　装书局，2004 年。

［宋］孙觌著，李祖尧编：《孙尚书内简尺牍》，《景印文渊阁四库全
　　书》本，台北：台湾商务印书馆，1986 年。

［宋］汪藻著，王智勇笺注：《靖康要录笺注》，成都：四川大学出版
　　社，2008 年。

［宋］王偁：《东都事略》，台北：文海出版社，1979 年。

［宋］王明清：《挥麈录》，北京：中华书局，1961 年。

［宋］王明清：《玉照新志》，上海：上海古籍出版社，1991 年。

［宋］王义山：《稼村类稿》，《景印文渊阁四库全书》本，台北：台湾
　　商务印书馆，1986 年。

［宋］王应麟：《玉海》，上海、南京：上海书店、江苏古籍出版社，
　　1988 年。

［宋］魏了翁：《鹤山先生大全文集》，《四部丛刊》本。

［宋］文莹：《玉壶清话》，北京：中华书局，1984 年。

［宋］吴处厚：《青箱杂记》，北京：中华书局，1985 年。

［宋］吴自牧：《梦粱录》，《丛书集成》本。

［宋］谢深甫编：《庆元条法事类》，台北：新文丰出版公司，1976 年。

［宋］熊节编：《新编音点性理群书集解》，元刊本，美国国会图书
　　馆摄制北平图书馆善本书胶片，556 号。

［宋］熊克著，顾吉辰、郭群一点校：《中兴小纪》，福州：福建人民
　　出版社，1985 年。

［宋］徐梦莘：《三朝北盟会编》，台北：大化书局，1979 年。

［宋］徐自明著，王瑞来校补：《宋宰辅编年录校补》，北京：中华书

局,1986 年。

[宋]薛季宣:《浪语集》,《景印文渊阁四库全书》本,台北:台湾商务印书馆,1986 年。

[宋]杨时:《龟山集》,《景印文渊阁四库全书》本,台北:台湾商务印书馆,1986 年。

[宋]杨仲良:《续资治通鉴长编纪事本末》,《宋史资料萃编》第二辑,台北:文海出版社,1967 年。

[宋]杨仲良撰,李之亮校点:《皇宋通鉴长编纪事本末》,哈尔滨:黑龙江人民出版社,2006 年。

[宋]姚勉:《雪坡集》,《景印文渊阁四库全书》本,台北:台湾商务印书馆,1986 年。

[宋]叶绍翁著,沈锡麟、冯惠民点校:《四朝闻见录》,北京:中华书局,1989 年。

[宋]叶适著,刘公纯、王孝鱼、李哲夫点校:《叶适集》,北京:中华书局,1961 年。

[宋]佚名:《皇宋中兴两朝圣政》,《宋史资料萃编》,台北:文海出版社,1967 年。

[宋]佚名:《京口耆旧传》,《守山阁丛书》本。

[宋]佚名编:《宋大诏令集》,北京:中华书局,1962 年。

[宋]佚名编:《诸儒鸣道集》,上海图书馆藏宋端平黄壮猷修补本。

[宋]佚名著,汝企和点校:《续编两朝纲目备要》,北京:中华书局,1995 年。

[宋]尹焞:《尹和靖集》,《丛书集成》本。

[宋]岳珂编,王曾瑜校注:《鄂国金陀粹编续编校注》,北京:中华书局,1989 年。

[宋]曾宏父:《石刻铺叙》,《景印文渊阁四库全书》本,台北:台湾

商务印书馆,1986 年。

［宋］张浚:《紫岩易传》,《景印文渊阁四库全书》本,台北:台湾商
务印书馆,1986 年。

［宋］张扩:《东窗集》,《景印文渊阁四库全书》本,台北:台湾商务
印书馆,1986 年。

［宋］张栻:《南轩集》,《景印文渊阁四库全书》本,台北:台湾商务
印书馆,1986 年。

［宋］张栻:《南轩易说》,《景印文渊阁四库全书》本,台北:台湾商
务印书馆,1986 年。

［宋］赵汝腾:《庸斋集》,《景印文渊阁四库全书》本,台北:台湾商
务印书馆,1986 年。

［宋］赵汝愚编:《宋朝诸臣奏议》,上海:上海古籍出版社,1999 年。

［宋］真德秀:《西山真文忠公文集》,《四部丛刊》本。

［宋］志磐:《佛祖统纪》,《大正新修大藏经》2035 号,卷 49。

［宋］周淙:《乾道临安志》,《宋元地方志丛书》,台北:大化书局,
1990 年。

［宋］周煇:《清波别志》,《丛书集成》本。

［宋］周密:《齐东野语》,上海:华东师范大学出版社,1987 年。

［宋］周应合:《景定建康志》,《宋元地方志丛书》,台北:大化书
局,1990 年。

［宋］朱熹:《伊洛渊源录》,《丛书集成》本。

［宋］朱熹著,陈俊民编:《朱子文集》,台北:德富文教基金会,2000 年。

［宋］朱熹著,郭齐、尹波点校:《朱熹集》,成都:四川教育出版社,
1996 年。

［宋］朱熹著:《四书章句集注》,北京:中华书局,2001 年。

［元］马端临:《文献通考》,"十通"本,1937 年。

［元］马端临著，华东师范大学古籍研究所标校:《文献通考·经籍考》，上海:华东师范大学出版社，1985年。

［元］念常:《佛祖历代通载》，《大正新修大藏经》2036号，卷49。

［元］脱脱等:《宋史》，北京:中华书局，1977年。

［元］佚名著，李之亮校点:《宋史全文》，哈尔滨:黑龙江人民出版社，2003年。

［元］佚名著，王瑞来笺证:《宋季三朝政要笺证》，北京:中华书局，2010年。

［元］袁桷:《清容居士集》，《四部丛刊》本。

［明］陈邦瞻编:《宋史纪事本末》，北京:中华书局，1977年。

［明］陈第:《世善堂藏书目录》，《丛书集成》本。

［明］陈霖修:（正德）《南康府志》，明刊本。

［明］程敏政:《程氏贻范集·甲集》，美国国会图书馆收集的北平图书馆善本书胶片。

［明］程敏政:《篁墩文集》，《景印文渊阁四库全书》本，台北:台湾商务印书馆，1986年。

［明］程敏政编:《明文衡》，《景印文渊阁四库全书》本，台北:台湾商务印书馆，1986年。

［明］程敏政辑撰:《新安文献志》，《景印文渊阁四库全书》本，台北:台湾商务印书馆，1986年。

［明］黄淮、杨士奇编:《历代名臣奏议》，台北:学生书局，1964年。

［明］黄仲昭:《八闽通志》，福州:福建人民出版社，1989年。

［明］解缙等编:《永乐大典》，北京:中华书局，1986年。

［明］陆容:《菽园杂记》，《景印文渊阁四库全书》本，台北:台湾商务印书馆，1986年。

［明］彭泽、王舜民修:（弘治）《徽州府志》，台北:学生书局，

1977 年。

[明]田汝成辑著:《西湖游览志》,《景印文渊阁四库全书》本,台北:台湾商务印书馆,1986 年。

[明]吴讷:《思庵先生文粹》,明刊本。

[明]吴讷:《吴文恪公大全集》,明刊本。

[明]熊相等修:(正德)《瑞州府志》,明刊本。

[明]杨士奇等:《文渊阁书目》,《读画斋丛书》本。

[明]叶公回:《朱子年谱》,《和刻影印近世汉籍丛刊》据 1666 年和刻本影印,台北:广文书局,1972 年。

[明]叶盛:《菉竹堂书目》,《粤雅堂丛书》本。

[清]毕沅:《续资治通鉴》,北京:中华书局,1957 年。

[清]段玉裁注:《说文解字注》,台北:世界书局,1972 年。

[清]郝玉麟等纂修:《福建通志》,《景印文渊阁四库全书》本,台北:台湾商务印书馆,1986 年。

[清]黄丕烈:《百宋一廛书录》,《适园丛书》本。

[清]黄以周等编:《续资治通鉴长编拾补》,上海:上海古籍出版社,1986 年。

[清]黄虞稷:《千顷堂书目》,《适园丛书》本。

[清]黄宗羲原著,全祖望补修,陈金生、梁运华点校:《宋元学案》,北京:中华书局,1986 年。

[清]嵇璜、曹仁虎等编:《皇朝通志》,《景印文渊阁四库全书》本,台北:台湾商务印书馆,1986 年。

[清]嵇曾筠等纂修:《浙江通志》,《景印文渊阁四库全书》本,台北:台湾商务印书馆,1986 年。

[清]江永:《近思录集注》,《景印文渊阁四库全书》本,台北:台湾商务印书馆,1986 年。

［清］李清馥：《闽中理学渊源考》，《景印文渊阁四库全书》本，台北：台湾商务印书馆，1986 年。

［清］厉鹗：《宋诗纪事》，上海：上海古籍出版社，1983 年。

［清］陆心源：《宋史翼》，新校本《宋史》并附编三种，台北：鼎文书局，1983 年。

［清］陆心源：《仪顾堂题跋》，台北：广文书局，1968 年。

［清］钱大昕：《潜研堂文集》，《国学基本丛书》本。

［清］阮元：《四库未收书提要》，台北：台湾商务印书馆，1971 年。

［清］阮元编：《两浙金石志》，浙江书局本。

［清］孙岳颁等：《御定佩文斋书画谱》，《景印文渊阁四库全书》本，台北：台湾商务印书馆，1986 年。

［清］汪琬：《尧峰文钞》，《景印文渊阁四库全书》本，台北：台湾商务印书馆，1986 年。

［清］王昶编：《金石萃编》，经训堂本。

［清］王懋竑：《朱熹年谱》，北京：中华书局，1988 年。

［清］王士祯撰，程哲校编：《带经堂集》，清康熙五十年七略书堂本。

［清］王梓材、冯云濠：《宋元学案补遗》，台北：世界书局据《四明丛书》本影印，1974 年。

［清］吴廷燮：《元行省丞相平章事年表》，景社堂本。

［清］徐乾学：《传是楼书目》，上海：上海古籍出版社，1995 年。

［清］徐松辑：《宋会要辑稿》，北京：中华书局，1998 年。

［清］徐松著，赵守俨点校：《登科记考》，北京：中华书局，1984 年。

［清］叶德辉：《书林清话》，台北：世界书局，1988 年。

［清］永瑢等：《钦定四库全书总目》，北京：中华书局，1997 年。

［清］于敏中等编：《钦定天禄琳琅书目》，台北：广文书局，1968 年。

［清］张金吾：《爱日精庐藏书志》，《清人书目题跋丛刊》，北京：中

华书局,1990 年。

［清］周中孚:《郑堂读书记》,《清人书目题跋丛刊》,北京:中华书局,据商务印书馆 1958 年版缩印,1993 年。

程树德:《论语集释》,台北:鼎文书局,1973 年。

丁传靖:《宋人轶事汇编》,台北:台湾商务印书馆,1982 年。

丁福保编:《历代诗话续编》,北京:中华书局,1983 年。

郭庆琳等纂修:《眉山县志》,台北:学生书局,1967 年。

李修生主编:《全元文》,南京:江苏古籍出版社,1998 年。

杨伯峻:《列子集释》,北京:中华书局,1979 年。

佚名:《续宋编年资治通鉴》,《四库全书存目丛书》本,济南:齐鲁书社,1997 年。

佚名著,金少英校补,李庆善整理:《大金吊伐录校补》,北京:中华书局,2001 年。

曾枣庄、刘琳等编:《全宋文》,上海:上海辞书出版社,2006 年。

论　著

北京图书馆编:《北京图书馆古籍善本书目录》,北京:书目文献出版社,1989 年。

蔡崇榜:《绍兴〈神宗实录〉两修考》,《文史》,第 37 辑,1993 年,页131—137。

蔡崇榜:《宋代四川史学家王偁与〈东都事略〉》,《成都大学学报》1985 年第 4 期,页 23—29。

陈智超:《四库本〈建炎以来系年要录〉发覆》,《社会科学研究》(四川)1988 年第 3 期,页 94—99。

陈来:《略论〈诸儒鸣道集〉》,《北京大学学报》1981 年第 1 期,页30—38。

陈来:《朱子书信编年考证》,上海:上海人民出版社,1989 年。

陈乐素:《〈三朝北盟会编〉考》,《"中央研究院"历史语言研究所集刊》第 6 本第 2 分,页 193—279 与第 6 本第 3 分,页 281—341,1936 年。

陈荣捷:《朱子新探索》,台北:学生书局,1988 年。

陈荣捷:《朱子门人》,台北:学生书局,1982 年。

陈述:《〈东都事略〉撰人王赏父子》,《"中央研究院"历史语言研究所集刊》第 8 本第 1 分,1939 年。

陈寅恪:《寒柳堂集》,北京:生活・读书・新知三联书店,2001 年。

邓广铭:《对有关〈太平治迹统类〉诸问题的新考索》,李铮、蒋忠新主编《季羡林教授八十华诞纪念论文集》,南昌:江西人民出版社,页 253—272。

杜泽逊:《四库存目标注》,上海:上海古籍出版社,2007 年。

杜正贤编:《杭州孔庙》,杭州:西泠印社,2008 年。

方彦寿:《朱熹刻书事迹考》,《福建学刊》1995 年第 1 期,页 75—79。

封思毅:《宋代秘阁黄本》,《"国立中央"图书馆馆刊》第 14 卷第 1 期,1981 年,页 1—7。

傅增湘:《宋代蜀文辑存》,北京:北京图书馆出版社,2005 年。

傅增湘:《北京图书馆善本书目》,北京:中华书局,1959 年。

顾吉辰:《〈宋史〉比事质疑》,北京:书目文献出版社,1987 年。

顾吉辰、俞如云:《〈续资治通鉴长编〉版本沿革及其史料价值》,《西北师范学院学报》1983 年第 3 期。

"国立中央"图书馆编:《"国立中央"图书馆宋本图录》,台北:"国立中央"图书馆,1958 年。

顾力仁：《〈永乐大典〉及其辑佚书研究》，台北：文史哲出版社，1985 年。

韩西山：《秦桧传》，上海：上海古籍出版社，1999 年。

韩西山：《秦桧研究》，北京：人民出版社，2008 年。

何忠礼：《王偁和他的〈东都事略〉》，《暨南学报》1992 年第 3 期，页 55—64。

胡奇光：《中国文祸史》，上海：上海人民出版社，1993 年。

黄汉超：《〈宋神宗实录〉前后改修之分析》，《新亚学报》第 7 卷第 1 期，1965 年 2 月，页 367—409 及第 7 卷第 2 期，1966 年 8 月，页 157—195。

黄俊杰：《作为一个历史教师的朱熹》，中兴大学历史系编：《第二届中西史学史研讨会论文集》，台北：久洋出版社，1987 年。

黄宽重：《秦桧与文字狱》，《宋史丛论》，台北：新文丰出版公司，1993 年，页 41—72。

黄宽重：《〈胡澹庵集〉的传本与补遗》，《宋史研究集》第 24 辑，台北："国立"编译馆，1994 年。

黄涌泉编：《李公麟圣贤图石刻》，北京：人民美术出版社，1963 年。

金生杨：《程朱家族与〈道命录〉》，《地方文化研究辑刊》第 3 辑，2010 年，页 271—280。

孔学：《〈建炎以来系年要录〉取材考》，《史学史研究》1995 年第 2 期，页 43—55。

孔学：《〈建炎以来系年要录〉注文辨析》，《史学史研究》1998 年第 1 期，页 46—55。

来可泓：《李心传事迹著作编年》，成都：巴蜀书社，1990 年。

来可泓：《试论李心传的道学思想》，杨渭生主编：《徐规教授从事教学科研工作五十周年纪念文集》,杭州:杭州大学出版社,1995 年,页 352—363。

来可泓:《关于〈道命录〉的卷数及有关内容》,《古籍整理研究学刊》1985 年第 4 期,页 35—36。

李华瑞:《略论南宋政治史上的法祖宗倾向》,姜锡东主编:《宋史研究论丛》,保定:河北大学出版社,2005 年,页 199—226。

梁太济:《〈两朝纲目备要〉史源浅探》,《文史》,第 32 辑,1990 年,页 153—171。

梁太济:《〈圣政〉今本非原本之旧详辨》,《唐宋历史文献研究丛稿》,上海:上海古籍出版社,2004 年,页 311—341。

刘琳、沈治宏:《现存宋人别集版本目录》,成都:巴蜀书社,1990 年。

刘述先:《评余英时〈朱熹的历史世界〉》,《九州学林》第 1 卷第 2 期,2003 年。

刘子健:《两宋史研究汇编》,台北:联经出版事业公司,1987 年。

罗荣贵:《陈傅良研究》,香港大学 2004 年博士论文。

牟润孙:《两宋春秋学之主流》,《宋史研究集》第 3 辑,台北:台湾中华书局,1966 年。

聂崇岐:《宋词科考》,《燕京学报》1939 年第 25 期。

聂乐和:《〈建炎以来系年要录〉的编撰和流传》,《史学史研究》1988 年第 2 期。

潘美月:《两宋蜀刻的特色》,《"国立中央"图书馆馆刊》第 9 卷第 2 期,1976 年,页 45。

裴汝诚、许沛藻著:《〈续资治通鉴长编〉考略》,北京:中华书局,1985 年。

皮锡瑞:《经学历史》,北京:中华书局,1959 年。

钱穆:《朱子新学案》,台北:三民书局,1971 年。

上海图书馆编:《上海图书馆善本书目》,上海:上海图书馆,1957年。

束景南:《朱熹年谱长编》,上海:华东师范大学出版社,2001年。

汪伯琴:《〈宋史全文〉在宋代史籍中之价值》,《大陆杂志》第51卷第6期,1975年,页282—303。

汪圣铎:《试论〈宋史全文〉(理宗部分)的史料价值》,《文献》(季刊)2005年第4期,页195—207。

王德毅:《李焘父子年谱》,台北:台湾商务印书馆,1963年。

王德毅:《李秀岩先生年谱》,《建炎以来系年要录·附录》,台北:文海出版社,1968年,页6695—6769。

王德毅:《李心传著述考》,《建炎以来系年要录·附录》,页6771—6788。

王德毅:《李心传先生年谱》,《建炎以来系年要录·附录》,页6695—6769。

王德毅:《宋人传记资料索引》,台北:鼎文书局,1976年。

王曾瑜:《绍兴文字狱》,《大陆杂志》第88卷第5期,1994年,页18—31。

王重民:《中国善本书提要》,上海:上海古籍出版社,1983年。

许沛藻:《〈皇朝编年纲目备要〉考略》,邓广铭、徐规主编:《宋史研究论文集》,杭州:浙江人民出版社,1987年,页450—469。

杨德泉:《张浚事迹述评》,邓广铭、郦家驹编:《宋史研究论文集》,郑州:河南人民出版社,1984年,页563—592。

杨家骆编:《〈宋史·艺文志〉广编》,台北:世界书局,1963年。

杨儒宾:《如果再回转一次"哥白尼的回转"——读余英时先生的〈朱熹的历史世界〉》,《当代》2003年第195期,页125—141。

叶建华:《论朱子主编〈纲目〉》,《文史》,第39辑,1995年,页

120—150。

余英时:《朱熹的历史世界:宋代士大夫政治文化的研究》,台北:
　　允晨文化公司,2003 年;北京:生活·读书·新知三联书店,
　　2004 年。

余英时:《现代儒学论》,River Edge,NJ：Global Publishing Co. Inc.,
　　1996 年。

余英时:《陈寅恪晚年诗文释证》,台北:时报文化出版社,1984 年。

虞云国:《南宋编年史家陈均事迹考》,《上海师范大学学报》1984
　　年第 4 期,页 87—92。

曾琼碧:《千古罪人秦桧》,郑州:河南人民出版社,1984 年。

张复华:《北宋中期以后之官制改革》,台北:文史哲出版社,1991 年。

张国淦:《历代石经考》,北京:燕京大学国学研究所,1930 年。

张维玲:《从南宋中期反近习政争看道学士大夫对"恢复"态度的
　　转变(1163—1207)》,台北:花木兰文化出版社,2010 年。

赵胜:《宋代的印刷禁令》,《河北师范大学学报》1982 年第 4 期,
　　页 3—22。

赵铁寒:《由〈宋史·李纲传〉论信史之难》,《大陆杂志》第 8 卷第
　　11 期,1958 年,页 338—341。

赵效宣:《李纲年谱长编》,香港:新亚书院,1968 年。

赵效宣:《〈秦桧传〉表微》,《新亚书院学术年刊》1971 年第 13 期,
　　页 301。

周莲弟:《周必大研究》,香港大学 2001 年博士论文。

祝平次:《评余英时先生的〈朱熹的历史世界:宋代士大夫政治文
　　化的研究〉》,《成大中文学报》2007 年第 19 期,页 249—298。

祝尚书:《宋人别集叙录》,北京:中华书局,1999 年。

邹志勇:《正史与说部之互证:李心传考据史学辨析》,《山西师范

大学学报(社会科学版)》2003 年第 4 期,页 21—25。

［日］静嘉堂文库编:《静嘉堂文库宋元版图录》,东京:汲古书院,
　　1992 年。

［日］山内正博:《〈建炎以来系年要录〉注据引编目索引控》,《宫
　　崎大学教育学部纪要》,《社会科学》22,1967 年,页 43—58。

［日］寺地遵:《南宋初期政治史研究》,广岛:溪水社,1988 年。

［日］下中邦彦:《书道全集》,东京:平凡社,1955 年。

［日］小岛毅:《宋学の形成と展开》,东京:创文社,1999 年。

［日］衣川强:《秦桧的议和政策》,《东方学报》45,1973 年。

文章出处

（1）一个邪恶形象的塑造：秦桧与道学

"The Making of a Villain：Ch'in Kuei and Tao-hsüeh," *Harvard Journal of Asiatic Studies* 58. 1（June 1998）：59-146.

杨立华　译

曹　杰、尹　航　校

（2）新近面世之秦桧碑记及其在宋代道学史中的意义（与李卓颖合著）

"A Newly Discovered Inscription by Qin Gui 秦桧：Its Implications for the History of Song *Daoxue* 道学，" *Harvard Journal of Asiatic Studies* 70. 2（2010）：387-448.

With Cho-ying Li.

邱逸凡　译

李卓颖、尹　航　校

（3）《宋史·蔡京传》的文本史

"A Textual History of Cai Jing's Biography in the *Songshi*," Patrica

Buckley Ebrey and Maggie Bickford, eds. , *Emperor Huizong and Late Northern Song China*: *the Politics of Culture and the Culture of Politics* (Cambridge: Harvard University Asia Center, 2006), pp. 517–564.

张筱梅　译

李卓颖、尹　航　校

（4）无奈的史家:孙觌、朱熹与北宋灭亡的历史

"The Reluctant Historian: Sun Ti, Chu Hsi, and the Fall of Northern Sung," *T'oung Pao* 89 (2003): 100–148.

宋彦升　译

宋家复、尹　航　校

（5）论《续资治通鉴长编纪事本末》与十三世纪前期的史学编纂与出版

"Bibliographic Notes on Sung Historical Works: *Topical Narratives from the Long Draft Continuation of the Comprehensive Mirror that Aids Administration* (Hsü tzu-chih t'ung-chien ch'ang-pi-en chi-shih pen-mo 续资治通鉴长编纪事本末) by Yang Chung-liang 杨仲良 and Related Texts," *Journal of Sung-Yuan Studies* 28 (1998): 177–200.

邱逸凡　译

李卓颖、尹　航　校

（6）陈均的《纲目》:十三世纪历史教材中的出版与政治

"Chen Jun's *Outline and Details*: Printing and Politics in 13th Century Pedagogical Histories," in Lucille Chia and Hilde de Weerdt, eds. , *Knowledge and Text Production in an Age of Print. China,900-1400* （Leiden：Brill,2011）,pp. 273-315.

邱逸凡　译

李卓颖、尹　航　校

（7）《道命录》复原与李心传的道学观

"Bibliographic Notes on Sung Historical Works：*The Original Record of the Way and Its Destiny*（*Tao-ming lu* 道命录）by Li Hsin-ch'uan," *Journal of Sung-Yuan Studies* 30（2000）：1-61.

"Li Hsin-ch'uan and the Historical Image of Late Sung *Tao-hsueh*," *Harvard Journal of Asiatic Studies* 61. 2（Dec. 2001）：317-359.

　　笔者对《道命录》的研究原为一文,后析为二文,以便于英文出版。中文版重新将二文合一,并做了修改。

邱逸凡　译

李卓颖、尹　航　校

索　引